Großmutters Küchenkalender

Die besten Rezepte aus

Großmutters Küchenkalender

Weltbild

Inhalt

Vorwort

Die ersten Küchenkalender stammen aus dem 16. Jahrhundert: Handbücher für die Küche, für den Haushalt, für Ernährung und Gesundheit, ergänzt durch Notizen der Benutzerin. 300 Jahre später umfasste ein solcher Kalender auch Tagespläne und Kochrezepte: Der „Küchenkalender oder vollständiger Küchenzettel auf alle Tage im Jahre; nebst der Anweisung, die Speisen schmackhaft und zugleich wohlfeil zu bereiten" erschien 1831. Greifen wir einen Tag heraus: Für den 18. Juni schlägt die Autorin „Erdbeersuppe, türkisches Rindfleisch, abgerührte Butterspatzen, junge Hühner mit Krebsen gefüllt, Pastete von Spargeln und Sträubelein" vor – so üppig wurde damals in wohlhabenden Bürgerhäusern gegessen. Natürlich beließ sie es nicht bei der bloßen Aufzählung; alle Rezepte sind detailliert beschrieben, wenn auch für uns heute nur schwer nachzukochen und nicht unbedingt zu genießen.

Im frühen 20. Jahrhundert, als unsere Großmütter junge Mädchen waren, entwickelten sich dann die Küchenkalender, wie wir sie heute kennen: Richtige Jahreskalender zum Umblättern oder Abreißen, jeweils mit Speiseplan, Tagesrezept und wahlweise Haushaltstipp oder sinnigem Sprüchlein. Ein solches Blatt habe ich in einem meiner alten Kochbücher gefunden: Der „Speisezettel" für Samstag, den 14. März 1908 umfasste: „Kraftbrühe mit poschierten Eiern, Hering auf dem Rost gebraten, mit Senftunke, Rumpsteak mit Haushofmeister-Butter, gebratene Kartoffeln, Kalbsnierenbraten, Maccaroni au gratin, Zuckerstrauben". Als Rezept stehen nur die „poschierten Eier" auf dem Blatt. Auch mit der Weisheit zum Tage bleiben die Autoren gewissermaßen in der Küche: „Unreife Bücher sind weit gefährlicher als unreife Kartoffeln; schlechte Bücher verderblicher als ungesundes Fleisch", heißt es zum Abschluss.

Der Geschmack hat sich gewandelt, unser Essen ist im Vergleich zu früher höchst einfach geworden, doch Küchenkalender lieben wir noch immer. Weil sie uns zeigen, wie wir im Rhythmus der Jahreszeiten natürlich und preiswert kochen, richtig genießen und dabei gesund essen können. Weil sie uns mit Großmamas Tipps und Kniffen versorgen, die niemals veralten. Weil sie uns beim Einkaufen weit über Supermarktregale hinaus locken: zum Bauernmarkt, zum Gemüsehändler und in den Feinkostladen, auf die grüne Frühlingswiese zum Wildkräutersammeln, in den bunten Herbstwald zum Pilzesammeln und Beerenpflücken.

Mit unserem Küchenkalender-Buch führen wir diese bewährte Tradition fort: mit mehr als 180 einfachen, schmackhaften und preiswerten Gerichten aus Omas Küche. Alle sind nach Jahreszeiten geordnet: Frisches im Frühling, Leichtes im Sommer, Buntes im Herbst und Wärmendes im Winter - alle Zutaten gibt es also genau dann im Garten oder zu kaufen, wenn man sie braucht. Festliches für Ostern und Weihnachten finden Sie genauso wie die schnelle, problemlose Alltagsküche. Lassen Sie sich von Großmama zum rundum gesunden Schlemmen verführen - sie weiß, wie man mit gutem Essen Leib und Seele zusammenhält.

Viel Spaß beim Stöbern in Omas Küche,
beim Nachkochen und beim Genießen!

Barbara Rias-Bucher

Frühling

Großmamas Frühlingsküche ist grün: Da wandern Radieschen mit all ihren Blättern in die Suppe. Bärlauch kommt in den Salat, Rucola in den Eierschmant und der erste Spinat in die Spätzle.

März

1	9	17	25
2	10	18	26
3	11	19	27
4	12	20	28
5	13	21	29
6	14	22	30
7	15	23	31
8	16	24	

Omas Märztipp

Sammeln Sie Wildkräuter für einen schönen Salat gegen Winterfrust – Bewegung an frischer Luft tut nach den langen Tagen in geheizten Räumen sehr wohl, und die Substanzen der „Wilden" nützen der Gesundheit. Rucola regt durch ihren hohen Eisengehalt die Blutbildung an und macht munter. Bärlauch senkt Blutdruck und Cholesterinspiegel, junge Brennnesseln liefern Vitamin C gegen Infektionen und Frühjahrsmüdigkeit. Gänseblümchen wirken blutreinigend, Löwenzahn fördert den Stoffwechsel. Alle sorgen für gute Verdauung, denn sie enthalten reichlich Ballaststoffe.

Bratwurstsalat
mit Bärlauch

300 g Bratwürste, 3 EL Öl, 1 Zwiebel, 2 Gewürzgurken, 1 Bund Bärlauch, 4 EL Essig, 2 EL Gurkenflüssigkeit, Salz, schwarzer Pfeffer

Die Würste in einer Pfanne mit 2 Esslöffeln Öl braten. Etwas abgekühlt in Scheiben schneiden und in eine Schüssel geben. Geschälte Zwiebel und abgetropfte Gewürzgurken klein würfeln, gewaschenen Bärlauch fein zerkleinern. Alles zur Wurst geben. Essig, Gurkenflüssigkeit und restliches Öl zufügen und mischen. Salat mit Salz und Pfeffer abschmecken und zugedeckt 15 Minuten ziehen lassen. Als Beilagen Laugenbrötchen und Butter servieren.

Brokkolicreme

500 g Brokkoli, 3/4 l Gemüsebrühe, 50 ml Sahne, Salz, Cayennepfeffer, 1-2 EL Schnittlauchröllchen

Den Brokkoli putzen, in Röschen teilen und waschen. Die Stiele schälen und würfeln. Alles mit der Brühe in einem Topf aufkochen und zugedeckt bei mittlerer Hitze 15 Minuten garen. Mit dem Stabmixer pürieren, Sahne untermischen und erhitzen. Mit Salz und Cayennepfeffer abschmecken. In heißen Suppentellern mit dem Schnittlauch bestreut servieren.

Überraschungskartoffeln

8 große Kartoffeln, 125 g Edamer oder Greyerzer, 2 EL Schnittlauchröllchen, 1 große Karotte, 4 EL Sahne, Salz, weißer Pfeffer, edelsüßes oder scharfes Paprikapulver, 8 Stücke Alufolie (15 x 15 cm), 2 EL Öl

Die Kartoffeln schälen und waschen. In jede Knolle mit einem Apfelausstecher etwa 6 Löcher bohren. Für die Füllung den geraspelten Käse, die Schnittlauchröllchen, die geschälte und geraspelte Karotte und die Sahne in einer Schüssel verrühren. Mit Salz, Pfeffer und Paprika kräftig abschmecken. Einen Teil der Füllung in die Löcher der Kartoffeln geben und gut andrücken. Von den ausgestochenen Kartoffelstangen 1/2 Zentimeter lange Stückchen abschneiden und die Löcher damit verschließen. Alufolienstücke mit Öl einpinseln, Kartoffeln leicht salzen und in die Folie packen. Im vorgeheizten Backofen bei 200 °C etwa 1 Stunde backen. Die Kartoffeln mit der restlichen Füllung bestreichen und in der geöffneten Folie noch 5 bis 10 Minuten backen, bis sie weich und leicht gebräunt sind. Mit Feldsalat oder gemischtem Salat in Joghurtdressing servieren.

Tipp

Ein gutes Rezept gegen Halsentzündung: Verrühren Sie 1 Esslöffel Honig und 1 Teelöffel Apfelessig in einem Glas mit heißem Wasser. Die Mischung mehrmals täglich heiß trinken, bis die Beschwerden abgeklungen sind.

Karottenpuffer

750 g Karotten, 2 große Kartoffeln, 1 Zwiebel, 3 EL Speisestärke, 1 großes Ei, Salz, weißer Pfeffer, 1 TL getrockneter Majoran, Öl oder Butterschmalz zum Backen

Karotten und Kartoffeln schälen und in eine Schüssel raspeln. Die Zwiebel schälen, würfeln und zugeben. Speisestärke, Ei, Salz, 1 kräftige Prise Pfeffer und den Majoran zufügen und alles mischen. Als kleine Puffer in eine große beschichtete Pfanne mit heißem Fett geben und pro Seite etwa 5 Minuten backen. Mit bunt gemischtem Salat als Hauptgericht oder mit Kartoffelbrei als Beilage zu Schmorfleisch servieren.

Gebackene Forellen

4 küchenfertige Forellen (je etwa 300 g), Salz, Pfeffer, 3 EL Mehl, 2 Eier, 4 EL Butterschmalz, 1 unbehandelte Zitrone

Die Forellen innen und außen kalt abspülen und trocken tupfen. Innen und außen mit Salz und Pfeffer würzen. Die Fische zuerst im Mehl, dann in den verquirlten Eiern wenden. Im heißen Butterschmalz bei mittlerer Hitze pro Seite etwa 5 Minuten braten. Auf Portionstellern mit Zitronenvierteln anrichten und sofort servieren. Als Beilagen Salzkartoffeln und Gemüse oder Salat reichen.

Schnitzeltopf

4 mittelgroße Schweineschnitzel, 1/2 TL Chinagewürz, Salz, schwarzer Pfeffer, 1 EL Mehl, 1 EL Butterschmalz, 1 Zwiebel, 1 große Dose Champignonstücke, 1 TL edelsüßes oder scharfes Paprikapulver, 200 g Schmant, 200 ml Sahne, 1 kleine Dose Spargelabschnitte, 1 große Dose Erbsen und Karotten, 250 g geriebener Gouda

Die Schnitzel trocken tupfen und in fingerbreite Streifen schneiden. Mit Chinagewürz, Salz, Pfeffer und Mehl mischen und in einer großen Pfanne mit dem heißen Butterschmalz unter Rühren kräftig anbraten. In einen großen Schmortopf geben. Zwiebel schälen und würfeln. Mit den abgetropften Pilzen im Bratfett andünsten. Mit Salz, Pfeffer und Paprika würzen, mit Schmant und Sahne verrühren und dabei den Bratfond lösen. Über das Fleisch geben. Spargel, Erbsen und Karotten auf ein Sieb abgießen und abgetropft über den Schnitzelstreifen verteilen. Alles mit dem Käse bestreuen und zugedeckt im vorgeheizten Backofen bei 220 °C etwa 45 Minuten braten. Im offenen Topf etwa 15 Minuten bräunen.

Tipp

Ein feines Partyrezept, das bei Alt und Jung gut ankommt. Sie können es mit mehr Fleisch und Gemüse je nach Personenzahl beliebig erweitern. Als Beilagen schmecken verschiedene Brotsorten oder Butternudeln und eventuell noch ein bunt gemischter Salat.

Kräuterkartoffeln
mit Schinken

1 Zwiebel, 2 EL Öl, 1 kg Kartoffeln, 1/8 l Brühe, 1 EL weiche Butter, 1/2 EL Mehl, 150 ml Sahnejoghurt, 1 Bund Grüne-Sauce-Kräuter, 4 dicke Scheiben Knochenschinken

Geschälte Zwiebel würfeln und im heißen Öl glasig braten. Kartoffeln schälen, würfeln und kurz mitbraten. Brühe zugießen, aufkochen und die Kartoffeln weich kochen. Butter mit Mehl verkneten, zugeben und alles unter Rühren köcheln, bis die Sauce dick ist. Joghurt und gewaschene, fein gehackte Kräuter untermischen. Mit dem Schinken servieren.

Kohlrabigemüse

3 Kohlrabi, 1 Zwiebel, 2 EL Öl oder Butter, Salz, weißer Pfeffer, 5 EL Fleischbrühe, 4 EL Sahne, 1 Handvoll Kerbel, einige Spritzer Zitronensaft

Die zarten Kohlrabiblätter hacken. Knollen schälen und in dünne Scheiben schneiden. Zwiebel schälen, würfeln und im heißen Fett glasig braten. Kohlrabi, Salz, Pfeffer und Brühe zugeben, aufkochen und zugedeckt in etwa 10 Minuten bissfest garen, dabei die Sahne zugießen. Kohlrabiblättchen und gehackten Kerbel untermischen. Mit Zitronensaft abschmecken.

Überbackene grüne Spätzle

150 g passierter Spinat, 250 g Mehl, 3 Eier,
1 TL Salz, 2 Zwiebeln, 300 g Champignons, 1 EL Butter,
200 g Crème fraîche, Salz, weißer Pfeffer,
150 g geriebener Emmentaler

Aus Spinat, Mehl, Eiern und Salz einen geschmeidigen Teig rühren. Den Teig portionsweise mit einer Spätzlepresse in sprudelnd kochendes Wasser drücken. Die Spätzle einmal kräftig aufkochen und 1 bis 2 Minuten kochen. Mit einem Schaumlöffel herausnehmen, abtropfen lassen und in eine vorgewärmte flache Auflaufform geben. Die Zwiebeln schälen und fein würfeln. Die Pilze putzen und blättrig schneiden. Butter in einer Pfanne erhitzen, Zwiebeln und Champignons bei mittlerer Hitze darin schmoren, bis die Pilze leicht gebräunt sind und die Flüssigkeit wieder verdampft ist. Crème fraîche unterrühren und kurz miterhitzen. Die Sauce mit Salz und Pfeffer abschmecken und die Spätzle damit übergießen. Mit dem Käse bestreuen und im vorgeheizten Backofen bei 200 °C in etwa 15 Minuten goldbraun überbacken. Heiß aus dem Ofen sofort servieren. Gut dazu schmeckt Gurkensalat mit frischem Dill.

Tipp

Champignons putzt man am besten mit einer weichen Bürste oder mit einem Bogen Küchenpapier. Nicht ins Wasser legen, das schadet dem Aroma. Mit einem Eierschneider lassen sich die Pilze dann ganz einfach und schnell in Scheiben schneiden.

Blätterteigschnitzel

8 Scheiben ausgerollter Blätterteig (TK),
4 kleine Putenschnitzel, Salz, schwarzer Pfeffer, 2 EL Öl,
1 kleine Dose Champignonstücke, 1 kleine Dose Erbsen und
Karotten gemischt, 2 Eigelb

Blätterteigscheiben auftauen lassen. Die Schnitzel kalt abspülen, mit Küchenpapier trocken tupfen und auf beiden Seiten mit Salz und Pfeffer würzen. Das Öl in einer Pfanne erhitzen und die Schnitzel darin bei starker Hitze pro Seite 1 Minute anbraten. Herausnehmen und warm stellen. Das abgetropfte Dosengemüse in den Bratenfond geben, mit Salz und Pfeffer würzen und kurz bräunen. 4 Blätterteigscheiben nebeneinander auf ein kalt abgespültes Backblech legen und jeweils mit einem Schnitzel belegen. Gemüse auf die Schnitzel geben. Teigränder mit Eigelb bestreichen, die restlichen Teigscheiben auf die Schnitzel legen und rundherum am Rand mit den Zinken einer Gabel festdrücken. Die Teigpäckchen mit dem verbliebenen Eigelb bestreichen. Blätterteigschnitzel im vorgeheizten Backofen bei 200 °C etwa 30 Minuten backen.

Tipp

Nur so viel Gemüse auf die Schnitzel geben, dass noch etwas Luft in den Päckchen ist und Sie die Teigscheiben gut zusammendrücken können; sonst könnten die Päckchen beim Backen aufplatzen. Übrig gebliebenes Gemüse servieren Sie einfach als Beilage.

Champignontorte

Für den Teig:
200 g Mehl, Salz, 100 g Butter, 1 Ei, 2 EL kaltes Wasser

Für den Belag:
300 g Champignons, 200 g durchwachsener Speck,
2 Zwiebeln, Salz, weißer Pfeffer, geriebene Muskatnuss,
3 Eier, 200 g Schmant

Mehl, Salz, Butter, Ei und Wasser zu einem glatten Teig kneten, eine Springform (26 Zentimeter Durchmesser) damit auskleiden und einen etwa 3 Zentimeter hohen Rand hochdrücken. Teig mit einer Gabel mehrmals einstechen und 30 Minuten in den Kühlschrank stellen. In der Zwischenzeit die Champignons putzen und in Scheiben schneiden. Den Speck würfeln und in einer Pfanne ausbraten. Geschälte Zwiebeln zerkleinern, zugeben und glasig dünsten. Pilze mitschmoren, bis die Flüssigkeit verdampft ist. Mit Salz, Pfeffer und Muskat kräftig würzen und abkühlen lassen. Den Teigboden im vorgeheizten Backofen bei 220 °C 10 Minuten vorbacken. Pilze darauf verteilen, Eier mit Schmant verrühren und darübergießen. Die Torte bei 200 °C in etwa 30 Minuten fertig backen.

Tipp

Jetzt ist die beste Zeit für Wildkräuter: Pflücken Sie im Garten junge Blätter von Löwenzahn und Brennesseln, die Sie mit Feldsalat zu einem vitaminreichen Salat mischen.

Dinkelbrot

1 Würfel Hefe (42 g), 2 TL Honig, 300 ml lauwarmes Wasser, 500 g Dinkelvollkornmehl, knapp 1 EL Salz

Die zerbröckelte Hefe mit Honig und Wasser verrühren. Zugedeckt bei Zimmertemperatur 15 Minuten gehen lassen. Dinkelmehl und Salz in eine Schüssel geben, Hefemischung zufügen. Zu einem glatten Teig kneten und 45 Minuten ruhen lassen. Noch einmal durchkneten, in eine gefettete Kastenform füllen und weitere 15 Minuten ruhen lassen. Im vorgeheizten Backofen bei 220 °C etwa 30 Minuten backen und 10 Minuten im abgeschalteten Ofen stehen lassen. Auf ein Kuchengitter stürzen und mit kaltem Wasser bestreichen.

Brotzeitquark

750 g Magerquark, 200 g Butter, 2 EL Senf, 2 Zwiebeln, 3 EL Kapern, 3 Gewürzgurken, 2 EL gehackte Petersilie, Salz, 1 EL edelsüßes Paprikapulver

Quark mit zerlassener Butter und Senf verrühren. Geschälte Zwiebeln, Kapern und Gewürzgurken fein hacken. Mit der Petersilie zur Quarkmischung geben. Mit Salz und Paprika würzen, alles sehr gut mit einem Schneebesen verrühren und zugedeckt 1 Stunde kühlen.

Arme Ritter

3 Eier, 2 EL Zucker, 1 Prise Salz, 1/2 TL abgeriebene, unbehandelte Zitronenschale, 1/4 l lauwarme Milch, 8 dicke Scheiben altbackenes Weißbrot, 6 EL Semmelbrösel, 3 EL Butterschmalz, Zimtzucker zum Bestreuen

Die Eier trennen. Eigelb mit Zucker, Salz, Zitronenschale und Milch verrühren. Brotscheiben darin ziehen lassen, bis sie sich vollgesaugt haben, aber noch nicht so weich sind, dass sie zerfallen. Eiweiß mit 2 Esslöffel kaltem Wasser leicht schaumig schlagen. Die Brotscheiben zuerst im Eiweiß, dann in den Semmelbröseln wenden. In einer großen, beschichteten Pfanne mit dem heißen Butterschmalz bei mittlerer Hitze pro Seite etwa 5 Minuten braten, bis sie goldbraun sind. Heiß mit Zimtzucker bestreut anrichten. Dazu schmeckt Vanillesauce, Kompott oder Obstsalat.

Tipp

Kinder mögen die Armen Ritter mit Apfelkompott und einem Becher Kakao. Wenn Sie Zucker und Kakaopulver mischen, bevor Sie die Zutaten in die Milch rühren, gibt es weder lästige Klümpchen noch Bodensatz.

Ohne Zucker sind die Armen Ritter ein herzhaftes Traditionsgericht, das man in der Fastenzeit gegessen hat. Probieren Sie es mit dem ersten frischen Frühlingsspinat, den Sie in etwas Butter und Öl dünsten oder mit einem bunt gemischten Salat in Kräuterdressing.

Menüvorschlag im März

Brokkolicreme (Seite 11)

Gebackene Forellen (Seite 13)

Kohlrabigemüse (Seite 15)

Arme Ritter (Seite 20)

April

1	9	17	25
2	10	18	26
3	11	19	27
4	12	20	28
5	13	21	29
6	14	22	30
7	15	23	
8	16	24	

Omas Apriltipp

Vor Ostern liegt die Fastenzeit – die beste Gelegenheit, gute Traditionsgerichte zu probieren. Herzhafte Grünkernfrikadellen waren das typische Essen für Gründonnerstag. Süße Hasenohren, Milchnudeln und Reisschmarren, ursprünglich klösterliche Fastenspeisen, haben Großmutters Mehlspeisenküche bereichert. Und zum schönsten Fest des Frühlings können Sie mit unseren Aprilrezepten ein üppiges Menü kochen oder zum gemütlichen Brunch einladen. Im Mittelpunkt Ihrer geschmückten Tafel prangt das Osterbrot in einem Kranz von bunt gefärbten Eiern.

Festlicher Eiersalat

6 hartgekochte Eier, 200 g gekochter Schinken, 200 g kernlose blaue Weintrauben, 1 kleine Dose Spargelabschnitte, 1 kleine Dose Mandarinen, 150 g Crème fraîche, 1 EL gehackte Petersilie, etwas Zitronensaft, Salz, weißer Pfeffer, 2 EL Weinbrand

Eier schälen und in Scheiben schneiden, Schinken würfeln. Trauben waschen und halbieren. Spargel und Mandarinen abtropfen lassen. Alles in eine Schüssel geben. Crème fraîche mit Petersilie, Zitronensaft, Salz, Pfeffer und Weinbrand verrühren. Den Salat damit gut durchmischen.

Radieschensuppe

2 Bund Radieschen mit saftigen Blättern, 1 Zwiebel, 2 EL Butter, 1 l Fleischbrühe (Instant), 100 g Doppelrahm-Frischkäse, Salz, weißer Pfeffer

Radieschen waschen und grob zerkleinern. Alle zarten Blätter beiseitelegen. Geschälte Zwiebel würfeln und mit den Radieschen in der heißen Butter andünsten. Brühe zugießen, aufkochen und 30 Minuten köcheln. Die Suppe pürieren und wieder erhitzen, dabei den Frischkäse einrühren. Gewaschene, zerkleinerte Radieschenblättchen untermischen, Suppe mit Salz und Pfeffer abschmecken. Sofort servieren.

Oster-Eiernäpfchen

100 g gekochter Schinken, 2 Cocktailtomaten, 50 g weiche Butter, 2 EL Erbsen (Dose), 4 Spargelspitzen (Dose), 4 TL Schnittlauchröllchen, 4 TL gehackte Petersilie, 4 TL gehackter Dill, 12 Eier, Salz, weißer Pfeffer, 4 EL Reibekäse

Den Schinken klein würfeln, die Tomaten waschen und halbieren. 12 Tassen mit der Butter ausstreichen und den Schinken darin verteilen. Die Tomatenhälften in 4 Tassen legen. Die Erbsen in weitere 4 Tassen, die Spargelspitzen in die restlichen Tassen geben. Schnittlauch auf die Tomaten, Petersilie auf die Erbsen und den Dill auf den Spargel streuen. In jede Tasse 1 aufgeschlagenes Ei gleiten lassen, mit Salz und Pfeffer würzen und mit Käse bestreuen. 2 weite Töpfe jeweils etwa zur Hälfte mit Wasser füllen. Das Wasser zum Kochen bringen. Die Tassen mit Alufolie bedeckt im Wasser etwa 7 Minuten pochieren, bis der Käse geschmolzen ist. Die noch warmen Eier in den Tassen zum Auslöffeln servieren. Dazu schmeckt Toast mit Butter oder Baguette mit Kräuterfrischkäse.

Tipp

Das Rezept reicht für 12 Personen und ist ideal für Ihren Osterbrunch! Besonders appetitlich wirken die Eier, wenn Sie sie in speziellen, verschließbaren Glas- oder Porzellanförmchen garen, die Sie in Haushaltwarengeschäften oder über den Versandhandel bekommen.

Kräuterfisch

3 Karotten, 1 Bund Lauchzwiebeln, 1 EL Butter,
750 g Fischfilet, 2 EL Zitronensaft, Salz,
weißer Pfeffer, je 1 Bund Petersilie, Schnittlauch
und Bärlauch, 150 g Crème fraîche

Geschälte Karotten in Stifte und gewaschene Lauchzwiebeln in Ringe schneiden. Beide Zutaten in der heißen Butter 5 Minuten dünsten. In eine gefettete Gratinform geben. Fisch mit Zitronensaft, Salz und Pfeffer würzen und auf das Gemüse legen. Gehackte Kräuter mit Crème fraîche verrühren und auf dem Fisch verteilen. Im vorgeheizten Backofen bei 220 °C etwa 30 Minuten garen. Auf vorgewärmte Teller verteilen und sofort servieren.

Joghurt-Gurken-Dip

1 Salatgurke, Salz, 5 Knoblauchzehen, 250 g Quark (40 %),
150 g Joghurt, 1 EL Schmant, weißer Pfeffer, 6 entsteinte
schwarze Oliven

Gurke schälen und raspeln. Mit Salz bestreut 10 Minuten ziehen lassen. Flüssigkeit abgießen, die Gurke gut ausdrücken. Mit dem geschälten, zerdrückten Knoblauch, Quark, Joghurt und Schmant mischen, mit Salz und Pfeffer abschmecken. Mit den Oliven belegt anrichten. Dazu Baguette reichen.

Kalbsbraten

500 g Kalbsknochen, 1,5 kg Kalbsnuss (Kugel), Salz, weißer Pfeffer, 3 EL Öl, 1/4 l heißes Wasser oder Brühe, 1-2 TL Zitronensaft, 1-2 EL gehackte Petersilie

Die Kalbsknochen waschen, abtropfen lassen und in einen großen Bräter geben. Das Fleisch trocken tupfen, rundherum mit Salz und Pfeffer einreiben, mit dem Öl bestreichen und mit der Hautseite nach unten auf die Knochen legen. Im vorgeheizten Backofen bei 200 °C 15 Minuten braten. 1/8 Liter Wasser oder Brühe unter das Fleisch auf die Knochen gießen. Das Fleisch bei 180 °C weitere 30 Minuten braten, wenden und noch 1 Stunde braten; dabei häufig mit dem Schmorsud begießen und den Rest von Wasser oder Brühe auf die Knochen gießen. Herausnehmen und mit Alufolie bedeckt warm halten. Schmorsud durch ein feines Sieb gießen, mit Zitronensaft, Salz und Pfeffer abschmecken. Den Braten in Scheiben schneiden, auf einer vorgewärmten tiefen Platte anrichten, mit etwas Sauce überziehen und mit Petersilie bestreuen. Den Rest der Sauce dazu servieren. Als Beilagen breite Nudeln oder Schweizer Rösti und gemischten Salat reichen.

Tipp

Die Knochen vom Metzger in Stücke hacken lassen und beim Fleisch das feine Häutchen auf der Oberfläche belassen. Es sorgt für die schöne Glasur Ihres festlichen Bratens.

Gebackenes Lamm

750 g Milchlammschulter (ohne Knochen), Salz, 2 Eier,
2 Knoblauchzehen, 3 EL Mehl, 4 EL Semmelbrösel,
100 g Butterschmalz oder Öl zum Backen, 2 unbehandelte Zitronen

Das Fleisch in fingerdicke Scheiben schneiden, trocken tupfen und salzen. Die Eier verquirlen, den geschälten Knoblauch durch die Presse dazudrücken. Fleisch nacheinander in Mehl, Eiern und Semmelbröseln wenden, Panade gut andrücken und die Schnitzel im heißen Fett bei starker bis mittlerer Hitze schwimmend goldgelb backen. Mit den Zitronenschnitzen garnieren, mit Kartoffelsalat und grünem Salat servieren.

Spinatauflauf

1 kg Spinat, 3 EL Butter, 125 g Mehl, Knoblauchsalz,
weißer Pfeffer, 4 Eier, 600 ml Milch, 100 g Reibekäse

Den gewaschenen Spinat in reichlich kochendem Wasser blanchieren, abgießen, abtropfen und etwas abkühlen lassen. Mit den Händen gut ausdrücken und mit der zerlassenen Butter in eine halbhohe Auflaufform geben. Mehl mit Knoblauchsalz, Pfeffer, Eier, Milch und Käse verrühren und darübergießen. Auflauf im vorgeheizten Backofen bei 200 °C etwa 30 Minuten backen, bis er schön gebräunt ist.

Eierschmant
mit Pellkartoffeln

1 kg kleine Kartoffeln, 2 hart gekochte Eier, 200 g Schmant,
4 EL Joghurt, etwas Zitronensaft, 1 TL Salz, weißer Pfeffer,
2 EL grob gehackter Rucola

Die Kartoffeln waschen und in der Schale weich kochen. Die geschälten Eier halbieren. Eigelbe in einer Schüssel mit Schmant, Joghurt, Zitronensaft, Salz und Pfeffer verrühren. In ein Schälchen geben. Eiweiß grob hacken, mit dem Rucola mischen und auf den Schmant streuen. Zu den heißen Pellkartoffeln servieren.

Grünkernfrikadellen

1 Zwiebel, 200 g Grünkernschrot, 1 EL Butter,
3/8 l Gemüsebrühe, 2 EL gehackte Petersilie, 2 Eier,
Salz, weißer Pfeffer, 3 EL Öl

Zwiebel schälen, würfeln und mit dem Grünkern in der Butter anbraten. Brühe zugießen, aufkochen und zugedeckt 10 Minuten garen. Von der Kochstelle nehmen und 1 Stunde quellen lassen. Petersilie und Eier sowie je eine kräftige Prise Salz und Pfeffer untermischen. 12 Frikadellen formen und in einer beschichteten Pfanne mit heißem Öl bei mittlerer Hitze pro Seite etwa 8 Minuten braten. Mit Salat oder Apfelkompott servieren.

Hasenohren

500 g Mehl, 1 Messerspitze Backpulver, 1 Prise Salz, 1 TL abgeriebene, unbehandelte Zitronenschale, 50 g Butter, 50 ml kaltes Wasser, 1 Ei, einige Spritzer Zitronensaft, 6 EL saure Sahne, Butterschmalz, Kokosfett oder Öl zum Frittieren, 3 EL Zimtzucker

Mehl mit Backpulver, Salz und Zitronenschale mischen. Zerlassene lauwarme Butter, Wasser, Ei, Zitronensaft und saure Sahne zufügen und zu einem glatten Teig vermischen. Eine Kugel oder Rolle formen und in Folie gewickelt 15 Minuten kühlen. Teig in Portionen teilen und etwa messerrückendick ausrollen. Mit dem Teigrädchen in 24 Dreiecke mit zwei langen und einer kurzen Seite schneiden. Das Fett zum Frittieren erhitzen. Hasenohren portionsweise darin etwa 4 Minuten backen, bis sie goldbraun sind. Mit einem Schaumlöffel herausnehmen und auf Küchenpapier abtropfen lassen. Heiß oder lauwarm mit Zimtzucker bestreut servieren.

Tipp

Oft braucht man zum Kochen nur ein paar Tropfen Zitronensaft. Schneiden Sie dann nicht gleich eine ganze Zitrone auf, die rasch austrocknet. Stechen Sie lieber mit einem Zahnstocher ein Loch in die Frucht. Daraus können Sie die gewünschte Saftmenge drücken. Die Zitrone kommt in den Kühlschrank und bleibt so viel länger frisch und saftig.

Reisschmarren

100 g Milchreis, 3/4 l Milch, 1 Prise Salz, 1 EL Zucker,
2 Eier, 1 TL abgeriebene, unbehandelte Zitronenschale,
3 EL Butterschmalz, 2 EL Zimtzucker

Reis mit Milch, Salz und Zucker aufkochen und zugedeckt körnig ausquellen, dann lauwarm auskühlen lassen. Eier und Zitronenschale untermischen. 2 Esslöffel Butterschmalz in einer großen, beschichteten Pfanne erhitzen. Reisbrei darin glattstreichen und bei mittlerer Hitze pro Seite etwa 5 Minuten braten. In der Pfanne mit zwei Gabeln in Stücke teilen. Das restliche Butterschmalz zugeben, Schmarren unter Wenden rundherum knusprig braun braten. Mit Zimtzucker bestreuen und heiß mit Zwetschgenkompott servieren.

Milchnudeln

1 l Milch, 1 TL Salz, 1 EL Butter, 3 EL Zucker,
250 g dünne Suppennudeln, 3 EL Rosinen, 1/2 TL Zimt

Milch, Salz, Butter und 1 Esslöffel Zucker aufkochen. Nudeln einrühren und bei schwächster Hitze 10 Minuten köcheln lassen. Rosinen unterrühren. Nudeln in Suppentellern anrichten. Restlichen Zucker mit Zimt mischen und die Nudeln damit bestreuen.

Eierlikörtorte

Für den Teig:
80 g Butter oder Margarine, 80 g Zucker, 1 Vanillezucker, 1 TL abgeriebene, unbehandelte Zitronenschale, 5 Eier, 1 EL Rum, 200 g gemahlene Haselnusskerne, 100 g Schokostreusel

Zum Bestreichen:
400 ml Sahne, 1 Päckchen Vanillezucker, 1 Päckchen Sahnefestiger, 5-6 EL Eierlikör

Das weiche Fett, Zucker, Vanillezucker und Zitronenschale schaumig rühren. Eier trennen, Eigelbe und Rum unterrühren. Eiweiß steif schlagen und auf den Teig geben. Nüsse und Schokostreusel gemischt daraufstreuen. Alles mit einem Schneebesen locker, aber gründlich mischen. Den Teig in einer gefetteten Springform (26 Zentimeter Durchmesser) glatt streichen und im vorgeheizten Backofen bei 180 °C 45 bis 50 Minuten backen. Aus der Form lösen und auf einem Kuchengitter abkühlen lassen. Zum Servieren die Sahne mit Vanillezucker und Sahnefestiger steif schlagen, die Torte damit bestreichen und rundherum am Rand dicht an dicht mit Sahnerosetten verzieren. Den Eierlikör über einen Löffelrücken auf die Torte laufen lassen.

Tipp

Für Schlagsahne nicht nur die Sahne, sondern auch Rührbesen oder Quirle gut kühlen. Auch die Schüssel sollte nicht warm sein.

Osterbrot

1 Würfel Hefe (42 g), 2 EL Zucker, 1/4 l lauwarme Milch, 500 g Mehl, 1 Prise Salz, 3 Tropfen Zitronenaroma, 1 TL Vanillezucker, 80 g Butter, 2 EL gehackte Mandeln, 2 EL Rosinen, 2 EL Butter zum Bestreichen, 2 EL Zucker zum Bestreuen

Die Hefe in ein Schälchen bröckeln, Zucker und 5 Esslöffel Milch zugeben. Rühren, bis sich die Hefe aufgelöst hat. 15 Minuten zugedeckt an einem warmen Ort gehen lassen. Das Mehl mit Salz, Zitronenaroma und Vanillezucker in einer Schüssel mischen. Die Hefe zugeben und locker untermischen. Die restliche Milch und die weiche Butter zufügen und alles mit den Knethaken des Handrührers 10 Minuten durchkneten. Den Teig zugedeckt 1 Stunde gehen lassen. Noch einmal mit den Händen kräftig durchkneten. Zum Schluss die Mandeln und die Rosinen unterarbeiten. Teig zu einem Brot formen und auf ein gefettetes Backblech legen. Zugedeckt weitere 15 Minuten gehen lassen. Im vorgeheizten Backofen bei 180 °C etwa 50 Minuten backen. Nach der Hälfte der Backzeit mit Butter bestreichen. Auf ein Kuchengitter legen, nochmals mit Butter bestreichen und mit dem Zucker bestreuen.

Tipp

Rosinen immer erst zum Schluss mit den Händen unter Hefeteig kneten. Mit den Knethaken werden sie zerquetscht und verfärben den Teig.

Menüvorschlag im April

Radieschensuppe (Seite 23)

Eierschmant mit Pellkartoffeln (Seite 28)

Kalbsbraten (Seite 26)

Eierlikörtorte (Seite 31)

Mai

1	9	17	25
2	10	18	26
3	11	19	27
4	12	20	28
5	13	21	29
6	14	22	30
7	15	23	31
8	16	24	

Omas Maitipp

Genießen Sie die Spargelzeit: Morgens gestochen, wird das Edelgemüse aus heimischem Anbau nun überall in Spargelhütten angeboten. Wirklich knackige Stangen muss man übrigens nicht in Wasser kochen; erntefrischen Spargel können Sie zum Beispiel roh als Salat oder in Sahne geschmort mit Nudeln zubereiten. Nur die Schalen sollten Sie immer kochen, denn dieser Spargelsud ist die beste Frühjahrskur für Nieren und Stoffwechsel. Bleiben Sie auch beim Obst „heimisch“: Jetzt ist der Rhabarber reif, saftig und aromatisch, während Sie fruchtig-süße Erdbeeren erst ab Juni kriegen.

Schnittensuppe
mit Bratwurstklößchen

1 - 2 helle Weizenbrötchen, 1 l Fleischbrühe, 2 frische (ungebrühte) grobe Bratwürste, 1 Eigelb, Salz, weißer Pfeffer, geriebene Muskatnuss, 2 EL Schnittlauchröllchen

Brötchen in 1/2 Zentimeter dicke Scheiben schneiden, auf ein Backblech legen und im vorgeheizten Backofen bei 250 °C hellbraun und knusprig rösten, dabei einmal wenden. In eine große Suppenterrine geben. Die Fleischbrühe aufkochen. Wurstmasse aus der Haut in kleinen Klößchen in die Suppe drücken und bei mittlerer Hitze 5 Minuten ziehen lassen. Eigelb in einem Schälchen mit 1 Esslöffel kaltem Wasser und 2 Esslöffeln heißer Suppe verquirlen, in die Suppe rühren und erhitzen, aber nicht mehr aufkochen, sonst gerinnt das Eigelb. Die Suppe mit Salz, Pfeffer und Muskat abschmecken und über die Brotschnitten in der Terrine gießen. Zugedeckt 2 Minuten ziehen lassen. Mit dem Schnittlauch bestreut servieren.

Tipp

Rohe Bratwürste sind wichtig, sonst können Sie die Wurstmasse nicht zu Klößchen formen. Mit einem Brötchen bekommen Sie eine leichte Vorsuppe, mit zwei einen kräftigen Suppentopf - genau richtig vor einer schönen Mehlspeise wie zum Beispiel den knusprigen Holunderpfannkuchen (Seite 43) oder auch einem Stückchen Rhabarberkuchen (Seite 44) mit Vanilleeis.

Überraschungsbrot

1 Fladenbrot, Pitabrot oder Ciabatta, 1 kleine Dose passierte Tomaten, 1 Päckchen italienische Kräuter (TK) oder 1 EL beliebige getrocknete Kräuter, Salz, Pfeffer

Für den Belag:
Gegarte Gemüsereste, Schinken- und Salamischeiben, Champignons (Dose), Peperoni (Glas), Mozzarella in Scheiben oder geriebener Käse

Das Fladenbrot quer durchschneiden und auf ein Backblech legen. Tomaten mit den Kräutern mischen, mit Salz und Pfeffer kräftig würzen und auf die Brothälften streichen. Nach Belieben mit Gemüse, Schinken, Salami, abgetropften Champignons und Peperoni belegen. Zum Schluss dick mit Mozzarellascheiben oder Reibekäse abdecken. Das Überraschungsbrot im vorgeheizten Backofen bei 220 °C etwa 20 Minuten überbacken, bis der Käse zerlaufen und wie bei Pizza schön gebräunt ist.

Tipp

Das Brot ist eine prima Resteverwertung, auch für gegarte Nudeln und Kartoffeln, die unter der Käsekruste schön würzig werden. Nehmen Sie je nach Menge der Reste 1 großen Sesamfladen vom Dönerstand, abgepacktes Pitabrot aus dem Supermarkt oder Ciabatta vom Bäcker. Statt der passierten Tomaten schmecken natürlich auch frische Tomatenscheiben.

Gemüsepfanne mit Ei

2 rote Paprikaschoten, 2 Zucchini, 4 Tomaten, 2 Lauchzwiebeln, 100 g gekochter Schinken, 2 EL Öl, Salz, schwarzer Pfeffer, 4 Eier, 1 EL Petersilie

Paprikaschoten und Zucchini putzen und würfeln. Tomaten abziehen und achteln. Geputzte Lauchzwiebeln in Ringe, Schinken in Streifen schneiden. Das Öl in einer großen, beschichteten Pfanne erhitzen. Alle zerkleinerten Zutaten darin unter Rühren 5 Minuten schmoren. Mit Salz und Pfeffer kräftig würzen. 4 Mulden in das Gemüse drücken, die Eier hineingeben und zugedeckt in etwa 7 Minuten stocken lassen. Mit Petersilie bestreuen und sofort servieren.

Omas Kuchenmichel

50 g Butter, 375 g Mehl, Salz, 5 Eier, 1/2 l Milch

Backofen auf 220 °C vorheizen, dabei die Butter in der Fettpfanne des Backofens im Ofen schmelzen lassen. Mehl, Salz, Eier und Milch gut miteinander verrühren. Teig in die Fettpfanne gießen und im heißen Ofen etwa 20 Minuten backen, bis er große Blasen bildet, an den Seiten der Fettpfanne hoch aufgegangen und goldbraun ist. Zu Salat oder Spargel reichen.

Spargel mit Käse

1 kg Spargel, knapp 1 TL Salz, etwas Zucker,
150 g Reibekäse, 2 EL zerlassene Butter, weißer Pfeffer,
1 EL gehackte Petersilie

Spargel schälen, holzige Enden abschneiden. In sprudelnd kochendem Wasser mit Salz und Zucker bissfest kochen. Eine Gratinform bei 50 °C im Backofen erwärmen. Spargel in drei Lagen in die Form geben und jede Lage mit Käse bestreuen. Mit der Butter beträufeln, mit Pfeffer würzen und unter dem heißen Grill 2 bis 3 Minuten gratinieren, bis der Käse leicht gebräunt ist. Mit Petersilie bestreut in der Form servieren.

Petersilienkartoffeln

1 kg kleine Kartoffeln, 1 großes Bund Petersilie,
50 g Butter oder Margarine, Salz

Kartoffeln gründlich bürsten und mit der Schale in wenig Wasser weich kochen. Petersilie waschen, trocken tupfen und fein hacken. Kartoffeln abgießen und etwas ausdämpfen lassen. Fett in einer großen Pfanne zerlassen. Kartoffeln darin unter häufigem Wenden etwa 5 Minuten braten. Petersilie und Salz zugeben und einige Sekunden rösten. Zu Spargel oder gebratenem Fisch servieren.

Forellen mit Dillkartoffeln

3 EL Wasser, 8 EL Essig, 2 EL Salz, 1 Päckchen Suppengrün (TK), 1 in Scheiben geschnittene und unbehandelte Zitrone, 1 Päckchen Fischgewürz, 4 küchenfertige Forellen (je ca. 300 g), 600 g mehlige Kartoffeln, 1/8 l Brühe, 2 EL Schmant, 1 EL Kräutersenf, 2 EL gehackter Dill

3 Liter Wasser, Essig, Salz, Suppengrün, Zitronenscheiben und Fischgewürz aufkochen. Forellen zugeben und zum Sieden bringen, bis kleine Bläschen aufsteigen. Im halb geschlossenen Topf in etwa 15 Minuten gar ziehen lassen. Die gewürfelten Kartoffeln in der Brühe garen. Mit Schmant, Senf und Dill mischen.

Omas Fischtopf

600 g Seelachsfilet, 3 Tomaten, 3 Lauchzwiebeln, 2 EL Öl, 300 g Shrimps, Salz, Pfeffer, 150 ml Sahne, 2 EL gehackter Kerbel

Fischfilet in Stücke schneiden. Abgezogene Tomaten würfeln. Geputzte Lauchzwiebeln in dünne Ringe schneiden und im heißen Öl glasig braten. Fisch auf die Zwiebeln legen, Shrimps und Tomaten darüber verteilen. Mit Salz und Pfeffer würzen und zugedeckt etwa 6 Minuten garen. Mit Sahne und Kerbel mischen und sofort servieren.

Kalbsvögel

4 dünne Kalbsschnitzelchen (je etwa 150 g), Salz, weißer Pfeffer, 1 EL scharfer Senf, 4 Scheiben Frühstücksspeck, 4 hart gekochte Eier, 1 EL Mehl, 2 EL Öl, 3/8 l heiße Fleischbrühe, 1 EL Tomatenmark, 2 EL Crème fraîche, etwas abgeriebene, unbehandelte Zitronenschale, 1 EL gehackte Petersilie

Die Schnitzel mit dem Handballen flachdrücken und auf beiden Seiten mit Salz und Pfeffer würzen. Auf einer Seite mit dem Senf bestreichen und mit je einer Scheibe Frühstücksspeck belegen. Jedes Schnitzel mit einem geschälten Ei belegen, zu Rouladen aufrollen und mit Rouladenklammern feststecken. Im Mehl wenden und im heißen Öl rundherum hellbraun anbraten. Brühe zugeben, den Bratensatz damit lösen. Kalbsvögel aufkochen und zugedeckt bei schwacher Hitze 25 Minuten garen. Auf vorgewärmten Tellern anrichten. Schmorsud mit Tomatenmark, Crème fraîche und Zitronenschale verrühren und dickflüssig einkochen. Kalbsvögel mit der Sauce umgießen und mit der Petersilie bestreuen.

Tipp

Vor dem Servieren müssen Sie die Rouladenklammern entfernen. Besonders appetitlich sieht es aus, wenn Sie die Kalbsvögel halbieren und mit der Eiseite nach oben auf den Portionstellern anrichten. Als Beilage passen breite Bandnudeln oder einfach knuspriges Baguette.

Fleischbällchen
vom Blech

2 altbackene Weizenbrötchen, 1 kg Hackfleisch, 2 Eier,
2 Zwiebeln, 4 frische (ungebrühte) Bratwürste,
4 TL scharfer Senf, 1/2 TL edelsüßes Paprikapulver,
Salz, Pfeffer

Brötchen in warmem Wasser weich werden lassen und gut ausdrücken. Mit Hackfleisch, Eiern, geschälten, gewürfelten Zwiebeln und Bratwurstmasse mischen und alles gut vermengen, mit Senf, Paprika, Salz und Pfeffer abschmecken. Aus dem Fleischteig Bällchen formen und auf einem gefetteten Backblech im vorgeheizten Ofen bei 220 °C etwa 20 Minuten backen.

Champignonsalat

4 schöne Kopfsalatblätter, 150 g Cocktailtomaten,
300 g Champignons, 1 EL Senf, 2 EL weißer Balsamessig,
Salz, weißer Pfeffer, 4 EL Olivenöl, 2 EL gehackter Dill

Gewaschene Salatblätter in Stücke zupfen und auf Portionsteller legen. Tomaten waschen und halbieren. Champignons in Scheiben schneiden und mit den Tomaten mischen. Auf den Salatblättern verteilen. Senf, Essig, Salz, Pfeffer und Öl verrühren, Salat damit beträufeln und mit dem Dill bestreuen.

Hollersirup

2 kg feiner Zucker, 3 l Wasser, 60 g Zitronensäure
(aus der Apotheke), 20-25 Holunderblütendolden,
3 unbehandelte, in Scheiben geschnittene Zitronen

Zucker im kochenden Wasser unter Rühren auflösen. Abkühlen lassen. Die Zitronensäure zugeben und weiterrühren. Holunderblütendolden gründlich waschen und abtropfen lassen. Mit den Zitronenscheiben in ein 5-Liter-Einmachglas geben und mit dem Zuckerwasser übergießen. 5 Tage zugedeckt ziehen lassen. Durch ein Tuch abseihen, in gespülte Flaschen füllen und zustöpseln. Schmeckt mit Mineralwasser oder Sekt aufgegossen.

Kinderbowle

1 l Früchtetee, 500 g Erdbeeren, 1 Pfirsich, 2 rote Äpfel,
je 100 g Ananasstücke und Mandarinen (Dose), 3 EL Zucker,
Saft von 1 Zitrone, 1 l Mineralwasser, 1/4 l Maracujasaft

Den frisch gekochten Früchtetee kalt stellen. Das frische Obst waschen oder schälen und in mundgerechte Stücke schneiden. Mit den abgetropften Ananas, Mandarinen, Zucker und Zitronensaft in einem Bowlengefäß mischen und 1 Stunde ziehen lassen. Mit dem gut gekühlten Mineralwasser, eiskaltem Maracujasaft und dem Früchtetee aufgießen.

Holunderpfannkuchen

100 g Mehl, 1 Prise Salz, 8 kleine Eier, 1/4 Milch,
Butterschmalz, Kokosfett oder Öl zum Backen,
12 Holunderblütendolden, etwa 100 g Zimtzucker

Mehl, Salz, Eier und Milch verrühren. In einer kleinen, beschichteten Pfanne Fett erhitzen. Jeweils 1/2 Schöpfkelle Teig darin verteilen, mit 2 gewaschenen Holunderdolden belegen und bei mittlerer Hitze pro Seite etwa 2 Minuten backen. Mit Zimtzucker bestreut zu Vanilleeis und Schlagsahne servieren.

Rhabarbergrütze

1 Päckchen Vanille-Puddingpulver, 1/4 l Erdbeersaft,
500 g Rhabarber, 100 g Zucker, 200 ml Sahne

Puddingpulver mit 4 Esslöffeln Erdbeersaft glatt rühren. Rhabarber in Stücke schneiden und in dem restlichen Saft weich kochen. Puddingpulver untermischen und alles unter Rühren dick einkochen. Die Grütze mit Zucker mischen und kalt stellen. Mit der Sahne servieren.

Tipp

Rhabarber erst nach dem Kochen zuckern, dann schmeckt er viel milder.

Rhabarberkuchen

Für den Teig:
150 g Mehl, 100 g Zucker, 1 Päckchen Vanillezucker,
1 TL abgeriebene, unbehandelte Zitronenschale, 1 Ei, 75 g Butter

Für den Belag:
500 g Rhabarber, 150 g Zucker, 2 Eier, 200 g saure Sahne,
100 g gemahlene Mandeln

Mehl, Zucker, Vanillezucker, Zitronenschale, Ei und Butter zu einem glatten Mürbeteig verarbeiten, eine Springform (26 Zentimeter Durchmesser) damit auskleiden und einen etwa 3 Zentimeter hohen Rand hochdrücken. Den Teig mit einer Gabel mehrmals einstechen und 30 Minuten kühlen. Inzwischen den Rhabarber waschen und in fingerbreite Stücke schneiden, dabei alle Fäden von den Rhabarberstangen abziehen. Zucker, Eier, saure Sahne und Mandeln verrühren. Den gekühlten Teigboden im vorgeheizten Backofen bei 220 °C 10 Minuten vorbacken. Rhabarber und Sahnecreme darauf verteilen und den Kuchen bei 200 °C in etwa 30 Minuten fertig backen.

Tipp

Rhabarber ist pflegeleicht und gedeiht auf mäßig nährstoffreichem Boden. Eine ausgewachsene Staude ist ein wahres Garten-Schmuckstück: rot das „Herz" und die fleischigen Stiele, groß und saftig grün die Blätter. Übrigens schmecken die Sorten mit roten Stielen besser als die grünstieligen.

Menüvorschlag im Mai

Champignonsalat (Seite 41)

Spargel mit Käse (Seite 38)

Petersilienkartoffeln (Seite 38)

Rhabarberkuchen (Seite 44)

Sommer

Mit dem Sommer beginnt der Überfluss in Großmutters Küche: Erdbeeren reifen für Marmelade, die Bohnen grünen für Rostbraten und Lamm. Kohlrabi, Karotten und Blumenkohl sind zart wie nie.

Juni

1	9	17	25
2	10	18	26
3	11	19	27
4	12	20	28
5	13	21	29
6	14	22	30
7	15	23	
8	16	24	

Omas Junitipp

Der Sommer bringt uns heimisches Obst: Kirschen gibt es im Überfluss, und die Erdbeeren – obwohl seit Wochen auf dem Markt – sind erst jetzt reif und süß. Zum Selberpflücken gehen Sie möglichst an trockenen Tagen, denn nach einer Regenperiode schmecken die Früchte nicht so gut. Wählen Sie nur rundum rote Exemplare, Erdbeeren mit weißen Spitzen bleiben unreif und entwickeln kein Aroma. Für Ihre Gemüseküche bekommen Sie Blumenkohl, saftige Bundkarotten, junge Zucchini und wunderbar zarten Spitzkohl mit losen Außenblättern und festem Herz.

Senfmarinade
mit Kräutern

1 EL scharfer Senf, 3 EL Weißweinessig, 1 Prise Salz, weißer Pfeffer, 1 EL Zucker, je 1 EL gehackte Petersilie, Dill und Schnittlauchröllchen, 4 EL Olivenöl

Den Senf mit dem Essig verrühren. Salz, eine kräftige Prise gemahlenen Pfeffer, Zucker und Kräuter unterrühren. Die Marinade 20 Minuten zugedeckt ziehen lassen. Dann das Öl unterschlagen.

Joghurtdressing
mit Basilikum

150 g Joghurt, 1 EL weißer Balsamessig, 1 TL Öl, 1 Prise Salz, weißer Pfeffer, 1 Basilikum oder 2 EL italienische Kräuter (TK)

Joghurt, Essig, Öl, Salz, Pfeffer und das fein zerkleinerte Basilikum oder die TK-Kräuter miteinander verrühren.

Tipp

Die Senfmarinade schmeckt zu Kopfsalat und anderen Blattsalaten, auch zu Paprikaschoten, geraspelten Zucchini und gegarten grünen Bohnen mundet sie vorzüglich.
Die Joghurtmarinade passt zu Tomaten, Karotten und Gurken.

Studentenbrote

200 g gekochter Schinken oder Fleischwurst, 150 g Gouda,
4 Gewürzgurken, 2 EL kleine Kapern, 1 EL gehackte Petersilie,
1 TL getrockneter Oregano, weißer Pfeffer, 100 g Salatmayonnaise,
4 Salzspitzle oder Laugenstangen

Schinken oder Wurst, Käse und abgetropfte Gewürzgurken würfeln und in eine Schüssel geben. Abgetropfte Kapern, Petersilie, Oregano, Pfeffer und Mayonnaise zugeben und alles gründlich vermischen. Salzspitzle quer durchschneiden, aushöhlen und mit der Mischung füllen. Auf ein Backblech mit Backpapier legen und im vorgeheizten Backofen bei 220 °C etwa 15 Minuten backen.

Matjestaler

12 runde Pumpernickelscheiben, 2 EL Butter, 1/4 Kopfsalat,
6 Matjesfilets, 1 Gewürzgurke, 2 EL Schnittlauchröllchen,
2 EL Apfelsaft, 1 EL Zitronensaft, Pfeffer, 1 Prise Zucker

Pumpernickel mit der Butter bestreichen und mit zerpflückten Salatblättern belegen. Abgetropfte Matjesfilets und Gewürzgurke klein würfeln. Mit Schnittlauch mischen, mit Apfelsaft, Zitronensaft, Pfeffer und Zucker abschmecken und auf den Pumpernickelscheiben verteilen.

Gemüselasagne

2 kleine Zucchini, 150 g frische Champignons, 1 kleine Zwiebel,
2 EL Olivenöl, 1 große Dose Tomatenstücke (800 g),
1 TL gekörnte Gemüsebrühe, 1/2 TL getrockneter Oregano,
200 ml Sahne, 1 gehäufter TL Mehl, Salz, weißer Pfeffer,
250 g weiße oder grüne Lasagneblätter (ohne Vorkochen),
100 g geriebener mittelalter Gouda

Die gewaschenen Zucchini putzen und grob raspeln. Die Champignons putzen, kurz waschen, trocken tupfen und in Scheiben schneiden. Die geschälte Zwiebel klein würfeln und im heißen Öl bei schwacher Hitze glasig braten. Zucchini und Pilze zugeben und unter Rühren kräftig anbraten, bis die Flüssigkeit verdampft ist. Tomaten, Gemüsebrühe und Oregano zugeben und etwa 5 Minuten leicht köcheln lassen. Sahne mit dem Mehl verquirlen und unterrühren, Gemüse mit Salz und Pfeffer abschmecken. Eine halbhohe gefettete Auflaufform schichtweise mit dem Gemüse und den Lasagneplatten füllen. Mit Gemüse und Käse abschließen. Lasagne im vorgeheizten Backofen bei 200 °C zuerst 25 Minuten zugedeckt, dann noch 20 Minuten offen backen, bis sie schön gebräunt ist.

Tipp

Die Nudeln sollten mit Flüssigkeit bedeckt sein, damit sie gut durchgaren, deshalb eventuell noch etwas Milch darauf gießen, bevor Sie die Lasagne mit dem Käse bestreuen.

Salbeihähnchen

1 küchenfertiges Hähnchen (etwa 1,2 kg), Salz, Pfeffer,
3 Knoblauchzehen, 15 Salbeiblättchen, 100 g Räucherspeckscheiben

Hähnchen innen und außen kalt abspülen und trocken tupfen. Mit Salz und Pfeffer einreiben. Mit dem geschälten zerdrückten Knoblauch und den gehackten Salbeiblättchen füllen. In den gewässerten Römertopf legen, mit den Speckscheiben belegen und zugedeckt in den kalten Backofen stellen. Bei 200 °C etwa 70 Minuten braten.

Rosmarinfleisch

700 g Schweinenacken (ohne Knochen), 1/8 l trockener Weißwein,
4 Zweige Rosmarin, 3 EL Öl, Salz, schwarzer Pfeffer

Das Fleisch in etwa 2 Zentimeter große Würfel schneiden. Mit Wein und abgezupften Rosmarinblättchen mischen und zugedeckt 2 Stunden kühlen. Auf ein Sieb geben und gut abtropfen lassen, dabei die Flüssigkeit auffangen. Das Öl in einer tiefen beschichteten Pfanne stark erhitzen. Fleisch und Rosmarin darin rundherum kräftig anbraten, bis die Flüssigkeit verdampft ist. Mit Salz und Pfeffer würzen und den aufgefangenen Wein zugeben. Das Fleisch in der offenen Pfanne bei mittlerer Hitze etwa 15 Minuten schmoren, bis die Flüssigkeit vollständig eingekocht ist. Dabei immer wieder wenden.

Marinierter Tafelspitz

1 kleine Zwiebel, 2 l Wasser, 1 Stück unbehandelte Zitronenschale, 3 Lorbeerblätter, 1 TL Pfefferkörner, 2 TL gekörnte Brühe, 1 kg Tafelspitz, 1 Bund Suppengrün, 3 EL Weißweinessig, 4 EL trockener Weißwein, 1 EL körniger Senf, 1 Prise Zucker, Salz, schwarzer Pfeffer, 1 Minigurke, 2 Bund Radieschen, 2 EL Schnittlauchröllchen

Die Zwiebel schälen und halbieren. Mit 2 Litern Wasser, Zitronenschale, Lorbeerblätter, Pfefferkörnern und Brühe aufkochen. Den Tafelspitz mit dem gewaschenen Suppengrün zugeben und bei schwacher Hitze 2 Stunden garen. Das Fleisch in der Brühe abkühlen lassen, dann herausnehmen und mit einem scharfen Messer in Scheiben schneiden. Auf einer tiefen Platte anrichten. Von der durchgesiebten Brühe 1/4 Liter abmessen. Mit Essig, Wein und Senf verrühren, mit Zucker, Salz und Pfeffer kräftig würzen. Den Tafelspitz damit übergießen und zugedeckt mindestens 6 Stunden im Kühlschrank ziehen lassen. Zum Servieren die geschälte Gurke und die gewaschenen Radieschen in dünne Scheiben schneiden und über dem Fleisch verteilen. Mit Schnittlauch und grobem Pfeffer bestreuen.

Tipp

Ein Schälchen mit Backpulver hilft gegen unangenehmen Geruch im Kühlschrank. Auf Ameisenstraßen im Haus gestreut, vertreibt es die lästigen Tierchen.

Karotten mit Mett

500 g Karotten, 1 Zwiebel, 1 EL Öl, 250 g Schweinemett,
200 g TK-Erbsen, 1/4 l Brühe, 1 EL gehackte Petersilie,
Salz, Pfeffer, 1 Prise Zucker, 1 EL Zitronensaft

Die Karotten schälen und in dünne Scheiben schneiden. Die geschälte Zwiebel würfeln und im heißen Öl glasig dünsten. Karotten und Mett zugeben und krümelig braten. Erbsen und Brühe hinzufügen und alles etwa 5 Minuten garen. Mit der gehackten Petersilie mischen, mit Salz, Pfeffer, Zucker und Zitronensaft kräftig abschmecken. Als Beilage Salzkartoffeln servieren.

Spitzkohlnudeln

500 g Spitzkohl, 1 Zwiebel, 1 Knoblauchzehe, 2 EL Olivenöl,
1 kleine Dose Tomatenstücke, 150 g Schmant, Salz, weißer Pfeffer,
400 g breite Eiernudeln

Den Kohl putzen, waschen und zerkleinern. Die Zwiebel und den Knoblauch fein würfeln und im heißen Olivenöl glasig braten. Den Kohl zugeben und leicht bräunen. Tomaten und Schmant untermischen und alles in etwa 10 Minuten bissfest garen. Mit den ebenfalls bissfest gegarten, abgetropften Nudeln mischen, mit Salz und Pfeffer abschmecken.

Überbackener Blumenkohl
mit Tomaten

1 kleiner Blumenkohl, 2 Tomaten, 1 Zwiebel, 200 g gemischtes Hackfleisch, 2 EL Öl, 100 g Reibekäse, 1 Ei, 1 EL gehackte Petersilie, 3 EL Sahne, Salz, Cayennepfeffer, 1 EL Semmelbrösel

Blumenkohl in Röschen teilen und waschen. Tomaten abziehen und in Scheiben schneiden. Die geschälte Zwiebel fein zerkleinern und mit dem Hackfleisch im heißen Öl anbraten, bis das Fleisch krümelig ist. Den Blumenkohl kurz mitbraten und zugedeckt 5 Minuten schmoren. Von der Kochstelle nehmen und etwas abkühlen lassen. 1 Esslöffel Käse, Ei, Petersilie und Sahne unterrühren, mit Salz und Cayennepfeffer kräftig würzen. In eine gefettete Gratinform geben, mit den Tomatenscheiben belegen, mit den Semmelbröseln und dem restlichen Käse bestreuen. Im vorgeheizten Backofen bei 200 °C etwa 30 Minuten überbacken. Dazu schmecken Petersilienkartoffeln oder lockeres weißes Landbrot.

Tipp

Am besten holen Sie Blumenkohl im Sommer vom Gärtner: Dann ist er wirklich frisch, duftet angenehm, die Röschen sind fest, die Hüllblätter saftig. Beim Zubereiten nicht zu viel „wegputzen": saftig-grüne Blätter enthalten mehr Bioaktivstoffe als die Röschen, der Strunk schmeckt klein geschnitten so zart und aromatisch wie Kohlrabi.

Gummibärchenbowle

200 g Gummibärchen aus dem Reformhaus, 1 Flasche Birnensaft, 1 kg gemischte Früchte (Erdbeeren, Himbeeren und Kirschen), 3 EL Birnendicksaft, 2 Flaschen Mineralwasser

Für jeden Eiswürfel ein Gummibärchen in die Mulden von Eiswürfelbehältern geben, mit Birnensaft bedecken und im Tiefkühlschrank fest werden lassen. Für die Bowle das Obst waschen und trocken tupfen. Die Erdbeeren abzupfen, die Kirschen entkernen. In ein Bowlengefäß geben und mit dem restlichen Birnensaft und Mineralwasser übergießen. Zum Servieren die Gummibärchen-Eiswürfel aus den Behältern lösen und in die Bowle geben.

Hagebuttenlimonade

8 Aufgußbeutel Hagebuttentee, 3 unbehandelte Zitronen, 4 EL Honig, 1 Handvoll Zitronenmelisse, 1 Flasche Mineralwasser

Teebeutel mit 1 1/2 Liter kochendem Wasser übergießen, 10 Minuten ziehen lassen und wieder herausnehmen. 2 Zitronen auspressen. Saft und Honig in den Tee rühren. Die dritte Zitrone heiß abwaschen und in dicke Scheiben schneiden. Mit der gewaschenen Zitronenmelisse und dem Mineralwasser in den Tee geben. Die Limonade gut gekühlt servieren.

Kirschsuppe
mit Grießklößchen

Für die Suppe:
500 g Kirschen, 1 l Sauerkirschsaft, 1/2 Zimtstange,
1 Stück unbehandelte Zitronenschale, 80 g Zucker,
1 Päckchen Vanille-Puddingpulver

Für die Klößchen:
1/4 l Milch, 1 EL Butter, 2 EL Zucker,
1 Prise Salz, 100 g Grieß, 1 Ei

Die entkernten Kirschen mit Sauerkirschsaft, Zimtstange, Zitronenschale und Zucker aufkochen und 5 Minuten sanft köcheln lassen. Zimt und Zitronenschale entfernen. Puddingpulver mit 4 Esslöffeln Wasser verrühren, zu den Kirschen geben und etwa 1 Minute kochen, bis die Suppe dick ist. Heiß halten oder kühlen. Für die Klößchen Milch mit Butter, Zucker und Salz aufkochen. Grieß zugeben und rühren, bis sich ein Kloß bildet. Topf von der Kochstelle nehmen, Teig abkühlen lassen. Ei unterrühren, Teig mit Teelöffeln zu Klößchen abstechen. In einem großen Topf reichlich Salzwasser erhitzen, Klößchen darin einmal aufkochen. Bei schwächster Hitze etwa 15 Minuten gar ziehen lassen. Mit einer Schaumkelle herausnehmen und in der Kirschsuppe anrichten.

Tipp

Damit Milch beim Erhitzen nicht anbrennt, den Topf vorher mit kaltem Wasser ausspülen.

Erdbeerpalatschinken

750 g Erdbeeren, 2 EL Puderzucker, 125 g Mehl, Salz, 5 Eier,
1/8 l Milch, 125 ml Sahne, Butterschmalz zum Backen

Die gewaschenen, abgezupften Erdbeeren vierteln. Etwa 250 Gramm davon mit dem Puderzucker pürieren. Die restlichen Erdbeeren mit 2 Esslöffeln Püree vermischen. Mehl, Salz, Eier, Milch und Sahne verrühren. In einer großen, beschichteten Pfanne mit heißem Butterschmalz 8 Palatschinken ausbacken. Jeden Palatschinken mit Erdbeeren belegen, zusammenklappen und mit dem restlichen Erdbeerpüree beträufelt servieren.

Erdbeermarmelade

1 kg reife Erdbeeren, gewaschen und geviertelt,
1 kg Gelierzucker („1 plus 1"), Saft von 1 Zitrone

Erdbeeren mit dem Gelierzucker in einem großen Edelstahltopf vermischen und mindestens 2 Stunden zugedeckt ziehen lassen. Unter Rühren zum Kochen bringen. Sobald die Marmelade sprudelnd kocht, noch 4 Minuten bei mittlerer Hitze weiterkochen. Dabei ständig rühren. Dann den Zitronensaft untermischen, die kochend heiße Marmelade in saubere, heiß ausgespülte Twist-off-Gläser füllen und sofort verschließen.

Menüvorschlag im Juni

Tomaten in Joghurtdressing (Seite 49)

Spitzkohlnudeln (Seite 54)

Salbeihähnchen (Seite 52)

Erdbeerpalatschinken (Seite 58)

Juli

1	9	17	25
2	10	18	26
3	11	19	27
4	12	20	28
5	13	21	29
6	14	22	30
7	15	23	31
8	16	24	

Omas Julitipp

Mit der heißen Sommerzeit steigt unser Bedarf an Flüssigkeit: Mineralwasser und Zitronentee sollten Sie kühl, aber nicht eisgekühlt bereitstellen. Großmutter kannte auch einen sommerliches Getränk aus Gerste: 2 Esslöffel Gerstengraupen, ein Stück Zucker, eine gute Prise Salz und fein geschnittene Zitronenschale in einen Topf geben, mit reichlich kochendem Wasser aufgießen und einige Minuten sanft rühren. Zugedeckt stehen lassen, bis das Gerstenwasser abgekühlt ist. Es schmeckt schön erfrischend und wirkt als Durststiller weit besser als Apfelschorle und süße Getränke.

Kalte Gurkensuppe

1 große Salatgurke, 3 Bund Lauchzwiebeln, 1 Bund Petersilie, 1/4 l Geflügelbrühe, 400 ml Sahne, 1 Prise Chilipulver, Salz, Pfeffer, 1 kleine Knoblauchzehe

Gurke, Lauchzwiebeln und Petersilie waschen und trocken tupfen. Die Zwiebeln putzen. Die Salatgurke der Länge nach halbieren und entkernen. 3/4 der Gurke, die Zwiebeln und die Petersilie grob hacken. Alles in der Brühe einige Minuten köcheln, abkühlen lassen und mit dem Stabmixer pürieren. Mit der Sahne aufgießen und mit den Gewürzen abschmecken. Die zerdrückte Knoblauchzehe und die restliche klein gewürfelte Gurke in die Suppe geben. Zugedeckt mindestens 2 Stunden kühlen.

Omas Käsekrüstchen

150 g Gratinkäse, 2 EL gehackte Petersilie, 1 Ei, 4 EL Bier, 2 TL scharfer Senf, Salz, 1 TL edelsüßes Paprikapulver, 4 Scheiben Mischbrot

Käse, Petersilie, Ei, Bier, Senf, Salz und Paprika verrühren. Brot toasten, von der Rinde befreien, in Dreiecke teilen und mit der Käsecreme bestreichen. Unter dem vorgeheizten Grill etwa 5 Minuten überbacken, bis der Käse schön gebräunt ist. Als Beilage Gurkensalat servieren.

Kartoffel-Eier-Salat

600 g festkochende Kartoffeln, 4 hart gekochte Eier,
2 Bund Petersilie, 2 Bund Schnittlauch, 3 Schalotten,
300 g Joghurt, 1 Prise edelsüßes Paprikapulver

Kartoffeln waschen und ungeschält gerade eben weich garen. Etwas ausdampfen lassen, kalt abschrecken, schälen und noch warm in dünne Scheiben schneiden. Die Eier schälen und vierteln. Gewaschene Kräuter und geschälte Schalotten fein zerkleinern, mit dem Joghurt verrühren, mit Paprika abschmecken. Kartoffelscheiben und Eierviertel mit der Sauce mischen. Den Kartoffelsalat bis zum Servieren gut kühlen und am Tag der Zubereitung essen.

Omas Sommerkäse

400 g kleine Mozzarellakugeln, 1 Päckchen italienische Kräuter (TK), schwarzer Pfeffer, Saft von 1 Zitrone, 1/8 l natives Olivenöl extra, 100 g entsteinte schwarze Oliven

Abgetropften Mozzarella in eine Schüssel geben. Kräuter und reichlich groben Pfeffer aus der Mühle darüber verteilen. Den ausgepressten Zitronensaft mit dem Öl verrühren und den Käse damit übergießen. Die Oliven darauf verteilen. Mit hellem Landbrot servieren.

Nudelpfanne mit Tomaten

1 kg reife Tomaten, 1 große Zwiebel, 2 Knoblauchzehen, 4 EL Olivenöl, 1 Päckchen Suppengrün (TK), 1 Prise Zucker, Salz, schwarzer Pfeffer, 400 g Spiral- oder Hörnchennudeln, 250 g Mozzarella, 3 EL geriebener Parmesan, 1 EL gehacktes Basilikum

Tomaten abziehen und grob zerkleinern, Zwiebel und Knoblauch schälen und fein würfeln. Das Öl in einer großen, beschichteten Pfanne erhitzen, Zwiebel mit Knoblauch und Suppengrün darin bei schwacher Hitze glasig braten. Tomaten untermischen und zugedeckt bei schwacher Hitze 20 Minuten schmoren. Mit Zucker, Salz und Pfeffer abschmecken. Nudeln in sprudelnd kochendem Salzwasser 3 Minuten garen. Abgießen, abtropfen lassen und mit der Tomatensauce mischen. Gleichmäßig in der Pfanne verteilen. Mozzarella in Scheiben schneiden und auf die Nudeln legen, Parmesan darüberstreuen. Nudeln zugedeckt bei mittlerer Hitze etwa 10 Minuten backen, bis der Käse zerlaufen ist. Mit dem Basilikum bestreut servieren.

Tipp

Bei selbstgezogenen Tomaten die Seitentriebe in den Blattachsen regelmäßig abknipsen, damit die Pflanze ihre Kraft in die Fruchtbildung steckt. Ab Mitte Juli sollten Sie so viele Blätter vom Stock entfernen, dass die Früchte genügend Sonne bekommen und gut reifen.

Kräuterforellen

4 küchenfertige Forellen (je etwa 350 g), 4 EL Zitronensaft, Salz, weißer Pfeffer, je 1 Bund Dill und Petersilie, 100 g Kräuterbutter (fertig gekauft)

Aus extrastarker Alufolie vier Bogen in doppelter Größe der jeweiligen Forellen ausschneiden. Die Forellen innen und außen kalt abspülen und trocken tupfen. Innen und außen mit Zitronensaft beträufeln, mit Salz und Pfeffer würzen und jeweils auf ein Folienblatt legen. Die Kräuter waschen, trocken tupfen und die Forellen damit füllen. Die Kräuterbutter in 4 Stücke schneiden und jeweils eines auf eine Forelle legen. Die Folie zu lockeren Päckchen verschließen und an den Rändern zusammendrücken, damit beim Garen nichts auslaufen kann. Die Folienpäckchen auf ein Backblech legen. Forellen im vorgeheizten Backofen bei 200 °C 20 Minuten garen, bis die Folie sich stark aufgebläht hat. Fische aus der Folie nehmen und auf großen vorgewärmten Tellern anrichten. Die flüssige Butter aus der Folie über die Forellen gießen. Mit Petersilienkartoffeln und Salat als Beilage servieren.

Tipp

Nach dem Vorbereiten von Fisch oder Zwiebeln: Die Hände mit kaltem Kaffeesatz einreiben und dann erst waschen – das nimmt den „Duft". Fischgeruch in der Küche verfliegt, wenn Sie Essigwasser in einem offenen Topf erhitzen und gleichzeitig gut lüften.

Bohnenrostbraten

750 g grüne Bohnen, 4 Tomaten, 4 Kartoffeln,
3-4 Scheiben Entrecôte (je 200 g), Salz, Pfeffer, 4 EL Öl,
2 EL Tomatenketchup

Die Bohnen putzen und in Stücke schneiden. Die Tomaten abziehen und vierteln, die Kartoffeln schälen, waschen und würfeln. Die Entrecôtescheiben mit Salz und Pfeffer würzen. Das Öl in einem großen Bräter (mit Deckel) stark erhitzen. Fleisch darin auf beiden Seiten kräftig braun anbraten. Mit Tomatenscheiben belegen, Bohnen und Kartoffeln darauf verteilen, Ketchup zugeben. Rostbraten zugedeckt im vorgeheiztem Backofen bei 180 °C etwa 1 Stunde schmoren.

Zucchiniomelett

3 Scheiben Toastbrot, 4 EL Milch, 3 kleine Zucchini, 8 Eier,
80 g geriebener Parmesan, 1 TL abgeriebene, unbehandelte
Zitronenschale, Salz, Butterschmalz zum Backen

Toastbrot würfeln und in der Milch 5 Minuten einweichen. Inzwischen die gewaschenen Zucchini in Scheiben schneiden. Mit den verquirlten Eiern, Käse, Zitronenschale und Salz unter das Brot rühren. Aus der Masse in einer beschichteten Pfanne mit heißem Butterschmalz 6 bis 8 Omeletts backen.

Paprikahuhn

1 Zwiebel, 50 g durchwachsener Speck, 1 Brathuhn (etwa 1,2 kg)
Salz, 2 EL edelsüßes Paprikapulver, 2 EL Mehl,
3 EL Öl, 1 EL Tomatenmark, 1/4 l Brühe

Geschälte Zwiebel und Speck würfeln, das Huhn in 6 Stücke teilen. Salz, Paprika und Mehl auf einem Teller mischen. Hühnerstücke darin wenden und im heißen Öl goldgelb anbraten. Herausnehmen, Zwiebeln und Speck im Bratfett glasig braten. Tomatenmark einrühren und kurz rösten. Brühe zugießen und den Bratfond damit lösen. Hühnerstücke wieder zugeben und zugedeckt in 30 bis 40 Minuten weich schmoren. Mit Salz abschmecken, mit Salzkartoffeln und Salat servieren.

Würzschnitzel

5 EL Öl, 2 Knoblauchzehen, Salz, Pfeffer, 1 TL getrockneter
Thymian, 4 Schweineschnitzel (je etwa 150 g), 2 EL Chiliketchup

3 Esslöffel Öl mit zerdrücktem Knoblauch, Salz, Pfeffer und Thymian verrühren. Schnitzel damit bestreichen und in einer beschichteten Pfanne mit dem restlichen Öl pro Seite 3 Minuten braten. Herausnehmen und warmhalten. Ketchup mit 2 Esslöffel Wasser verrühren. In die Pfanne gießen, Bratfond damit lösen und über die Schnitzel geben.

Gefüllte Kohlrabi

4 Kohlrabi (je etwa 200 g), Salz, 1 altbackenes Weizenbrötchen, 100 g Kalbsbraten (Rest), 3 Sardellen, 1 Zwiebel, 50 g durchwachsener Speck, 1 EL gehackte Petersilie, 2 EL Butter, 1 Ei, Salz, weißer Pfeffer, geriebene Muskatnuss

Die Kohlrabi schälen, ohne den zarten Blattansatz zu entfernen. In leicht gesalzenem Wasser in etwa 15 Minuten bissfest kochen. Inzwischen die Brötchen in kaltem Wasser einweichen und gut ausdrücken. Das Fleisch, die kalt abgespülten Sardellen, die geschälte Zwiebel und den Speck in ganz kleine Würfel schneiden. Kohlrabi mit einem Schaumlöffel herausnehmen und das Kochwasser beiseitestellen. Von jedem Kohlrabi einen Deckel mit dem Blattansatz abschneiden. Kohlrabi aushöhlen, das Kohlrabifleisch fein zerkleinern. Mit den Brötchen und den anderen zerkleinerten Zutaten in der heißen Butter etwa 10 Minuten unter häufigem Umrühren schmoren. Etwas abgekühlt mit dem Ei mischen. Mit Salz, Pfeffer und Muskat würzen. Die Kohlrabi mit der Masse füllen, die Deckel auflegen, dicht an dicht in eine gefettete Auflaufform setzen und mit etwa 1/8 Liter Kohlrabiwasser umgießen. Im vorgeheizten Backofen bei 180 °C in etwa 15 Minuten weich garen.

Tipp

Mit Gratinkäse, den es fertig gerieben in der Kühltheke des Supermarkts gibt, schmecken die gefüllten Kohlrabi noch herzhafter.

Hefepfannkuchen
mit Aprikosen

200 g Mehl, 1/2 TL Trockenhefe, 1 Prise Salz, 2 EL Zucker, 1 TL abgeriebene, unbehandelte Zitronenschale, 3 Eier, 1/4 l Milch, 1 EL flüssige Butter, 4 reife Aprikosen, 2 EL Butterschmalz, 4 EL Schmant, 4 EL Zimtzucker

Mehl mit Hefe, Salz, Zucker, Zitronenschale und Eiern verrühren. Lauwarme Milch und Butter untermischen. Zugedeckt bei Zimmertemperatur 30 Minuten ruhen lassen. Die Aprikosen mit kochendem Wasser übergießen, abziehen, halbieren, entsteinen und in Stücke schneiden. Nach der Ruhezeit unter den Teig mischen. Das Butterschmalz in einer großen, beschichteten Pfanne erhitzen. Den Teig auf einmal hineingießen und zugedeckt bei schwacher Hitze etwa 15 Minuten backen, bis der Pfannkuchen an der Unterseite fest ist. Mit Hilfe von 2 Tellern wenden und noch einmal 15 Minuten backen. Wie bei Kuchen mit einem Holzstäbchen prüfen, ob der Pfannkuchen gar ist. In 4 Stücke schneiden und auf vorgewärmte Teller geben. Jedes Stück mit Schmant bestreichen und mit Zimtzucker bestreuen.

Tipp

Farnwedel eignen sich gut als Unterlage in sommerlichen Obstschalen. Das sieht nicht nur schön aus, sondern hält die Früchte auch länger frisch. Gegen lästige Fruchtfliegen helfen ein paar Gewürznelken, die Sie zum Obst legen.

Heidelbeerauflauf

80 g Butterschmalz, 4 Eier, 1/4 l Milch, 175 g Mehl,
1 TL abgeriebene, unbehandelte Zitronenschale,
300 g Heidelbeeren, 125 g saure Sahne, 2 EL Zucker

Den Backofen auf 200 °C vorheizen, dabei das Butterschmalz in einer Gratinform im Ofen schmelzen lassen. Die Eier trennen, Milch, Mehl, Eigelb und Zitronenschale verrühren. Eiweiß steif schlagen und unter den Teig ziehen. In die Form mit dem Schmalz gießen. Die gewaschenen Heidelbeeren auf der Teigmasse verteilen und im heißen Ofen 20 Minuten backen. Saure Sahne mit dem Zucker vermischen und über den Auflauf gießen. Auflauf nochmals 10 Minuten backen, bis er leicht gebräunt ist.

Heidelbeerlikör

200 g Heidelbeeren, 150 g weißer oder brauner Kandis,
1 Gläschen Rum (2 cl), 1 Flasche Kornbranntwein (0,7 l)

Heidelbeeren waschen und abtropfen lassen. Mit Kandiszucker und Rum in eine große, sauber gespülte Flasche füllen und mit dem Korn aufgießen. Die Flasche gut verschließen und den Likör 2-3 Monate ziehen lassen. Nach Wunsch durch ein sauberes Mulltuch filtern.

Kirsch-Streusel-Törtchen

Für den Teig:
75 g Butter, 75 g Zucker, 1 Ei, 1 Päckchen Vanillezucker, Salz, 200 g Mehl, 1 Msp. Backpulver

Für den Belag:
250 g entsteinte Sauerkirschen, 125 g Schmant, 2 Eier

Zutaten zu einem krümeligen Teig verarbeiten. 2/3 davon in 6 gefettete Förmchen (12 Zentimeter Durchmesser) drücken. Im vorgeheizten Backofen bei 180 °C 15 Minuten backen. Mit den Kirschen belegen, Schmant und Eier verrühren, darüber verteilen. Mit den restlichen Streuseln belegen, noch 15 Minuten backen.

Milchreis
mit Pfirsichsauce

3/4 l Milch, 1 EL Butter, 2 EL Zucker, 1 Stück unbehandelte Zitronenschale, 125 g Milchreis, 3 Pfirsiche, 2 EL Puderzucker, 1 EL Zitronensaft

Milch mit Butter, Zucker und Zitronenschale aufkochen. Reis darin 25 Minuten körnig weich kochen. Pfirsiche waschen, halbieren, entsteinen und pürieren. Mit Puderzucker und Zitronensaft verrühren. Milchreis in tiefe Teller geben und die Pfirsichsauce darauf verteilen.

Menüvorschlag im Juli

Kalte Gurkensuppe (Seite 61)

Zucchiniomeletts (Seite 65)

Bohnenrostbraten (Seite 65)

Milchreis mit Pfirsichsauce (Seite 70)

August

1	9	17	25
2	10	18	26
3	11	19	27
4	12	20	28
5	13	21	29
6	14	22	30
7	15	23	31
8	16	24	

Omas Augusttipp

In der heißen Jahreszeit wollen wir unbeschwert genießen. Deshalb sollte Ihre Küche jetzt leicht sein, damit Herz und Kreislauf nicht belastet werden. Fleisch und Fisch kommen mit reichlich Gemüse oder einer Schüssel Salat auf den Tisch - schließlich ist das Angebot jetzt so groß wie sonst nie im Jahr. Kombinieren Sie mit frischen Kräutern, die im Sommer besonders aromatisch sind: Bohnenkraut, Petersilie, Basilikum und Dill. Statt eines üppigen Hauptgerichts schmeckt ein kleiner Snack, ein süßer Auflauf oder ein Stückchen Kuchen nach einer bunten Sommersuppe.

Würstchen im Blätterteig

8 Scheiben ausgerollter Blätterteig (TK), 8 Scheiben Edamer Käse, 4 TL Senf oder Ketchup, 8 Wiener Würstchen, 1 Eigelb

Blätterteig auftauen lassen. Käsescheiben dünn mit Senf bestreichen, Würstchen carin einrollen und auf die Teigscheiben legen. Die schmalen Teigenden nach innen schlagen und die Würstchen einrollen. Mit den glatten Seiten nach oben auf ein kalt abgespültes Backblech legen. Eigelb mit 1 Esslöffel Wasser verrühren, Wurstpäckchen damit bestreichen und im vorgeheizten Backofen bei 200 °C etwa 20 Minuten backen. Heiß servieren.

Käsetörtchen

250 g Mehl, Salz, 100 g Butter, 3-4 EL Wasser 2 Eier, 1/4 l Milch, weißer Pfeffer, geriebene Muskatnuss, 100 g mittelalter Gouda, je 50 g Parmesan und Emmentaler

Mehl mit 1/2 Teelöffel Salz, Butter und 3-4 Esslöffel Wasser zu einem Mürbeteig kneten. Förmchen (12 Zentimeter Durchmesser) damit auslegen und den Teig 30 Minuten kühlen. Für den Belag die Eier mit Milch verquirlen, mit Salz, Pfeffer und Muskat würzen. Alle Käsesorten grob raspeln und untermischen. Törtchen damit füllen und im vorgeheizten Backofen bei 200 °C etwa 20 Minuten backen.

Gefüllte Tomaten

4 Fleischtomaten, Salz, weißer Pfeffer, 150 g Fleischwurst, 100 g mittelalter Gouda, 2 Gewürzgurken, 3 EL Schnittlauchröllchen, 3 EL Salatmayonnaise

Tomaten waschen und abtrocknen. Von jeder Tomate einen „Deckel" abschneiden. Fruchtfleisch mit einem Teelöffel herausholen und hacken. Tomaten innen mit Salz und Pfeffer würzen. Wurst, Käse und Gewürzgurken klein würfeln, mit Schnittlauch, Salatmayonnaise und Tomatenfleisch mischen. Mit Salz und Pfeffer abschmecken und in die Tomaten füllen.

Eingekochte Tomaten

3 kg vollreife Tomaten, 2 große Zwiebeln, 6 Knoblauchzehen, 2 Handvoll Oregano, 1/8 l Olivenöl, je 1 TL Salz und Zucker

Tomaten abziehen und halbieren, Zwiebeln und Knoblauch schälen und grob zerkleinern, Oregano waschen. Das Öl in einem hohen Topf erhitzen. Zwiebeln mit Knoblauch und Oregano glasig braten. Tomaten zugeben und zum Kochen bringen. Zugedeckt 10 bis 15 Minuten weich garen. Mit Salz und Zucker würzen. Kochend heiß in sauber gespülte Twist-Off-Gläser füllen und sofort verschließen.

Paprikafisch

500 g Fischfilet, 2 EL Zitronensaft, Salz, je 1 grüne und rote Paprikaschote, 1 Zwiebel, 500 g Tomaten, 4 EL Öl, 1 TL edelsüßer Paprika, Pfeffer, 4 EL Weißwein, 1 EL gehackte Petersilie

Fisch mit Zitronensaft beträufeln und salzen. Geputzte Paprikaschoten in Streifen schneiden, geschälte Zwiebel würfeln. Tomaten abziehen und vierteln. Paprika, Zwiebel und Tomaten im heißen Öl 5 Minuten schmoren. Mit Salz, Paprika und Pfeffer würzen und in eine Gratinform geben. Fisch darauflegen, Wein zugeben. Mit Alufolie abgedeckt im vorgeheizten Backofen bei 220 °C etwa 20 Minuten garen. Zum Schluss mit Petersilie bestreuen.

Sommergemüsetopf

400 g grüne Bohnen, 1 Kohlrabi, 3 Kartoffeln, 3 Zwiebeln, 4 Tomaten, 2 EL Öl, 1/8 l Brühe, 200 g Schmant, Salz, Pfeffer

Bohnen waschen und putzen, Kohlrabi und Kartoffeln schälen und würfeln. Zwiebeln und Tomaten abziehen und achteln. Zwiebeln im heißen Öl glasig braten. Bohnen, Kohlrabi, Kartoffeln und Brühe zugeben und 15 Minuten schmoren. Tomaten und Schmant untermischen und einkochen. Mit Salz und Pfeffer kräftig abschmecken.

Grüne Bohnen mit Lamm

500 g Lammschulter (ohne Knochen), 2 Zwiebeln, 2 Knoblauchzehen, je 1 Zweig Salbei und Rosmarin, 1 kg grüne Bohnen, 1/2 Bund Bohnenkraut, 2 EL Öl oder 1 EL Butterschmalz, Salz, schwarzer Pfeffer, 1 1/2 l Brühe, eventuell Saucenbinder, 2 EL gehackte Petersilie

Das Lammfleisch in kleine Würfel schneiden, Zwiebeln und Knoblauch schälen und fein zerkleinern. Die Kräuter waschen, die Blättchen von Salbei und Rosmarin abzupfen und fein hacken. Das Fett in einem Schmortopf erhitzen und das Fleisch darin bei starker Hitze rundherum braun anbraten. Zwiebeln, Knoblauch, Salbei und Rosmarin zugeben und kurz mitbraten. Mit Salz und Pfeffer würzen, Brühe zugießen und den Bratensatz unter Rühren damit lösen. Alles aufkochen und zugedeckt 35 Minuten schmoren. Inzwischen Bohnen waschen, putzen und in Stücke schneiden. Mit dem Bohnenkraut zum Lammfleisch geben und weitere 15 bis 20 Minuten garen. Nach Wunsch mit Saucenbinder andicken. Mit der Petersilie bestreut servieren. Dazu passen Pellkartoffeln oder Bauernbaguette und Kräuterbutter.

Tipp

Bohnenschwemme ist im August; dann gibt es große Mengen aus heimischem Freilandanbau überall günstig zu kaufen. Frisch riechen sie intensiv nach Bohnen, sind prall, gleichmäßig gefärbt und ohne Druckstellen.

Scharfer Rindfleischtopf

500 g Rindfleisch zum Schmoren, 4 reife Tomaten, 2 Zwiebeln, 2 Knoblauchzehen, 5 EL Schweineschmalz, 500 g Rinderhackfleisch, 2 TL Chilipulver, 1 TL Zucker, 2 TL getrockneter Thymian, Salz, 150 ml Brühe, 2 Dosen Kidney-Bohnen (je etwa 400 g)

Das Fleisch würfeln, Tomaten abziehen und achteln, Stielansatz entfernen. Zwiebeln und Knoblauch schälen, zerkleinern und in einer Pfanne mit 1 Esslöffel Schmalz glasig braten. In einen großen Bräter geben, beiseitestellen. Die Rindfleischwürfel in der Pfanne mit 2 Esslöffeln Schmalz scharf anbraten, ebenfalls in den Bräter geben. Hackfleisch in der Pfanne mit dem restlichen Schmalz krümelig braten und zum Fleisch geben. Tomaten, Chili, Zucker, Thymian und Salz in der Pfanne unter Rühren kurz schmoren, mit der Brühe ablöschen und unter das Fleisch im Bräter mischen. Rindfleischtopf zugedeckt im vorgeheizten Backofen bei 150 °C 2 Stunden schmoren. Abgetropfte Bohnen zugeben und alles im offenen Bräter noch etwa 30 Minuten garen.

Tipp

Der Schmortopf ist ein praktisches Gästeessen: Sie können ihn am Vortag zubereiten und wieder aufwärmen oder zugedeckt bis zu zwei Stunden im Backofen warm halten. Am besten schmeckt er mit krustigem Bauernbrot, Butter und dicken, saftigen Gewürzgurken. Als Variante können Sie statt des Rindfleischs auch Lamm oder Kalb probieren.

Stachelbeerkuchen

100 g Butterschmalz, 750 ml Sahnequark, 1/2 l Milch, 1 TL abgeriebene, unbehandelte Zitronenschale, 200 g Zucker, 1 EL Vanillezucker, 700 g Stachelbeeren, 200 g Mehl, 100 g Grieß, 1/2 Päckchen Backpulver

Backofen auf 200 °C vorheizen, dabei Butterschmalz in der Fettpfanne im Ofen schmelzen lassen. Inzwischen Quark mit Milch, Zitronenschale, Zucker und Vanillezucker verrühren. Stachelbeeren waschen, putzen und untermischen. Butterschmalz in der Fettpfanne durch Schwenken gut verteilen. Mehl mit Grieß und Backpulver mischen und gleichmäßig in die Fettpfanne streuen. Stachelbeerbelag mit einem Löffel in Häufchen darauf verteilen. Sobald die Häufchen auseinander geflossen sind und der Belag die Fettpfanne ausfüllt, den Kuchen in den heißen Backofen schieben. Etwa 35 Minuten backen, bis er schön gebräunt ist. Auf dem Blech abkühlen lassen. Zum Servieren in 20 Stücke schneiden und gewendet auf die Kuchenplatte legen. Dazu Schlagsahne reichen.

Tipp

Nutzen Sie die Saison, wenn heimische Stachelbeeren von Ende Juni bis Mitte August auf den Markt kommen. Übrigens sind rote oder gelbe Beeren nicht „reifer" als grüne; die Farbe hängt von der Sorte ab. Und für den saftigen Obstkuchen zum Kaffee wird mal nicht der Teig gerührt, sondern der Belag.

Mandel-Kirsch-Torte

Für den Teig:
125 g Butter, 125 g Zucker, 1 TL Vanillezucker,
1 TL abgeriebene, unbehandelte Zitronenschale, 5 Eigelb,
150 g Mehl, 1 TL Backpulver

Für den Belag:
5 Eiweiß, 200 g Zucker, 80 g Mandelstifte

Für die Füllung:
1 Glas Sauerkirschen (etwa 350 g), 2 EL Speisestärke,
2 EL Kirschwasser, 500 ml Sahne

Butter, Zucker, Vanillezucker und Zitronenschale schaumig rühren. Zuerst das Eigelb, dann Mehl und Backpulver gemischt unterrühren. Teig in 2 gefetteten Springformen (26 Zentimeter Durchmesser) glattstreichen. Eiweiß und Zucker zu Schnee schlagen, auf die beiden Böden streichen und jeweils mit Mandeln bestreuen. Die Tortenböden nacheinander im vorgeheizten Backofen bei 180 °C etwa 25 Minuten backen. Auf Kuchengittern abkühlen lassen. Für die Füllung die Sauerkirschen in einen Topf geben. Etwa 5 Esslöffel Saft abnehmen und die Speisestärke damit glatt rühren. Kirschen aufkochen, Speisestärke einrühren und erneut aufkochen, bis die Füllung dick ist. Abgekühlt mit dem Kirschwasser abschmecken und auf einem Tortenboden verteilen. Sahne steif schlagen und etwa 2/3 davon auf die Kirschen streichen. Mit dem zweiten Boden abdecken. Restliche Sahne als Rosetten auf die Torte spritzen.

Zwetschgenauflauf

75 g weiche Butter, 500 g reife Zwetschgen, 2 EL Himbeer- oder Quittengelee, 100 g Zucker, 1 EL Mandelstifte, 1 große Msp. Zimtpulver, 4 Eier, etwas Zitronensaft, 2 EL beliebiger Obstbrand, 1 TL abgeriebene, unbehandelte Zitronenschale, 100 g Mehl, 1 Msp. Backpulver, 125 ml Sahne, 1/8 l Weißwein

Eine flache Auflaufform mit 1 gehäuften Esslöffel Butter ausfetten. Die Zwetschgen waschen, halbieren, entsteinen und mit der Höhlung nach oben in die Form legen. Die Höhlungen mit Gelee füllen. 2 Esslöffel Zucker mit Mandeln und Zimt mischen und darüberstreuen. Die Eier trennen. Eiweiß mit einigen Tropfen Zitronensaft steif schlagen. Den Rest von Zucker und Butter schaumig rühren. Obstbrand, Zitronenschale und Eigelb unterrühren. Zuerst Mehl mit Backpulver vermischt, dann Sahne und Wein und zum Schluss den Eischnee unterrühren. Den Teig über den Zwetschgen verteilen. Den Zwetschgenauflauf im vorgeheizten Backofen bei 180 °C etwa 30 Minuten backen.

Tipp

Der Auflauf schmeckt zur richtigen Zwetschgenzeit ab Ende August: Dann nämlich bekommen Sie wunderbar aromatische und vollreife Hauszwetschgen aus deutschem Anbau. Diese Sorten lösen sich gut vom Stein und geben gerade so viel Saft ab, dass der Auflauf dadurch saftig, aber nicht matschig wird.

Apfeldessert

1 kg Äpfel, 1/2 l Wasser, Saft von 1 Zitrone, 100 g Zucker, 1 TL Vanillezucker, 12 Blatt weiße Gelatine, 2 Likörgläser Calvados (Apfelschnaps), 250 ml Sahne, Schlagsahne und Johannisbeeren zum Garnieren

Die Äpfel schälen, das Kerngehäuse entfernen und die Äpfel in Spalten schneiden. Wasser und Zitronensaft in einem hohen Topf aufkochen, die Äpfel zugeben und zugedeckt in etwa 10 Minuten weich dünsten. Zucker und Vanillezucker zugeben und alles kräftig verrühren, bis die Äpfel ein glattes Püree bilden. Die Gelatine 5 Minuten in kaltem Wasser einweichen, gut ausdrücken und unter Rühren in der heißen Apfelmasse auflösen. Den Calvados untermischen und das Kompott nicht ganz abkühlen lassen. Die Sahne steif schlagen und unter die Äpfel ziehen. Die Apfelcreme in kalt ausgespülte, kleine Förmchen füllen und mindestens 3 Stunden kalt stellen. Zum Servieren die Förmchen kurz in heißes Wasser tauchen und das Apfeldessert auf Portionsteller stürzen. Mit Sahnetupfen und Johannisbeeren garnieren.

Tipp

Das Dessert können Sie gut vorbereiten. In den Förmchen, bedeckt mit Alufolie, hält es sich im Kühlschrank mindestens 1 Tag. Noch feiner schmeckt dieser fruchtige Nachtisch, wenn Sie die Äpfel beim Dünsten mit etwas Glühweingewürz aromatisieren.

Würzbirnen

1,5 kg kleine, feste Birnen, je 1 EL Pimentkörner, Gewürznelken und Koriandersamen, 1/4 Weißweinessig, 1/4 l Wasser, 600 g Zucker, 1 großes Stück unbehandelte Zitronenschale, 2 Vanilleschoten

Birnen dünn schälen, die Blüte herausstechen, die Stiele entfernen. Piment, Nelken und Koriander in ein Mullsäckchen binden. Mit Essig, 1/4 Wasser und Zucker aufkochen und neben der Kochstelle 10 Minuten ziehen lassen. Birnen mit Zitronenschale und Vanilleschote in den Sud geben und kochen, bis sie leicht glasig aussehen und gerade eben weich sind. Mit einem Schaumlöffel herausnehmen und in saubere Twist-off-Gläser füllen. Sud noch etwas einkochen, über die Früchte gießen und die Gläser sofort verschließen. Die Würzbirnen schmecken zu kaltem Fleisch und Käse.

Omas Brombeeressig

500 g frische Brombeeren, 1/2 l Apfelessig, 1/4 l Balsamessig

Die Brombeeren verlesen, in ein großes Glas geben und mit den beiden Essigsorten übergießen. Glas mit einem Tuch und einem festsitzenden Gummiband verschließen und den Essig warm und sonnig etwa 4 Wochen ziehen lassen. Durch ein Mulltuch abseihen, in saubere Flaschen füllen und verschließen.

Menüvorschlag im August

Würstchen im Blätterteig (Seite 73)

Sommergemüsetopf (Seite 75)

Scharfer Rindfleischtopf (Seite 77)

Apfeldessert (Seite 81)

Herbst

Die goldene Herbstsonne scheint auf dicken Kürbis und saftige Birnen, blaue Zwetschgen und rote Äpfel. Oma holt Beeren und Pilze aus dem Wald, backt süßen Apfelstrudel und macht endlich den Rumtopf auf.

September

1	9	17	25
2	10	18	26
3	11	19	27
4	12	20	28
5	13	21	29
6	14	22	30
7	15	23	
8	16	24	

Omas Septembertipp

Der Sommer neigt sich, doch die Sonne hat noch genügend Kraft, die Zwetschgen süß, die Kürbisse reif und den Holunder saftig zu machen. Jetzt ist die Zeit, Vorräte für den Winter anzulegen. Zwetschgenröster und Herbstkompott können Sie einkochen, Pilze trocknen und Kartoffeln im trockenen, kühlen Keller einlagern. Äpfel halten sich in Holzregalen, ordentlich nebeneinander gelegt, im Geräteschuppen und oft sogar in der Garage - das müssen Sie ausprobieren. Gürkchen als Nachlese im Gemüsegarten legen Sie ein, Lauch kann den Winter über im Beet bleiben.

Pfifferlinge badische Art

500 g frische Pfifferlinge, 1 große Zwiebel, 50 g Räucherspeck, 1 EL Butter, 2 EL gehackte Petersilie, 100 ml Sahne, Salz, weißer Pfeffer, 1-2 TL Zitronensaft

Die Pfifferlinge putzen und gegebenenfalls halbieren. Die geschälte Zwiebel und den Speck würfeln und in der heißen Butter glasig braten. Pilze und 1 Esslöffel Petersilie zugeben und unter Rühren braten, bis die Flüssigkeit verdampft ist. Die Sahne steif schlagen, untermischen und kurz aufkochen. Pilze mit Salz, Pfeffer und Zitronensaft abschmecken und mit der restlichen Petersilie bestreuen. Mit Nudeln oder Weißbrot servieren.

Überbackene Zucchini

500 g Zucchini, 20 g Knoblauchbutter, 1 EL Mehl, 1/4 l Milch, 50 g geriebener Emmentaler

Zucchini waschen, putzen, längs vierteln und nebeneinander in eine gefettete Gratinform geben. Knoblauchbutter zerlassen, Mehl unter Rühren darin goldgelb rösten. Milch unterrühren und 2 Minuten köcheln. Zucchini damit übergießen, mit dem Käse bestreuen und im vorgeheizten Backofen bei 180 °C 30 Minuten goldgelb überbacken.

Gefüllte Suppenschnittchen

200 g Kalbsbrät, etwas Salz, etwas geriebene Muskatnuss,
3 altbackene Weizenbrötchen, 60 g Mehl, 1 großes Ei,
200 ml Milch, Fett zum Backen

Kalbsbrät mit Salz und Muskat kräftig würzen. Brötchen in Scheiben schneiden, mit Brät bestreichen und 2 Schnitten aufeinanderlegen. Mehl mit Salz, Ei und Milch zu einem dünnen Pfannkuchenteig verrühren. Die gefüllten Scheiben im Teig wenden und in einer großen beschichteten Pfanne mit heißen Fett auf beiden Seiten goldbraun backen. Die abgekühlten Schnittchen in Streifen schneiden und auf heißer Fleischbrühe oder Cremesuppe anrichten.

Kartoffel-Karotten-Suppe

250 g mehlige Kartoffeln, 250 g Karotten,
1 l Hühnerbrühe (Instant), 125 ml Sahne, Salz, Pfeffer,
1 EL gehackte Petersilie

Kartoffeln und Karotten schälen und klein schneiden. Mit der Hühnerbrühe aufkochen und zugedeckt in 20 Minuten sehr weich garen. Die Suppe mit dem Stabmixer pürieren, dabei die Sahne unterrühren. Suppe nochmals kurz erhitzen, mit Salz und Pfeffer abschmecken und mit Petersilie bestreuen.

Kasseler mit Lauch

600 g Kasseler ohne Knochen, 500 g vorwiegend festkochende Kartoffeln, 4 dünne Stangen Lauch, 1 EL Rosmarinblättchen, 2 EL Öl, 1/4 l Brühe, 100 ml Sahne, Pfeffer, eventuell Salz

Das Kasseler in mundgerechte Würfel schneiden. Die Kartoffeln schälen, waschen und würfeln. Den Lauch putzen, waschen und in fingerbreite Stücke schneiden. Alle diese Zutaten mit dem Rosmarin im heißen Öl anbraten. Brühe zugießen, aufkochen und zugedeckt etwa 15 Minuten garen, bis die Kartoffeln weich sind. Sahne untermischen und erhitzen. Eintopf mit Pfeffer und eventuell Salz abschmecken. Dazu passt Bauernbrot.

Kürbissauce

400 g mehlig kochendes Kürbisfleisch (roter Hokkaido oder Buttercup), 1 EL Öl, 1/2 l Brühe, 150 ml Sahne, Salz, 1 TL Senf, 1 EL Schnittlauchröllchen

Gewürfeltes Kürbisfleisch im heißen Öl anbraten. Brühe zugießen, aufkochen und den Kürbis in 10 bis 15 Minuten weich dünsten. Mit dem Stabmixer pürieren, dabei die Sahne untermischen. Sauce mit Salz und Senf abschmecken, Schnittlauch unterrühren. Zu Pellkartoffeln oder Nudeln servieren.

Pilzgulasch

1 grüne Paprikaschote, 600 g Mischpilze, 2 große Zwiebeln,
1 Knoblauchzehe, 2 EL Butter, 3 EL Tomatenmark,
Salz, weißer Pfeffer, 1/4 TL edelsüßes Paprikapulver,
1/8 heiße Brühe, 3 EL Sahne

Geputzte Paprikaschote würfeln. Pilze putzen, kurz waschen und klein schneiden. Zwiebeln und Knoblauch schälen, fein hacken und im heißen Fett glasig dünsten. Pilze zugeben und schmoren, bis die Flüssigkeit verdampft ist. Paprikawürfel und Tomatenmark unterrühren, Gulasch mit Salz, Pfeffer und Paprika würzen. Brühe zugießen, aufkochen und das Pilzgulasch 10 Minuten garen. Sahne untermischen. Mit Semmelknödeln servieren.

Schinkenmakkaroni

400 g Makkaroni, Salz, 200 g gekochter Schinken,
2 EL Butter, 4 EL geriebener Parmesan, weißer Pfeffer,
150 g Mascarpone

Makkaroni in Salzwasser garen. Abgießen und ganz heiß in einer vorgewärmten Schüssel mit gewürfeltem Schinken, Butter, Parmesan und Pfeffer mischen. Mascarpone in Stückchen auf den Makkaroni verteilen. Nudeln sofort servieren und bei Tisch nochmals mischen.

Hühnerpaprikasch

1 Brathähnchen (etwa 1 kg), 2 l Wasser, 1 Bund Suppengrün,
1 grüne Paprikaschote, 3 große Zwiebeln, 1 EL Schweineschmalz,
6 EL edelsüßes Paprikapulver, 100 g Schmant, 1 EL Mehl,
Salz, weißer Pfeffer

Hähnchen innen und außen kalt abspülen. 2 Liter Wasser aufkochen, Hähnchen und gewaschenes Suppengrün zugeben und erneut aufkochen. Zugedeckt bei schwacher Hitze etwa 45 Minuten garen, bis das Hähnchen weich ist. Herausnehmen, häuten, entbeinen und das Fleisch in mundgerechte Stücke schneiden. Die Brühe durch ein Sieb gießen und entfetten. Die Paprikaschote putzen, waschen und würfeln. Zwiebeln schälen, würfeln und im heißen Schmalz glasig braten. Paprikawürfel und Hühnerfleisch zugeben und alles kurz mit anbraten. Das Paprikapulver darüberstreuen und kurz durchrühren. Etwa 1 Liter von der Hühnerbrühe unter ständigem Rühren zugießen und aufkochen. Den Schmant mit dem Mehl verquirlen, in das Paprikasch rühren und erhitzen, bis die Sauce dick ist. Mit Salz und Pfeffer abschmecken. Mit Spätzle, Salzkartoffeln oder Reis und Salat servieren.

Tipp

Das Paprikasch soll appetitlich rot sein – dann ist es richtig. Wer es schärfer mag, nimmt nur 4 bis 5 Esslöffel edelsüßen Paprika und ergänzt mit scharfem Rosenpaprika nach Belieben.

Süßer Nudelauflauf

1 l Milch, 4 EL Zucker, 80 g Butter, 125 g dünne Suppennudeln, 4 Eier, 1/2 Vanilleschote

Milch mit Zucker und Butter aufkochen. Nudeln einrühren und unter Rühren in etwa 3 Minuten weich kochen. In der Milch abkühlen lassen. Die Eier trennen. Eigelb mit dem ausgekratzten Vanillemark unter die Nudeln rühren. Eiweiß zu steifem Schnee schlagen und unterheben. In einer gefettete Auflaufform glattstreichen und im vorgeheizten Backofen bei 180 °C etwa 45 Minuten backen, bis der Auflauf schön gebräunt ist. Dazu passt Zwetschgenröster oder Kompott.

Zwetschgenröster

500 g reife Zwetschgen, 1 unbehandelte Zitrone, 100 ml Wasser, 100 g Zucker, 1 Stück Zimtstange, 1/4 TL Lebkuchengewürz

Die Zwetschgen waschen, halbieren und entsteinen. Die Zitrone heiß abwaschen und halbieren. Das Wasser mit Zucker, Zitronenhälften und Zimtstange in einem Topf aufkochen. Zwetschgenhälften zusammen mit Lebkuchengewürz einrühren und zugedeckt bei schwacher Hitze in etwa 10 Minuten weich garen. Abkühlen lassen.

Grießschnitten

3/4 l Milch, 50 g Butter, je 1 Prise Salz und geriebene Muskatnuss, 150 g Hartweizengrieß, 1 EL Öl, 4 Eier, 150 g Semmelbrösel, Butterschmalz zum Backen, 2 EL Puderzucker

Milch, Butter, Salz und Muskat aufkochen. Grieß einrühren und unter Rühren dick einkochen. Heiß auf ein geöltes Backblech streichen. Abgekühlt in Rauten schneiden, in verquirlten Eiern und in Semmelbröseln wenden und in einer großen, beschichteten Pfanne mit heißem Butterschmalz goldbraun braten. Zum Servieren mit Puderzucker bestäuben. Dazu passt Zwetschgenröster oder Herbstkompott.

Herbstkompott

250 frische Preiselbeeren, 2 feste Birnen, 1/4 l Holunderbeersaft, 100 g Zucker, 1 Stück Zimtstange, 1 Stück unbehandelte Zitronenschale, 1 EL Vanillepuddingpulver, 2 EL kaltes Wasser

Preiselbeeren waschen, Birnen vierteln, schälen, entkernen und in Stücke schneiden. Obst mit Holundersaft, Zucker, Zimt und Zitronenschale aufkochen und zugedeckt 20 Minuten garen. Das Puddingpulver mit 2 Esslöffeln kaltem Wasser glatt rühren, untermischen und noch einmal aufkochen, bis das Kompott dickflüssig ist.

Holunderlikör

2 kg Holunderbeeren, 2 1/2 L Wasser, 1 Vanilleschote, 2-3 Gewürznelken, 1 großes Stück unbehandelte Zitronenschale, 1 1/2 kg Zucker, 1 l Weingeist (aus der Apotheke) oder Kornbranntwein, 1/4 l Rum

Den Holunder in einer großen Schüssel mit kaltem Wasser waschen. Mit 2 1/2 Liter frischem Wasser in einem großen Topf 1 Tag zugedeckt ziehen lassen. Die aufgeschnittene Vanilleschote, die Nelken und die Zitronenschale zufügen, aufkochen und zugedeckt bei schwacher Hitze 30 Minuten kochen. Durch ein Mulltuch gießen, die Gewürze entfernen und die Beeren auspressen. Alle festen Teile wegwerfen. Den gewonnen Holundersaft mit dem Zucker aufkochen und rühren, bis sich der Zucker gelöst hat. Abgekühlt mit Weingeist und Rum mischen. In sauber gespülte Flaschen abfüllen, verschließen und 3 Wochen kühl lagern.

Tipp

Holunderbeeren sind im September reif zum Sammeln. Sie sollten nur dort pflücken, wo Holunder möglichst unbelastet von Industrie- und Autoabgasen ist. Die Dolden immer mit einer Gartenschere abschneiden, um die Zweige der Büsche nicht zu verletzen. Damit die Beeren nicht gequetscht werden und Saft verlieren, legt man die Dolden locker in einen Einkaufskorb. Achtung bei der Zubereitung: Die Beeren färben sehr stark, der Saft lässt sich schlecht auswaschen.

Apfelauflauf

6 altbackene Weizenbrötchen, 1/4 l lauwarme Milch, 4 große Eier,
80 g Zucker, 1 Prise Salz, 1 kg Äpfel, 3 EL Zitronensaft,
3 EL Butter oder Margarine, 2 EL Semmelbrösel,
100 g Rosinen, eventuell Puderzucker

Die Brötchen in dünne Scheiben schneiden und in eine Schüssel geben. Milch, Eier, Zucker und Salz verquirlen und darübergießen. 20 Minuten ziehen lassen. Inzwischen die Äpfel schälen, vom Kerngehäuse befreien, raspeln und mit dem Zitronensaft mischen. Eine Auflaufform mit 1 Esslöffel weichem Fett ausstreichen und mit den Semmelbröseln ausstreuen. Die Hälfte der gut eingeweichten Brötchenmasse einfüllen und Äpfel mit Rosinen darübergeben. Mit dem Rest der Masse auffüllen und mit dem restlichen Fett in kleinen Stücken belegen. Den Auflauf im vorgeheizten Backofen bei 180 °C etwa 1 Stunde backen. Nach Wunsch mit Puderzucker bestreuen. Heiß aus dem Ofen nach einer kräftigen Suppe oder gerade eben abgekühlt zum Kaffee servieren.

Tipp

Die Apfelsorte spielt eine wichtige Rolle beim Kochen und Backen: Früchte, die leicht zu Mus kochen wie zum Beispiel Elstar und Boskoop eignen sich für Auflauf, Schmarren oder gedeckten Apfelkuchen. Für Apfelkücherl, Blechkuchen oder Bratäpfel nimmt man zum Beispiel Glockenapfel, der beim Garen nicht zerfällt.

Omas Apfelstrudel

Für den Teig:
250 g feines Mehl, 1 Prise Salz, 1/8 l lauwarmes Wasser, 5 EL Öl, 1 Eigelb

Für die Füllung:
2 kg Äpfel, 2 EL Rosinen, 150 g gehobelte Mandeln, 2 EL Zucker, 1 Päckchen Vanillezucker, 1 TL Zimtpulver, 1 EL Zitronensaft, 100 g Butter, 4 EL Semmelbrösel, 250 g saure Sahne, 250 ml Sahne zum Backen

Aus Mehl, Salz, Wasser, Öl und Eigelb einen Strudelteig herstellen. Zu einem Kloß formen, in Butterbrotpapier wickeln und in einem angewärmten Topf zugedeckt ruhen lassen, bis die Füllung zubereitet ist. Äpfel schälen, entkernen und in dünne Schnitze teilen. Mit Rosinen, Mandeln, Zucker, Vanillezucker, Zimt und Zitronensaft vermischen. Die Butter zerlassen und 4 Esslöffel davon in einer großen flachen Auflaufform verteilen. Den Teig in 2 Portionen teilen. Jeweils auf einem Küchentuch mit Mehl ausrollen, dünn ausziehen, mit zerlassener Butter bestreichen und mit Semmelbröseln bestreuen. Mit Apfelmischung und saurer Sahne belegen. Teigränder einschlagen. Strudel mit Hilfe des Tuches aufrollen und nebeneinander in die Form geben. Strudel mit der verbliebenen Butter bestreichen und im vorgeheizten Backofen bei 200 ° C etwa 45 Minuten backen. Sobald die Strudel goldgelb sind, mit der Sahne übergießen und weiterbacken, bis die Sahne eingezogen ist.

Menüvorschlag im September

Kartoffel-Karotten-Suppe (Seite 88)

Pfifferlinge badische Art (Seite 87)

Grießschnitten (Seite 93)

Zwetschgenröster (Seite 92)

Oktober

1	9	17	25
2	10	18	26
3	11	19	27
4	12	20	28
5	13	21	29
6	14	22	30
7	15	23	31
8	16	24	

Omas Oktobertipp

Jetzt ist Apfelzeit: Die Früchte sind süß, saftig und gerade recht für Konfitüre, Auflauf und üppiges Gebäck. Die Apfelschalen sollten Sie nicht wegwerfen, sondern zum Teekochen auf einem Backblech ausgebreitet im mäßig warmen Ofen trocknen lassen. In einer großen Blechdose aufbewahren und immer wieder kontrollieren, damit sich kein Schimmel bilden kann. Als Tee mit heißem, nicht kochendem Wasser aufgebrüht, schützen die Schalen durch den hohen Gehalt an Vitamin C vor Erkältungen. Wenn Sie den Tee mit Honig trinken, lösen sich Husten und Verschleimungen.

Zwiebelkuchen

Für den Teig:

1 Würfel Hefe (42 g), 1/4 l lauwarme Milch, 1 TL Zucker, 400 g Mehl, 1 TL Salz, 3 EL Öl

Für den Belag:

200 g durchwachsener Räucherspeck, 1/4 TL getrockneter Rosmarin, 2 EL Butter oder Margarine, 1,5 kg Zwiebeln, 1 TL Kümmel, 1 Knoblauchzehe, 250 g geriebener Gouda, 3 Eier, 150 g saure Sahne, 2 EL Crème fraîche, Salz, weißer Pfeffer

Die Hefe in eine kleine Schüssel krümeln. Mit der Hälfte der Milch, dem Zucker und 3 Esslöffeln Mehl verrühren und 15 Minuten gehen lassen. Den Rest von Mehl und Milch mit Salz und Öl mischen. Mit der Hefe verrühren und etwa 10 Minuten kneten, bis der Teig geschmeidig ist und Blasen wirft. Zugedeckt bei Zimmertemperatur 1 Stunde gehen lassen. Inzwischen den Speck fein würfeln und mit dem Rosmarin im heißen Fett glasig und leicht knusprig braten. Die Zwiebeln schälen und in feine Ringe hobeln. Im Speckfett mit Kümmel und dem zerdrückten Knoblauch weich braten und lauwarm abkühlen lassen. Käse, Eier, saure Sahne und Crème fraîche untermischen, mit Salz und Pfeffer kräftig würzen. Den Teig noch einmal durchkneten und auf einem gefetteten Backblech ausrollen. Belag darauf verteilen. Zwiebelkuchen im vorgeheizten Backofen bei 200 °C etwa 40 Minuten backen. Noch warm vom Blech oder gerade eben abgekühlt mit Federweißem servieren.

Kürbispuffer
mit Schnittlauchsauce

1 kg Kürbis, 2 Karotten, 2 Eigelb, 2 EL Sonnenblumenkerne, 40 g Speisestärke, Salz, schwarzer Pfeffer, etwas geriebene Muskatnuss, 4 EL Butterschmalz, 300 g Schmant, 3 EL Schnittlauchröllchen

Kürbis in Spalten schneiden, entkernen und schälen. Geschälte Karotten und Kürbisstücke grob raspeln. Eigelb, Sonnenblumen-kerne und Speisestärke unterrühren. Mit Salz, Pfeffer und Muskat kräftig würzen. Kleine Puffer formen und in heißem Butterschmalz goldbraun ausbraten. Schmant mit Schnittlauch verrühren, mit Salz und Pfeffer abschmecken und zu den Puffern servieren.

Eierflaumsuppe

1/2 kleine Fenchelknolle, 2 Lauchzwiebeln, 3/4 l Fleischbrühe, 2 Eier, Salz, weißer Pfeffer, etwas geriebene Muskatnuss, 2 EL gehackte Petersilie

Fenchel und Lauchzwiebeln putzen und in hauchfeine Scheiben schneiden. Brühe aufkochen, Fenchel und Zwiebelringe darin 2 Minuten sprudelnd kochen lassen. Eier mit Salz, Pfeffer und Muskatnuss verquirlen und in die Brühe rühren. Die Suppe mit der Petersilie mischen und sofort servieren.

Käsespätzle

500 g Mehl, 1 TL Salz, 4 kleine Eier, 400 ml Wasser oder fett-arme Milch, 2 große Zwiebeln, 80 g Butter, 200 g Bergkäse oder Allgäuer Emmentaler, schwarzer Pfeffer

Das Mehl mit Salz, Eiern und Wasser oder Milch verrühren. Zugedeckt 30 Minuten ruhen lassen. Inzwischen die Zwiebeln schälen und in feine Ringe hobeln. In einer großen Pfanne mit der Butter bei schwacher Hitze in etwa 20 Minuten weich und goldbraun braten; dabei immer wieder wenden. Zugedeckt warm halten. Den Käse grob raspeln oder klein würfeln. Den Spätzleteig portionsweise mit einer Spätzlepresse in sprudelnd kochendes Wasser drücken, aufkochen und 1 bis 2 Minuten kochen. Jede Portion gare Spätzle mit einem Schaumlöffel herausnehmen, gut abtropfen lassen und in eine vorgewärmte Schüssel geben. Mit Käse und etwas grobem Pfeffer aus der Mühle bestreuen und im Backofen bei 50 °C zugedeckt heiß halten. Zum Schluss die gebratenen Zwiebeln darüber verteilen. Käsespätzle sehr heiß servieren. Dazu passt Gurkensalat mit Dill oder Tomatensalat.

Tipp

Wichtig für den feinen Geschmack: Den Käse grob und nicht fein zerkleinern, sonst werden die Spätzle matschig. Wer die Zwiebelringe lieber knusprig statt weich mag, bestreut sie vor dem Braten mit etwas Mehl oder Zucker. Das gibt den richtigen Biss.

Omas Kartoffelschüssel

700 g mehlige Kartoffeln, je 1/8 l Gemüsebrühe und Milch, 100 g Schmant, 2 EL Butter, 1 Zwiebel, 1 Bund Petersilie, 300 g gekochtes Rindfleisch, 2 EL Öl, 1 Paket Erbsen und Karotten (TK), Salz, schwarzer Pfeffer, 1 TL getrockneter Oregano, 2 Tomaten, 100 g Reibekäse

Die Kartoffeln schälen, waschen und würfeln. Die Brühe erhitzen und die Kartoffelwürfel darin sehr weich kochen. Mit dem Kartoffelstampfer zerdrücken, dabei Milch, Schmant und 1 Esslöffel Butter untermischen. Die Zwiebel schälen, die Petersilie waschen. Beide Zutaten fein hacken. Das Fleisch in kleine Würfel schneiden. Das Öl in einer großen Pfanne erhitzen. Zwiebel, Petersilie und Fleisch darin bei mittlerer Hitze unter Rühren braten, bis das Fleisch leicht gebräunt ist. Erbsen und Karotten untermischen. Mit Salz, Pfeffer und Oregano würzen und in eine halbhohe, gefettete Auflaufform geben. Die Tomaten abziehen, in Scheiben schneiden und auf das Fleisch legen. Kartoffelpüree darauf verteilen und mit dem Käse bestreuen. Die restliche Butter in kleinen Stücken darauflegen. Kartoffelschüssel im vorgeheizten Backofen bei 200 °C in etwa 30 Minuten goldbraun backen. Mit Endiviensalat servieren.

Tipp

Die äußeren grünen Salatblätter enthalten mehr Vitamine als die inneren und das gelbe Herz.

Fleischpfannkuchen

200 g Mehl, Salz, [illegible] TL getrockneter Majoran, etwas geriebene Muskatnuss, 4 große Eier, 300 ml Milch, 1 Zwiebel, 200 g gegartes Fleisch (Reste), Butterschmalz zum Backen

Mehl, Salz, Majoran, Muskat, Eier und Milch verrühren. Geschälte Zwiebel und Fleisch durch den Fleischwolf drehen oder sehr fein zerkleinern und unterrühren. In einer kleinen beschichteten Pfanne reichlich Butterschmalz erhitzen. Pro Pfannkuchen etwa 1/2 Schöpfkelle Teig darin auf jeder Seite etwa 2 Minuten backen. Heiß mit beliebigem Salat servieren.

Bayerischer Krautsalat

1 Weißkohl (etwa 1 kg), Salz, schwarzer Pfeffer, 1/4 TL Zucker, 1/2 EL Kümmelkörner, 3 EL Weißweinessig, 150 g durchwachsener Räucherspeck

Den Kohl putzen, vom Strunk befreien und fein in eine Schüssel hobeln. Mit Salz, Pfeffer, Zucker, Kümmel und Essig vermischen. Den Speck würfeln und in einer Pfanne knusprig anbraten. Mit dem ausgebratenen Fett zum Kraut geben und alles gut durchmischen. Zu Röstkartoffeln oder Schweinebraten servieren.

Hähnchenbrustfilets
in Zwiebelsauce

750 g Gemüsezwiebeln, 4 doppelte, entbeinte Hähnchenbrustfilets (ohne Haut), 4 EL Öl, Salz, weißer Pfeffer, 1/2 TL edelsüßes Paprikapulver, 2 TL Mehl, 1/8 l Fleischbrühe, 125 ml Sahne, 1-2 EL Zitronensaft

Die Zwiebeln schälen und auf dem Gurkenhobel in feine Ringe hobeln. Die Hähnchenbrustfilets kalt abspülen und gut trocken tupfen. 2 Esslöffel Öl in einer Pfanne erhitzen, Filets darin von jeder Seite kurz anbraten. Rundherum mit Salz, Pfeffer und Paprika würzen und in eine gefettete Auflaufform legen. Das restliche Öl zum Bratfett geben, erhitzen und die Zwiebeln darin unter häufigem Wenden in 15 bis 20 Minuten weich dünsten. Mit Salz und Pfeffer würzen, mit Mehl bestreuen und unter Rühren goldgelb anschwitzen. Fleischbrühe und Sahne unterrühren und aufkochen. Zwiebelsauce mit Salz, Pfeffer und Zitronensaft abschmecken und auf den Filets verteilen. Im vorgeheizten Backofen bei 200 °C etwa 20 Minuten garen. Mit zartem Kartoffelbrei servieren.

Tipp

Bei Zitronen gilt: Je feinporiger die Schale ist, desto dünner ist sie auch und desto saftiger ist die Frucht. Vor dem Auspressen rollt man sie kurz und kräftig über die Arbeitsfläche, dann ist die Saftausbeute größer.

Hirschgulasch

150 g durchwachsener Räucherspeck, 750 g Hirschgulasch, 1 Zwiebel, 1 gestrichener EL Mehl, 1/2 l Fleischbrühe, 200 g frische Pfifferlinge oder aus der Dose, 1 EL Butterschmalz, 1 kleine Dose Gemüsemais, 1/4 TL getrockneter Majoran, 2 EL Schmant, Salz, schwarzer Pfeffer

Den Speck würfeln, in einem Schmortopf bei schwacher Hitze ohne Zugabe von Fett ausbraten und auf einem Teller beiseitestellen. Das Gulasch waschen und gut trocken tupfen. Im Speckfett kräftig anbräunen, dabei häufig wenden. Die geschälte, klein gewürfelte Zwiebel zugeben und kurz mitrösten. Das Mehl darüberstreuen und unter Rühren einige Sekunden anbraten. Die Brühe zugießen, alles unter Rühren aufkochen und das Gulasch 1 Stunde bei schwacher Hitze zugedeckt schmoren. Frische Pfifferlinge putzen, kurz waschen und trocken tupfen; Dosenpilze auf ein Sieb abgießen und abtropfen lassen. Die Pilze im heißen Butterschmalz unter Rühren anbraten. Mit dem abgetropften Mais, den Speckwürfeln und dem Majoran unter das Gulasch mischen und aufkochen. Den Schmant unterrühren, das Gulasch mit Salz und Pfeffer abschmecken. Mit breiten Nudeln oder Spätzle und Buttergemüse servieren.

Tipp

Buntes Herbstlaub und rote Wildbeeren sind hübsche Dekoration für Ihren festlich eingedeckten Tisch.

Apfelkonfitüre

1 kg Äpfel, 1 l Wasser, 2 EL Essig, abgeriebene Schale und Saft von 1 unbehandelten Zitrone, 1 kg Gelierzucker („1 plus 1")

Äpfel waschen, schälen, vierteln, entkernen und in Wasser mit Essig legen. Schalen und Kerngehäuse in 1/2 Liter Wasser 20 Minuten kochen und durch ein Sieb geben. Von diesem Saft 1/4 Liter abmessen, mit Zitronenschale und -saft aufkochen. Äpfel klein schneiden, zugeben und weich kochen. Gelierzucker einrühren, erneut aufkochen und 4 Minuten sprudelnd kochen. In sauber gespülte Twist-off-Gläser füllen und verschließen.

Hagebuttenmarmelade

1 kg Hagebutten, 1/4 l Wasser, Saft von 1 Zitrone, 500 g Zucker

Hagebutten von Stielansätzen und Blüten befreien. Halbieren, entkernen und gründlich waschen. Mit dem Wasser bedeckt über Nacht zugedeckt ziehen lassen. Wasser bis auf etwa 1 Tasse abgießen, Zitronensaft zu den Hagebutten geben. Hagebutten aufkochen und zugedeckt bei schwacher Hitze in etwa 30 Minuten weich kochen. Durch ein Sieb streichen und mit Zucker 10 Minuten kochen. In saubere Twist-off-Gläser füllen und verschließen.

Apfelbrot

1 Würfel Hefe (42 g), 2 TL Zucker, 500 g Dinkelmehl, 250 ml lauwarmes Wasser, 3 EL Kokosraspel, 1 TL Salz, 1 TL Zimt, 4 EL Sonnenblumenöl, 2 Äpfel, 50 g Rosinen

Die Hefe mit Zucker, 2 Esslöffeln Mehl und Wasser verrühren und zugedeckt 15 Minuten gehen lassen. Mehl mit Kokosraspeln, Salz und Zimt mischen. Mit Hefe und Öl verrühren, zu einem geschmeidigen Teig kneten und 1 Stunde gehen lassen. Äpfel schälen, entkernen und in kleine Stücke schneiden. Teig noch einmal durchkneten, mit Äpfeln und Rosinen verkneten und auf einem gefetteten Backblech zu einem Wecken formen. Nochmals 20 Minuten gehen lassen. Apfelbrot im vorgeheizten Backofen bei 220 °C etwa 45 Minuten backen.

Rumtopf mit Quarkschaum

300 g Rumtopffrüchte mit Flüssigkeit, 250 g Quark (20%), 2 EL Vanillezucker, 125 ml Sahne, 3 EL Raspelschokolade

Rumtopf in Dessertschälchen geben. Quark mit Vanillezucker verrühren. Die Sahne steif schlagen und unterziehen. Die Quarkcreme auf dem Rumtopf anrichten, zum Schluss mit Raspelschokolade bestreuen.

Apfeltaschen

Für den Teig:

250 g Mehl, Salz, 1 TL Backpulver, 200 g Butter, 250 g Quark

Für die Füllung:

3 mittelgroße Äpfel, 1 EL Zitronensaft, 100 g Rosinen, 2 EL Zimtzucker

Für die Glasur:

100 g Aprikosenkonfitüre, 2 EL Rum

Mehl mit Salz und Backpulver in einer Schüssel mischen. Mit der Butter in kleinen Stücken und dem Quark zu einem glatten Teig verkneten. In Folie gewickelt 1 Stunde kühlen. Die Äpfel schälen, entkernen und würfeln. Mit Zitronensaft, Rosinen und Zimtzucker in einen Topf geben und bei mittlerer Hitze zugedeckt weich dämpfen. Den Teig auf wenig Mehl dünn ausrollen und in etwa 10 Zentimeter große Quadrate schneiden. Mit Füllung belegen, zu Dreiecken falten und die Ränder gut andrücken. Die Apfeltaschen auf einem gefettetem Backblech im vorgeheizten Backofen bei 180 °C 20 bis 30 Minuten goldbraun backen. Konfitüre mit Rum verrühren, die heißen Apfeltaschen damit bestreichen und auf einem Kuchengitter abkühlen lassen.

Tipp

An klammen, grauen Herbsttagen tut Süßes gut: Die Apfeltaschen lauwarm mit Schlagsahne und Vanilleeis servieren.

Menüvorschlag im Oktober

Eierflaumsuppe (Seite 100)

Fleischpfannkuchen (Seite 103)

Bayerischer Krautsalat (Seite 103)

Rumtopf mit Quarkschaum (Seite 107)

November

1

2

3

4

5

6

7

8

9

10

11

12

13

14

15

16

17

18

19

20

21

22

23

24

25

26

27

28

29

30

Omas Novembertipp

Noch dauert die Einmachzeit an: Bei Ihrem Herbstspaziergang können Sie Schlehen fürs Gelee pflücken. Die Büsche wachsen wild am Waldrand, und ihre schwarzblauen Beeren reifen im Herbst. Doch erst in frostig kalten Nächten verlieren sie den herben Geschmack und sind genau richtig zum Einkochen mit süßen Äpfeln. Am 25. November beginnt dann die weihnachtliche Backsaison: Nehmen Sie sich jetzt gleich den Mohnstollen vor, denn er schmeckt am besten, wenn er, in Alufolie gewickelt, vor dem Anschneiden etwa drei Wochen in einem kühlen Raum durchziehen kann.

Krautkrapfen

500 g Mehl, 1/2 TL Salz, 5 Eier, 500 g gekochtes Sauerkraut, 50 g Butterschmalz, 1 Zwiebel, Salz, schwarzer Pfeffer

Das Mehl mit Salz und Eiern zu einem glatten Nudelteig verkneten. Falls der Teig zu trocken ist, teelöffelweise kaltes Wasser unterkneten. Den Teig in Haushaltsfolie gewickelt 1 Stunde bei Zimmertemperatur ruhen lassen. In 2 Portionen auf wenig Mehl dünn ausrollen und mit dem Sauerkraut belegen, dabei an den Längsseiten einen Rand lassen. Die Teigplatten aufrollen und in etwa 6 Zentimeter lange Stücke schneiden. Das Butterschmalz in einem flachen Topf erhitzen, der so groß ist, dass die Krautkrapfen dicht nebeneinander sitzen, ohne sich zu berühren. Die Zwiebel schälen, würfeln und im Schmalz leicht anbräunen. Mit Salz und Pfeffer würzen. Krapfen mit den Schnittflächen nach oben ins heiße Fett setzen. Etwa 8 Esslöffel Wasser zugeben. Krapfen bei starker Hitze kräftig aufkochen, dann zugedeckt bei schwacher bis mittlerer Hitze etwa 35 Minuten backen, bis sie unten eine braune Kruste haben. Heiß mit grünem Salat servieren.

Tipp

Kümmel und Majoran im Sauerkraut schmecken gut und machen das Essen besser verträglich: Kümmel wirkt krampflösend, lindert Völlegefühl und Blähungen. Majoran enthält reichlich Bitterstoffe, die bei der Verdauung von Fett helfen.

Sauerbraten

1 kg Rindfleisch aus der Keule, 1/2 l Rotwein, 1/4 l Weinessig, 1 Lorbeerblatt, 2 Gewürznelken, 6 Pfefferkörner, 2 Karotten, 1 Zwiebel, 1 EL scharfer Senf, Salz, schwarzer Pfeffer, 2 EL Öl oder Butterschmalz, Saucenbinder

Das Fleisch in eine Glas- oder Porzellanschüssel legen. Wein mit Essig, Lorbeer, Nelken und Pfefferkörnern aufkochen. Abkühlen lassen, das Fleisch damit übergießen und zugedeckt 3 Tage im Kühlschrank beizen. Währenddessen mehrmals wenden. Für die Zubereitung Karotten und Zwiebel schälen und klein würfeln. Fleisch gut abtrocknen, mit Senf einreiben und mit Salz und Pfeffer würzen. Im heißen Fett ringsherum anbraten. Karotten und Zwiebel zugeben und anbräunen. Mit etwa 2/3 der Beize ablöschen. Aufkochen und den Braten zugedeckt bei schwacher Hitze in 2 bis 2 1/2 Stunden weich schmoren. Dabei nach und nach den Rest der Beize zugießen und den Braten häufig mit dem Schmorsud begießen. Das Fleisch herausnehmen und in Scheiben schneiden. Schmorsud mit Saucenbinder sämig machen und die Bratenscheiben vor dem Servieren damit überziehen.
Dazu schmecken Semmelknödel oder Spätzle und Salat.

Tipp

Für eine besonders feine Sauce: 2 Stücke vom Ochsenschwanz und 2 Saucenlebkuchen mitschmoren. Der Ochsenschwanz wird mitgebeizt, der Saucenlebkuchen nach dem Aufgießen in den Schmortopf gegeben.

Jägertopf

125 g durchwachsener Räucherspeck, 1 große Zwiebel, 3 EL Öl, 500 g Wildgulasch, Salz, schwarzer Pfeffer, 1 EL mittelscharfer Senf, 1/2 l Fleischbrühe, 250 g Champignons (Dose oder Glas), 300 g Erbsen (TK), 1 EL Speisestärke, 2 EL Rotwein, 3 EL Sahne, einige Spritzer Zitronensaft

Den Speck würfeln, die geschälte Zwiebel in dünne Ringe schneiden. Beide Zutaten im heißen Öl bei schwacher Hitze anrösten, bis das Speckfett ausgebraten ist. Gewaschenes, trockengetupftes Wildgulasch zugeben und rundherum kräftig anbraten. Mit Salz, Pfeffer und Senf würzen, die Brühe zugießen und aufkochen. Zugedeckt 45 Minuten bei schwacher Hitze schmoren. Champignons auf ein Sieb abgießen und die Flüssigkeit auffangen. Abgetropfte Pilze und gefrorene Erbsen unter den Jägertopf mischen und zugedeckt 15 Minuten mitgaren. Die Speisestärke im Pilzwasser glatt rühren, in den Jägertopf mischen und aufkochen, bis die Sauce sämig bindet. Mit Rotwein, Sahne und Zitronensaft pikant abschmecken. Dazu passen als Beilagen schnelle Kartoffelnocken oder breite Butternudeln und Rosenkohlgemüse.

Tipp

Eingetrockneten Senf können Sie mit einigen Spritzern Essig oder Zitronensaft und etwas Öl wieder glatt rühren. Grundsätzlich sollte Senf im gut verschlossenen Glas im Kühlschrank aufbewahrt werden.

Schnelle Kartoffelnocken

1 kg Kartoffeln, Salz, 150 g Mehl,
Butterschmalz zum Backen

Kartoffeln schälen, waschen und würfeln. Mit wenig Wasser und Salz weich kochen. Abgießen und mit dem Kartoffelstampfer fein zerdrücken. In eine weite Schüssel geben, mit dem Finger oder einem Löffel Löcher in das Püree drücken und das Mehl darüber streuen. Etwa 15 Minuten ruhen lassen. Püree mit einem Kochlöffel zu einer festen Masse rühren. Mit 2 Esslöffeln Nocken abstechen und in einer großen beschichteten Pfanne mit heißem Fett auf beiden Seiten hellgelb backen. Als Beilage zu Schmorfleisch oder mit Salat servieren.

Selleriesalat mit Mandeln

1 mittelgroßer Knollensellerie, 2 säuerliche Äpfel,
50 g Mandelstifte, 200 g Salatmayonnaise, 2 EL saure Sahne,
2 EL Orangensaft, Salz, weißer Pfeffer

Den Sellerie schälen, waschen, abtrocknen und fein raspeln. Die Äpfel vierteln, schälen, entkernen und grob raspeln. Beide Zutaten mit den Mandelstiften in einer Schüssel mischen. Mayonnaise, saure Sahne und Orangensaft verrühren und gut untermischen. Den Salat mit Salz und Pfeffer abschmecken.

Apfel-Schlehen-Gelee

250 g Schlehen, 1/2 l Apfelsaft, 1 kg Gelierzucker („1 plus 1")

Die Schlehen waschen und entsaften. Den abgegossenen Saft mit Apfelsaft und Zucker vermischen und zugedeckt 2 Stunden ziehen lassen. Unter Rühren zum Kochen bringen. Sobald das Gelee sprudelnd kocht, noch 4 Minuten bei mittlerer Hitze weiterkochen. Dabei ständig rühren. Zitronensaft untermischen, das kochend heiße Gelee in saubere Twist-off-Gläser füllen und sofort verschließen.

Honigbananen

100 g Mehl, 1 Prise Salz, 1 Ei, 100 ml kaltes Wasser, 1 TL Erdnussöl, 100 g Honig, 4 Bananen, 2 EL Zitronensaft, Öl oder Kokosfett zum Frittieren

Mehl, Salz, Ei Wasser und Öl zu einem glatten Teig verrühren. Honig in einem Topf bei schwacher Hitze heiß werden lassen. Die Bananen schälen, in Stücke schneiden und mit dem Zitronensaft beträufeln. Fett zum Frittieren erhitzen. Die Bananen portionsweise in den Teig tauchen und goldgelb ausbacken. Die gebackenen Stücke auf Küchenpapier abtropfen lassen, auf Desserttellern anrichten, mit dem erwärmten Honig beträufeln und sofort servieren.

Äpfel im Mandelteig

Für den Teig:
375 g Mehl, 75 g Zucker, 1 Päckchen Vanillezucker, 1 TL abgeriebene, unbehandelte Zitronenschale, 1 Ei, 175 g Butter oder Margarine

Für die Füllung und zum Bestreuen:
6 mittelgroße Äpfel, 2 EL Rumrosinen, 2 EL gehackte Haselnusskerne, 2 Eigelb, 75 g gehackte Mandeln

Mehl, Zucker, Vanillezucker, Zitronenschale, Ei und Fett zu einem glatten Mürbeteig verarbeiten, zu einer Rolle formen und in Folie gewickelt 30 Minuten in den Kühlschrank stellen. Äpfel schälen, Kerngehäuse ausstechen und den Hohlraum mit den Rumrosinen und den Nüssen füllen. Den Teig auf wenig Mehl etwa messerrückendick ausrollen und zu 6 Quadraten schneiden. Jeden Apfel in ein Teigquadrat wickeln und die Teigkanten fest zusammendrücken. Äpfel nebeneinander auf ein gefettetes Backblech setzen, mit Eigelb bestreichen und mit den Mandeln bestreuen. Im vorgeheizten Backofen bei 200 °C in etwa 30 Minuten goldbraun backen.

Tipp

Für weihnachtlichen Wohlgeruch schöne, große Orangen mit Gewürznelken spicken und in die Obstschale zu Äpfeln legen. Dazu noch ein paar Zimtstangen mit bunten oder goldenen Bändern zu duftenden Bündeln schnüren.

Mohnstollen

Für den Teig:
500 g Mehl, 150 ml Milch, 1 Würfel Hefe (42 g), 100 g Zucker, 200 g Butter, Salz, 1 kleines Ei, 2 Eigelb

Für die Füllung:
250 ml Milch, 1 gehäufter EL Butter, 1 TL abgeriebene, unbehandelte Zitronenschale, 250 g gemahlener Mohn, 125 g Zucker, 1 EL Rum

Zum Bestreichen:
1 Eigelb, 2 EL Butter, 100 g Puderzucker

Aus den Teigzutaten einen Hefeteig zubereiten, zu einem Kloß formen, in eine große Schüssel legen, mit etwas Mehl bestreuen und zugedeckt in einem kühlen Raum etwa 12 Stunden oder über Nacht gehen lassen, bis sich sein Volumen verdoppelt hat.
Für die Füllung Milch mit Butter und Zitronenschale aufkochen. Mohn und Zucker zugeben, dick einkochen und abkühlen lassen. Dann den Rum untermischen. Den Teig noch einmal kräftig durchkneten. Auf einem gefetteten, mit Mehl bestreuten Backblech zu einem Rechteck ausrollen, mit Mohnfülle bestreichen und einrollen. 30 Minuten zugedeckt ruhen lassen. Stollen mit Eigelb bepinseln und der Länge nach etwa 1 Zentimeter tief einschneiden, damit er beim Backen schön aufspringt. Im vorgeheizten Backofen bei 190 °C etwa 1 Stunde backen. Herausnehmen und mit der zerlassenen Butter bestreichen. Abgekühlt mit dem Puderzucker übersieben.

Opas Herrentorte

3 Eier, 100 g Zucker, 100 g weiche Butter, 200 g gemahlene Haselnusskerne, 3 EL Kakaopulver, 1 Päckchen Backpulver, 125 g Preiselbeerkompott (Glas oder Dose), 300 ml Sahne

Eier trennen, Eiweiß mit 2 Esslöffeln Zucker steif schlagen. Fett mit dem restlichen Zucker schaumig rühren. Eigelb zugeben. Nüsse, Kakao und Backpulver gemischt nach und nach unterrühren. Eischnee unterheben. Teig in eine gefettete Springform (26 Zentimeter Durchmesser) füllen. Im vorgeheizten Backofen bei 200 °C etwa 30 Minuten backen. Die Preiselbeeren auf den abgekühlten Tortenboden streichen. Sahne steif schlagen und auf den Preiselbeeren verteilen. Rand der Torte mit Sahnetupfen verzieren.

Birnensuppe

500 g Birnen, 1 l Wasser, 100 g Zucker
1 Stück unbehandelte Zitronenschale, 1 EL Zitronensaft
200 g Crème fraîche, 1 TL Speisestärke

Birnen schälen, entkernen und in Stücke schneiden. Mit 1 Liter Wasser, Zucker, Zitronenschale und Saft aufkochen und zugedeckt 10 Minuten garen. Crème fraîche mit Speisestärke vermischt zugeben. Suppe unter Rühren einmal aufkochen. Vor dem Servieren abkühlen lassen.

Menüvorschlag im November

Selleriesalat mit Mandeln (Seite 114)

Jägertopf (Seite 113)

Schnelle Kartoffelnocken (Seite 114)

Birnensuppe (Seite 118)

Winter

Wenn's draußen Stein und Bein friert, wird drinnen deftig gekocht: Kraut und Rüben, Lauch und Rosenkohl kommen jetzt auf den Tisch. Diese kräftigen heimischen Gemüse sind typisch für Omas Winterküche.

Dezember

1	9	17	25
2	10	18	26
3	11	19	27
4	12	20	28
5	13	21	29
6	14	22	30
7	15	23	31
8	16	24	

Omas Dezembertipp

Genießen Sie die Stille Zeit, und lassen Sie's vier Wochen lang leuchten: mit Kerzen im Fenster und Lichterketten um den Kranz an der Tür. Der Advent muss strahlen, weil die Tage so kurz und die Nächte so kalt sind. Licht macht die dunkle Zeit schön kuschelig, schafft Vorfreunde aufs Fest. Und bis es so weit ist, gönnen Sie sich und Ihren Lieben ein paar vorweihnachtliche Leckerbissen: Saftiger Schneewittchenkuchen schmeckt zur gemütlichen Kaffeestunde, würzig duftende Bratäpfel passen zum Nikolausabend, Biergrog wärmt nach dem langen Winterspaziergang.

Brätstrudelsuppe

1/2 Zwiebel, 1 TL Öl, 200 g Brät, 1 Ei, 1 TL gehackte Petersilie, Salz, weißer Pfeffer, geriebene Muskatnuss, 3 fertige Pfannkuchen, 1 l Fleischbrühe, 2 EL Schnittlauchröllchen

Gehackte Zwiebel im heißen Öl glasig dünsten. Brät, Zwiebel, Ei, Petersilie und Gewürze zu einer glatten Masse verrühren. Die Pfannkuchen damit bestreichen, straff aufrollen und in etwa 1/2 Zentimeter breite Streifen schneiden. In vorgewärmten Suppentellern mit der heißen Fleischbrühe übergießen. Mit Schnittlauch bestreuen.

Hühnercremesuppe

1 mittelgroße Stange Lauch, 40 g Milchreis, 40 g Butter, 1 l Hühnerbrühe, 1/8 l trockener Weißwein, Salz, Pfeffer, 2 TL scharfer Senf, 2 Eigelb, 3 EL Sahne, 1/2 Kästchen Kresse

Lauch waschen und in Ringe schneiden. Mit dem Reis in der heißen Butter andünsten. Brühe und Wein zugießen, mit Salz und Pfeffer würzen und zugedeckt 30 Minuten garen. Mit dem Stab-mixer pürieren. Senf, Eigelb, Sahne und 3 Esslöffel Suppe verrühren und die Mischung in die heiße Suppe rühren. Mit Salz und Pfeffer abschmecken, in gut vorgewärmten Tellern servieren und mit Kresse garnieren.

Zwiebelsuppe

500 g Zwiebeln, 2 EL Butter, 3/4 l Fleischbrühe, 1/4 l trockener Weißwein, 1 Prise Zucker, Salz, 1 Lorbeerblatt, 2 Pimentkörner, 1 Gewürznelke, weißer Pfeffer, 4 Scheiben Toast, 125 g Reibekäse, 2 EL gehackte Petersilie

Geschälte Zwiebeln in Scheiben schneiden und in der heißen Butter goldbraun braten. Brühe, Wein und alle Gewürze zugeben, Suppe aufkochen und zugedeckt 10 Minuten garen. Inzwischen die Toasts mit Reibekäse bestreuen, auf ein Backblech legen und im vorgeheizten Backofen bei 240 °C etwa 3 Minuten backen, bis der Käse schmilzt. In jeden Suppenteller einen Käsetoast legen, die heiße Suppe darüber verteilen. Mit der Petersilie bestreut sofort servieren.

Räucherforelle

mit Dillcreme

4 geräucherte Forellenfilets, 1 roter Apfel, 200 g Crème fraîche, 1 Päckchen Dill (TK), 1 TL Zitronensaft, Salz, weißer Pfeffer

Forellenfilets auf Portionstellern verteilen. Aus dem gewaschenen Apfel das Kerngehäuse ausstechen. Apfel in Scheiben schneiden und auf die Filets legen. Crème fraîche mit Dill, Zitronensaft, Salz und Pfeffer gemischt darübergeben. Mit Toast servieren.

Räucherlachstoast

4 Scheiben Toastbrot, 6 EL Mayonnaise, 200 g Räucherlachs in Scheiben, 4 Artischockenböden (Dose), 2-3 EL Zitronensaft, einige Dillzweige

Die Brotscheiben im Toaster rösten. Den Toast mit Mayonnaise bestreichen und auf ein Backblech legen. Den Räucherlachs in Streifen schneiden, abgetropfte Artischocken würfeln. Die Toastscheiben damit belegen und im vorgeheizten Backofen bei 220 °C etwa 2 Minuten erhitzen. Vor dem Servieren mit Zitronensaft beträufeln, mit Dill garnieren.

Curryfisch

400 g Seelachs- oder Lachsfilet, 4 EL Zitronensaft, Salz, je 1 kleine Dose Mandarinen und Ananasstücke, 2 Päckchen Currysauce, 1 TL Currypulver, weißer Pfeffer

Fisch in 2 Zentimeter breite Streifen schneiden, mit Zitronensaft beträufeln und salzen. Dosenobst auf einem Sieb abgießen, Saft in einen weiten Topf geben. Die Fischstücke darin etwa 10 Minuten dünsten und wieder herausnehmen. Currysauce in die Dünstflüssigkeit rühren und mit dem Currypulver abschmecken. Fisch und Obststücke in der Sauce erhitzen. Mit Salz und Pfeffer pikant abschmecken.

Rehrücken

1 Rehrücken (etwa 1,2 kg; eventuell vom Metzger spicken lassen), Salz, schwarzer Pfeffer, 3 EL Butter, 100 ml Brühe, 2 EL Portwein oder Weinbrand, 2 EL Schmant, 2–3 TL Orangensaft

Den Rehrücken mit einem feuchten Küchentuch abwischen und rundherum mit Salz und Pfeffer einreiben. Die Butter in einem Bräter erhitzen. Rehrücken darin bei mittlerer Hitze von beiden Seiten braun anbraten. Zugedeckt im vorgeheizten Backofen bei 180 °C 50 bis 60 Minuten braten, bis er durchgegart ist. Dabei zweimal wenden und mit der Butter im Bräter bestreichen. Herausnehmen, in Alufolie wickeln und im geöffneten Backofen warm halten. Bräter auf die Kochstelle setzen, Brühe zugießen und den Bratfond damit lösen. Mit Portwein und Schmant zu einer sämigen Sause kochen, mit Orangensaft, Salz und Pfeffer abschmecken. Rehrücken aus der Alufolie nehmen, schräg in Scheiben schneiden und auf gut vorgewärmten Tellern anrichten. Mit der Sauce umgießen, mit Preiselbeeren, Rotkohl und Kartoffelklößen oder Scheiben von Serviettenkloß servieren.

Tipp

Der Rehrücken bräunt besonders schön, wenn Sie ihn 15 Minuten vor Ende der Garzeit dick mit saurer Sahne bestreichen. Das Ruhen in Alufolie ist wichtig, damit sich der Fleischsaft gut verteilen kann und beim Aufschneiden nicht ausläuft.

Überbackene Schweinelende

2 Zwiebeln, 1 EL Öl, 600 g Schweinelende, Salz, weißer Pfeffer,
100 g durchwachsener Räucherspeck in dünnen Scheiben,
200 g Crème fraîche, 200 ml Curryketchup, 2 Knoblauchzehen

Geschälte Zwiebeln in Ringe hobeln und im heißen Öl anbraten. Lende in 2 Zentimeter dicke Scheiben schneiden, mit Salz und Pfeffer würzen und in eine Gratinform legen. Speckscheiben und Zwiebelringe darauf verteilen. Crème fraîche, Ketchup und geschälten, zerdrückten Knoblauch verrühren und darübergießen. Lende im vorgeheizten Backofen bei 200 °C etwa 30 Minuten braten.

Krauttopf

1 kg Schweinenacken ohne Knochen, 500 g Kartoffeln,
1 kleiner Weißkohl, 2 Zwiebeln, 2 EL Butterschmalz,
je 1 EL Salz und edelsüßes Paprikapulver, 1/4 l Brühe

Fleisch und geschälte Kartoffeln würfeln. Geputzten Kohl in Streifen schneiden. Geschälte Zwiebeln fein zerkleinern. Alles mit zerlassenem Butterschmalz, Salz und Paprika im gewässerten Römertopf gut durchmischen. Brühe zugießen und den Topf in den kalten Backofen stellen. Fleisch und Gemüse bei 200 °C etwa 2 Stunden garen.

Pfundstopf für zwölf

Je 500 g durchwachsener Räucherspeck und Schinkenwurst, je 500 g Zwiebeln und Paprikaschoten, 2 EL Öl, je 500 g Rindergulasch, Schweinegulasch und Hackfleisch, 1 große Dose geschälte Tomaten (800 g), je 1 große Flasche Tomatenketchup und Chilisauce, 400 ml Sahne, je 1 Päckchen Petersilie und Basilikum (TK)

Den Speck und die Wurst würfeln, die geschälten Zwiebeln in Ringe, die geputzten Paprikaschoten in Streifen schneiden. Speck mit Öl in einem großen Schmortopf ausbraten, bis reichlich Fett ausgetreten ist. Rinder- und Schweinegulasch darin rundherum braun anbraten. Hack mit Zwiebeln zugeben und krümelig braten. Wurst und Paprikaschoten zugeben und einige Minuten mitbraten. Tomaten mit der Flüssigkeit in der Dose, Ketchup und Chilisauce untermischen. Alles aufkochen und zugedeckt etwa 2 Stunden sanft köcheln lassen. Die Sahne zugießen und unter Rühren erhitzen, aber nicht mehr aufkochen. Zum Schluss die Kräuter untermischen. Den Pfundstopf ganz heiß servieren.

Tipp

Der Pfundstopf für Ihre Silvesterparty reicht für zwölf Personen. Sie können ihn am Vortag kochen und zum Essen aufwärmen. Unmittelbar vor dem Servieren die Sahne unterrühren und erhitzen. Dann die Kräuter untermischen. Als Beilagen schmecken Bauernbaguette, Krustenbrot und lockeres helles Landbrot.

Omas Zwiebelschnitzel

4 Schweineschnitzel, Salz, Pfeffer, 4 EL Mehl, 8 Zwiebeln, 6 EL Öl, 2 TL edelsüße Paprika, 300 ml Brühe, 200 g Crème fraîche

Die Schnitzel trocken tupfen, mit Salz und Pfeffer würzen und im Mehl wenden. Geschälte Zwiebeln fein zerkleinern. Das Öl in einer Pfanne erhitzen, Schnitzel von beiden Seiten kräftig anbraten, herausnehmen und warm stellen. Die Zwiebeln im Bratfett anrösten. Das verbliebene Mehl und das Paprikapulver unterrühren. Brühe zugießen und den Bratfond lösen. Die Crème fraîche unterrühren, die Schnitzel wieder zugeben und alles etwa 5 Minuten köcheln lassen.

Putengeschnetzeltes

500 g Putenbrustfilet, 2 Knoblauchzehen, 2 EL Butterschmalz, 1/8 l trockener Weißwein, 3 EL Schmant, 100 g eingelegte Paprika (Glas), Salz, weißer Pfeffer

Putenbrust in Streifen schneiden und mit dem geschälten, zerdrückten Knoblauch im heißen Butterschmalz braun anbraten. Wein und Schmant unterrühren und das Fleisch etwa 2 Minuten dünsten. Abgetropfte Paprika zufügen und alles einmal aufkochen. Mit Salz und Pfeffer abschmecken. Mit Reis servieren.

Apfelgratin

5 säuerliche Äpfel, 2 EL Butter, 3 EL Zitronensaft, 3 EL brauner Zucker, 1/4 TL Zimtpulver, 300 ml Sahne

Die Äpfel schälen, entkernen und in Schnitze teilen. Schuppenförmig in eine gebutterte Gratinform schichten und mit Zitronensaft beträufeln. Zucker und Zimt mischen, die Äpfel damit bestreuen und mit der Sahne übergießen. Im vorgeheizten Backofen bei 200 °C etwa 30 Minuten backen. Als Beilage zu Wildgerichten oder mit Vanilleeis zum Dessert servieren.

Gebackene Kartoffelnudeln

800 g mehlige Kartoffeln, 1 TL Salz, geriebene Muskatnuss, 100 g Mehl, 1 Ei, etwas Mehl, 50 g Butterschmalz

Kartoffeln weich kochen, schälen und heiß durch ein Sieb pressen. Abgekühlt mit Salz, Muskat, Mehl und Ei verkneten. Klebrigen Teig mit etwas Mehl vermischen. Mit bemehlten Händen daraus fingerdicke Nudeln rollen. Eine Gratinform mit Butterschmalz ausfetten, die Kartoffelnudeln dicht nebeneinander hineinlegen und im vorgeheizten Backofen bei 200 °C etwa 40 Minuten goldbraun backen. Als Beilage zu Braten oder mit Sauerkraut servieren.

Orangenmarmelade

10 unbehandelte Orangen, 1,5 kg Zucker

Orangen heiß waschen, abtrocknen und mit der Schale in nicht zu dicke Scheiben schneiden. Kerne entfernen und die Scheiben durch den Fleischwolf drehen. Die Orangenmasse mit Wasser auf 2,5 Kilo ergänzen und über Nacht zugedeckt im Kühlschrank ziehen lassen. Am nächsten Tag mit dem Zucker gemischt 1 Stunde dick einkochen; dabei häufig umrühren. Kochend heiß in Twist-off-Gläser füllen und verschließen.

Tipp

Je nach Geschmack zum Schluss noch 2 Esslöffel Whisky oder Orangenlikör unter die Marmelade mischen.

Kirschnüsse

2 Tafeln weiße Schokolade, 100 g Puderzucker, 6 EL Kirschwasser, 200 g Walnusskerne in Hälften

Schokolade im Wasserbad schmelzen. Puderzucker und Kirschwasser unterrühren. Die Masse etwas abkühlen lassen und zu nussgroßen Kugeln formen. Je eine Kugel zwischen 2 Walnusshälften drücken. Die Kirschnüsse immer im Kühlschrank aufbewahren.

Teepunsch

3 Beutel schwarzer Tee, etwa 200 g Zucker, 1 l Apfelsaft, 1 l Orangensaft, Saft von 2 Orangen, Saft von 1 Zitrone, 2 Zimtstangen, 1 Flasche Weißwein

In einem Topf 2 1/2 Liter Wasser aufkochen. Tee darin 5 Minuten ziehen lassen. Zucker, Säfte, Zimt und Wein zugeben und unter Rühren bis knapp unter den Siedepunkt erhitzen. Heiß servieren.

Eierlikör

5 frische Eigelb, 150 g Puderzucker, 1 Päckchen Vanillezucker, 400 ml H-Milch, 150 ml Weingeist (Apotheke) oder Weinbrand

Eigelb mit Puderzucker und Vanillezucker im Mixer oder mit den Quirlen des Handrührers kräftig durchmixen, dabei Milch und Weingeist oder Weinbrand zugießen. In Flaschen abfüllen, verschließen und im Kühlschrank aufbewahren.

Tipp

Mit einem hübschen Etikett verziert, ist selbst gemachter Eierlikör ein individuelles Weihnachtsgeschenk. Im Kühlschrank hält er sich vier Wochen.

Schneewittchentorte

Für den Teig:
100 g Butter, 125 g Zucker, 1/2 TL abgeriebene, unbehandelte Zitronenschale, 3 Eier, 200 g Mehl, 1/2 Päckchen Backpulver, 1 Glas Sauerkirschen (etwa 350 g), 2 EL Kakao, 2 EL Milch

Für den Belag:
500 g Quark, 3 EL Zucker, 1 Päckchen Vanillezucker, 300 ml Sahne, 1 Päckchen roter Tortenguss

Butter, Zucker und Zitronenschale schaumig rühren. Zuerst die Eier, dann Mehl und Backpulver gemischt unterrühren. Die Hälfte des Teiges in eine gefettete Springform (26 Zentimeter Durchmesser) streichen. Abgetropfte Sauerkirschen auf dem Teig verteilen, den Saft für den Guss auffangen. Restlichen Teig mit Kakao und Milch verrühren und auf den Kirschen glattstreichen. Torte im vorgeheizten Backofen bei 180 °C etwa 1 Stunde backen. Quark mit Zucker und Vanillezucker glatt rühren. Die steif geschlagene Sahne unterheben. Auf die abgekühlte Torte streichen. Guss nach Packungsaufschrift mit Sauerkirschsaft zubereiten und auf den Quark geben.

Tipp

Eine wunderbare Torte zum Adventstee für alle, die nicht zum Plätzchenbacken gekommen sind. Man kann sie wunderbar bereits am Vortag zubereiten, denn gut durchgezogen schmeckt sie noch besser.

Russische Nussecken

100 g Edelbitterschokolade, 10 Eier, 200 g Puderzucker, 200 g weiche Butter, 200 g Zucker, 200 g Mehl, 200 g gemahlene Haselnusskerne, 200 g dunkle Kuchenglasur

Die Schokolade fein reiben. Die Eier trennen, Eiweiß mit dem Puderzucker steif schlagen. Eigelb mit Butter, Zucker und Mehl zu einem glatten Teig verrühren und auf ein gefettetes Backblech streichen. Eiweißmasse mit Nüssen und Schokolade mischen und auf dem Teig verteilen. Im vorgeheizten Backofen bei 200 °C etwa 30 Minuten backen. Herausnehmen und noch heiß in Rauten schneiden. Die Kuchenglasur im heißen Wasserbad flüssig werden lassen und die Nussecken damit bestreichen. Auf einem Kuchengitter abkühlen lassen.

Biergrog

1 l helles Bier, 125 g Zucker, 1/2 Zimtstange, 4 Eier, 1/4 l Rum

Bier mit Zucker und Zimt unter Rühren aufkochen, bis sich der Zucker aufgelöst hat. Neben der Kochstelle 5 Minuten ziehen lassen. Die Zimtstange entfernen. Eier und Rum schaumig rühren und langsam unter das Bier schlagen. Sofort heiß in Groggläsern servieren.

Menüvorschlag im Dezember

Räucherforelle mit Dillcreme (Seite 124)

Rehrücken (Seite 126)

Apfelgratin (Seie 130)

Schneewittchentorte (Seite 133)

Januar

1	9	17	25
2	10	18	26
3	11	19	27
4	12	20	28
5	13	21	29
6	14	22	30
7	15	23	31
8	16	24	

Omas Januartipp

Holen Sie Grünes in die Küche, denn gerade in der kalten Jahreszeit brauchen wir genügend Vitamine. Senfkörner, die vom Gurkeneinlegen übrig geblieben sind, können Sie genau wie Kresse auf Küchenpapier säen. Beide Pflänzchen schmecken im Salat, Senf macht zudem Sahnesaucen schön würzig. Knoblauchzehen mit grünen Trieben stecken Sie in weite Blumentöpfe mit Anzuchterde. Nach einigen Tagen bilden sie grüne Röhrchen wie Lauchzwiebeln, die Sie bis 20 Zentimeter hoch wachsen lassen und in Röllchen geschnitten für Salat und Suppe nutzen können.

Dicke Rotkohlsuppe

1 Kopf Rotkohl, 400 g magerer Räucherspeck, 3 EL Öl, 1 TL getrockneter Thymian, 1 1/2 l Brühe, 2 Äpfel, 1 EL geriebener Meerrettich, 2 EL gehackte Petersilie, Salz

Kohl putzen, waschen und zerkleinern. Speck würfeln und im heißen Öl braten, bis reichlich Fett ausgetreten ist. Kohl mit Thymian darin anbraten. Brühe zugießen, aufkochen und zugedeckt 40 Minuten garen. Äpfel vierteln, entkernen, schälen, würfeln und 5 Minuten in der Suppe garen. Meerrettich und Petersilie untermischen, Suppe mit Salz abschmecken. Mit Landbrot servieren.

Käsesalat

250 g Emmentaler, 1 reife Avocado, 2 Bund Lauchzwiebeln, 1 TL Senf, Salz, Pfeffer, 2 EL Kräuteressig, 1 Prise Zucker, 4 EL Öl, 2 EL Mandelstifte

Den Käse und die geschälte Avocado würfeln. Die Lauchzwiebeln waschen und in Ringe schneiden. Alle diese Zutaten vermischen. Für das Dressing Senf, Salz, Pfeffer, Essig, Zucker und Öl verrühren und mit dem Salat mischen. Die Mandeln ohne Fettzugabe in einer Pfanne rösten und darüberstreuen.

Omas Speckknödel

6 altbackene Weizenbrötchen, 1/8 l heiße Milch,
500 g durchwachsener Räucherspeck, 1 Zwiebel, 3 Eier,
1/2 TL getrockneter Majoran, Salz, schwarzer Pfeffer,
2 EL gehackte Petersilie

Brötchen in dünne Scheiben schneiden, in Milch einweichen. 250 Gramm Speck und die geschälte Zwiebel klein würfeln und glasig dünsten. Abgekühlt mit Eiern, Majoran, Salz, Pfeffer und Petersilie zu den Brötchen geben. Mit den Händen zu einem mittelfesten Teig verarbeiten. Knödel formen, in kochendem Salzwasser aufkochen und 20 Minuten ziehen lassen. Restlichen Speck würfeln und knusprig braten. Abgetropfte Knödel in einer Schüssel mit dem Speck anrichten. Dazu passt Endiviensalat.

Kartoffelpuffer

1 kg Kartoffeln, 1 Zwiebel, 1 Ei, 2 EL Mehl, 1 TL Salz,
Öl zum Braten

Geschälte Kartoffeln und Zwiebel in eine Schüssel reiben. Ei, Mehl und Salz unterrühren. Kartoffelpuffer in einer großen beschichteten Pfanne mit reichlich Öl pro Seite bei mittlerer Hitze etwa 5 Minuten braten. Mit Apfelmus oder Salat servieren.

Schichtsalat

2 dünne Stangen Lauch, 1 kleine Knolle Sellerie, 3 rote Äpfel,
2 EL Zitronensaft, 200 g gekochter Schinken in Scheiben,
3 hart gekochte Eier, 3 Dcsen Mandarinen, 1 Dose Gemüsemais,
200 g Salatcreme (Glas), 200 ml Sahne

Geputzten Lauch in dünne Ringe schneiden. Geschälten Sellerie und gewaschene, entkernte Äpfel grob raspeln und mit Zitronensaft mischen. Schinken in Streifen, geschälte Eier in Scheiben schneiden. Mandarinen und Mais abgießen. Alle Zutaten in dieser Reihenfolge lagenweise in eine Schüssel schichten. Salatcreme und Sahne verrühren und über aen Salat gießen. Vor dem Servieren zugedeckt im Kühlschrank 24 Stunden ziehen lassen.

Hackfleischtopf

1 Stange Lauch, 2 Zwiebeln, 500 g Hackfleisch,
je 1 EL Öl und Butter, 5 EL passierte Tomaten,
1/4 l Fleischbrühe, 1 EL scharfer Senf, 1 TL Salz,
250 g saure Sahne

Geputzten Lauch und geschälte Zwiebel fein zerkleinern. Mit dem Hackfleisch im Fett anbraten. Tomaten, Brühe, Senf und Salz zugeben und 15 Minuten garen. Zum Schluss mit saurer Sahne übergießen und kurz durchrühren.

Fischauflauf
mit Gemüse und Speck

800 g Fischfilet, 1 EL Zitronensaft, Salz, 75 g geräucherter Schinkenspeck in Scheiben, 2 Zwiebeln, 5 Karotten, 2 Gewürzgurken, 3 dünne Stangen Lauch, 1 EL Öl, 1 EL Tomatenmark, 1 EL körniger Senf, 125 ml Sahne, 1 EL Speisestärke

Fischfilet kalt abspülen und trocken tupfen. Mit dem Zitronensaft beträufeln und salzen. Die halbe Menge Schinkenspeck, abgezogene Zwiebeln, geschälte Karotten und abgetropfte Gewürzgurken würfeln. Den Lauch putzen, waschen und in feine Ringe schneiden. Alles im heißen Öl andünsten und in eine Auflaufform geben. Tomatenmark und Senf verrühren und den Fisch damit bestreichen, auf das Gemüse legen und mit dem restlichen Speck belegen. Im vorgeheizten Backofen bei 200 °C 30 Minuten backen. Sahne und Speisestärke verquirlen, den Auflauf damit übergießen und noch etwa 15 Minuten backen, bis er schön gebräunt ist.

Tipp

Bei Erkältung und Fieber ist heißer Holundersaft ein altes, bewährtes Hausmittel; er wirkt schweißtreibend und unterstützt die Abwehrkräfte des Körpers. Bei hartnäckigem Husten vermischt man frisch geriebenen Meerrettich mit der gleichen Menge Honig und nimmt 3 x täglich einen Teelöffel davon ein. Das Essen sollte jetzt leicht sein: Ein wenig Hühnerbrühe oder dünner Haferschleim mit Kräutern stärken, ohne den Magen zu belasten.

Linsengemüse

250 g Linsen, 1 l Wasser, 2 Lorbeerblätter, 5 Gewürznelken, 1 Karotte, 1 Zwiebel, 1 Stange Lauch, 2 EL Butter, 2 EL Mehl, 250 g magerer Räucherspeck, Salz, Pfeffer, 3-4 EL Essig

Linsen mit 1 Liter Wasser, Lorbeer und Nelken in etwa 1 Stunde weich garen. Geschälte Karotte, Zwiebel und geputzten Lauch fein zerkleinern und in der Butter anbraten. Mit Mehl bestreuen und anrösten 1/8 Liter Linsenbrühe zugießen, aufkochen und glatt rühren. Den Speck fein würfeln. Linsen, gewürfelten Speck, Salz, Pfeffer und Essig zugeben und erhitzen. Mit Spätzle oder Brot servieren.

Wirsingtopf

1 Kopf Wirsing, 500 g Kartoffeln, 750 g Karotten, 2 Zwiebeln, 1 EL Öl, 3/4 l Brühe, 4 grobe Mettwürste, 2 EL Petersilie, Salz, Pfeffer, 2 EL zerlassene Butter

Wirsing putzen, waschen und zerkleinern. Geschälte Kartoffeln und Karotten würfeln. Geschälte Zwiebeln in Ringe schneiden und im heißen Öl glasig braten. Wirsing, Kartoffeln und Karotten mitdünsten. Brühe und Würste zugeben und den Eintopf zugedeckt 40 Minuten garen. Mit der Petersilie mischen, mit Salz und Pfeffer abschmecken und mit der Butter beträufeln.

Omas Apfelschmantkuchen

Für den Teig:

250 g Mehl, 100 g Zucker, 1 TL abgeriebene, unbehandelte Zitronenschale, 1 Ei, 100 g Butter oder Margarine

Für den Belag:

5 mittelgroße Äpfel (etwa 700 g), 2 EL Orangensaft, 100 g Zucker, 1/4 TL Zimtpulver, 400 g Schmant, 100 ml Sahne, 1 Ei, 1 Päckchen Vanillezucker

Teigzutaten zu einem Mürbeteig verarbeiten, eine Springform (26 Zentimeter Durchmesser) damit auslegen und einen 3 Zentimeter hohen Rand ausformen. Teigboden mit einer Gabel mehrmals einstechen und 30 Minuten kühlen. Im vorgeheizten Backofen bei 200 °C 10 Minuten vorbacken. Die Äpfel schälen, entkernen und in kleine Stücke schneiden. Mit Orangensaft, Zucker und Zimt mischen und auf dem Teigboden verteilen. Schmant, Sahne, Ei und Vanillezucker verrühren und über die Äpfel gießen. Kuchen im heißen Ofen bei 180 °C noch etwa 45 Minuten backen, bis er schön gebräunt ist.

Tipp

Mit der doppelten Zutatenmenge können Sie einen Blechkuchen für den Vorrat backen. Zum Einfrieren die Stücke am besten auf eine Grillschale aus Alu geben. Beim Auftauen löst sich der Kuchen leicht ab. Außerdem lässt er sich in den Schalen im Ofen gut erhitzen und schmeckt dann zu Vanilleeis und Schlagsahne.

Blitz-Dampfnudeln

4 Eier, 150 g Zucker, 1 Päckchen Vanillezucker,
300 g Mehl, 1 Päckchen Backpulver, 2 EL Butter,
1/2 l Milch

Die Eier trennen, Eiweiß mit 100 g Zucker und dem Vanillezucker steif schlagen. Eigelb nacheinander unterrühren. Mehl mit Backpulver gemischt unterziehen. Butter in einem möglichst weiten, flachen Topf zerlassen. Die Milch mit dem restlichen Zucker zugeben und aufkochen. Mit einem Esslöffel kleine Häufchen vom Teig abstechen, in die Milch setzen und zugedeckt 10 Minuten köcheln lassen. Herausnehmen, dabei mit einem Schaber gründlich vom Topfboden lösen. Neue Häufchen einlegen und garen. Mit Vanillesauce servieren.

Traubenpunsch

200 g große weiße Weintrauben, 1 Flasche (700 ml) Traubensaft,
2 EL Honig, 1 Vanilleschote, 2 EL Rosinen

Weintrauben waschen, abziehen, halbieren und entkernen. Traubensaft, Honig und das ausgekratzte Vanillemark erhitzen. Rosinen und Weintrauben in vier hitzebeständige Gläser geben und mit dem heißen Saft übergießen. Zum Apfelschmantkuchen reichen.

Zimtwaffeln

3/8 l lauwarme Milch, 20 g Hefe, 300 g Mehl, 1/2 EL Zucker, 1 TL abgeriebene, unbehandelte Zitronenschale, 1 TL Zimtpulver, 50 g weiche Butter, 2 zimmerwarme Eier, Zimtzucker zum Bestreuen

Milch und zerkrümelte Hefe verrühren und zugedeckt 15 Minuten ruhen lassen. Mehl mit Zucker, Zitronenschale und Zimt mischen. Hefemilch, Butter und Eier zugeben und rühren, bis der Teig Blasen bildet. Zugedeckt 45 Minuten ruhen lassen. Pro Waffel etwa 2 Esslöffel Teig im gefetteten Waffeleisen backen. Heiß mit Zimtzucker bestreut servieren.

Zwiebackkuchen

2 EL Butter, 20 Scheiben Zwieback, 3/8 l Milch, 200 ml Sahne, 2 Eier, 100 g Zucker, 2 EL Vanillezucker, 1 TL abgeriebene, unbehandelte Orangenschale, 1/4 TL Lebkuchengewürz, 150 g gemahlene Haselnusskerne

Die Fettpfanne des Backofens mit Butter ausfetten und mit Zwieback auslegen. Milch, Sahne, Eier, Zucker, Vanillezucker, Orangenschale und Lebkuchengewürz verquirlen und darübergießen. Nüsse darüberstreuen. Im vorgeheizten Backofen bei 220 °C etwa 20 Minuten backen. Warm mit Obstsalat servieren.

Menüvorschlag im Januar

Käsesalat (Seite 137)

Hackfleischtopf (Seite 139)

Omas Apfelschmantkuchen (Seite 142)

Traubenpunsch (Seite 143)

Februar

1	9	17	25
2	10	18	26
3	11	19	27
4	12	20	28
5	13	21	29
6	14	22	
7	15	23	
8	16	24	

Omas Februartipp

Faschingszeit ist auch Partyzeit – Großmama steuert Schinkentorte, Heringshäckerle, bunten Partysalat, Käsegebäck, Früchtepunsch und Faschingsbecher zum tollen Treiben bei. Und wenn nach einer durchzechten Nacht trotz so guter, kulinarischer Unterlage der Kater böse faucht, weiß sie Rat: Gleich nach dem Aufstehen langsam einige Kaffeebohnen kauen und hinunterschlucken. Den Tag mit Mineralwasser beginnen, mittags Rohkost und frisches Obst essen und abends starke Gemüsebrühe trinken. Auch Reis und Nudeln ohne Sauce bringen uns wieder in die Reihe.

Schinkentorte

Für den Teig:
250 g Mehl, Salz, 1 EL Backpulver, 250 g Quark, 150 g Butter

Für den Belag:
400 g gekochter Schinken, 100 g durchwachsener Räucherspeck, 200 g geriebener Gouda, 1 Ei, 200 g Schmant, 2 EL gehackte Petersilie, Salz, schwarzer Pfeffer, 1 TL edelsüßes Paprikapulver

Mehl mit Salz, Backpulver, Quark und Butter rasch zu einem glatten Teig verkneten. Zu einem Kloß formen, in Folie wickeln und 2 Stunden kalt stellen. Die Hälfte des Teiges dünn ausrollen, mit einem Teigrädchen in schmale Streifen schneiden und beiseitelegen. Mit dem Rest eine Springform (26 Zentimeter Durchmesser) auskleiden und einen etwa 3 Zentimeter hohen Rand ausformen. Teig mit einer Gabel mehrmals einstechen. Schinken und Speck klein würfeln, mit Gouda, Ei, Schmant und Petersilie in einer Schüssel mischen. Mit wenig Salz, reichlich Pfeffer und dem Paprikapulver würzen. Schinkenmischung auf dem Teigboden verteilen. Die Teigstreifen wie ein Gitter diagonal darauf anordnen. Torte im vorgeheizten Backofen bei 180 °C etwa 45 Minuten backen. Lauwarm oder kalt zu Chicoréesalat mit Orangen servieren.

Tipp

Frischen Chicorée erkennen Sie an den weißen Blättern mit hellgelben Spitzen.

Bunter Partysalat

2 Paar Wiener Würstchen, 1 TL Öl, 300 g Camembert (30 %), 3 mittelgroße Zwiebeln, 1 Glas eingelegte Paprikaschoten (etwa 400 g), Salz, schwarzer Pfeffer, Worcestersauce

Die Wiener Würstchen in etwa fingerdicke Scheiben schneiden und in einer Pfanne mit dem Öl leicht anbraten. Camembert würfeln, Zwiebeln schälen und in Ringe schneiden. Paprika eventuell in mundgerechte Streifen schneiden. Alles mischen, mit Salz, Pfeffer und Worcestersauce abschmecken. Dazu Bauernbrot reichen.

Eiersalat mit Obst

6 hart gekochte Eier, 2 Bananen, 2 rote Äpfel, 1 kleine Dose Ananasstücke (etwa 400 g), 6 EL Mayonnaise, 4 EL Ananassaft, 2 TL scharfer Senf

Die Eier schälen und achteln, geschälte Bananen in Scheiben schneiden. Die Äpfel waschen, vierteln, entkernen und in Schnitze teilen. Alle diese Zutaten mit den abgetropften Ananasstücken in einer Schüssel mischen. Mayonnaise mit Ananassaft und Senf verrühren und über dem Salat verteilen. Salat zugedeckt 30 Minuten durchziehen lassen und erst zum Servieren mischen. Knusprigen Toast dazu reichen.

Bayerische Steaks

8 dünne Scheiben Leberkäse, 4 Scheiben Emmentaler,
70 g Butterschmalz, 2 gehäufte EL Mehl, 2 Eier,
3 gehäufte EL Semmelbrösel

Je 1 Scheibe Leberkäse mit 1 Käsescheibe belegen und mit den restlichen Leberkäsescheiben abdecken. Überstehenden Käse abschneiden. Steaks mit Holzstäbchen zusammenstecken. Das Butterschmalz in einer großen Pfanne erhitzen. Die Steaks nacheinander im Mehl, in den verquirlten Eiern und in den Semmelbröseln wenden In einer großen beschichteten Pfanne ins heiße Schmalz legen und bei mittlerer bis schwacher Hitze pro Seite etwa 3 Minuten braten, bis sie schön goldbraun sind. Mit Salat und Kartoffelbrei servieren.

Heringshäckerle

4 Matjesfilets, 2 klzine Zwiebeln, 150 g Senfgurken,
50 g magere Räucherspeckscheiben, 100 g saure Sahne,
1 EL gehackter Dill, Pfeffer

Matjesfilets quer in feine Streifen, dann in Würfel schneiden. Geschälte Zwiebeln, Senfgurken und Speck fein hacken. Mit Matjes, Dill und saurer Sahne mischen und mit Pfeffer abschmecken. Mit Brot oder Pellkartoffeln servieren.

Rosenkohlpfanne
mit Hackfleisch

500 g Rosenkohl, 1 große Zwiebel, 1 EL Öl, 300 g Hackfleisch, 1 Prise Zucker, 1 TL Salz, etwas Tabascosauce, 1/2 TL scharfer Rosenpaprika, Pfeffer, 1 kleine Dose Tomatenmark, 1/8 l Brühe

Geputzten Rosenkohl in wenig Wasser bissfest kochen. Geschälte Zwiebel würfeln und in einer Pfanne im heißen Öl glasig braten. Hackfleisch zugeben und krümelig braten. Mit Zucker, Salz, Tabasco, Paprika und Pfeffer würzen. Tomatenmark mit der Brühe verrühren und zugießen. Rosenkohl abgießen, unter das Hackfleisch mischen und 2 Minuten kräftig aufkochen.

Saures Kartoffelgemüse

1 kg vorwiegend festkochende Kartoffeln, 50 g Butter, 2 EL Mehl, 1/2 l Brühe, Salz, weißer Pfeffer, 100 g Schmant, 2-3 EL Essig, 2 EL gehackte Petersilie

Geschälte Kartoffeln in 1/2 Zentimeter dicke Scheiben schneiden. Butter zerlassen, Mehl darin unter Rühren goldgelb anrösten. Brühe langsam zugießen und dabei rühren, bis die Sauce glatt ist. Die Kartoffeln untermischen, mit Salz und Pfeffer würzen, aufkochen und zugedeckt in etwa 15 Minuten weich kochen. Mit Schmant und Essig mischen, mit der Petersilie bestreut servieren.

Schweinegulasch
mit Sauerkraut

500 g Schweineschulter (ohne Knochen), 2 Zwiebeln, 1 große Dose Sauerkraut (800 g), 3 EL Öl, Salz, 2 TL edelsüßes Paprikapulver, 1 Prise Zucker, 1 EL Mehl, 1/4 l Brühe

Fleisch würfeln, die geschälten Zwiebeln hacken. Sauerkraut grob zerschneiden. Öl in einem Schmortopf erhitzen. Fleisch und Zwiebeln darin braun anbraten. Sauerkraut, Salz, Paprika und Zucker zugeben, mit dem Mehl bestreuen und einige Male durchrühren. Brühe zugießen, aufkochen und das Gulasch zugedeckt in etwa 1 Stunde weich schmoren. Dazu passt Kartoffelbrei.

Schinkenkartoffeln

500 g gegarte Kartoffeln, 1 Zwiebel, 200 g gekochter Schinken, 2 EL Öl, 3 Eier, 2 EL Sahne, Salz, weißer Pfeffer, 1 EL Schnittlauchröllchen, 2 große Gewürzgurken

Die geschälten Kartoffeln in Scheiben, die geschälte Zwiebel in Ringe, den Schinken in Streifen schneiden. Alles in einer großen beschichteten Pfanne im heißen Öl unter Wenden braun braten. Eier mit Sahne, Salz und Pfeffer verrühren, darübergießen und gerade eben fest werden lassen. Mit Schnittlauch und Gurkenfächern anrichten.

Karottentorte

250 g Karotten, 250 g gemahlene Mandeln, 8 Eier, 250 g Zucker, 1 EL abgeriebene, unbehandelte Zitronenschale

Die Karotten schälen, fein raspeln und mit den Mandeln mischen. Die Eier trennen, Eiweiß mit 100 Gramm Zucker sehr steif schlagen. Eigelb mit dem restlichen Zucker und der Zitronenschale sehr schaumig rühren. Zuerst Karotten, dann Eischnee darunterziehen. Teig in einer gefetteten Springform (26 Zentimeter Durchmesser) glatt streichen und im vorgeheizten Backofen bei 200 °C etwa 40 Minuten backen. Abgekühlt nach Wunsch mit Puderzucker bestreuen und mit kleinen Marzipankarotten verzieren.

Bananenkuchen

3 sehr reife Bananen, 2 EL Zitronensaft, 200 g weiche Butter, 80 g brauner Zucker, 3 Eier, 250 g Mehl, 1 Päckchen Vanille-Puddingpulver, 2 TL Backpulver

Geschälte Bananen mit dem Zitronensaft fein zerdrücken. Butter und Zucker schaumig rühren. Zuerst Eier und Bananen, dann Mehl mit Puddingpulver und Backpulver gemischt unterrühren. Teig in einer gefetteten Kastenform (30 Zentimeter) glatt streichen. Im vorgeheizten Backofen bei 180 °C etwa 1 Stunde backen.

Zitronen-Zimt-Rauten

Für den Teig:
4 Eier, 300 g Zucker, 150 ml Öl, 150 ml Zitronenlimonade,
350 g Mehl, 1 Päckchen Backpulver

Für den Belag:
450 g Crème fraîche, 300 g saure Sahne, 3 EL Zucker,
250 ml Sahne, 2 EL Zimtzucker

Eier, Zucker, Öl und Limonade verrühren, Mehl und Backpulver unterheben. Auf ein gefettetes Backblech streichen und im vorgeheizten Backofen bei 200 °C etwa 25 Minuten backen. Crème fraîche mit saurer Sahne, Zucker und steif geschlagener Sahne mischen. Abgekühlten Kuchenboden damit bestreichen, mit Zimtzucker bestreuen und 2 Stunden ruhen lassen. Zum Servieren in Rauten schneiden.

Früchtepunsch

Je 1 unbehandelte Orange und Zitrone, 1/2 l Kirschsaft,
1/4 l Apfelsaft, 1/4 Zimtstange, 4 Gewürznelken

Zitrusfrüchte heiß waschen, Schale dünn abschneiden. Die Schalen mit dem ausgepreßten Saft, Kirsch- und Apfelsaft, Zimt und Nelken erhitzen und heiß servieren.

Fastnachtsbecher

8 frische Eiweiß, 1 TL Zitronensaft, 100 g Puderzucker,
125 ml Sahne, je 1 Glas rote Grütze und Apfelmus

Eiweiß mit Zitronensaft und Zucker schlagen, bis der Eischnee schnittfest ist. Sahne ebenfalls steif schlagen. Sahne und die Hälfte des Eischnees nach und nach unter die rote Grütze ziehen. Restlichen Eischnee unter das Apfelmus heben. Zuerst den Apfelschnee in hohe Dessertschalen füllen und glatt streichen. Darauf die Rote-Grütze-Creme geben. Eine Gabel spiralförmig durch beide Schichten ziehen und bis zum Servieren etwa 2 Stunden kühlen.

Käsegebäck

Je 100 g Mehl, Butter und Reibekäse, Salz,
Pfeffer, 2 Eigelb, Kümmel, Mohn,
Paprikapulver zum Bestreuen

Mehl, Butter und Käse mit etwas Salz und Pfeffer zu einem Mürbeteig verarbeiten. In Folie gewickelt 30 Minuten kühlen. Auf wenig Mehl dünn ausrollen und zu beliebigen Formen ausstechen. Auf ein Backblech legen, mit Eigelb bestreichen und nach Belieben mit Kümmel, Mohn und Paprika bestreuen. Bei 180 °C etwa 12 Minuten goldgelb backen.

Menüvorschlag im Februar

Bunter Partysalat (Seite 148)

Heringshäckerle (Seite 149)

Schinkentorte (Seite 147)

Fastnachtsbecher (Seite 154)

Eigene Notizen

Über dieses Buch

Haftungsausschluss

Die Inhalte dieses Buches sind sorgfältig recherchiert und erarbeitet worden.
Dennoch können weder die Autorinnen noch der Verlag für die Angaben in diesem Buch eine Haftung übernehmen.

Hinweis in eigener Sache

Unsere Rezepte werden von erfahrenen Fachautoren kreiert und erprobt. Wir freuen uns jedoch über Tipps oder Kritik und helfen bei Fragen gerne weiter. Bitte wenden Sie sich an:
Weltbild Buchverlag, Steinerne Furt 67, 86167 Augsburg
oder schicken Sie uns eine Mail an: Gabriele.beck@weltbild.com

Impressum

Weltbild Buchverlag
–Originalausgaben–

Projektleitung: Julia Kotzschmar
Redaktion: Claudia Krader
Texte: Dr. Barbara Rias-Bucher, Barbara Braun, Ursula P. Mohr
Illustrationen und Umschlagabbildung: Dr. Dietmar Spengler
Umschlaggestaltung und Innenlayout: X-Design, München
DTP-Produktion: avak Publikationsdesign, München
Reproduktion: Point of Media GmbH, Augsburg
Druck und Bindung: Offizin Andersen Nexö
Leipzig GmbH, Zwenkau

Gedruckt auf chlorfrei gebleichtem Papier

Printed in Germany

ISBN 978-3-89897-546-9

Rezepte von A bis Z

Sachregister von A bis Z

Ihr Chinesisches Horoskop

Die Autoren

Walter Oslsla, geboren 1970 im Zeichen des Hundes; Ingenieur der Nachrichtentechnik. Studium der chinesischen Mythologie und Tradition während zahlreicher Reisen nach Fernost.

Traude Kogoj, geboren 1965 im Zeichen der Schlange; Studium der Politikwissenschaft und Geschichte, freie Journalistin und Autorin der Erfolgsbücher „Geschenktes Geld" und „Ganzheitsmediziner in Österreich" (beide erschienen bei Orac); intensive Recherchen auf dem Gebiet der Traditionellen Chinesischen Medizin (TCM).

Konrad Mitschka, geboren 1969 im Zeichen des Hahns; Redakteur beim ORF und Autor von „Geschenktes Geld". Zahlreiche Reportagen aus dem Bereich der Esoterik.

Walter Oslsla/Traude Kogoj/Konrad Mitschka

Ihr Chinesisches Horoskop

Eine einfache Anleitung zum Gebrauch der fernöstlichen Astrologie

Mit umfassenden Auswertungstabellen

Orac
WIEN • MÜNCHEN • ZÜRICH

Wir danken

Barbara für ihren adlergleichen Blick,
Chai Wei für seine Hilfe beim Übersetzen chinesischer Quelltexte,
Elisabeth für ihr liebevolles Lesen,
Kyra für kluge Zwischenfragen,
Natascha für moralische Unterstützung,
Syho für inhaltliche Beratung

sowie

Igor, weil er mit seinen fünf Jahren Computer zum Abstürzen bringen und seinen Eltern somit einen unverhofften freien Abend schenken kann
und
Miriam, weil sie mit ihren sieben Jahren weiß, wie man Eltern beruhigen kann, die wegen eines abgestürzten Computers voller ungesicherter Texte hysterisch zu werden drohen.

ISBN 3-7015-0382-6

Einbandgestaltung: Katharina Uschan
Satz: Zehetner Ges. m. b. H., A-2105 Oberrohrbach
Druck und Bindung: Tiskarna Mladinska Knjiga, Ljubljana

Inhalt

Die Geschichte der chinesischen Astrologie

„Langsam stirbt der Riese. Doch sein Tod ist nicht vergebens. Sein Körper verwandelt sich zu hohen Bergen. Sein Blut wird zu Flüssen und Seen, sein Fleisch zu Äckern, sein Haar zu Sternen. Sonne und Mond gründen auf seinem linken und seinem rechten Auge . . ."
Je nach Detailverliebtheit des Erzählers kommen Steine aus Knochen oder Wind und Wolken aus Atem hinzu. Sogar Schweiß und Samen gehen ins Weltengefüge ein. Aus ihnen werden Regen und Jade. Soweit schildert die chinesische Überlieferung das Entstehen der Erde und noch mehr. Pan Ku, so der Name des Riesen, beendet die Zeit des Dao[1], des „allumfassenden Nichts", indem er Yin und Yang schafft. Sein Tod läutet das Goldene Zeitalter der Menschheit ein.
Der Mythos vom Riesen, der die Erde begründet, ist nicht fernöstlichem Gedankengut alleine vorbehalten. In der germanischen Sagenwelt ändert sich nur der Name. „Aus Ymirs Fleisch wurde die Welt erschaffen; aus seinem Blut die Wellen des Meeres . . .", heißt es hier.
Mit folgenden Worten beschreibt der chinesische Poet Zhuan-Zu das Goldene Zeitalter: „Die Menschen liebten einander, ohne die Nächstenliebe zu kennen. Sie waren treu, ohne die Treue zu kennen. Sie waren ehrlich ohne Ahnung von Pflicht." Zusammenfassend kann man die chinesische Version der Entstehung von Himmel und Erde wie folgt benennen: zuerst das Unerkennbare, das Chaos, das Nichts, das man Dao nennt. Dargestellt wird es durch einen leeren Kreis, das „Wu-Qi" (1).
Aus dem Nichts entsteht ein Ei – diesem entschlüpft Pan Ku. Pan Ku wächst jeden Tag rund drei Meter und teilt so allmählich das Dao in eine obere und untere Hälfte; in Himmel und Erde, in Licht und Finsternis, in Schwarz und Weiß. Kurz: Er macht aus Unerkennbarem Erkennbares. Dargestellt wird das mit Hilfe einer Wellenlinie, die den leeren Kreis teilt, der „Yu-Ming" (2).
Als der Riese fertiggewachsen und die Teilung beendet ist, stirbt er und wird zur Erde. Die Teilung ist perfekt (3).
Yin und Yang sind die Gegenpole chinesischen Denkens. In jedem Teil liegt der Keim des jeweils anderen, was grafisch mit zwei Punkten dargestellt wird (4).

1 Die Schreibweise der chinesischen Begriffe folgt der Pin-Yin-Umschrift, die heute weltweit Standard ist.

(1) (2) (3) (4)

Die Vorstellung, daß in einem Gegenteil bereits der Ursprung des anderen liegt, ist auch eine zutiefst westliche. „Ohne Licht kein Schatten“ oder „Jede Krise ist eine Chance“, weiß der Volksmund. „Zwei Seelen wohnen, ach, in meiner Brust“, läßt Goethe seinen Faust sagen. „Jedes Ding hat eben zwei Seiten“, meint wiederum ein gebräuchliches Sprichwort. Und so stellt man sich Yin und Yang am besten wie die zwei Seiten derselben Münze vor. Keine könnte ohne die andere existieren. Sie bedingen einander.

Yin und Yang sind allumfassend. Yin steht dabei für das Weibliche, das Empfangende und das Finstere, aber auch für die Erde an sich. Yang ist das Männliche, das Erzeugende, das Helle – aber auch der Himmel. Eine detaillierte Übersicht der Eigenschaften von Yin und Yang finden Sie auf Seite 15.

Mit der Theorie von Yin und Yang haben chinesische Gelehrte, bildlich gesprochen, das erste „Werkzeug“ zur Zukunftsschau in der Hand. Es wird aber nicht das einzige bleiben.

Der erste chinesische Geschichtsschreiber lebte zirka ein Jahrhundert vor Christus und hieß Sze Ma Chien. Er berichtet in seinem Werk, daß der Anfang der Menschheit etwa 5000 Jahre zurückliegt. Sze Ma Chien hat auch eine Art Ahnentafel der chinesischen Herrscher erstellt. In diese hat er zahlreiche Legenden verwoben. Trotzdem war seine Auffassung der chinesischen Entstehungsgeschichte bis ins letzte Jahrhundert hinein unumstritten. Sze Ma Chien zufolge regierte im Goldenen Zeitalter ein sagenhaftes Herrscherpaar die Erde. Nü Wa schuf aus Lehm die ersten Menschen. Ihrem Ehemann Fu Xi wurden zwei Visionen von ungeahnter Bedeutung zuteil.

Zuerst erschaut er ein gewaltiges Drachenpferd, das aus den Fluten des Gelben Flusses emportaucht. Auf seinem Rücken trägt es eine Anordnung roter (weiß dargestellt) und schwarzer Punkte (Grafik Seite 9, links).

Danach erblickt der weise Kulturschöpfer eine Schildkröte, auf deren Rücken eine zweite Anordnung von Punkten erscheint (Grafik Seite 9, rechts).

Diese auf den ersten Blick wirre Anordnung von Punkten wird für die chinesische Astrologie, ja für die gesamte Geschichte und Entwicklung des Landes von unerhörter Bedeutung sein. Aus dem Muster des Schildkrötenpanzers gestaltet Fu Xi die erste Schrift der Menschheit. Auch die fernöstliche Zah-

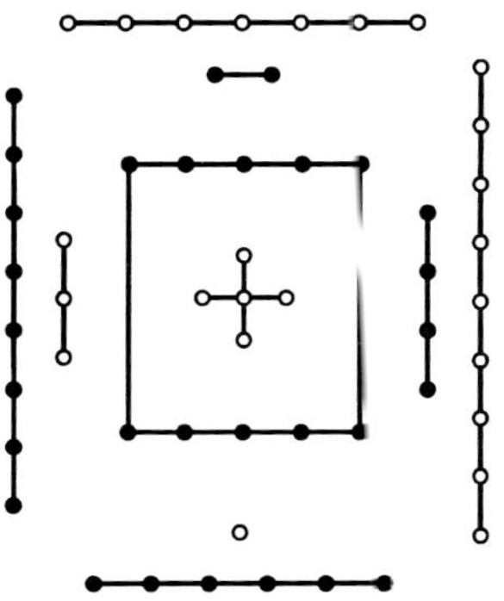

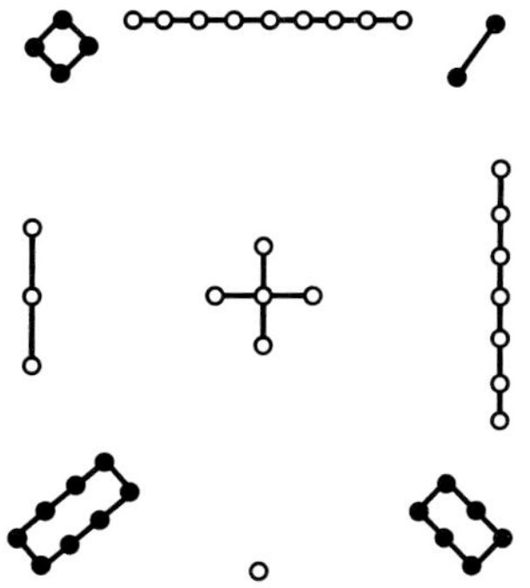

lenlehre fußt zum Teil darauf. Ordnet man die jeweilige Anzahl Punkte im zweiten Bild in unserer Schrift an, sieht das so aus:

4	***9***	2
3	***5***	***7***
8	***1***	6

Alle weißen Punkte beziehungsweise fett-kursiven Zahlen sind Yang zugeordnet, alle schwarzen Yin. Daraus können Sie erkennen: Ungerade Zahlen sind Yang, gerade Yin.[2] Da taucht natürlich die Frage auf: Warum? Abgesehen davon, daß Visionen nie verstandesgemäß erklärbar sind, gibt es Ansatzpunkte zur Erläuterung. Ein Experiment kann das deutlich machen. Wenn Sie aus einer beliebigen Anzahl von Punkten jeweils zwei Säulen bilden, können bei einer geraden Gesamtzahl beide gleich hoch sein. Ist die Gesamtzahl der Punkte ungerade, ist immer eine Säule höher als die andere.

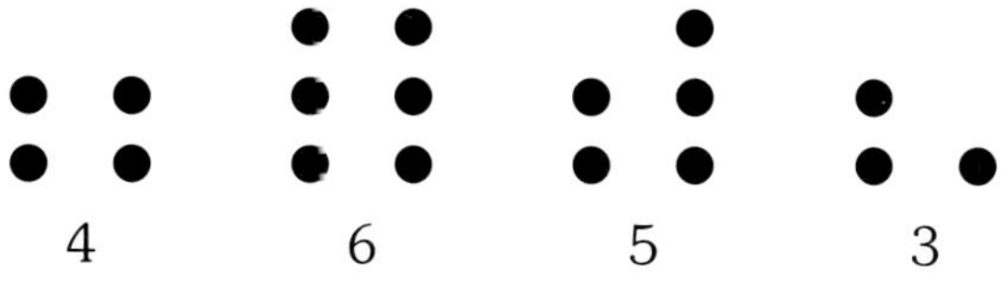

Gerade Zahlen also lassen sich zu einer ruhenden Figur ohne Richtung, ohne Aktivität aufbauen. Das entspricht den Eigenschaften des Yin. Ungerade Zahlen hingegen sind stets asymmetrisch, unruhig, aktiv. Das entspricht Yang.

Später entstanden ein System der mystischen Zahlenlehre und eine Technik

2 In der Mitte des ersten Bildes ruhen fünf weiße Punkte (Yang) und zehn durch zwei Striche miteinander verbundene schwarze Punkte (Yin).

der Zukunftsschau durch neue Anordnungen der neun Zahlen im Quadrat. Die zwei Visionen des Fu Xi bringen aber noch mehr.
Aus ihnen wurde die Wahrsageform des Yi Jing entwickelt. Diese hantiert zuerst mit acht Anordnungen von jeweils drei Strichen, wobei durchgehende Striche Yang und geteilte Yin zugeordnet werden.

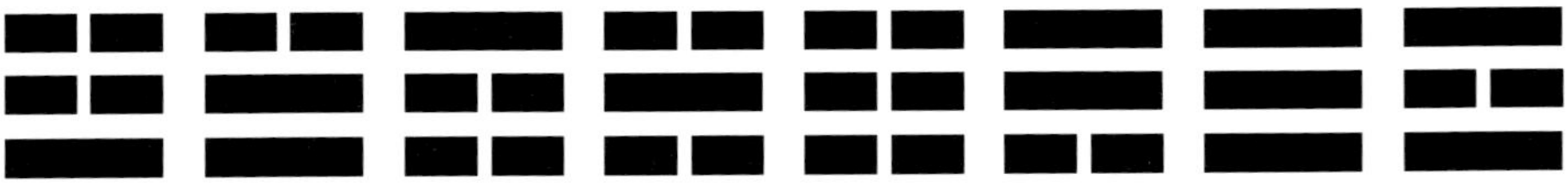

Diese „Trigramme" erklären die Erde. So will es das Yi Jing, das „Buch der Wandlungen", das man Konfuzius, dem großen Philosophen des ersten vorchristlichen Jahrtausends, zuschreibt. Neueste Forschungen datieren die Weisheit des Yi Jing allerdings auf frühere Jahre. Lao Zu, der Begründer der Lehre des Dao, bestätigt jedenfalls auf dichterische Weise die Ansicht von den drei Strichen, die die Welt erklären.

„Das Dao erzeugt eins;
eins erzeugt zwei;
zwei erzeugt drei;
drei erzeugt die zehntausend Dinge."

Soll heißen: Aus dem Nichts entsteht das oben erwähnte Ei mit dem einen Riesen darin. Dieser eine erzeugt die zwei – Yin und Yang. Da Yin sowohl Yin als auch Yang enthält und für Yang dasselbe gilt, kann man diese Aufteilung ins Unendliche fortsetzen; es entstehen alle Dinge, in der Sprache des Dichters „zehntausend". Eine Verfeinerung der „Yi Jing"-Methode geht auf den 2500 Jahre nach Fu Xi lebenden Kaiser Wen zurück. Dieser ist, wie auch alle Beschreibungen des Sze Ma Chien, die sich auf die Shang-Periode rund 1500 vor Christus beziehen, historisch exakt belegt. Also keine mythische Gestalt wie Fu Xi, für deren Existenz es keine Beweise gibt. Kaiser Wen hat die acht Trigramme so zusammengefügt, daß daraus 64 Hexagramme – Anordnungen von jeweils sechs Strichen – geworden sind.
Noch aber ist die „Werkzeuggalerie" des chinesischen Astrologen unvollständig. Es fehlen die Elementelehre und die zwölf Tierkreiszeichen. Diese kommen erst später ins Reich der Mitte.
Vorerst folgt auf die Regentschaft des Fu Xi und der Nü Wa die des Zho Rong. Er bringt der Menschheit das Feuer. Sein Nachfolger Shen Nong – was auf deutsch „Göttlicher Bauer" bedeutet – schenkt der Menschheit die Landwirtschaft und die medizinische Lehre von den Heilkräutern. Nach ihm herrscht

der „Gelbe Kaiser“, Huang Di. Schon um seine Geburt, die für das Jahr 2698 vor Christus angegeben wird, rankt sich eine wundersame Sage. Ein Blitz soll aus dem Sternbild des Großen Bären – die Chinesen sagen „Großer Schöpflöffel“ dazu – in den Bauch einer Frau gefahren sein. Daraufhin war sie 25 Monate lang schwanger und gebar sodann ein Kind, das von Geburt an sprechen konnte: Huang Di. Er gilt als Begründer des Chinesischen Reiches. Er soll das Rad, das Schiff und die Töpferware erfunden haben. Huang Di hat die Akupunktur eingeführt, so will es das später erschienene Werk „Huang Di Neijing“, also „Klassiker des Huang Di“. Auf Huang Di soll auch der chinesische Kalender zurückgehen. Er besteht aus sechzig Zyklen zu je sechzig Jahren. Parallel zählt man in Rhythmen von sechzig Monaten und solchen von sechzig Tagen. Ein mögliches Datum ist also der 41. Tag im 57. Monat im 18. Jahr im 22. Zyklus.
Nachdem auf Huang Di sein Enkel Zhuan Xu und danach Urenkel Di Ku gefolgt sind, herrscht im Reich der Mitte Kaiser Yao. Dieser befiehlt seinen sechs Ministern, überall im Land Sternwarten zu errichten. Damit sollten die Bahnen der Sonne, des Mondes und der Sterne beobachtet und errechnet werden. Auch die blutige Geschichte seiner Beamten He und Xi gibt Zeugnis für die Bedeutung der Sternkunde bei Hof. He und Xi waren im Jahr 2000 vor Christus die beiden für die Beobachtung des Himmels zuständigen Minister. Wegen Trunkenheit hatten sie vergessen, den Kaiser über eine Sonnenfinsternis zu informieren. Das Urteil folgte prompt. He und Xi wurden hingerichtet. Dieses Urteil mag, mit heutigen Augen besehen, hart erscheinen. Im alten China aber gilt es als selbstverständlich. Denn der Kaiser wird als Bindeglied zwischen Himmel und Erde, gleichsam als Nachfolger des sagenhaften Riesen Pan Ku betrachtet. Er ist ein Sohn des Himmels, ein Gott. Daher gilt: Stimmt etwas im Himmel nicht, ist auch etwas mit dem Kaiser nicht in Ordnung. Ungewöhnliche Sternengebilde wurden stets als Ankündigung einer neuen Regentschaft gedeutet.
Diese Anschauung gibt es auch im westlichen Raum. Die Geburt Jesu und mit ihr ein neues Zeitalter wird mit dem Auftauchen eines Schweifsterns verbunden. Auch banalere Vorkommnisse führt man auf „Himmelsboten“ zurück. So soll ein Komet im Jahr 1313 in Norddeutschland alle Heringe vertrieben haben, 1668 ließ ein anderer in einem deutschen Dorf angeblich alle Katzen sterben. Die Bedeutung himmlischer Zeichen geht auch in die Literaturgeschichte ein. William Shakespeare läßt in „Julius Caesar“ dessen Ehefrau beim Anblick eines Kometen sagen: „Kometen sieht man nicht, wenn Bettler sterben; der Himmel selbst flammt Fürstentod herab!“ Auch in unseren Tagen lassen Himmelserscheinungen viele Menschen Veränderungen annehmen. 1910 hat der Halleysche Komet die Menschheit in Unruhe gestürzt. 1997

war der Schweifstern Hale-Bopp im Zentrum des Interesses. Um so verständlicher also, daß Kaiser im alten China dem Himmel große Bewandtnis zusprachen. Folgerichtig wurde jahrtausendelang in kaiserlichem Auftrag der Himmel beobachtet.
Die ältesten Zeugnisse dafür sind die „Drachenknochen" aus dem zweiten Jahrtausend vor Christus. Diese ältesten Funde chinesischer Schriftzeichen beinhalten Querverweise auf Unglücks- und Glückssterne. Ein Jahrtausend später wird das Yi Jing, das Buch der Wandlungen, niedergeschrieben. Und rund ein halbes Jahrtausend vor Christi Geburt leben die zwei bedeutendsten Gelehrten Chinas, Lao Zu und Konfuzius. Lao Zu gilt als Begründer der Lehre des „Dao". Konfuzius, der selbst auch Staatsmann war, hat neben zahlreichen Weisheiten auch die klassische Staatslehre begründet. Die Lehre von den fünf Elementen aber blieb einem anderen Weisen vorbehalten. Dem Philosophen Chou Yen, der im vierten Jahrhundert vor Christus gelebt hat. Das Zusammenwirken von Yin und Yang bringt – so die Theorie – fünf Elemente hervor. Wasser, Feuer, Metall, Holz und Erde. Und so wie alles aus Yin und Yang besteht, besteht es gleichzeitig aus einer Kombination dieser fünf Elemente. In der chinesischen Astrologie und Wissenschaft bedeutet das Wort „Element" mehr als in unserem streng naturwissenschaftlichen Sinn. „Element" steht auch für Wirkungen und Kräfte und für die fünf damals bekannten Planeten: Jupiter (= Holz), Mars (= Feuer), Saturn (= Erde), Venus (= Metall) und Merkur (= Wasser). Mit den „fünf Elementen" hatten Chinas Gelehrte und Beamte ein weiteres „Werkzeug" zur Sternendeutung zur Hand. Zahlen, Farben, Nahrungsmittel und vieles mehr wurden jeweils einem Element zugeordnet – doch davon später. Nun fehlen noch zwei Bestandteile zur chinesischen „Astrologie": die 28 „Mondhäuser" und die zwölf Tierkreiszeichen.
Die 28 Mondhäuser, so schreibt es der Chinaexperte Derek Walters, sind eine geniale Erfindung der Chinesen. Da es ungefähr 28 Tage dauert, bis der Mond vom Neumond wiederum zum Neumond wird, kann man jedem einzelnen dieser Abschnitte eine Sternenkonstellation und eine schicksalhafte Bewandtnis zuweisen. In China nannte man diese 28 Häuser „Xiu". Diese Xiu wurden rasch formalisiert und vereinfacht. Tatsächlich dauert ein Mondzyklus nämlich nicht genau 28, sondern rund 27 1/2 Tage. Bloß fehlte es an mathematisch-technischen Hilfsmitteln, um die daraus resultierende Ungenauigkeit auszugleichen. Man ging in China den einfacheren Weg: Jedem Tag wird ein Xiu zugeordnet, auf den 28. Spruch folgt wieder der erste und so weiter. Daß die Sternenkonstellation derweil woanders steht, bleibt – und das ist das wahrlich Verwunderliche daran – offenbar bedeutungslos. Die Schicksalssprüche scheinen trotzdem die Wirklichkeit zu erfassen. Mehr über diese in China überaus beliebte Art der Astrologie ab Seite 184 – zuerst zu einem ungefähr zeitgleich

in die chinesische Lehre eingegangenen Phänomen: den zwölf Tierkreiszeichen.
Ihre Entstehungsgeschichte kommt aus dem Reich der Fabel. Buddha soll eines Tages alle Tiere der Schöpfung zu einer Versammlung gerufen haben. Nur zwölf von ihnen erschienen. Zuerst die Ratte, dann der Büffel, der Tiger, der Hase, der Drache, die Schlange, das Pferd, das Schaf, der Affe, der Hahn, der Hund und zu guter Letzt das Schwein. Für ihre Treue belohnte Buddha die Tiere und setzte jedes von ihnen in den Himmel. Seither regieren sie in der Reihenfolge ihres Erscheinens die Sternenwelt und beeinflussen so das irdische Geschehen. Die Namen der Tiere sind in verschiedenen Quellen unterschiedlich angegeben. In manchen kann man vom „Ochsen" statt vom „Büffel" lesen; andere setzen die Ziege an die Stelle des Schafes, dritte wiederum leugnen den Hasen und bevorzugen die Katze. Die Namen der Tiere sind also genauso unklar wie ihr Ursprung. Daß die Legende von Buddha berichtet, läßt auf eine Quelle im indischen Raum schließen. Heutige Forscher weisen die Erfindung dem nordasiatischen Raum zu. Dritte belegen die Türkei als Quelle mit dem dort herrschenden Tierkreis, der dem chinesischen sehr ähnlich ist. In China jedenfalls kannte man die zwölf Tierkreiszeichen ab dem ersten nachchristlichen Jahrtausend. Mit ihnen hatten die Astrologen auch das letzte „Werkzeug" in der Hand. Zahlreiche Varianten der Zukunftsschau nahmen ihren Anfang.
So wie die fünf Elemente allen Lebensbereichen zugeordnet werden, stellte man in China eine Beziehung zwischen den Tierkreiszeichen und den Zwölferzyklen des Kalenders her. So gibt es Stunden, Tage, Monate und Jahre, die jeweils einem Tier gehören. Man brachte jedes Tier mit einem Element in Hauptverbindung. Man klärte die Haupteigenschaften der Tiere. Kurz: Eine ganze Reihe neuer Techniken der Wahrsagekunst entstand.
Aus diesem mannigfaltigen „Angebot" das richtige auszuwählen, fällt dem heute astrologisch Interessierten schwer. Wir haben diese Wahl weitestgehend Ihnen überlassen. Mit Hilfe dieses Buchs können Sie mehrere verschiedene Methoden erlernen. Das Gute daran ist zweierlei. Zum einen brauchen Sie für die Anwendung der einzelnen Wege nur wenige Minuten. Zum anderen werden Sie feststellen: Im Ergebnis gleichen sich alle Methoden. Uns scheint trotzdem jene am präzisesten zu sein, die die zwölf Tierkreiszeichen mit den fünf Elementen und dem Mondkalender koppelt. Und so stehen wiederum Sie am Scheideweg.
Wenn Sie lieber mit den „28 Mondhäusern" arbeiten wollen, blättern Sie auf Seite 184. Sollte sich Ihr Interesse vor allem auf einen schnellen, oberflächlichen Blick in die Zukunft richten, so blättern Sie weiter auf Seite 215. Dort finden Sie eine exakte Anweisung zum Gebrauch der Jahrestabellen. Mit de-

ren Hilfe können Sie sich einen Überblick verschaffen über günstige und ungünstige Stunden sowie Arbeits- oder Liebespartner, die gut zu Ihnen passen. Wenn Sie aber einen tieferen Blick hinter die Kulissen chinesischen Wissens wagen wollen, so blättern Sie bloß um. Im folgenden finden Sie Informationen über die wichtigsten Bestandteile der Astrologie, über die fünf Elemente und über die zwölf Tierkreiszeichen.

Die Eigenschaften von Yin und Yang

Yin 陰	Yang 陽	Yin 陰	Yang 陽
Tageszeit von 19.00–05.00 Uhr	Tageszeit von 05.00–19.00 Uhr	Tageszeit von 19.00–05.00 Uhr	Tageszeit von 05.00–19.00 Uhr
Erde	Himmel	Unordnung	Ordnung
Negatives	Positives	Nichturteil	Urteil
Passives	Aktives	Raum	Zeit
Weibliches	Männliches	Absichtslosigkeit	Absicht
Empfangendes	Erzeugendes	Gemeinschaft	Individualisierung
Finsternis	Licht	verbinden	polarisieren
Nacht	Tag	Nahrung	Ausscheidung
Feuchtes	Trockenes	nicht begründen	begründen
Winter	Sommer	Spontaneität	Planung
Herbst	Frühling	Ganzheit	differenzieren
Tochter	Sohn	nicht entscheiden	Entschlußkraft
Dunkelheit	Helligkeit	stofflich	nicht stofflich
Mond	Sonne	unten	oben
Wind	Donner	tief	hoch
innen	außen	sauer	süß
Einhalt	Bewegung	abwärts	aufwärts
Trauer	Glück	weich	hart
Tod	Leben	Wasser	Feuer
Zusammenziehung	Expansion	kalt	heiß
gerade Zahlen	ungerade Zahlen	stumpf	spitz
Gleichheit	Hierarchie	Rückseite	Vorderseite

Die fünf Elemente

Es ist nicht jene Sorte Erde, der Gras entsprießt. Es handelt sich nicht um jenes Metall, aus dem Kanonen oder Glocken gegossen werden. Und es ist auch nicht jene Art Holz, die ein Tischler zu Einbauschränken verarbeiten könnte. Holz, Feuer, Erde, Metall und Wasser sind die westlichen Bezeichnungen für die fünf chinesischen Elemente. Humanistisch gebildete Skeptiker werden umgehend fragen: Wo ist die Luft geblieben? Naturwissenschaftlich interessierte Leser werden sofort an die über 100 Elemente von Wasserstoff bis Uran denken und fünf für eine mickrige Zahl halten. Dritte wiederum könnten sich an der Annahme stoßen, daß auch Menschen aus diesen fünf Elementen bestehen sollen. Holzkopf ja, feurige Leidenschaft vielleicht, aber warum Metall?

Tatsächlich ist die chinesische Lehre von den fünf Elementen für Europäer nur schwer nachvollziehbar. Aber wer sie versteht, der hat den Schlüssel für ein wichtiges Tor zum Verständnis chinesischer Astrologie in der Hand. Dieses Kapitel soll es Ihnen erleichtern, diesen elementaren Schlüssel zu schmieden.

Die fünf chinesischen Elemente haben wenig mit Stoff und Materie zu tun. Sie entsprechen viel eher den Kräften, die zwischen und in der Materie wirken. Religiöse Leser kennen vielleicht den göttlichen Gedanken, der allem innewohnt und überall und umfassend wirkt. Frei interpretiert, hat man dasselbe Prinzip in China erschaut. Anstatt es aber einem Gott zuzuschreiben, hat man versucht, es feiner zu zergliedern. Wer sich mit der medizinischen Lehre der Anthroposophie beschäftigt hat, kennt die Anschauung von ätherischen, bewußten, physischen und astralen Leibern. Auch diese sind nichts, was man angreifen kann. Es sind Kräfte, Wirkungen, die sich entfalten; genau so ist es bei den fünf Elementen der Chinesen. Die fünf Elemente sind wichtigster Bestandteil einer Naturphilosophie, die versucht, das Weltengeschehen richtig zu deuten. Die bekannteste Analogie kann man in den vier Elementen der Geisteslehre im antiken Griechenland finden. Ungefähr zu jener Zeit, als man in China auf fünf Elemente kam, hat der griechische Philosoph Empedokles seine Lehre von den vier Elementen Erde, Feuer, Wasser und Luft erdacht. Alles, so Empedokles, läßt sich auf sie reduzieren. Jeder Stoff, jede Wirkung, jede Kraft ist den vier Elementen zuordenbar. In China hielt man es nicht mit vier, sondern mit fünf Bestandteilen. Wer die Theorie erdacht hat, ist nicht gewiß. Gesichert ist nur, daß die Fünf in nahezu allen

Kulturkreisen eine wichtige Zahl war und ist. Im Teleios-Zahlensystem entspricht die Fünf der Kraft der Harmonie. In der jüdischen Kabbala ordnet man ihr die Wirkungskraft und die Magie zu. Pythagoräer sehen in ihr die Verbindung des weiblichen und männlichen Prinzips. Für andere Gelehrte ist die Zahl Fünf die Zahl des Menschen schlechthin. Wir haben fünf Finger an jeder Hand, fünf Zehen, fünf Körperteile, die vom Rumpf wegstehen. Wir schmecken fünf Geschmacksrichtungen und haben fünf Sinnesorgane. Es gibt fünf Bücher Mose. Die „quinta essentia", zu deutsch der fünfte Bestandteil, suchten Alchimisten jahrhundertelang in ganz Europa. Die Fünf ist das Symbol für die Wiedergeburt. Das Pentagramm, der Stern mit fünf Ecken, ist das Zeichen der Magie. Insofern lag die Fünf als mystische Zahl nahe.

Die Bezeichnungen Holz, Feuer, Erde, Metall und Wasser sind nichts weiter als Sinnbilder, deren sich Gelehrte bedient haben, um ihre Ideen verständlich zu machen. Sie repräsentieren die gesamte Ordnung des Kosmos, alles, was in ihm geschieht, entsteht und waltet. Die damals bekannten fünf Planeten Jupiter, Mars, Saturn, Venus und Merkur wurden den fünf Elementen genauso zugeordnet wie die Geschmacksrichtungen sauer, bitter, süß, scharf und würzig. Mit dem chinesischen Kalender harmonieren sie insofern, als dieser seit jeher Perioden von je 60 Einheiten kannte. 60 Jahre wurden so zu je zwölf Holz-, Feuer-, Erde-, Metall- und Wasserjahren. Mit den Monaten und Tagen, sogar mit den Stunden verfuhr man ebenso. Und obwohl man in China ähnlich wie in Europa ursprünglich nur die vier Jahreszeiten Frühling, Sommer, Herbst und Winter sowie die Himmelsrichtungen Norden, Süden, Osten und Westen unterschied, konnte man beide Systeme mit der Fünferlehre der Elemente vereinbaren. Als fünfte Himmelsrichtung betrachtet man die Mitte, als zusätzliche „Jahreszeit" fungieren die jeweils letzten 18 Tage der bekannten vier Perioden.

Es gibt eine Vielzahl von Zuordnungen dieser Art, die wichtigsten sind in der Tabelle auf Seite 18 zusammengefaßt. Diese Tabelle ist bei der Deutung des eigenen Horoskops sehr hilfreich, da sie eine rasche Zuordnung der eigenen Stärken und Schwächen erlaubt.

Um die Wirkung der fünf Elemente für den Menschen richtig interpretieren zu können, darf man sein Wissen allerdings nicht auf die Zuordnungen aller Lebensbereiche beschränken. Man muß auch die Verhältnisse der fünf Elemente untereinander kennen.

Grundsätzlich hält man es in der chinesischen Lehre für wichtig, daß die fünf Elemente – ähnlich wie die Prinzipien Yin und Yang – ein harmonisches Gleichgewicht bilden. Daher verbinden zwei fundamentale Kreisläufe die fünf Elemente. Der erste Kreislauf ist der, der erzeugt. Holz nährt Feuer. Dabei entsteht Asche, die zu Erde wird. Aus der Erde gewinnen wir Metall. Wenn

Was den fünf Elementen zugeordnet ist

Element	**Holz**	**Feuer**	**Erde**	**Metall**	**Wasser**
Planet	Jupiter	Mars	Saturn	Venus	Merkur
Jahreszeit	Frühling	Sommer	letzte 18 Tage[1] jeder Jahreszeit	Herbst	Winter
Tageszeit	Morgen	Mittag	letztes Fünftel jeder Tageszeit	Abend	Nacht
Energie	entstehen	wachsen	wandeln	auflösen	ruhen
Organe	Leber	Herz	Milz	Lunge	Nieren
	Gallenblase	Dünndarm	Magen	Dickdarm	Harnblase
	Auge	Zunge	Mund (Lippen)	Nase	Ohr
Körper	Muskeln, Blut, Genitalorgane	Blut (Kreislauf), Geistesenergie	Blut (Erzeugung), Subkutis	Haut, Haare	Knochen, Knochenmark
Körperflüssigkeit	Tränen	Schweiß		Nasenschleim	Speichel
Puls	straffer und harter Puls	groß, gewaltig, hakenförmig	langsam, nachgiebig und schwach	bei leichter Berührung fühlbar	tief, nur durch starken Druck fühlbar
Laut	Ausatmen	Lachen (Sprechen)	Singen	Weinen	Stöhnen, Seufzen
Geruch	nach Urin	verbrannt	wohlriechend	nach Fisch	verfault, verdorben
Emotion[2]	Zorn	Freude	Sehnsucht	Sorge (Trauer)	Angst
Tugend	Herzensgüte, Wohlwollen	Anstand	Vertrauen	Gerechtigkeit, Rechtschaffenheit	Weisheit, Klugheit
	Harmonie	Extrovertiertheit	Durchdringen	Klarheit und Reinheit	Strenge, die Härte und das Fehlen von Leidenschaften
	gutmütig	gut, fein	ehrerbietig, ehrfurchtsvoll	sparsam, genügsam	nachgiebig
Qualität	Schönheit und Eleganz	Wohlstand	Überfluß	Beharrlichkeit, Wirklichkeitssinn	das Wirken erzeugt Ehrfurcht
menschliche Beziehung	Herrscher – Untertan	Eltern – Kind	Mann – Frau	Ältere – Jüngere	Freunde
Geschmack	sauer	bitter	süß	scharf	salzig
Getreide	Weizen	Hirse		Reis	Bohne
Haustiere	Huhn	Schaf	Rind	Pferd	Schwein
Gemüse	Schnittlauch	Knoblauch	Sonnenblume	Lauch	Sojasprossen
Obst	Pflaumen	Aprikosen	Datteln	Pfirsiche	Kastanien
Wildtiere	Tiger	Hirsch	Affe	Bär	Vogel
Himmelsrichtung	Osten	Süden	Mitte, Zentrum	Westen	Norden
Tierkreiszeichen	Tiger, Hase	Schlange, Pferd	Büffel, Drache, Schaf, Hund	Affe, Hahn	Ratte, Schwein
Farben	Grün, Blau	Rot	Gelb	Weiß	Schwarz
Zahlen	3, 8	2, 7	5, 10	4, 9	1, 6
Metall	Gold	Silber	Kupfer	Eisen	Zinn

1 Die Erde unterstützt jedes andere Element in einem Zeitraum von 18 Tagen, und zwar jene 18 Tage vor Beginn einer neuen Jahreszeit.
- 18 Tage vor Winterende (Wasser) aktiviert sie den Frühling (Holz)
- 18 Tage vor Frühlingsende (Holz) aktiviert sie den Sommer (Feuer)
- 18 Tage vor Sommerende (Feuer) aktiviert sie den Herbst (Metall)
- 18 Tage vor Herbstende (Metall) aktiviert sie den Winter (Wasser)

2 Zhi heißt eigentlich Wille, Ziel

es sehr heiß wird, schmilzt Metall und wird flüssig, ähnlich dem Wasser. Wasser wiederum nährt das Holz unserer Bäume. Grafisch läßt sich der erzeugende Kreislauf so darstellen:

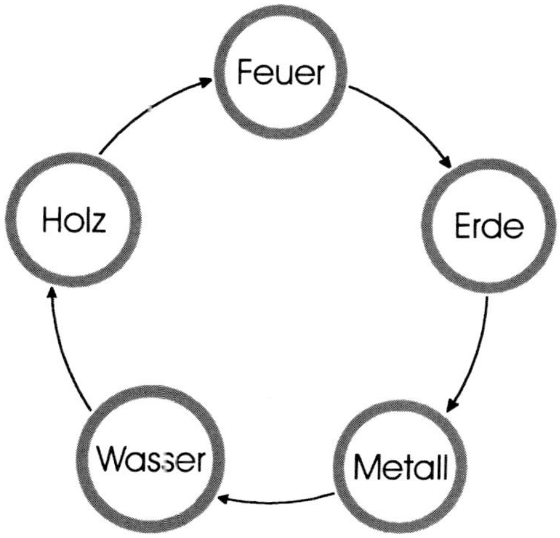

So wie alle Elemente aufeinander eine erzeugende Wirkung haben, können sie einander auch vernichten. Wasser löscht Feuer. Feuer schmilzt Metall. Metall zersägt Holz. Holz dringt – bildlich gesprochen in Form von Wurzeln – in Erde ein. Erde begräbt Wasser unter sich.

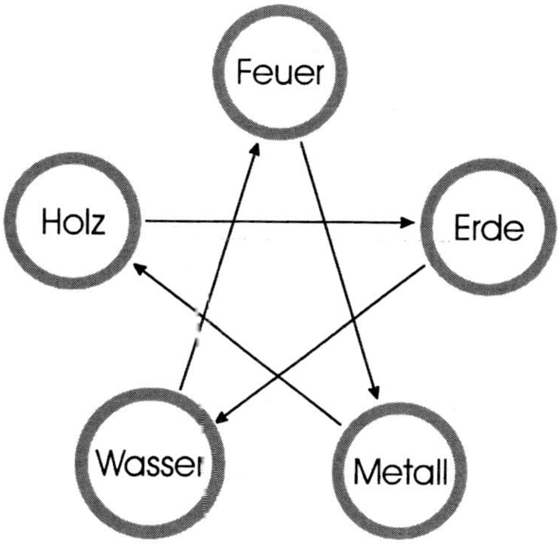

Neben diesen beiden Hauptregeln gibt es viele andere Wirkungen, die in den folgenden Abschnitten dieses Kapitels beschrieben werden. Für den richtigen Umgang mit den fünf Elementen sollten Sie beachten, daß die Harmonie zwischen ihnen höchstes Ziel im chinesischen Sinne ist. Um diese Harmonie herstellen zu können, muß man wissen, aus welchen Elementen die eigene Persönlichkeit geformt ist. Sie können dabei einen oberflächlichen Blick auf Ihr persönliches Bild werfen oder sehr detailliert vorgehen. Für eine erste Analyse ist es ausreichend, wenn Sie im Kalender – wie auf Seite 215 beschrieben – die Zahl Ihres Geburtstages herausfinden und auf der entsprechenden Seite im Kapitel „Die 60 kosmischen Bilder" die Wirkkraft nachlesen. Diese Wirkkraft ergibt sich aus dem Element des Tages und dem Element, das dem entsprechenden Tierkreiszeichen zugeordnet ist. Die Berechnung ist kompliziert. Um Ihnen diese Arbeit zu ersparen, haben wir die Wirkkräfte bei den Tageszeichen einfach dazugeschrieben. Wenn Sie zum Beispiel am 7. Mai 1969 geboren sind, entnehmen Sie dem Kalender (ab Seite 216) „19" als Ihre Geburts-Tageszahl. In der Beschreibung des kosmischen Bildes „19" – es handelt sich dabei um das Yang Wasser Pferd – auf Seite 100f. können Sie lesen, welche Wirkkraft Ihnen zugeordnet ist: Holz. Oberflächlich betrachtet, haben Sie daher viel mit einem Holzmenschen zu tun. Eine Beschreibung eines Holzmenschen finden Sie in diesem Kapitel ab Seite 22. Im Bereich „Holz in Lebens- und Jahreszeiten" können Sie nachlesen, welche Kräfte auf Sie zu welchem Zeitpunkt wirken. Der Frühling versteht sich folglich nicht nur als die sogenannte Jahreszeit, sondern auch als einschlägiger Lebensabschnitt, in diesem Fall die Kindheit.

Wenn Sie sich mehr Zeit für Ihr Horoskop nehmen und daher detaillierter arbeiten können, müssen Sie statt einer Wirkkraft deren vier beachten. Dazu benötigen Sie die Zahlen für Ihr Geburtsjahr, Ihren Geburtsmonat, Ihren Geburtstag und Ihre Geburtsstunde. Wie Sie diese herausfinden können, ist im Kapitel „Zum Gebrauch der 60 kosmischen Bilder" ab Seite 53 beschrieben. In unserem Beispiel, dem 7. Mai 1969, sind das die Zahlen 46 für das Jahr, 5 für den Monat, 19 für den Tag und, bei einer Geburt um 7 Uhr 10, 41 für die Stunde. Die Wirkkräfte der entsprechenden kosmischen Bilder sind

Erde fürs Jahr,
Holz für den Monat,
Holz für den Tag
und Feuer für die Stunde.

Um aus dieser Fülle verschiedener Angaben zu einem persönlichen Bild zu gelangen, notieren Sie die vier Wirkkräfte auf ein Blatt Papier und wenden die Regeln des erzeugenden und des vernichtenden Kreislaufs an. Dabei erzeugt beziehungsweise vernichtet ein Element die Hälfte des jeweils entsprechenden. Das sieht für unser Beispiel so aus:

	+2 Holz	+1 Feuer	+1 Erde	0 Metall	0 Wasser
zeugt	+1 Feuer	+0,5 Erde	+0,5 Metall	0 Wasser	0 Holz
vernichtet	–1 Erde	–0,5 Metall	–0,5 Wasser	0 Holz	0 Feuer

Nun ordnen Sie die Reihen nach Elementen und errechnen das Ergebnis.

	+2 Holz	+1 Feuer	+1 Erde	0 Metall	0 Wasser
	+0 Holz	+1 Feuer	+0,5 Erde	+0,5 Metall	+0 Wasser
	–0 Holz	–0 Feuer	–1 Erde	–0,5 Metall	–0,5 Wasser
Gesamt	+2 Holz	+2 Feuer	+0,5 Erde	0 Metall	–0,5 Wasser

Nun sehen Sie auf den ersten Blick: Jemand, der am 7. Mai 1969 um 7 Uhr 10 geboren ist, hat viel Holz, viel Feuer, mäßig Erde und weder Metall noch Wasser. Sein persönliches Bild entspricht am ehesten den Eigenschaften, die in den Abschnitten Holz und Feuer beschrieben werden. Da die Zusammensetzung der Elemente aber alles andere als harmonisch ist, sollte man auf Ausgleich bedacht sein. In diesem Beispiel ist fast zuviel Holz und Feuer enthalten – die Folgen sind, genauso wie die Konsequenz aus „Zuwenig Metall" und „Zuwenig Wasser", in den entsprechenden Passagen auf den folgenden Seiten nachzulesen. Um die Elemente in einen harmonischen Einklang zu bringen, empfiehlt es sich in unserem Beispiel, in erster Linie Metall und Wasser zu fördern und Feuer zu vermeiden. Eine Zusammenfassung aller Bereiche, die Metall beziehungsweise Wasser zugeordnet werden, entnehmen Sie den Abschnitten „Metall" und „Wasser" oder der Tabelle auf Seite 18. Feuer vermeiden bedeutet beispielsweise, auf bittere Nahrungsmittel zu verzichten, keinen Knoblauch und kein Schaffleisch zu essen. Darüber hinaus sollte man es mit mehr Vernunft denn Leidenschaft versuchen und alle hitzigen Zustände vermeiden.

Da es auch Metalltage ebenso wie Wasserjahreszeiten gibt, wird sich die Person in unserem Beispiel voraussichtlich an Metalltagen und in der Wasserjahreszeit wohl fühlen, weil dann die ihr fehlenden Elemente von außen auf sie wirken. Feuertage tun ihr weniger gut, da sie ihr vorgegebenes Übermaß an Feuer noch verstärken.

Zum richtigen Umgang mit den folgenden Informationen sei noch angemerkt, daß die Abschnitte „Das Element als Zeitfaktor" Handlungsvorschläge enthalten, die dem Element entsprechen. Sie sind gleichsam isoliert von der handelnden Person beschrieben – ein Feuertag begünstigt grundlegend Handlungen, die dem Feuer entsprechen. Ob das auch in Ihrem persönlichen Fall zutrifft, müssen Sie mit Hilfe oben erwähnter Regeln selbst entscheiden.

Holz

- erzeugt Feuer
- zerstört Erde
- bringt, wenn trocken und überreichlich, ein Feuerinferno hervor
- kann im Übermaß Wasser aufsaugen
- kann bei großer Härte Metall brechen
- kann zuviel Wasser nutzbar machen
- wird von Wasser erzeugt
- wird von Metall zerstört
- wird von zuviel Wasser weggeschwemmt
- wird von zuviel Feuer verbrannt
- wird durch zuviel Erde verrottet
- wird, wenn es dick ist, von Feuer nutzbar gemacht

Holzmenschen sind in ihrer Jugend wuchernd, üppig und ausufernd. Sie ruhen selten und wollen ihre Finger überall drin haben. Da gibt es kaum ein Fest, das sie auslassen. Holzmenschen begehen als Jugendliche so manche Torheit. Auf ihre Umwelt machen Holzmenschen einen spontanen, im Extremfall sogar verrückten Eindruck.

Erst in reiferem Alter finden sie zu sich selbst. In dieser Periode bevorzugen Holzmenschen die bürgerlichen Ideale. Sie wollen in Einklang mit ihren Mitmenschen und der Natur leben. Sie scheuen Konflikte nicht, suchen sie aber auch nicht. Sie versuchen, ausgleichend zwischen stark und schwach, jung und alt, reich und arm zu wirken. Holzmenschen sind im Erwachsenenalter rücksichtsvoll und halten viel von guter Erziehung. In Liebe und Sexualität zeichnen sie sich in jungen Jahren durch starke Triebhaftigkeit aus. In höherem Alter bevorzugen sie dann die beständige, dauerhafte Art der Zuneigung. Jenseits der Pensionsgrenze droht Holzmenschen, wenn sie nicht stetig an sich arbeiten, Verknöcherung und Greisenhaftigkeit.

Die ideale Jahreszeit der Holzmenschen ist der Frühling. Bei großer Hitze fühlen sie sich unwohl, im Winter werden sie unbeweglich und eher schlapp. Holzmenschen neigen zu Grün und Blau. Das kann sich auf zweierlei Art auswirken. Banal, wenn es die Lieblingsfarbe ist. Deutlich, wenn sie instinktiv Zuflucht zu Mutter Natur suchen. Viele Holzmenschen wandern gerne. Kein Extremklettern, aber Spaziergänge in Wald und Wiese sind ihre Sache.

In der Ernährung entspricht ihnen der saure Geschmack. Als Getreide ist ihnen der Weizen, als Gemüse der Schnittlauch zugeordnet. Das legt nahe, daß es für Holzmenschen besonders förderlich ist, wenn sich diese Nahrungsmittel

auf dem Menüplan wiederfinden. Huhn und Pflaumen sollten den Speiseplan abrunden; positive Wirkung haben auch Salziges, Schweinefleisch und Sojasprossen.
Im Gesundheitsbild neigen Holzmenschen zu Fieber und wuchernden Krankheiten. In diesem Fall – aber auch, wenn sich, was selten genug passiert, ihr Gemütszustand erhitzt – sollten Holzmenschen eine frische Brise suchen. Kühler Wind wird ihr Wohlbefinden erhöhen. Holzmenschen spüren das ohnedies instinktiv. Daher schlafen viele von ihnen bei offenem Fenster. Der Kopf sollte dabei Richtung Osten ruhen. Denn dieser ist die Windrichtung des Holzes. Es ist ratsam, darauf in allen wichtigen Lebensbereichen einzugehen. Holzmenschen sollten ihren Schreibtisch Richtung Osten wenden. Das Schlafzimmer sollte im Osten der Wohnung oder des Hauses sein. Ist das nicht möglich, bietet sich als Alternative eine Ausrichtung nach Norden an. Von dort kommen dem Holz förderliche Wasserkräfte. Apropos Schlafzimmer: Allzu lange hält sich ein echter Holzmensch dort nicht auf! Denn seine Tageszeit ist der Morgen. Sollten Sie eine Partnerschaft mit einem Holzmenschen eingehen wollen, stellen Sie sich lieber rechtzeitig darauf ein, daß er Sie manchmal um fünf Uhr früh aus dem Bett werfen will. Vielleicht können Sie ihn oder sie ja auch rechtzeitig dazu erziehen, um fünf Uhr mit fertigem Frühstück ins Bett zu kommen. Das wäre auch deswegen von Vorteil, weil Holzmenschen morgens am leistungsfähigsten sind. In den Abendstunden hingegen werden sie eher träge, ehe sie zur Nacht wieder erwachen.
Ein letzter Tip für Freunde des Glücksspiels: Die dem Holz zugeordneten Zahlen sind 3 und 8.

Holz in Lebens- und Jahreszeiten: Holz braucht im Frühling ein wenig Feuer, Wasser und Erde. Feuer, um zu wärmen, Wasser, um zu nähren, und Erde, um zu gedeihen. Zuviel Wasser kann faulig machen, zuviel Erde ersticken. Metall kann dem Holz im Normalfall kaum schaden. Denn der Frühling ist die Blütezeit des Holzes. Nur zuviel Metall kann selbst hartes Holz brechen.
Im Sommer braucht Holz viel Wasser, um sich gegen die Flammen des Feuers zu wappnen. Zuviel Feuer schadet leicht. Zuviel Erde und Metall können vernichtend wirken, wenig Erde ist bekömmlich.
Im Herbst benötigt Holz zusehends die wärmende Kraft des Feuers. Die Bedeutung von Wasser und Erde hingegen sinkt. Ein wenig Metall kann es sinnreich zurechtschneiden. Zuviel Metall ist aber leichter erreicht als zuviel Wasser oder Erde.
Im Winter ist Holz auf viel Feuer und schützende Erde angewiesen; Metall schädigt kaum. Aber zuviel Wasser kann die nötige Erde leicht zerstören.

Holz als Zeitfaktor: Holz eignet sich grundlegend für Wachstum und Neuanfang. Wenn Sie Gärtner oder Landwirt sind, pflanzen und säen Sie an Holztagen! Topfen Sie Ihre Balkonblumen um. Kümmern Sie sich um alles, was der Pflege bedarf. Sei es, daß Sie sich intensiver als sonst um Ihre Kinder bemühen, sei es, daß Sie Freunde besuchen, die Sie lange nicht gesehen haben, oder greisen, kranken Verwandten Ihre Aufwartung machen. Genießen Sie zu Holzzeiten die freie Natur! Wandern auch bei Wind und Wetter ist erfrischend. Im Geschäftsleben ist nun eine gute Zeit für Neuanschaffungen von nützlichem Gerät. Aus der Tatsache, daß Gold das Holz zugeordnete Metall ist, auf steigende Goldpreise zu schließen, wäre allerdings verwegen. Konflikte durch ein rasches Urteil zu beenden oder neue Bekanntschaften auf den ersten Blick in Kategorien wie „paßt zu mir, paßt nicht zu mir" einzuteilen, ist zu Holzzeiten verfehlt. Lassen Sie sich Zeit – und verwenden Sie eine andere Elemente-Einheit für Ihre privaten Richtersprüche. Knausern und Hamstern steht den Holzzeiten ebenso entgegen. Sollten Sie Wert auf feste Standpunkte legen, bedenken Sie, daß das in Holzzeiten eher als Starrsinn denn als Prinzipientreue ausgelegt werden wird. Von Friseurbesuchen oder Operationen ist eher abzuraten. Beschneiden und beschnitten werden paßt nicht zu dieser Einheit.

Zuviel Holz: Zuviel Holz könnte Ihnen im wahrsten Sinn des Wortes sauer aufstoßen. Möglicherweise überschütten Sie auch Ihren Partner oder Ihre Partnerin mit so vielen Beweisen der Zuneigung, daß dieser oder diese sich beengt fühlt. Wenn Ihnen alles zufließt, mag schädlicher Neid und Eifersucht die Folge sein. Schlaflosigkeit und Übermüdung in einem sind das Ergebnis überdrehter Handlungen. Mangelnder Respekt schlägt in Angst um, jegliches Vertrauen in Kollegen und Partner könnte erschüttert werden. Menschen mit zuviel Holz wirken mißtrauisch und respektlos.

Zuwenig Holz: Menschen, denen es an Holz fehlt, neigen zu Melancholie und grundloser Sorge. Mitunter prägt übertriebene Sparsamkeit bis hin zum Geiz das Wesen, Starrsinn und Phantasielosigkeit tun ein übriges. Zuwenig Holz wirkt leicht langweilig. Zu klar, zu berechenbar geraten Leben und Persönlichkeit.

Feuer

- erzeugt Erde
- zerstört Metall
- kann, wenn es zu stark lodert, Holz verbrennen
- kann mit zu großer Hitze Wasser verdampfen lassen
- kann mit zu großer Hitze Erde verdorren
- kann Holz brauchbar machen
- wird von Holz erzeugt
- wird von Wasser zerstört
- wird von zuviel Metall gelöscht
- wird von zuviel Erde gelöscht
- wird von zuviel Holz zur Selbstzerstörung entflammt
- wird durch Erde auf kleiner Flamme gehalten

Feuermenschen erleben ihre Blütezeit in der Jugend. Die stete Suche nach dem Warum, dem Wohin und letztlich auch dem Selbst ist für sie Lebenszweck und Freude zugleich. Ihre rhetorische Kraft und ihre Lust an Ausdrucksweise und Stil passen zum Stürmer und Dränger, der die Welt aus den Angeln heben will. Feuermenschen tragen das Herz auf der Zunge. Im Kindesalter wird das oft mit einem seufzenden „Kindermund tut Wahrheit kund“ verziehen. Als Erwachsener aber kann diese Extraversion zu Problemen führen. Feuermenschen sind Genießer in allen Lebenslagen. Als Partylöwen gern gesehen, bringen sie Schwung auch in müde Gesellschaften. Ihr Humor wird nur noch von ihrem strahlenden Lächeln übertroffen. Da blitzen die Augen, glitzern die Zähne, knistert die Luft verführerisch. Feuermenschen sind im Grunde ihres Wesens anständig. Verrat liegt ihnen fern, nur im Ungestüm des Gefühls könnten Sie einmal geschlossene Bande durchtrennen. Es ist weniger die äußere Schönheit, durch die sie Freunde fürs Leben gewinnen. Es ist mehr die innere Kraft, die überzeugt. Mit einem Feuermenschen geht man durch alle Höhen und Tiefen des Lebens. Dafür wird er einen schwerlich verlassen. Im negativen Extremfall können Feuermenschen mitunter kindisch und leichtfertig wirken. Als würden sie dem Leben nicht den gebührenden Ernst entgegenbringen. Ihre cholerischen Ausbrüche sind berüchtigt. Da stimmt das Bild von der verbrannten Erde, die sie hinterlassen. Im hohen Alter verändern sich Feuermenschen mitunter zu brutalen Patriarchen oder geschwätzigen Weiblein. Arm aber sind sie selten. In finanziellen Angelegenheiten erfreuen sie sich an stetem Wachstum. Große Sprünge gelingen ihnen weniger. Die dem Feuer zugeordnete Jahreszeit ist der Sommer. Da fühlen sich Feuermenschen richtig wohl. Schweiß ist ihr Lebenselixier. Deswegen ertragen sie auch härteste Bedingungen. Nur im tiefsten Winter sind sie selten zu freudiger Frische fähig. Wenn jemand ihnen gegenüber eiskalte Verachtung demonstriert, fühlen sie sich hilflos und ohnmächtig. Zu Mittag erreichen Feuermenschen den Gipfel ihrer Kraft, was sich mitunter auch auf ihre Freude an der Ernährung auswirkt. Serviert man ihnen bittere Speisen, Hirse, Schaffleisch, Knoblauch oder Aprikosen, werden sie zugreifen. Viele Feuermenschen können übrigens essen, soviel sie wollen – sie werden kaum zunehmen! Weizenbrot, Pflaumen und Hühner in allen Varianten versetzen sie in feurige Stimmung. Schweinefleisch, Sojasprossen und Bohnen passen weniger zu ihnen. Im Gesundheitsbild sind Lunge, Dickdarm und die Haut gefährdete Bereiche. Im hohen Alter droht verstärkt geistige Leere. Gerade so, als hätte der Feuermensch sein inneres Licht ausgebrannt. Die optimale Farbe ist Dunkelrot. Das schließt Gartenarbeit mit bunter Blumenpracht genauso ein wie die Vorliebe für entsprechende Kleidung und Autofarbe. Feuermenschen sind im Normalfall warmherzige Väter und Mütter. Sie gehen mit ihren Kindern durch dick und dünn, sollten jedoch aufpassen, daß sie die kindliche Seele durch Hyperaktivität nicht belasten. Umgekehrt fühlen sie sich auch in der Kindesrolle wohl. Vielfach werden Feuermenschen einen vernünftigen Partner suchen, der ihre Eskapaden durchgehen läßt und ihren plötzlichen Anfällen unerschütterlich standhält. Die Himmelsrichtung legt nahe, daß alle wichtigen Lebensbereiche nach Süden ausgerichtet werden sollten, der Schreibtisch im Büro ebenso wie das Kopfende des Bettes zu Hause. Je mehr Licht, desto besser für den Feuermenschen. Kellerwohnungen oder finstere Zimmer können seelischen Schmerz bewirken. Die meisten Feuerkinder wollen bei brennendem Licht schlafen. In der Liebe machen Feuermenschen ihrem Element alle Ehre. Wo andere beständig sind, glänzen sie durch überraschende Abwechslung. Lassen Sie einen Feuerpartner oder eine Feuerpartnerin nie auf kleiner Flamme kochen! Als passende Zahlen empfehlen sich 2 und 7.

Feuer in Lebens- und Jahreszeiten: Im Frühling kann das Feuer sich in erster Linie selbst behindern: Zuviel Feuer verbrennt zu rasch. Es braucht ein wenig Holz, um es am Leben zu halten, und ein wenig Wasser, um es zeitgerecht zu dämpfen. Metall hat kaum Auswirkungen. Zuviel zuschüttende Erde entsteht leicht, zuviel Holz, das das Feuer zum Inferno werden läßt, bedeutet ebenso Gefahr.
Im Sommer herrscht das Feuer nahezu uneingeschränkt. Daher braucht es Wasser zur Regulierung. Holz ist jedenfalls schädlich, da es zusätzlich erhitzt. Erde und Metall wirken förderlich.
Im Herbst droht von Wasser schnell Gefahr, denn die Flammen werden zu-

sehends kleiner. Ähnliches gilt für Metall und Erde. Beide können das Feuer leicht löschen. Holz und weiteres Feuer hingegen hält es am Leben.
Im Winter verschärft sich die Situation des Feuers. Es braucht immer mehr Holz; Wasser und Metall sind schädlich.

Feuer als Zeitfaktor: Von Feuer bestimmte Zeiteinheiten eignen sich für kurzfristige Projekte. Für launige Sommerpartys, für Tändeleien und Flirts aller Art. Für Beziehungen, die eine Nacht dauern, für Theater, Kino und Konzertbesuche. Ähnlich den Holzperioden sollte man auf Wachstum setzen. Allerdings weniger auf das Neugründen von Beständigem, mehr auf das Gedeihen bereits bestehender Zustände. Wenn Sie Schwierigkeiten haben, reden Sie darüber! In Feuerzeiten findet man leicht offene Ohren. Umgekehrt sind sicher viele dankbar, wenn Sie ihnen zuhören. So können Sie sich langfristig Freunde sichern. Genießen Sie sich und Ihren Körper von neuem. Spüren Sie, wie Ihre Muskulatur sich wieder strafft! Feuerzeiten eignen sich hervorragend für Sport und Gymnastik. Gehen Sie tanzen, erfreuen Sie sich am Liebesspiel. Im wahrsten Sinne des Wortes stehen Ihnen feurige Abende bevor. In allen Bereichen, die kühlen Verstand verlangen, sollten Sie besser abwarten. Feuerzeiten lassen einen zu hastigem Handeln neigen. Aber übereiltes Risiko macht sich selten bezahlt!

Zuviel Feuer: Zuviel Feuer kann verschwenderisch werden lassen. Wirklichkeitssinn und Standhaftigkeit könnten verlorengehen. Menschen unter extremem Feuereinfluß sind der echten Trauer unfähig. Fröhlich durchs Leben schreiten ist eine Sache; kindisch zu kichern, wenn andere weinen, die andere. Sprunghaftigkeit und flatterhafte Züge sind ebenso Folge wie die Unfähigkeit, die Intimität anderer zu wahren. Kein Gerücht, das nicht sofort ausgeschmückt und verbreitet wird! Kein Geheimnis, das gewahrt bleibt! Es beginnt am Gefühl für die richtige Distanz zu mangeln. Einmal bedrängen sie ihre Umgebung, ein andermal ziehen sie sich plötzlich zurück. Überfeuerte Wesen wirken lästig. Lasterhaftigkeit und überzogenes Verhalten tun ein übriges.

Zuwenig Feuer: Das bewirkt Leidenschaftslosigkeit und mangelndes Gefühl. Der Verstand wird zum alleinigen Ratgeber. Intuition und Spontaneität gehen verloren. Zuwenig Feuer ruft grüblerische Einzelgänger hervor. Fehlende Lebenskraft bis hin zur Depression entsteht. Zuwenig Feuer läßt übervernünftig, kühl und streng wirken. Wer kein Feuer hat, ist oft verdrossen und verschwiegen. Manchmal beginnen solche Menschen, Probleme in sich hineinzufressen. Schaffenskraft und Vitalität, kurz: Lebenslust, gehen ab.

Erde

- erzeugt Metall
- zerstört Wasser
- kann, wenn in Massen vorhanden, Metall verschütten
- kann in Massen Feuer löschen
- kann in Massen Holz verrotten lassen
- kann Feuer auf kleiner Flamme halten
- wird von Feuer erzeugt
- wird von Holz zerstört
- wird von zuviel Feuer verdorrt
- wird von zuviel Metall geschwächt
- wird von zuviel Wasser weggeschwemmt
- wird in Maßen von Metall gelockert

Erdmenschen ruhen im Normalfall in ihrer Mitte. Sie sind ruhig, zuverlässig, bisweilen sogar von stoischer Gelassenheit. Erdmenschen tragen innerlich das sichere Gefühl mit sich, daß ihnen und der Welt an sich nichts Schlimmes widerfahren kann. Sie glauben, daß der Mensch höchstes Zentrum des Universums ist. Das macht aus vielen Erdmenschen Herdenmenschen. Sie wollen und können anderen helfen, dienen und sich ihnen unterordnen. Erdmenschen haben keine Autoritätsprobleme. Viele werden soziale Berufe ergreifen, fast alle im Dienstleistungssektor arbeiten. Eine weitere günstige Berufsrichtung ist die Kunst. Der Erde entspricht als einzigem Element ein melodiöser Laut: das Singen. Wenn Sie also kurz davor stehen, Ihren Nachbarn wegen seiner schmetternden Töne bei der morgendlichen Dusche vor Gericht zu bringen, halten Sie ein! Der gute Mann ist vermutlich ein Erdmensch. Als höchste Tugenden sind der Erde Ehrfurcht und Vertrauen zugeordnet. Erdkinder machen ihren Eltern zum Beispiel weniger Schwierigkeiten als Feuergeborene. Sie sind in vielem zutraulicher und sozial gereifter als jene, die mit anderem Element geboren sind. Die ideale Lebenszeit der Erdmenschen ist das Erwachsenenalter. Da können sie sicher durchs Leben schreiten, gefestigt im Charakter, verläßlich in der Arbeit und sinnlich im Genuß. Die Schwächen liegen in der Üppigkeit. Denn der Überfluß ist die Qualität der Erde, die Nachgiebigkeit eine ihrer Schwächen. Dabei sind sie durch und durch praktisch; Erdmenschen werden selbsttätig Küchenkästen zusammenschrauben, kleine Vorrichtungen im Haushalt basteln und sind Meister im Improvisieren. Zusätzlich sind sie verschwiegen und vertrauenswürdig, manchmal sogar naiv. Die Lust am Genuß und an der Üppigkeit macht sich bei den zur Erde pas-

senden Nahrungsmitteln bemerkbar. Die grundlegende Geschmacksrichtung ist süß. Das belegt die Vorliebe vieler Erdmenschen für Eis und Schokolade. Auf dem Menüplan der Erde steht auch Rindfleisch in allen Variationen, dazu Sonnenblumenkerne oder Salat mit dem entsprechenden Öl. Als Dessert sind Datteln empfehlenswert. Dazu ein bitterer Kaffee, gesüßt mit einer gehörigen Portion Zucker. Denn der bittere Geschmack, der zu Feuer paßt, bekommt den Erdmenschen gut. Immerhin erzeugt Feuer Erde, deswegen kommen auch Nahrungsmittel wie Hirse, Schaffleisch, Knoblauch und Aprikosen in Frage. Saure Speisen entsprechen den Erdmenschen im Gegensatz zu bitteren nicht. Von Huhn, Schnittlauch oder Weizen ist tendenziell abzuraten. Gerade bei Erdmenschen ist die richtige Auswahl der Speisen wichtig: Das Hauptorgan der Erde ist neben der Milz der Magen! Die Himmelsrichtung der Erde ist die Mitte. Nach Möglichkeit sollten alle lebensbestimmenden Tätigkeiten in der „Mitte" verrichtet werden. Wenn Erdmenschen ihr Büro mit anderen teilen, sollten sie den Kollegen die Arbeitsplätze am Rand anbieten. In weitestgehender Auslegung empfiehlt sich vielleicht als Wohnung weder die unter dem Dach noch die im Erdgeschoß. Was die Ausgestaltung der Räumlichkeiten betrifft, sollten Erdmenschen die passende Farbe nicht vergessen: Gelb! Mit dem chinesischen Element Erde harmoniert an sich keine westliche Jahreszeit besonders gut. Die Erde kommt in regelmäßigen Abständen im Jahr vor – ihr gehören die letzten 18 Tage vor dem jeweiligen Ende von Winter, Frühling, Sommer und Herbst. Am ehesten gegen die Erde wirkt der Frühling mit seinen zerstörerischen Holzkräften. Maßgeschneidert ist ihr hingegen der Regen: Denn Erde erzeugt im Himmel Feuchtigkeit. Im sozialen Leben macht sich das bisweilen so bemerkbar, daß Erdmenschen bei Gewittern aufblühen und andere, die die warme Stube dem kalten Guß vorziehen würden, unbedingt zu einem erfrischenden Spaziergang verführen wollen. Tatsächlich scheinen Erdmenschen richtiggehend immun gegen Krankheiten, die die Schwankungen der Witterung mit sich bringen. Egal, ob's draußen schneit, vor Hitze dampft oder nur windig hergeht, die „Erde" bleibt stabil. Gesundheitliche Schwierigkeiten sind eher in Niere und Knochengerüst zu erwarten.
Die Glückszahlen der Erde sind 5 und 10.

Erde in Lebens- und Jahreszeiten: Im Frühling braucht Erde vor allem weitere Erde, in zweiter Linie einiges an Metall, um Holz zu zerschneiden, bevor es die Erde zersetzt. Zuviel Metall entzieht der Erde ihre Kraft; zuviel Wasser kann Erde leicht wegschwemmen. Feuer hingegen wärmt die Erde.
Im Sommer verdorrt allzuviel Feuer Erde leicht. Deswegen braucht es die erfrischende Kraft des Wassers und somit auch Metall, um Wasser zu erzeugen.

Holz aber bewirkt Feuer und richtet so, abgesehen von durchdringenden Wurzeln, zusätzlichen Schaden an.
Im Herbst muß die Erde neue Kräfte gewinnen. Das gelingt durch das Wirken von Holz und Feuer – aus dem einen wird durch die Hilfe des zweiten die nötige Asche. Metall und Wasser überschreiten das Maß des Erträglichen mit Leichtigkeit. Zuviel Wasser schwemmt die Erde fort; zuviel Metall zeugt zuviel Wasser.
Im Winter braucht die Erde warmes Feuer, um das Vereisen durch zuviel Wasser zu verhindern. Holz ist kaum schädlich, weil es im Winter zu schwach wird. Zuviel Metall kann auch die weiche Erde erhärten, im allgemeinen aber erfreut sich die Erde im Winter an ihrem beständigen Dasein.

Erde als Zeitfaktor: Zeiteinheiten der Erde sollte man in erster Linie Angelegenheiten widmen, zu denen Stabilität paßt. Die Zeit der Erde bietet aber auch sinnlichen Genüssen Vorteile. Wenn Sie die Wahl haben, verlegen Sie Ihre Party auf einen Erde-Zeitpunkt! Sie liegen auch richtig, wenn Sie zu Erde-Zeiten verreisen oder vertrauliche Gespräche führen wollen. Generell paßt alles, was Vertrauen erfordert. Urteile hingegen sollten Sie in andere Elemente-Zeiten verlegen. Auch das Ablegen von Prüfungen will im allgemeinen nicht recht mit der Erde harmonieren. Besser, Sie lernen zu Erde-Zeiten: Das Durchdringen komplexer Materien wird erleichtert.

Zuviel Erde macht genußsüchtig und schwach. Da kann nicht einmal vom starken Willen die Rede sein, den allein das schwache Fleisch überrumpelt. Zuviel Erde verstärkt aber auch die Naivität und den Autoritätsglauben. Zuviel Erde läßt handeln, wonach einem gerade der Sinn steht – außer es kommt jemand, den man für stärker und klüger hält. Dann beginnt man die notwendige Auseinandersetzung zu scheuen und wird durch Faulheit und mangelnden Eifer ehrfürchtig, nicht durch erarbeiteten Respekt. Statt sinnvoller Stabilität herrscht Starrsinn und Angst vor Veränderung.

Zuwenig Erde macht mißmutig und wankelmütig. Fehlt Erde völlig, hat man oft den Eindruck gähnender innerer Leere. Man erreicht seine Ziele, man geht seinen Weg, aber das Wozu bleibt unbeantwortet. Vielfach wird man seinen Mitmenschen mit unbegründetem Mißtrauen begegnen. Man weiß zwar nicht, was man will, aber egal, was man erreicht, es genügt einem nicht. Und Schuld tragen grundsätzlich die anderen. Zusätzlich wirken Menschen, denen Erde mangelt, seltsam blutleer und armselig.

Metall

- erzeugt Wasser
- zerstört Holz
- kann in großen Mengen Feuer löschen
- kann in zu großer Menge den Erdboden schwächen
- kann im Übermaß Wasser verschmutzen
- kann Erde lockern
- wird von Erde erzeugt
- wird von Feuer zerstört
- wird von zuviel Erde verschüttet
- wird von zuviel Wasser rostig
- wird von zu hartem Holz gebrochen
- wird von Wasser geschliffen

Metall ist das entschlußfreudigste Element. Ihm sind Tugenden wie Rechtschaffenheit und Gerechtigkeit, Klarheit und Reinheit zugeordnet. Menschen, die vorwiegend unter dem Einfluß von Metall stehen, werden zumeist sehr unternehmungslustig sein. Viele betreiben Sport, wobei sie jene Sportarten bevorzugen, bei denen sie alleine stehen. Tennis ist ihnen lieber als Fußball, Schifahren näher als Eishockey. Metallmenschen scheuen weder Konkurrenz noch Streit. Manche werden beides sogar suchen. Wo andere Elemente Fragen wie „Wer bin ich?" oder „Warum bin ich?" stellen, setzen Metallmenschen vorwiegend auf „Wer ist besser?" Dabei sind sie mitunter schonungslos. Bei Metallmenschen steht immer die Sache im Mittelpunkt, nicht die Umstände, die zu ihr geführt haben. Während Erdmenschen im Spiel Kinder mit Sicherheit gewinnen lassen würden, neigen Metallmenschen dazu, die Kleinen zu besiegen. Und wenn sie einmal in den sauren Apfel beißen und sich bei Mensch-ärgere-dich-nicht lieber hinauswerfen lassen, als andere aufs Startfeld zu bugsieren, wird ihnen daran irgend etwas ungerecht und sinnlos erscheinen. Die Vorliebe für Sache und Gerechtigkeit kann Metallmenschen zu wahren Fanatikern machen. Furchtlos setzen sie sich für ihre Ziele ein, sogar als Bürobote werden sie die vom Chef malträtierte Sekretärin verteidigen. Dabei mangelt es den meisten völlig an diplomatischem Geschick. Manchmal kann ihre Beharrlichkeit in vielem auch als Starrsinn ausgelegt werden. Vor allem im Alter werden Metallmenschen zusehends weniger flexibel und beweglich. Dann sitzen sie auf ihrer Parkbank, lästern über Gott und die Welt und meinen, daß sie in erster, zweiter und dritter Linie recht haben. Neben dem Verlangen, in vielem der Beste, und dem Anspruch, im Besitz der Wahrheit zu sein, haben

Metallmenschen kaum Ansprüche. Sie sind genügsam und sparsam, bisweilen etwas geizig. Ihr wichtigstes Gefühl ist die Trauer und Sorge. Oft allerdings sorgen sie sich um sich selbst. Schließlich haben Metallmenschen Wirklichkeitssinn wie kein anderes Element! Ihre Blütezeit ist der Herbst. Im Hochsommer fühlen sich viele Metallmenschen unwohl. Sie haben das elementare Gefühl, dahinzuschmelzen, schwach zu werden. Und Schwäche ist vielen von ihnen ein Greuel. Ihre eigene reine Kraft symbolisiert sich auch in der dem Metall zugewiesenen Farbe: Weiß! Die passende Tageszeit ist der Abend, die Feuerzeit Mittag hat zerstörerische Wirkung. Deswegen ziehen viele Metallmenschen ein behagliches Abendessen dem Mittagstisch vor. Speisen, die für Metall bekömmlich wirken, sind Reis, Pferdefleisch und Pfirsiche. Hinzu kommen alle scharfen Speisen, als zweite Geschmacksrichtung Süßes, Rindfleisch oder Datteln. Von bitteren Nahrungsmitteln wie Hirse, Schaffleisch oder Knoblauch ist abzuraten. Serviert werden sollte das Essen in einem westlich gelegenen Raum. Denn der Westen ist die Himmelsrichtung von Metall. Alle lebensbestimmenden Bereiche sollten daher nach Westen ausgerichtet sein. In gesundheitlichen Belangen ordnet man Lunge, Dickdarm und Nase dem Metall zu. Deswegen sind viele Metallmenschen sehr geruchsempfindlich. Ihre Nervosität – Metallmenschen haben einen flackernden, leicht spürbaren Puls – kann sich mit ihrem Hang zur Sorge auch zum Laster des Rauchens verbinden. Dafür haben Metallmenschen selten Hautprobleme. Beim Haarwuchs hingegen müssen sie sich auf einiges gefaßt machen. An sich harmonisieren Haut und Haar mit Metall. Aber die auflösende Tendenz der metallischen Energie könnte beim einen oder anderen auch auf dem Haupt ausfallende Wirkung zeigen.
Die Glückszahlen des Elements Metall sind 4 und 9.

Metall in Lebens- und Jahreszeiten: Im Frühling braucht Metall etwas Feuer, um es zu erwärmen. Allzuviel hingegen tut nicht gut: Feuer zerstört Metall. Weiches Yin-Metall benötigt Erde fürs Wachstum. Holz und Wasser aber wirken im Frühjahr schädlich.
Im Sommer ist die schwächste Zeit des Metalls angebrochen. Holz, das an sich von Metall zerstört wird, „nutzt" die schwache Metallzeit und kann Feuer zeugen. Feuer wiederum kann Metall leicht schmelzen. Wasser kühlt Metall im Sommer auf erfreuliche Weise. Erde bedarf es zu dieser Zeit nur wenig. Zuviel Erde würde Metall unter sich begraben.
Der Herbst ist die beste Zeit für Metall. Es kann Holz leicht bearbeiten. Feuer wird es dabei eher unterstützen, Wasser seine reinigende Kraft entfalten und die verschmutzenden Tendenzen der Erde leicht unterbinden. Zuviel Metall kann spröde machen.

Im Winter braucht Metall Erde und Feuer, um sich warm zu halten. Viel Wasser wird es vereisen und anschließend sinken lassen. Holz kann Metall behindern.

Metall als Zeitfaktor: Zeiten, die von Metall regiert werden, sollten für Urteile und sachliche Belange genützt werden. In Metallzeiten ist gut lernen und lehren, bahnbrechende Erfindungen aber werden Sie kaum machen. Metallzeiten unterstützen auflösende Tendenzen. Deswegen eignen sie sich für Operationen, Friseurbesuche und alles, das andere und anderes beschneidet. So etwa für das Zurechtstutzen von Pflanzen, für das Zuweisen von Kompetenzen in einer betrieblichen Organisation oder das Klarmachen eigener Bedürfnisse. Wenn Sie einen langwährenden Konflikt mit sich herumtragen, beenden Sie ihn jetzt! Wenn Sie etwas in Ihrer Beziehung klären müssen, tun Sie das, wenn Metall regiert. Wenn Sie sich klarwerden wollen, ob eine neue Bekanntschaft vielleicht mehr für Sie ist, dann eignen sich für solche Überlegungen Metallzeiten. Das Entstehenlassen, das Entwickeln neuer Pläne kommt zu Metallzeiten ungelegen.

Zuviel Metall kann starr und unbeweglich machen. Sparsamkeit wächst sich leicht zum Geiz aus. Selbstmitleid paart sich mit wenig Sentimentalität. Pure Metallmenschen sind oft hyperaktiv im sportlichen Sinne und von Ehrgeiz besessen. Die geringe Scheu vor Konflikten kann in Streitsucht und verbissene Aggressivität münden. Man kann wenig zugestehen, noch weniger entstehen lassen. Der Verstand siegt klar über das Gefühl. Sachlichkeit um jeden Preis, auch dort, wo Mitgefühl und Sensibilität angebracht wären, ist die Folge. Zuviel Metall macht klar ergebnisorientiert; Fragen nach dem Warum und Wie werden erst gar nicht gestellt, das sachliche Ergebnis zählt. Bisweilen kann zuviel Metall Menschen langweilig wirken lassen.

Zuwenig Metall hat Folgen für ihr Urteilsvermögen. Menschen, denen es an Metall gebricht, wirken unentschlossen und sanftmütig. Mitunter auch genußsüchtig und hedonistisch. Die Lust an den Sinnesfreuden des Lebens verstellt ohne Metall vielfach den Blick auf die Wirklichkeit. Schwärmereien ohne Sinn und Verstand, Gefühle ohne die reinigende, eingrenzende Kraft der Vernunft stehen im Vordergrund. „Kindisch" würde man das Verhalten ohne Metall bezeichnen – nach dem Motto: „Ich weiß ohnedies, daß es schlecht ist, ich tu's aber trotzdem." Da Metall für Sparsamkeit steht, kann das Fehlen dieses Elements auch Folgen für die Geldbörse zeitigen. Da herrscht vielleicht öfter gähnende Leere! Mitunter scheinen sich metallose Menschen auch nur für die lustigen, komischen Seiten des Lebens erwärmen zu können. Ohne Metall kann man schlecht weinen; Sorglosigkeit und Heiterkeit prägen das Gemüt.

Wasser

- erzeugt Holz
- zerstört Feuer
- schwemmt, wenn überreichlich, Holz fort
- läßt, wenn zuviel vorhanden, Metall rosten
- kann im Übermaß Erde wegschwemmen
- kann hartes Metall schleifen
- wird, wenn im Übermaß vorhanden, von Holz nutzbar gemacht
- wird von Metall erzeugt
- wird von Erde zerstört
- wird von zuviel Metall verschmutzt
- wird von zuviel Holz aufgesogen
- wird von zuviel Feuer verdampft

Wasser ist das Element der Kommunikation. Wer viel Wasser hat, der redet wie ein Wasserfall! Die Lust am Gespräch und am Miteinander ist fürs Wasser bestimmend. Wassermenschen fühlen sich demzufolge in Gruppen besonders wohl. Dabei ist einerlei, ob sie reden oder zuhören. Wichtig ist, daß gesprochen wird, daß Gedanken- und Gefühlsaustausch stattfinden. Mit dem Element Wasser harmonieren auch die Weisheit und Klugheit. Wassermenschen sind nicht nur beredt, sondern im allgemeinen auch von hoher Intelligenz und rascher Auffassungsgabe. Sie können gut organisieren, informieren und Strukturen schaffen. Dabei müssen sie nicht notwendigerweise im Mittelpunkt stehen. Wassermenschen geben leicht nach, insbesondere, wenn es ihrer Ansicht nach günstig ist. Die Emotion verstellt ihren Blick aufs Wesentliche selten. Im Gegensatz zu Metallmenschen sind sie aber weise genug, das Gefühlsleben in ihre Überlegungen und Urteile mit einfließen zu lassen. Ihre hohe soziale Kompetenz macht Wassermenschen zu guten Freunden. Mit ihnen kann man nicht nur Pferde stehlen, man kann auch Pläne schmieden, was denn eigentlich mit den gestohlenen Pferden zu geschehen habe. Dabei gehen sie aber oft leidenschaftslos vor. Das macht sie als Partner mitunter wenig attraktiv. Als „Wassermann" kennen Sie das vielleicht: Frauen sprechen gern mit Ihnen, sie gehen gerne mit Ihnen ins Kino oder essen – aber der Satz „Ich fühle mich bei dir so wohl, man kann mit dir so gut reden!" hat manchmal einen schauerlichen Klang. Wassermenschen fehlt es an Leidenschaft. Wo Feuermenschen nicht lange fackeln, muß der Wassermensch erst überlegen. Wo der Wassermensch noch über Gefühle spricht, küßt der Feuermensch bereits. Das hat auch mit der Angst zu tun, die tief im Innern des Wassers haust.

Getrieben von der Furcht, irgendwann einmal alleine, ausschließlich schweigsam und am Ende sogar vergreist und trübe dazustehen, engagieren sich Wassermenschen gerne für alle möglichen sozialen und intellektuellen Ziele. Die zu Wasser passende Farbe ist Schwarz. Die Himmelsrichtung des Wassers ist der Norden. Wie bei allen anderen Elementen auch, gilt daher die Regel, daß Sie Ihre wesentlichen Lebensbereiche nach Norden ausrichten sollten. Wobei bei Wassermenschen dem Schlafzimmer nur eine geringe Bedeutung zukommt. Die meisten Wassermenschen erfreuen sich eines tiefen, ruhigen Schlafes. Der Norden bedeutet aber auch, daß sich Wassermenschen bei Kälte – wenn sie nicht einfrieren! – wohl fühlen. Große Hitze läßt Wasser verdampfen, mit ein Grund, warum viele Wassermenschen an Sonnenallergie leiden. Die ideale Zeit der Wassermenschen ist die Nacht! Viele werden da erst so richtig wach, können in Ruhe arbeiten oder sich ins „heiße" Nachtleben stürzen. Das schließt einen wachen Zustand am frühen Morgen keinesfalls aus: Wassermenschen zählen eher zu jenen, die ruhig und ununterbrochen aktiv sein können. Sie benötigen im Gegensatz zu anderen Elementen eher viele kleine Pausen, um sich sammeln zu können, und weniger eine große, lange Zeit der Ruhe und Besinnung. Sollten Sie als Wassermensch Ihre vielen kleinen Pausen für Mahlzeiten nützen, sollten Sie bedenken, daß Schweinefleisch, Sojasprossen, Bohnen und Kastanien zum Wasser passen. Hinzu kommen scharfe Speisen, aber auch Reis, Pfirsiche und Lauchsuppen. Wenn Sie ein Fest geben und ausschließlich Wassermenschen einladen, sollten Sie einen ausreichenden Vorrat an Knabbergebäck besorgen! Salzige Speisen sind für Wassermenschen wie geschaffen. Eis und Schokolade hingegen benötigen sie weniger. Tequila entspricht eher als süßer Amaretto. In gesundheitlichen Belangen gehören Harnblase, Ohr und Knochen zum Wasser, Schwierigkeiten wird es aber eher mit dem Kreislauf und dem Herzen geben. Die zum Wasser passenden Zahlen sind 1 und 6.

Wasser in Lebens- und Jahreszeiten: Im Frühling kann es leicht zuviel Wasser geben. Da braucht es Erde, die es aufsaugt und verarbeitet. Ein wenig Feuer kann das Wasser ernähren. Holz und Wasser bilden eine erfolgreiche Einheit. Zuviel Metall sollte nicht vorhanden sein; ein wenig genügt, um Wasser zu zeugen. Zuviel löst eher eine Springflut aus.

Im Sommer braucht es viel Metall, um mehr Wasser zu zeugen. Denn das Feuer ist stark, und obgleich Wasser Feuer zerstört, gleicht der Sommer eher der Feuersbrunst, die das Wasser verdampfen läßt. Erde saugt Wasser gierig auf – zuviel von ihr kann Wasser gerade im Sommer vernichten. Auch zuviel Holz kann dem Wasser seine Kraft entziehen.

Im Herbst gibt es genug Metall, um fortwährend Wasser zu erzeugen. Erde

hingegen bedeutet Schaden. Holz in mäßiger Menge verspricht Wachstum, zuviel Holz aber wird das Wasser aufsaugen. Zuviel Wasser kann im Herbst zu Überschwemmungen führen, die alles andere unter sich begraben.
Der Winter ist die stärkste Zeit des Wassers. Nur allzuviel Metall kann es verderben. Es benötigt ein wenig Feuer, um sich zu erwärmen. Ein wenig Erde, um den Überfluß von Wasser zu stoppen, ist hilfreich. Holz schadet nicht.

Wasser als Zeitfaktor: Nutzen Sie Zeiten des Wassers, um in Ruhe Kraft zu schöpfen. Nehmen Sie sich Zeit für Besinnung, Erholung und Kontemplation. Wasserzeiten harmonieren aber auch mit dem Miteinander. Sie können sinnvolle Gespräche führen, kraft Ihrer Weisheit und Stärke anderen bei Problemen helfen und einen klaren Blick über Ihre Verhältnisse gewinnen. Wasserzeiten eignen sich auch, um Neues klug vorzubereiten, für intellektuelle Analysen, fürs Lernen und Erlernen neuer Fähigkeiten. In Streitigkeiten sollten sie tendenziell nachgeben. Aber nehmen Sie sich auf jeden Fall Zeit, bevor Sie eine Entscheidung treffen! Für Orgiastisches ist die Zeit des Wassers nicht geeignet. Sie sollten Genuß aus Gedanken, Worten und Werken schöpfen – und nicht auf hedonistischer Grundlage!

Zuviel Wasser macht mitunter schwatzhaft und leidenschaftslos. Wo andere mitfühlen und im rechten Augenblick zu schweigen wissen, tost zuviel von diesem Element stets wie ein Wasserfall oder wirbelnder Strom. Zuviel Wasser kann Neugierde bis zur Distanzlosigkeit zeugen. Gleichzeitig macht ein Überfluß von diesem Element aus intelligenten, unterhaltsamen Menschen avantgardistische Intellektuelle im schlechten Sinne des Wortes. Jemand, der nur faselt, um sich und andere von seiner Bildung zu überzeugen und nicht, um sie für sich und die Gemeinschaft sinnstiftend einzusetzen. Zuviel Wasser läßt oft auch jegliche Leidenschaft vermissen.

Zuwenig Wasser macht verschwiegen und scheu. Man stellt sich den Erfordernissen des Lebens nur ungern, fühlt sich oft vom Aufeinandertreffen vieler verschiedener Gegebenheiten erschlagen! Gleichzeitig kann zuwenig Wasser zu Unruhe in Geist und Körper führen, ähnlich einem stotternden Motor. Mal funktioniert alles wie von Zauberhand, mal will gar nichts klappen! Die Fähigkeit zu kontinuierlicher Arbeit und zum Sitzenbleiben, bis etwas fertig ist, ist nur in geringem Ausmaß vorhanden oder fehlt völlig. Menschen mit zuwenig Wasser werden in ihren Beziehungen heiß-kalte Wechselbäder kennen. Entweder sie lieben jemanden abgöttisch, oder sie verachten ihn. Ruhige Freundschaft führt eher zu Langeweile und wenig Befriedigung.

Die zwölf Tierkreiszeichen

Der westliche Tierkreis gründet auf einem Übersetzungsfehler. Neue Forschungen haben ergeben, daß er zuerst in Babylonien entstand und von dort nach Ägypten kam. Man glaubte damals, daß sich Sonne und Planeten wie der Mond um die Erde drehen. Diese scheinbare Bahn der Sonne um die Erde heißt Ekliptik. Man hat sie sich zum einen als vollkommene Figur, als Kreis, vorgestellt und zum anderen als breites Band. Inmitten dieses Bandes liegen zahlreiche Sterne, die man zu Sternbildern zusammenfassen kann. In Ägypten nannte man dieses Sternenband entlang der Sonnenbahn „Zodiakus". Griechen schlossen aus dem Namen auf das verwandte griechische Wort „zoon" für Tier. Der Tierkreis war geboren. Viel wahrscheinlicher wäre die Schlußfolgerung auf das Wort „zodion" für Bildchen gewesen. Denn der Zodiakus der Ägypter war nichts anderes als ein Bilderkreis, dessen Elemente mit bestimmten Eigenschaften verknüpft waren. Für diese Theorie spricht, daß der Tierkreis bei genauer Betrachtung nur wenige Tiere enthält. Zwillinge, Jungfrau, Waage, Schütze und Wassermann ergeben zusammengenommen fast die Hälfte aller Zeichen. Der Mann, auf den die Überlieferung dieser Bezeichnungen zurückgeht, war der griechische Gelehrte Claudius Ptolemäus. Um 100 nach Christus geboren, lebte Ptolemäus in Alexandria und studierte dort philosophisches wie astrologisches Wissen aus aller Herren Länder. Er veröffentlichte neben einer Schau seines mathematischen Wissens, „Almagest" genannt, auch eine Zusammenfassung der Lehren seiner Zeit unter dem Titel „Tetrabiblos". Eine Art frühes Lexikon, in dem er – wie im Almagest – die Grundlagen der heutigen westlichen Astrologie beschrieben hat. Die Ekliptik deutete er, wie damals üblich, als kreisförmiges Band.
Dieses wird zuerst an zwei Punkten, den Tagen der Sonnenwenden, geteilt. Eine weitere Linie durch die beiden Tage der Tages- und Nachtgleiche ergibt eine regelmäßige Vierteilung des Kreises.
Diese vier Abschnitte unterteilte Ptolemäus analog zu den drei Geschlechterzuständen männlich, weiblich und zwitterhaft nochmals, so daß er zwölf regelmäßige Segmente erhielt.
In jedem dieser Zwölftel findet sich ein Sternbild.
Diese Sternbilder sind am Himmel sichtbar. Erst im Lauf der Jahrtausende wird sich das wegen der Eigenbewegung der Erde ändern. Ob daraus eine neue westliche Astrologie entsteht, wird erst die Zukunft zeigen. Sicher ist nur: In China hat man keinen Grund für Veränderungen.

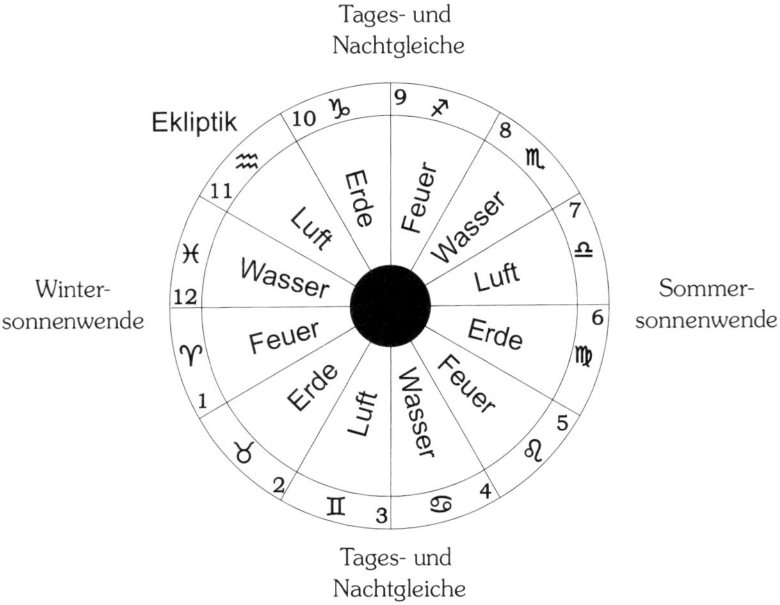

Das chinesische System des Tierkreises ist für die Ewigkeit geschaffen. Das erste, was bei einem Vergleich des westlichen mit dem östlichen Tierkreis auffällt, ist, daß die zwölf Einheiten andere Namen haben. Dem westlichen Stier, Skorpion oder Steinbock stehen in China Ratte, Schlange oder Büffel gegenüber. Auf einen zweiten Blick aber offenbart sich ein weit bedeutenderer Unterschied. Den westlichen Tierkreis kann man am Sternenhimmel finden, den östlichen nicht. Ratte, Büffel & Co. sind nur bildhafter Ausdruck für ein komplexes astrologisches System. Die Entstehungsgeschichte kann man sich wie folgt denken. In China hat man den Himmel als Entsprechung der Erde betrachtet: als unendlich große Kugel. Diese Himmelskugel hat man wie die Erde in Norden, Süden, Westen und Osten eingeteilt. Den vier Himmelsrichtungen hat man am Sternenhimmel vier riesenhafte Tiere zugeordnet: die Sternbilder Schildkröte, Vogel, Drache und Tiger.

Für westliche Betrachter mag es seltsam erscheinen, daß die Schildkröte, die hierzulande einen zweifelhaften Ruf genießt, in China hoch angesehen wird. Daß es so ist, belegen unter anderem zwei Legenden: In früher Zeit wurde die Welt als eine Scheibe betrachtet, die auf dem Rücken von vier Elefanten ruht, die ihrerseits auf einer Schildkröte stehen. Die andere Legende ist jene im ersten Kapitel beschriebene Vision des Fu Xi: Es ist eine Schildkröte, deren Panzer der Menschheit die Weisheit der Schrift offenbart. Vermutlich hat die Verehrung der Schildkröte mit ihrer Langlebigkeit zu tun. Vielleicht auch mit der Tatsache, daß man sie vielfach alleine antrifft, daß ihre Panzermusterung

Anlaß für Deutungen sein kann oder daß sie – ähnlich wie Eidechsen – stark auf die Sonne reagiert und so mit diesem gigantischen Himmelskörper in enge Verbindung gebracht werden kann. Letzteres mag begründen, warum die Schildkröte den nördlichen Sternenhimmel beherrscht.
Warum der Tiger für Chinesen ein wichtiges Tier war, scheint klar. Er ist der stärkste dort vorkommende Räuber, die größte Raubkatze der Erde. Die Verehrung dieses mächtigen Raubtieres legt nahe, sein Bild am Sternenhimmel zu entdecken. Der Tiger wird dem Westen zugeordnet.
Vögel sind in aller Welt geheiligt worden. So auch in China: Die Fähigkeit zu fliegen legt eine Verbindung zum Himmel nahe. So verwundert es wenig, wenn man ein Abbild des Vogels am Firmament erkennt. Der Sternenvogel liegt im Süden.
Für den Drachen gilt ähnliches. Die riesenhafte Eidechse ist weltweit Bestandteil bedeutender Sagen und Legenden. In China werden Drachen noch heute als Symbol für Weisheit, Kraft und Glück angesehen. Das Sternbild des Drachen ist dem Osthimmel zugeschrieben.
Die Einteilung des Himmels in Tiger, Drache, Vogel und Schildkröte gehört zu den ältesten Überlieferungen der chinesischen Astrologie. Über sie hinaus existiert aber noch ein feiner differenzierter „Himmelszoo“. Denn gemäß dem rund 28tägigen Umlauf des Mondes um die Erde hat man den Himmel statt in nur vier zusätzlich in 28 Segmente unterteilt. Die alten Namen dieser 28 Sternenkonstellationen lauten etwa „Flügel des Vogels“, „Horn des Drachen“ oder „Magen des Tigers“. Ihnen hat man bestimmte Eigenschaften zugeordnet, die man auch im Tierreich finden kann. Deswegen verwendet die moderne chinesische Astrologie heute Tiernamen statt der alten Bezeichnungen. Jedes der vier alten Tiere gliedert sich so in einen Himmelszoo von jeweils sieben Arten. Hase, Dachs, Drache, Ungehörnter Drache, Fuchs, Tiger und Leopard liegen etwa im Großen Drachen, Ochse, Schwalbe, Fabelwesen, Schwein, Stachelschwein, Fledermaus und Ratte in der Schildkröte und so weiter. Ihre Bedeutung ist im Kapitel „Die 28 Xiu“ ab Seite 184 näher beschrieben.
Für die gebräuchliche chinesische Astrologie ist aber jener Tierkreis wichtig, der nicht als Sternbild, sondern nur als Abschnitt der Himmelskugel zu deuten ist. Dabei versinnbildlicht die Ratte den Norden, der Büffel und der Tiger den Nordosten, der Hase den Osten, Drache und Schlange den Südosten, das Pferd den Süden, Schaf und Affe den Südwesten, der Hahn den Westen und Hund wie Schwein den Nordwesten. Diese Abschnitte der Himmelskugel werden von Sonne, Mond und den damals bekannten fünf Planeten beeinflußt. Statt nun aber Sätze wie „Der Mensch wird vom Norden der Himmelskugel, der Sonne und dem Jupiter bestimmt“ zu prägen, setzte man auf Anschauli-

cheres. Dieser Satz würde in der chinesischen Astrologie „Der Mensch ist eine Ratte, die unter dem Einfluß von Yang und Holz steht" lauten. Warum ausgerechnet Tiere wie Ratte, Büffel und Drache der Astrologie den Namen gaben, verliert sich im Dunkel der Geschichte. Vermutlich verbreitete sich der Tierkreis gemeinsam mit dem Buddhismus in China. Gelehrte gebrauchten zwar weiterhin die Lehren von Yin und Yang, dem Yi Jing und den fünf Elementen, ergänzten ihr astrologisches System aber durch die zwölf Tiere. Tierjahre entstanden genauso wie Tiertage und Tierstunden. Im Lauf der Zeit hat der Zwölfer-Tierkreis das alte System der 28 Mondhäuser und der ihnen zugeordneten Tiere verdrängt. Jedes Tier des Kreises stellt nicht ein Sternbild dar wie im Westen, sondern eine Zusammenfassung bestimmter Eigenschaften. Im folgenden sind diese Eigenschaften, nach Tierkreiszeichen geordnet, beschrieben.

Ratte 子

Die Ratte ist dem Ruf des Buddha zuerst gefolgt. Das ist kein Zufall. Sie ist rasch in ihrer Auffassungsgabe, ehrgeizig bei ihren Berufsplänen und bezaubernd im Umgang mit ihren Mitmenschen. Sie liebt die Gesellschaft und steht gerne im Mittelpunkt. Dabei hilft ihr ihr verspielter Charme ebenso wie ihr unstillbarer Wissensdurst. Kaum eine brisante Neuigkeit entgeht ihren Ohren. Schneller als andere begreift die Ratte das Wesentliche einer Information, besser als andere versteht sie es, diese Information einzusetzen. Sie ist stets gut informiert und versorgt die Mitmenschen mit jenen Geschichten, die diese am liebsten hören. Mitunter sagt man ihr auch nach, Gerüchte nur allzugerne weiterzuverbreiten, manchmal sogar, diese erst in die Welt zu setzen. Vielleicht hat die Ratte auch deswegen mehr gute Bekannte als echte Freunde. Gestrenge Tierkreiszeichen werden ihre Gewandtheit und Diplomatie auch als Lust am Schwatzen mißverstehen, Introvertierte den Austausch wesentlicher Informationen mit Vertrauensbruch verwechseln. In Wirklichkeit ist sie sensibel und verschlossen. Es gibt kaum jemanden, dem gegenüber sie ihr Innerstes offenbart. Mehr als die anderen Tierkreiszeichen plagt sie die Angst, in ihrem Leben Schiffbruch zu erleiden. Die Ratte ist anderen gegenüber liebevoll und sensibel, sie träumt von materieller Sicherheit und finanzieller Unabhängigkeit, und weil ihr nichts mehr Sorgen bereitet als die Angst, eines Tages vor leeren Töpfen zu stehen, legt sie beizeiten üppige Vorräte an. Darin ist sie erfolgreich, nicht zuletzt, weil die Ratte vor allem sich selbst und ihrer eigenen Intelligenz vertraut. Sie arbeitet am liebsten mit dem Kopf, wirkt nach außen ausgeglichen und zufrieden und teilt ihre Energie vernünftig ein. Diese guten Eigenschaften der Ratte können – wenn man nur ihr tapferes Äußeres und nie ihr sensibles Gemüt berücksichtigt – ins Gegenteil umschlagen. Ihre Angst vor Hunger und Not macht sie dann egoistisch und verfressen. Ihre Lust an Sicherheit kann ins Spießertum münden. Für die eigene Entwicklung ist es wichtig, die innere Angst zu besiegen, den eigenen Fähigkeiten in jeder Hinsicht mehr Vertrauen zu schenken. Wenn Sie eine Ratte kennenlernen, werden Sie sich oft unverständlichen Befürchtungen gegenübersehen: einer wunderschönen Frau, die sich selbst für ein Mauerblümchen hält; einem liebenswerten Mann, der meint, nur wegen seiner Intelligenz geliebt zu werden. Besiegt die Ratte diese inneren Ängste, stehen ihr alle Türen und Tore offen. Was insbesondere auch den Partnern einer Ratte zugute kommen wird. Denn abgesehen von Lust am Perfektionismus fehlt es einer Ratte an nichts, was einen wundervollen Lebensmenschen ausmacht. Einmal verliebt, legt die Ratte ihrem Partner die Welt zu Füßen, ist großzügig, herzlich und leidenschaftlich.

Büffel 丑

Das Sternbild des Büffels mag den oberflächlichen Betrachter des Westens an den Stier erinnern: muskulös in seiner Erscheinung, wenig wendig im Auftreten, halsstarrig bis schnaubend im Temperament. Die Eigenschaften des Büffels aber haben mit denen des Stieres nur wenig gemein. Büffel sind still, unauffällig, geduldig, genau und bedächtig. Büffel haben das Rüstzeug für jedwede Arbeit, die analytisches Denken erfordert. Sie legen Wert auf methodisches Vorgehen und verfügen über eine bemerkenswerte Ausdauer. Das macht sie in ihren Berufen erfolgreich. Schwärmereien und Phantastereien sind ihre Stärke nicht, bei deren Umsetzung aber sollten alle Kreativen an einen Büffel denken. Mit außerordentlicher Akribie und schier unbegrenzter Langmut beackert er sein klar begrenztes Arbeitsfeld. Nichts ist ihm verhaßter als unklare Grenzen, undefinierte, schwankhafte oder leichtfertig hingeworfene Konzepte. Sein Ethos ist hehr und eindeutig: Was der Büffel anfängt, das führt er aus, beruflich wie privat. Auf ihn ist Verlaß in jeder Hinsicht. Traditionen sind ihm heilig, Sitte und Anstand sind sein Stil, alles Neue ist ihm lange Zeit ein Greuel. Er muß sich mit einer Sache erst befassen, ehe er sie bejahen kann. Extravaganzen liegen ihm fern. Affären stoßen ihn ab. Der Büffel ist korrekt, überaus kontrolliert und treu. Qualitäten, die ihn zu einem guten Arbeiter, begehrten Freund und liebenden Familienmenschen machen. Sicherheit ist des Büffels oberstes Ziel. Pflichtbewußtes Handeln ist sein Weg. Rechtschaffenheit fordert er von seinen Mitmenschen ein, wenn es sein muß, auch mit Druck. Seine Regeln gelten: Durchbricht sie wer, trifft den der Zorn. So rührig sich der Büffel um seine Angehörigen zu kümmern vermag, so gnadenlos ist seine Wut, wenn er sich hintergangen fühlt. Diplomatie ist ihm dann ein Fremdwort, Strenge und Starrsinn ist die Antwort, wenn es um die Durchsetzung seiner Grundsätze geht. Dabei sind seine Ansprüche aber nicht überzogen. Er arbeitet und will seinen entsprechenden Lohn. Er unterstützt seine Freunde und will lediglich ihre Loyalität. Er sorgt für die Familie und erwartet von seinen Lieben Respekt und Anteilnahme. Ähnlich wie Gerechtigkeit ist ihm das Materielle wichtig. Für Romantik hat er wenig Sinn. Das macht ihn in der Partnerschaft geradlinig und unkompliziert. Seine breiten Schultern spenden Sicherheit und Wärme. Das birgt aber auch die Gefahr von Eintönigkeit und Langeweile. Nicht selten wird des Büffels Liebestun als Gleichgültigkeit gedeutet. Oft würde ein Hauch mehr an unkontrolliertem Handeln Wunder wirken. Improvisationen widersprechen aber seinem Naturell. Die Inspiration überläßt er anderen. Das gerade aber macht den Büffel zu einem Pol der Ruhe und Ausgeglichenheit.

Tiger 寅

Tiger sind tollkühn, wild und stark. Expeditionsleiter, Börsenspekulanten und Schauflugflieger, das alles könnten Tiger sein. Ihre Hingabe ist absolut, Hetzen, Jagen und Beutemachen ihr Lebensnerv. Unerschrocken stellen sie sich den Aufgaben der Stunde, lauert Gefahr, so ist sie ihnen Herausforderung. Der Kampf ist ihre Natur. Aber nie der Kampf bloß um des Kampfes willen! Sie engagieren sich für Schwache und gegen Ungerechtigkeit und trachten nach optimalen Lebensbedingungen für jedermann. Viele Tiger sind religiös. Der Sieg ist dem Tiger die Regel, wenn Kraft und Elan den Erfolg bedingen. So zielgerichtet und überzeugend er sich als Anführer zu schlagen vermag, so kritisch und vorsichtig sollten diejenigen sein, die ihm folgen. Sein Wagemut grenzt häufig an Leichtsinn. Nicht selten geht der Tiger bei seinen Unternehmungen als Chaospilot zu Boden, ehe er wieder wie ein Phönix aus der Asche steigt. Mit dem Instinkt eines Weltenbummlers sucht er das Abenteuer. Das entspricht ihm, dort schlägt sein Herz, da fühlt er sich in seinem Element. Geld und Gut sind dem Tiger nicht wichtig. Er ist umtriebig, charmant und leidenschaftlich. Er kann viele mitreißen und einige dabei zerreißen. Das Ziel ist seine Sache, das Maß dazu fehlt ihm bisweilen. Hierarchien sind ihm ein Dorn im Auge, befehlen läßt er sich selten, unterordnen kann er sich nur schwer. Der Tiger will an die Spitze, und im Regelfall ist sie ihm sicher. Niemals aber sollte an seiner Seite eine beratende, weise Person fehlen. Tiger sind aktiv im Berufsleben und warmherzig bis feurig in der Liebe. Das läßt zwei „Tigerarten" entstehen: die warmherzigen, die die Familienmenschen schlechthin sind. Sie leben ihre Lust an der Weltverbesserung im kleinen Kreis aus, stehen im freundschaftlichen Sinn gerade und verteidigen die Ihren, wenn es sein muß. Auf der anderen Seite gibt es die feurigen Tiger, deren Steckenpferd Familie und Freundschaft eher zuletzt sind, schon eher kurze Affären und lodernde Liebschaften. Niemals sollte seine Umgebung vergessen: Die größte Katze der Erde ist ein Einzelgänger, und Überraschungen sind ihr Lebenselixier. Eine Partnerschaft mit dem Tiger muß viele Zerreißproben bestehen. Denn er sucht die Herausforderung, das Neue, das Außergewöhnliche. An Heim und Herd kann den Tiger nur binden, wer ihm die Möglichkeit zum Sprung offeriert. Nicht selten wird aus der knurrenden Großkatze dann ein schnurrendes Kätzchen, das bei offenem Kamin von großen Abenteuern erzählt. So wild und entschlossen sein Innerstes brodelt, so zögerlich ziert sich der Tiger, wenn es um klare Entscheidungen geht. Das dämpft bisweilen sein kämpferisches Gemüt und macht ihn sparsam und zahm. Tiger gelten gemeinhin als glücklich. Und eines ist sicher: Langweilig wird es weder ihm noch mit ihm.

Hase 卯

Sein Charakter ist friedlich, seine Entscheidungen sind besonnen, im Umgang mit anderen Menschen ist er vornehm und sanft. Der Hase ist der Liebling der Gesellschaft. Aufdringliches Getue widerspricht seiner Façon. Seine feine Noblesse und sein ausgesuchter Geschmack sind Garant für eine kultivierte Abendgestaltung. Festivitäten beim Hasen sind äußerst begehrt. Seine Salons werden gerne besucht. Sein Stil macht ihn allseits beliebt. Selten schiebt sich der Hase in der Vordergrund, doch immer bewahrt er den Überblick, ist freundlich, unterhaltsam und unverbindlich. Seine Intelligenz verschafft ihm Respekt. Seine Geschicklichkeit bringt ihm Beachtung. Seine Diplomatie ist unübertroffen und macht ihn erfolgreich. Sein mäßiger Ehrgeiz aber läßt ihn die höchsten Sprossen der Karriereleiter nur selten erklimmen. Der Hase ist der klassische Zweite: die graue Eminenz, die im stillen wirkt und im Hintergrund gerne die Fäden zieht. Er ist diskret und verschwiegen. In dezenter Atmosphäre fühlt er sich wohl. Harmonie ist ihm wichtig. Konflikten geht er gekonnt aus dem Weg. Streithälse kann er nicht leiden. Mitunter aber gerät der Hase mit sich selber in Konflikt. Seine starken Gefühle stehen im krassen Gegensatz zu seinem Bedürfnis nach Ausgeglichenheit. Gefangen im selbstgebastelten goldenen Käfig, ist er guter Gastgeber und Zuhörer zugleich. Niemals würde er unliebsamen Gästen die Türe weisen, stets ist er um gute Manieren bemüht, auch dort noch, wo klare Worte besser am Platze wären. Manchmal führt das im nachhinein zu Selbstmitleid und Unzufriedenheit. Nur guten Vertrauten – und davon hat der Hase weniger, als seine Umwelt glaubt – wird er sich öffnen. Den Schein will er wahren, vom wirklichen Sein erfahren nur wenige Eingeweihte. Nur von ihnen läßt er sich die Wunden lecken. Und nicht selten ist es die Familie, die diesen Part zu spielen hat. Ansonsten hat der Hase nur wenig Launen, die andere zu ertragen haben. Als ausgesprochener Familienmensch ist er zuverlässig, zärtlich und treu. Letzteres vor allem dann, wenn die gesellschaftliche Norm es verlangt. Nicht selten erlebt der Hase die Familie als Pflicht, die er allerdings gerne erfüllt. Schwierigkeiten gibt es nur dort, wo die ausgesprochene Sucht nach Harmonie Probleme in der Partnerschaft schwer lösbar macht. Seine guten Eigenschaften aber läßt er allen zuteil werden, manchmal sogar den Bekannten eher als jenen, die ihm tatsächlich nahestehen.

Drache 辰

In China ist der Drache das Symbol für Glück. Menschen, die unter diesem Sternzeichen geboren sind, gelten als vom Schicksal begünstigt. Drachen versprühen Lebensenergie und strotzen vor Tatendurst. Sie sind ehrlich, zuverlässig, willensstark. Sie haben vor allem eines im Sinn: Die Ziele, die sie sich gesteckt haben, zu erreichen Ihr Enthusiasmus und ihre absolute Hingabe machen es ihnen leicht. Im Beruf gelingt ihnen so gut wie alles. Sie werden bewundert und sind begehrt. Nicht nur ihr Erfolg macht sie anziehend, sondern auch ihre Gabe zur Rede. Denn Drachen sind intelligent und begabt, sie reden gern, viel und verblüffen die Zuhörer gelegentlich mit ihrem Hang zur Direktheit. Sprachliche Schnörksel sind dem Drachen zu ungenau, treffen nur selten den Punkt, um den es geht. Seine Sprache ist zielsicher im Ausdruck, wenngleich manchmal ein wenig zu unverblümt. Als Ratgeber genießt er Ansehen. Sein Erfolg bringt ihm Reputation, sein Rat hat Gewicht, und er geht nur selten sparsam damit um. Das macht den Drachen sympathisch, das läßt ihn zum gerngesehenen Gast bei Festen und Feierlichkeiten werden. Dort bricht er die Herzen seiner Mitmenschen, ohne daß er es merkt. Liebesaffären sind ihm kein Fremdwort. Er gibt und er nimmt – und dann ist er fort. Denn am glücklichsten ist er allein mit sich und seiner Arbeit. Partnerschaftliche Bindungen scheut er. Ist er einmal verheiratet, verändert er sich. Aus dem beflissenen Redner wird nicht selten ein muffeliger Ehepartner. Familie empfindet er als lästige Verpflichtung. Er fühlt sich eingeengt und unfrei für die Taten, die er zu Ende bringen will. Häufig mutiert er zum Hausdrachen, der Gift und Galle versprüht. Aber auch sein Hang zur Selbstdarstellung läßt ihn ein komplizierter Partner sein. Zuhören ist seine Sache nicht. Kritik mag er nur selten zulassen, Kompromisse und Diplomatie sind ihm ein Greuel. Nur eines zählt, und das sind seine Ziele. Vielen Partnern ist das zu wenig, nur wenige kommen mit seinem Hunger nach neuen, noch tollkühneren Arbeiten zu Rande. Sein Perfektionismus ist dem Drachen oft selbst eine Bürde. Beharrlich und manchmal sogar starrköpfig verfolgt er seine hochgesteckten Ziele. Er erreicht sie auch. Glücklich und zufrieden aber können Drachen nur dann sein, wenn sie begreifen, daß auch ihnen der Weg das Ziel sein sollte.

Schlange 巳

Schön wie eine Schlange, das gilt im Reich der Mitte als größtes Kompliment. Schönheit im Aussehen, Grazie im Umgang mit anderen und Geschmeidigkeit in ihrer Bewegung, das sind die Schlüsselbegriffe, die die Schlange beschreiben. Sie ist sich ihrer Anziehungskraft bewußt und legt Wert auf ihr Äußeres. Ihre Kleidung ist elegant gewählt, mit modischen Finessen versehen, wenngleich manchmal zu schrill und pompös. Ihre extravagante Aufmachung mag sie auf den ersten Blick oberflächlich und prätentiös erscheinen lassen, dahinter aber steckt eine außergewöhnliche Persönlichkeit. Sie ist scharfsinnig, zeigt sich willensstark und besticht mit ihrem liebreizenden Charakter dort, wo er ihrer Meinung nach angebracht ist. Im Gespräch hält sie sich im Hintergrund. Sie denkt mehr, als sie redet, weiß viel und ahnt noch viel mehr. Den Asiaten gilt sie als geheimnisumwittertes Wesen, das vor Krankheiten und Unglück schützt. Wenn die Schlange zwischen angelerntem Wissen und ihrem Gefühl wählen muß, entscheidet sie sich für das letztere. Sie verläßt sich auf ihre Intuition und ihren sechsten Sinn. So edel und weise sie in vielen Situationen agiert, so unerbittlich geht sie vor, wenn es um das Erreichen ihrer Ziele geht. Was sie sich einmal in den Kopf gesetzt hat, muß ihr gelingen. Stellt sich ihr jemand in den Weg, so vergiftet sie sein Leben. Eine Niederlage erträgt sie nicht, einen Mißerfolg kann sie sich nicht verzeihen. Sie ist eine ausgesprochen schlechte Verliererin. Geld und Besitz sind ihre Leidenschaft, und sie hütet sie wie einen Schatz. Teilen ist nicht ihre Stärke. Schon eher neigt sie dazu, ein ausgesprochener Geizhals zu sein. Nie wird sie den Freunden mit klingender Münze zur Seite stehen, wohl aber mit Rat und Tat. Ihre Hilfe kann grenzenlos sein, Entmündigung des Hilfesuchenden ist die Folge. Nicht selten umschlingt sie ihren Schützling so fest, daß ihm die Luft zum Atmen auszugehen scheint. Besitzergreifend ist sie auch in Sachen Liebe. Treue ist ihr eine Bedingung, auch wenn sie es selbst mit der Treue nicht so ernst nimmt. Ihre Begabung zur Verführung und ihr Hang zu Liebesabenteuern komplizieren ihre Bindungen. Während die Schlange sich in Liebeleien mit anderen zu verstricken droht, fordert sie vom Partner Vertrauen, Einfühlungsvermögen und Ergebenheit. Wendet sich der Partner von der Schlange ab oder liefert einen Anlaß für ihre Eifersucht, dann droht von ihr Gefahr. Ihr Scharfsinn und ihre Wendigkeit treiben ihn in den Ruin. So leidenschaftlich die Schlange lieben kann, so absolut und erbarmungslos ist ihr Haß, wenn ihr Partner sie verschmäht. Ihre Rache schmeckt überaus bitter. Daß die Schlange bloß nicht verlieren kann, mag manchen Trost und Balsam sein.

Pferd 午

Die Liebe geht durch den Magen, diese Volksweisheit mag für viele gelten. Dem Pferd aber steigt sie zu Kopf. Einmal verliebt, ist es heißblütig und wild. Sein Eros ist ihm Trieb und Antrieb. Was zählt, ist das Hier und Jetzt. Seine Leidenschaft bestimmt, die Zukunft ist ihm egal. Spontaneität ist des Pferdes innerer Motor. Unvernunft kann es sich leisten. Depressionen und Tiefen überspringt es mit Muskelkraft. Seelische Schlamassel kompensiert es mit Arbeit. Leistung, das ist das Gold, von dem die Pferde ein Leben lang zehren. Muskelkraft, Geschicklichkeit und Ausdauer sind der Stoff, aus dem die Pferde sind. Das Pferd braucht die körperliche Herausforderung, um zu überleben. Enge macht es krank, Einsamkeit erträgt es nur schwer. Schon lieber tänzelt es von Parkett zu Parkett. Sein galantes Auftreten ist gefragt, sein muskeltrainierter Körper besticht. Pferde lieben die Gesellschaft und genießen es, im Mittelpunkt zu stehen. Sie geben sich gesprächig, bisweilen jovial, beherrschen den Stil der Schickeria, verteilen Komplimente, verführen mit feindosierter Erotik. Sie wirken wohlerzogen dort, wo bürgerliche Sitten walten. Sie zeigen sich schlagfertig da, wo das Ohr des Publikums auf Witz und Slapstick hört. Die Gesellschaft dient dem Pferd als Spielwiese und Weide zugleich. Dort holt es sich jene geistige Nahrung, die es große Reden halten läßt. Auf den ersten Blick scheinen Pferde die geborenen Rhetoriker zu sein. Bei genauerem Hinsehen aber stellt sich heraus, daß ihre Stärke eher die Geschicklichkeit ist denn ihre außerordentliche Intelligenz. Das nagt an ihrem Selbstvertrauen und -wertgefühl. Mehr als andere braucht das Pferd die fulminanten Auftritte, wo sein Wirken auf Lob und Anerkennung stößt. Gelingt das nicht, so gebärdet es sich in Zorn und Ungeduld. Zügellos wechselt es von Ort zu Ort. Seine ständige Bewegung ist ihm dabei Labsal und auch Therapie. Das Pferd führt ein unbeständiges Leben, das es mit Stattlichkeit, gutem Aussehen und Eleganz zu würzen weiß. Die Angst vor dem Alleinsein treibt es zu den Menschen. Dort kommt es an. Wenn sich das Pferd mit zügellosem Mut für andere einsetzt, ist es nobles Heldentum. Hat es einmal ein Ziel ins Auge gefaßt, ist es besser, man steht ihm nicht im Weg. Das gilt auch für sein Familienleben. Alles tanzt nach seiner Pfeife, stets steht es im Mittelpunkt. Aber auch wenn es nur an sich selbst und seinen Erfolg denkt, teilt es die süßen Früchte seiner Arbeit, sorgt für Sicherheit, Wohlstand und ist ein überaus erotischer Partner.

Schaf 未

Das Schaf verfügt über einen erlesenen Geschmack, liebt das Phantastische und ist für kreative Berufe wie geschaffen. Auf den ersten Blick wirkt das Schaf schüchtern und scheu, sittsam und sanft. Bei näherem Hinsehen entdeckt man seine innere Kraft und Stärke. Das Schaf weiß sehr genau, was es will, ist dabei aber nicht starrsinnig: Wo andere trotz geänderter Sachlage in einmal getroffenen Entscheidungen verharren, ist das Schaf flexibel genug, seine Meinung zu ändern. Auf die Außenwelt kann das mitunter wie Launenhaftigkeit wirken. Kraft seiner Einsicht in die Veränderlichkeit der Umwelt legt sich das Schaf nicht gerne fest. Schon lieber ist ihm, sich festlegen zu lassen. Die Kraft der Liebe kann das Schaf zu Standhaftigkeit bis zum Äußersten bringen. Wenn es Menschen, die ihm nahestehen, verteidigen muß, wird es kämpfen wie ein Löwe. Die Flexibilität des Schafes hat aber auch ihre Schattenseiten. Das Schaf mag nur selten Schuld an etwas tragen. Irgendwie, so die tiefe Überzeugung, hat die Umwelt ein Scherflein beigesteuert. Das ist zwar eine sehr realistische Sicht der Dinge, aber das Schaf sollte nicht vergessen: Sich selbst zu ändern ist meist einfacher, als die Welt aus den Angeln zu heben! Seine Kreativität, seine Lust am Sinnlichen und seine Hingabe an die Menschen an sich macht es Mitmenschen schwer, den Ansprüchen eines echten Schafes zu genügen. Denn das Schaf nimmt nicht den erstbesten, der daherspaziert! Der Hang zum Perfekten, die hohen Ansprüche des Schafes an sich selbst, aber auch an andere, lassen es gelegentlich an der Wirklichkeit verzweifeln. Statt an allem und jedem etwas auszusetzen, sollte das Schaf die eigenen Vorstellungen ein wenig zurücknehmen. Sonst könnte hoffnungsloser Pessimismus mit anschließender Flucht in eine Traumwelt die Folge sein. Die inneren Werte interessieren das Schaf, Besitz bedeutet ihm nicht viel, für große Geschäfte fehlt ihm der Ehrgeiz. Es liebt die Ruhe, führt exzellente Gespräche und überzeugt mit seinen philosophischen Kenntnissen. Lärm verabscheut es, Hetze und Streß versucht es zu entkommen. Das Schaf setzt viele Akzente, ist aber wenig initiativ und scheut die Verantwortung. Es ist empfindsam, bisweilen melancholisch. Die erste Geige zu spielen, das überläßt es den anderen. Als Geschäftspartner aber ist das Schaf eine perfekte Ergänzung. Sein Kunstgeschick und seine Intelligenz sind vielfach der Schlüssel zum großen Erfolg. Das gilt auch für die Partnerschaft. Wird dem Schaf Sicherheit geboten, ist es glücklich. Wird es geliebt, so fühlt es sich geborgen und schöpft Kraft für neue Projekte. Es braucht einen stützenden Halt, und alles hängt davon ab, welchen Einflüssen es unterworfen ist. Das Schaf hat das Zeug zum Bestsellerautor ebenso wie zum Trübsal blasenden Nörgler.

Affe 申

Der Affe ist der klassische Intellektuelle. Er ist belesen, oft gelehrt, kennt selbst die kleinsten Details und hat ein Gedächtnis wie ein Elefant. Mit Erfindergeist und Originalität meistert er die größten Probleme. Sein Humor wird allseits geschätzt, er gilt als gesellig und scheint sich nach außen hin mit jedem zu verstehen. Doch die Freundschaft eines Affen ist ein teures Gut! So einfach ist die wahre Zuneigung nicht zu erlangen. Freundlichkeit bis zu einer gewissen Grenze, Geselligkeit auf Partyebene, das sind die Zustände, die ein sicherer Affe leichten Herzens schenken kann. Wer aber seine Seele kennenlernen will, der muß sich das Vertrauen erst verdienen. Die zielgerichtete Intelligenz des Affen und sein sprühender Charme lassen ihn seine guten Eigenschaften leicht selbst erkennen. Bei manchen führt das zur Selbstsucht, dann sind sie eitel, eingebildet und glauben, allen anderen überlegen zu sein. Letzteres zum Teil zu Recht: Vor seinem Wissen und seiner List muß sich selbst der mächtige Drache in acht nehmen. Denn der Affe ist schlau und geschickt, denkt schnell, handelt diplomatisch, und oft sind die Absichten den anderen nicht schnell genug klar. Er ist ausgesprochen ehrgeizig und ist erfolgreich, wenn er es schafft, nicht von einem Ziel zum anderen zu hüpfen. Das aber ist die größte Schwäche des Affen. Er kann nicht bei der Sache bleiben. Das macht ihn zwar flexibel, aber nachvollziehbar wirken viele seiner Handlungen nicht. Der Affe gaukelt sich durchs Leben. Er frönt unterschiedlichen Hobbys, sammelt montags Briefmarken, will dienstags zum Tennisstar aufsteigen, am Mittwoch ist seine einzige Lust ein einsamer Spaziergang im Wald; das einzige, worauf Verlaß ist, ist die Tatsache, daß die nächste Woche völlig anders aussieht. Der Affe ist folglich recht modebewußt und dem Zeitgeist bis in die letzte Pore verschrieben. Dabei träumt er im tiefsten Inneren vom Erfolg und möchte, daß die anderen ihn bewundern und verehren. Auf dem Weg zum Ruhm ist ihm jedes Mittel recht. Über Leichen wird er allerdings nie gehen! Wenn, dann nur über seine eigene, wenn er seine Kräfte überschätzt und zuviel arbeitet. In der Liebe ist er überschwenglich. Er verliebt sich oft, beginnt aber schon bald der Liebe überdrüssig zu werden. Er will unabhängig und frei sein und darüber entscheiden können, was er tun oder lassen will. Der flatterhafte Geist steht einem dauerhaften Glück vor allem in jungen Jahren im Wege. Einmal zur Ruhe gekommen – und das geschieht dem Affen im Erwachsenenalter selten, und wenn, dann wie durch ein Wunder! –, wird er sich den Seinen in wahrer Affenliebe hingeben. Dann müssen seine Familienmitglieder aufpassen, daß sie sich rechtzeitig von ihm lösen können. Nicht selten ist er im Alter sehr einsam. Doch immer bewahrt der Affe die Gabe, über sich selbst lachen zu können.

Hahn 酉

Hähne sind selbstbewußt, mutig und stolz. Sie gelten als brillante Gesprächspartner und geben sich in Gesellschaft unterhaltsam und galant. Gern redet der Hahn ein offenes Wort, frei von der Leber weg. Bisweilen wird er ausfallend direkt. Diplomatie ist ihm fremd, nicht selten verbaut er sich solcherart seine berufliche Karriere. Und doch hat der Hahn durchaus das Zeug zum Erfolg, denn er ist ein unermüdlicher Arbeiter. Er gibt sich ganz seinem Pioniergeist hin und möchte immer mehr leisten, als er kann. Berufe, die ihn in Kontakt mit anderen bringen, liegen dem Hahn besonders, denn man findet ihn allgemein interessant. Der Hahn ist großzügig, bisweilen verschwenderisch, er entwirft tollkühne Pläne, liebt phantastische Träumereien, führt leidenschaftlich gerne philosophische Gespräche und glänzt durch seine prunkvolle Aufmachung. Mag er auch wie ein Exzentriker wirken, im tiefsten Inneren ist er stockkonservativ. Er ist überzeugt davon, daß er recht hat und genau weiß, was er tut. Er verläßt sich immer nur auf sich, gibt aber anderen nur zu gerne seine Ratschläge. Und er ist mutig. Um eine für ihn wichtige Sache zu verteidigen, kann er mit einem Lächeln sein Leben aufs Spiel setzen. Das einzige Problem seines immerwährenden Führungsanspruchs ist, daß er nichts und niemanden neben sich dulden kann. Er hat zwar das Zeug für Leadership und Erfolg, aber über kurz oder lang kommen ihm die Zuarbeiter abhanden. Das kann auch daran liegen, daß der Hahn im Kopf oft viel weiter ist, als er anderen gegenüber zugibt. Und wer kommt am Ende eines Projektes schon gerne dahinter, daß er stets sieben Schritte hinterherhinken mußte? Der Hahn ist tapfer, offen und fair. Er liebt die Rolle des großen Showmasters und genießt seinen Erfolg, auch wenn er manchmal übertreibt und zur Prahlerei neigt. Im Grunde aber will er nur ernstgenommen werden und freut sich über jedes lobende Wort, auch wenn es nur Schmeichelei ist. Das mag als Ratschlag an alle Partner eines Hahnes verstanden werden. Man muß einem Hahn bloß einmal täglich mitteilen, wie gut er ist – und schon wird er ewig nur für Sie gackern. Und das lohnt sich: Denn der Hahn genießt in der Liebe einen sagenhaften Ruf. Auch wenn er meistens mehr verspricht, als er halten kann, gilt der Hahn als aufrichtig und treu. Als Familienmensch hat er große Schwächen. Er will zwar für die Kinder nur das Beste erreichen, droht aber dabei, sie zu überfordern.

Hund 戌

Im Gegensatz zum Hahn, der es liebt, in Gesellschaft zu sein, ist der Hund ein ausgesprochener Einzelgänger. Ehrlichkeit, Treue und Pflichtbewußtsein sind seine hervorstechenden Charakterzüge. Man kann sich auf ihn verlassen, und niemand ist ein besserer Zuhörer als er. Auch wenn er sich verschlossen gibt, ist er wachsam, stets gut für eine bissige Bemerkung und bereit zum großen Sprung. Mehr als alle anderen haßt er Ungerechtigkeiten. Und er ruht nicht, ehe er sie beseitigt hat. Dank seiner Beharrlichkeit erreicht er meistens sein Ziel. Er kämpft stets für hehre und hohe Ideale. Das Geld ist ihm egal. Seine Ausdauer macht ihn zu einem unangenehmen Gegner. Vor allem, wenn er sich mit dem Element Metall verbindet, mutiert der Hund zu einem Fabelwesen mit Elefantengedächtnis und der Rachsucht einer Gottesanbeterin, der das Männchen soeben vor dem Maul weggesprungen ist. Der Hund ist immer etwas salopp gekleidet und neigt zum bohemehaften Leben. An materiellen Dingen liegt ihm nicht viel. Hat er aber einmal kein Geld, so ist es ihm ein leichtes, es zu beschaffen. Denn die heutige Welt der Technik und Mechanik ist für den Hund wie geschaffen. Keiner kann mit Maschinen so gut umgehen wie er. Das gibt ihm auch die Sicherheit, immer wieder einen Job zu finden. Partner von Hunden haben dadurch die vielleicht wenig beruhigende Aussicht auf einen Heimwerker im eigenen Haushalt, der, statt den Fachmann zu rufen, lieber selbst stundenlang unter tropfenden Hähnen, abgestürzten Computern oder verbeulten Autos liegt. Bisweilen neigt er dazu, sich in Einzelheiten zu verlieren. Er ist ein Zyniker, der nur wenig vom Leben erwartet. Und doch läßt sein scharfer Verstand, sein Sinn für Gerechtigkeit, sein Mut und seine Bereitschaft zur Hilfe ihn Großes vollbringen. Beim Glück aber steht der Hund sich oftmals selber im Wege. Auf den ersten Blick wirkt er in der Liebe kühl. In Wirklichkeit aber ist er besorgt um die Flamme seines Herzens. Stets zweifelt er an den eigenen Gefühlen und denen der geliebten Person. Immer sucht er nach neuen Problemen und ruht nicht, ehe er sie gefunden hat. Das macht ihn in einer Paarbeziehung zu einem fast schon schwatzhaften Gesellen, der lieber redet als handelt. Und doch ist der Hund ehrlich, aufmerksam und verantwortungsbewußt. Ein liebevoller Vater, eine sorgsame, lebenslustige Mutter, im Kindesalter rührige Welpen – und auch in Rente und Pension selten einsam, dafür begehrter Witwentröster. Kurz: ein Partner, auf den man sich verlassen kann.

Schwein 亥

Ob in Asien oder Amerika, hüben wie drüben gilt das Schwein als Glückssymbol. Tatsächlich kann sich jeder glücklich schätzen, wenn er es zum Freund hat, denn ähnlich wie der Hund gilt das Schwein als tolerant, vertrauensvoll und ehrlich. In seiner Begleitung fühlen Sie sich wohl, denn nicht nur Verrat und Betrug liegt ihm fern, es ist überdies ein ausgesprochen fröhlicher Geselle, der durch Witz und lebhaftes Temperament besticht. Das Schwein liest viel, aber wahllos. Es liebt intellektuelle Gespräche, auch wenn sich beim näheren Hinhören seine Bildung als wenig in die Tiefe gehend erweist. In Wirklichkeit nämlich ist das Schwein ein echter Genießer. Es bevorzugt das pralle Leben, liebt Wein, Weib und Gesang. Hinter dem Hang zu Ausschweifungen aber steckt eine Menge Wille und Schaffenskraft. Hat das Schwein einmal ein Ziel ins Auge gefaßt, dann verfolgt es dieses mit all seinem Einsatz, und nichts kann es aufhalten. Oft führt seine Sensibilität zu hohen Ehren als Künstler oder Dichter. Bis es allerdings soweit ist, verstreicht viel Zeit. Denn es zögert, wägt ab und überlegt ziemlich lange, ehe es von einer Sache restlos überzeugt ist. Dann aber geht es sorgfältig und arbeitsam vor. Das höchste Ziel eines Schweines ist das Streben nach der Wahrheit. Das kann mit der Nase in dicken Folianten geschehen, mit dem etwas glasigen Auge in einer Gaststätte oder durch sein Engagement in politischen Fraktionen. Mitunter auch auf dieselbe Art, wie der griechische Philosoph Diogenes es versucht hat: lebenslustig in einer leeren Tonne als Wohnung. Meistens wird das Schwein die Wahrheit im Hedonismus suchen – und sich die Körner aus dem Leben herauspicken, die es gerne möchte. Wobei die meisten Schweine gerne hätten, daß es bei Körnern bleibt. Denn sie neigen zu Übergewicht, was nicht zuletzt ein Zeichen dafür ist, daß sie sich nur selten kasteien. Materiell wird es dem Schwein an nichts fehlen. Vor listigen Leuten aber sollte es sich in acht nehmen, denn es ist gutmütig, friedliebend und bisweilen ein wenig naiv. Das Schwein meidet Streitigkeiten, und auf langwierige Diskussionen läßt es sich nur ein, wenn ihm an seinem Gegenüber besonders viel liegt. Entbrennt es in Liebe zu einem Partner, dann zeigt es sich in all seiner Ritterlichkeit und Großzügigkeit, macht gerne Geschenke und ist zu allen Opfern bereit.

Die 60 kosmischen Bilder

Zum Gebrauch der 60 kosmischen Bilder

Vier Zahlen bestimmen Ihren Tag. Vier Zahlen entscheiden mit über Ihr Leben. Über Ihre Eigenschaften, über Ihren Charakter, über Ihre Chancen. Vier Zahlen regieren unvermittelt hinein, wenn's um die ideale Partnerschaft fürs Leben geht. Oder um nur wenige leidenschaftliche Stunden des Glücks. Um Gesundheit und Erfolg. Bevor Sie nun weiterlesen, ermitteln Sie die Zahlen Ihres Horoskops. Drei dieser vier Zahlen finden Sie anhand des Astro-Kalenders ab Seite 215, die vierte in der Tabelle auf Seite 57. Alles Weitere hängt davon ab, was Sie nun genau wissen wollen.

Die Grundregeln: Wenn Sie Ihr Geburtshoroskop erstellen wollen, müssen Sie vorerst die vier Zahlen nach Wichtigkeit reihen. Die Erfahrung hat dabei gezeigt, daß die wesentliche Zahl die des Tages ist. Sie können sich diese Erkenntnis als Vier-Stufen-Modell vorstellen. Wenn Sie zum Beispiel ein Gefäß töpfern wollen, brauchen Sie dazu Material. Ton, Lehm, Porzellan, Plastilin und so weiter. Danach beginnen Sie, die gewünschte Form zu gestalten. Soll es ein Becher oder doch eine Terrine werden? Ein Vorspeisenteller oder doch einer für Suppen? Abschließend geben Sie dem Gefäß die persönliche Note. Die genaue Gestalt entsteht. Vielleicht verzieren Sie sie zusätzlich mit geometrischen Mustern, mit Blumen oder mit Abbildern Ihrer Lieben. Vielleicht färben und glasieren Sie das Gefäß auch. Oder Sie ritzen Ihre Initialen als Signatur ein. So verhält es sich auch mit den Zahlen Ihres Horoskops.

- Die Jahreszahl entspricht dem Material.
- Die Monatszahl der groben Form.
- Die persönliche Note aber wird von der Tageszahl bestimmt.
- Wenn Sie in die feinsten Musterungen Ihrer Seele vordringen wollen, benötigen Sie auch die Stundenzahl.

Daher gilt: Wenn Sie sich rasch orientieren wollen, arbeiten Sie ausschließlich mit der Tageszahl. Ihre Vorgehensweise sieht dann so aus:
Sie blättern auf den Seiten 64 bis 183 auf jene Doppelseite, auf der jeweils links oben die entsprechende Zahl steht.
Der rechten Seite können Sie eine persönliche Beschreibung entnehmen. Auf der ihr gegenüberliegenden linken Seite finden Sie Details zum Thema Part-

nerschaft und Liebschaft. Die Struktur bleibt dabei stets dieselbe. Ganz oben links die Tageszahl, oben mittig das chinesische Schriftbild, rechts oben die westliche Bezeichnung. Darunter finden Sie eine Tabelle und die wichtigsten Bereiche angeordnet:

- Lebens- und Arbeitsgemeinschaft
- Liebschaft
- Monate
- Tage
- Stunden

In allen Bereichen können Sie eine astrologische Bewertung finden. „+ + +" bedeuten optimale Harmonie. „+" gute Harmonie, „–" sollte Ihnen zu denken geben. Und bei „– – –" ist von einer entsprechenden Konstellation abzuraten. In der Rubrik „Liebschaft" finden Sie auch eine Uhrzeit angegeben. Diese ist nach der chinesischen Astrologie besonders günstig, um eine neue Bekanntschaft zu schließen.

Der Tabelle auf Ihrer Tageszahl-Seite können Sie allgemeine Grundsätze entnehmen: welche Zeichen Sie beherrschen, von welchen Sie beherrscht werden, welche Sie unterstützen, von welchen Sie unterstützt werden und was Ihnen gleicht.

Bei der richtigen Interpretation der Tabelle ist Umsicht angezeigt:

„Was mich beherrscht" bedeutet nicht notwendigerweise Nachteile. Bedenken Sie, daß zum Beispiel ein guter Chef Ihnen ein angenehmes Arbeitsklima ermöglichen kann (positive Beherrschung = +). Ein Zeichen, das Sie auf negative (–) Art und Weise beherrscht, unterjocht Sie mehr, als daß es Sie fördert.

Wenn's um Zeichen geht, die Sie beherrschen, sind damit in erster Linie Angestellte, Kinder, aber auch Klienten und Patienten gemeint. Auch hier die Unterscheidung: Bestimmte Zeichen fügen sich in Ihre Herrschaft ein, so daß beide Seiten davon profitieren (+). Jene, die Sie auf negative Weise beherrschen (–), werden gegen Sie eher rebellieren und Sie so in unangenehme Situationen bringen.

Die Spalte „Was mich unterstützt" ist genauso zweigeteilt. Sie kennen sicherlich auch „falsche" Hilfe, zum Beispiel jemanden, der Ihnen so tolpatschig hilft, daß sich Ihre Situation nur noch verschlimmert. Nicht umsonst sagt der Volksmund: „Gut gemeint ist mitunter schlimmer als mit böser Absicht." Diese Art von Hilfe ist mit „negativer Unterstützung" (–) gemeint.

Dasselbe Prinzip gilt selbstverständlich auch umgekehrt: Wenn Sie unterstützen, dann klappt Ihre Hilfe bei manchen kosmischen Zeichen besser als bei anderen!

Ähnlichkeiten weisen Sie ebenfalls in positiver (+) wie negativer (–) Hinsicht auf. Im ersten Fall kann diese natürliche Harmonie Sie zu Höchstleistungen antreiben. In zweitem werden Ihnen die Ähnlichkeiten eher zur Last fallen. Das alles sind nur Beispiele für Interpretationen. Alles aufzuzählen, würde nicht nur ein Buch, sondern eine ganze Bibliothek füllen. Die Möglichkeiten sind selbstverständlich weit vielschichtiger und müssen Ihnen überlassen bleiben.

Ihr Tageshoroskop: Auf jeder linken Seite sind Ihnen sicherlich noch zwei Einzelheiten aufgefallen. Der Bereich „Stunden“ und die „Besonderheiten“. Beide dienen weniger Ihrem persönlichen Horoskop als dem Tageshoroskop. Sie wollen ja vielleicht wissen, wie ein spezieller Tag in naher Zukunft auf Sie wirkt! Ob Sie an einem der nächsten Tage eine gewichtige berufliche Entscheidung treffen sollen oder ob Sie Ihr Bewerbungsgespräch besser um 15 oder um 17 Uhr führen. Dazu müssen Sie erst einige Rechenregeln kennenlernen. Schließlich kann ein- und derselbe Tag auf verschiedene Menschen nicht die gleiche Auswirkung haben. Sie haben sicherlich bereits bemerkt, daß Sie an manchen Tagen Bäume ausreißen können, während andere an denselben Tagen nur dahindämmern. Jeder Tag wirkt eben auf jeden Menschen anders! Um herauszubekommen, wie welcher Tag auf Sie persönlich wirkt, müssen Sie folgende Regeln beachten:

Wenn Ihre Tageszahl gerade ist, ziehen Sie die Tageszahl jenes Tages, den Sie berechnen wollen, von Ihrer Geburts-Tageszahl ab. Ist das Ergebnis kleiner oder gleich null, müssen Sie sechzig addieren. Die Zahl, die Sie erhalten, spiegelt die Bedeutung des Tages für Sie wider. Sie finden diese Bedeutung in den Rubriken „Stunden“ oder „Besonderheiten“ auf der Seite mit entsprechender Tageszahl links oben.
Zwei Beispiele zur Verdeutlichung: Ihre Tageszahl ist 18. Sie wollen berechnen, welche Uhrzeit sich am 2. April 1998 für Berufliches eignet.
Sie eruieren die Tageszahl des 2. April 1998 im Kalender: 16.
Ihre Rechnung lautet:
18 (Geburts-Tageszahl) – 16 (Tageszahl 2. April 1998) = 2
Der 2. April 1998 besitzt für Sie die Eigenschaften eines Tages mit der Zahl „2“. Wenn Sie dort nachlesen, erkennen Sie: Für Berufliches eignen sich die Stunden von 9 bis 11 Uhr. Besonderheit liegt am Tag „2“ nicht vor.
Sollten Sie nicht den 2. April 1998, sondern den 6. Mai berechnen wollen, schaut das Beispiel so aus:
Sie eruieren die Tageszahl des 6. Mai 1998 im Kalender: 50.
Ihre Rechnung lautet:
18 (Geburts-Tageszahl) – 50 (Tageszahl 6. Mai 1998) = – 42
– 42 + 60 = 18

Der 6. Mai 1998 hat für Sie die Wertigkeit „18". Für Berufliches eignen sich an diesem Tag die Stunden von 17 bis 19 Uhr. Die Rubrik „Besonderheiten" aber vermerkt: „Vorsicht bei neuen Unternehmungen, da die Gefahr von finanziellen Verlusten besteht, ebenso wie die Gefahr des Unglücklichwerdens." Ob Sie ein Bewerbungsgespräch tatsächlich an diesem Tag führen sollten, müssen nun Sie selbst entscheiden!

Bei einer ungeraden Geburts-Tageszahl machen Sie es genau umgekehrt: Da ziehen Sie die Geburts-Tageszahl von der Tageszahl ab. Ist das Ergebnis kleiner gleich null, addieren Sie wiederum 60. Als Ergebnis erhalten Sie das kosmische Bild des Tages, den Sie errechnen wollten.
Dazu zwei Beispiele:
Ihre Geburts-Tageszahl ist 17. Sie wollen den 6. Mai 1998 berechnen und wissen, welche Stunden sich an diesem Tag für Berufliches eignen.
Sie eruieren die Tageszahl des 6. Mai 1998 im Kalender: 50.
Sie rechnen:
50 (Tageszahl 6. Mai) – 17 (Ihre Geburts-Tageszahl) = 33
Der 6. Mai 1998 hat für Sie die Wertigkeit 33. Wenn Sie im entsprechenden kosmischen Bild nachsehen, erfahren Sie: Für Berufliches eignen sich die Stunden von 23 bis 1 Uhr morgens, die Stunden von 5 bis 7 Uhr sind ungünstig. Für Finanzen eignet sich die Zeit von 7 bis 9 Uhr, was eventuell einen Ausweichtermin darstellen könnte. Aber die Rubrik Besonderheiten warnt: „Vorsicht bei neuen Unternehmungen, da die Gefahr von finanziellen Verlusten besteht, ebenso wie die Gefahr des Unglücklichwerdens." Frönen Sie an einem solchen Tag besser der Liebe als dem Geschäft. Am besten in der Zeit von 11 bis 13 Uhr!
Wenn Sie nicht den 6. Mai 1998, sondern den 2. April berechnen wollen, gehen Sie wie folgt vor.
Sie eruieren im Kalender die Tageszahl des 2. April 1998: 16.
Sie rechnen
16 (Tageszahl 2. April) – 17 (Ihre Geburts-Tageszahl) = –1
– 1 + 60 = 59
Der 2. April 1998 hat für Sie die Wertigkeit 59. Die Seite des entsprechenden kosmischen Bildes zeigt, daß sich die Stunden von 3 bis 5 Uhr für Berufliches eignen, die Stunden von 9 bis 11 Uhr nicht. Für Finanzielles eignen sich die Stunden von 11 bis 13 Uhr, die von 17 bis 19 Uhr nicht. Besonderheiten vermerkt dieser Tag keine.

Nun haben Sie das Handwerkszeug für den raschen astrologischen Überblick! Anfangs mögen Ihnen all die Regeln verwirrend erscheinen. Mit einiger Übung aber können Sie in Sekundenschnelle jeden einzelnen Tag überprüfen!

Die Stundenzahl: Wenn Sie tiefer in die Sterne blicken wollen, müssen Sie, wie eingangs beschrieben, Ihre Jahreszahl, Ihre Monatszahl, Ihre Tageszahl und Ihre Stundenzahl miteinander in Beziehung setzen. Letztere erhalten Sie, wenn Sie Ihr Tageszeichen wissen. Alle Yang-Holz-Zeichen folgen demselben Rhythmus, alle Yin-Holz-Zeichen einem zweiten, alle Yang-Wasser-Zeichen einem dritten und so weiter.

Uhrzeit/Tag	**23.00–00.59**	**01.00–02.59**	**03.00–04.59**	**05.00–06.59**	**07.00–08.59**	**09.00–10.59**	**11.00–12.59**	**13.00–14.59**	**15.00–16.59**	**17.00–18.59**	**19.00–20.59**	**21.00–22.59**
Yang Holz	1	2	3	4	5	6	7	8	9	10	11	12
Yin Holz	13	14	15	16	17	18	19	20	21	22	23	24
Yang Feuer	25	26	27	28	29	30	31	32	33	34	35	36
Yin Feuer	37	38	39	40	41	42	43	44	45	46	47	48
Yang Erde	49	50	51	52	53	54	55	56	57	58	59	60
Yin Erde	1	2	3	4	5	6	7	8	9	10	11	12
Yang Metall	13	14	15	16	17	18	19	20	21	22	23	24
Yin Metall	25	26	27	28	29	30	31	32	33	34	35	36
Yang Wasser	37	38	39	40	41	42	43	44	45	46	47	48
Yin Wasser	49	50	51	52	53	54	55	56	57	58	59	60

Wenn Sie Ihr Tageszeichen entdeckt haben, fahren Sie mit dem Finger nach rechts bis zu Ihrer Geburtsstunde. Beachten Sie dabei bitte, daß die Chinesen in Doppelstunden rechnen! Wenn Sie zum Beispiel ein Yin Holz Hahn sind und um 20 Uhr 30 geboren sind, ist Ihre Stundenzahl 23.

Ihr Geburtshorosop: Nun haben Sie alles beisammen, um ein genaues Horoskop zu erstellen. Die wichtigsten astrologischen Richtungen handeln dabei nach folgender Entsprechung: Die Kombination von Jahr und Monat steht für Ihre soziale Stellung und Ihre Wirkung auf andere. Tag und Stunde stehen für Ihr Selbstbild, für Ihr Innenleben, Ihre Gefühle und Ihre Ängste. Jahr und Tag beeinflussen den Charakter.
Schreiben Sie jedenfalls die vier Zahlen und die entsprechenden Bezeichnungen auf ein Blatt Papier. Betrachten Sie sie in Ruhe, und fügen Sie sie zu einem harmonischen Bild zusammen. Beachten Sie beispielsweise, wie oft Yin und Yang in Ihren Zeichen vorkommen. Äußerste Harmonie und ein in sich ruhendes Wesen sind gegeben, wenn sich Yin und Yang abwechseln.

Wenn also Ihr Jahr Yin, Ihr Monat Yang, Ihr Tag Yin und Ihre Doppelstunde wiederum Yang ist oder umgekehrt. Sollten Sie als Mann beispielsweise sowohl im Jahr als auch im Monat Yang haben, am Tag und in der Doppelstunde aber Yin, kann man daraus schließen, daß Sie nach außen hin sehr männlich wirken. Ihr Gefühlsleben aber ist weich und sensibel. Dieselben Vorzeichen bei einer Frau könnten auf eine sehr „männliche Figur" schließen lassen, also sehr kräftig mit starken Schultern, oder – nachdem Jahr und Monat auch über soziale Stellung Auskunft geben – etwas über ihr passendes Berufsbild aussagen. Eine Frau mit Yang in Monat und Jahr wird sich am heimischen Herd selten wohl fühlen. Die Welt der Büros und Chefetagen sagt ihr mehr zu. Aus drei- oder viermal Yang kann man schließen, daß sie nahezu ein Übermaß an Männlichem in sich hat. In der traditionellen chinesischen Schau bedeutet das, daß sie Schwierigkeiten haben könnte, sich unterzuordnen oder daß sie nicht ausdrücklich über ihre intimsten Gefühle sprechen kann. Vier Yins stellen ein Bild von sehr viel Weiblichkeit dar; es kann aber auch bedeuten – da Yin der Nacht und Yang dem Tag entspricht –, daß sich die betreffende Person bei gleißendem Licht eher unwohl fühlt und im Sommer lieber im Schatten als in der Sonne sitzt.

Das Zusammenspiel der Wirkkräfte (siehe Seite 19) will bei dieser Schau genauso betrachtet werden. Haben Sie viermal Holz in Ihren Zeichen stehen, läßt das Rückschlüsse auf Ihr Wohlgefühl in Frühling und Herbst zu. Holz ist das Element des Frühlings schlechthin; in dieser Jahreszeit kann es wachsen und gedeihen, im Herbst droht es zu verkümmern, und im Winter fühlt es sich eingeengt. Wer also viermal durch Holz geprägt ist, wird sich im Frühling äußerst wohl und in der metallischen Zeit im Spätherbst eher unwohl fühlen. Aber er sollte bedenken, daß viermal Holz zuviel Holz bedeutet! Genaueres entnehmen Sie bitte dem Kapitel „Die fünf Elemente".

Genauso wichtig wie die Betrachtung von Wirkkraft und Yin oder Yang sind die Überlegungen, die Sie den Tierzeichen widmen. Viermal Schwein in den persönlichen Merkmalen kann heißen, daß Sie ein Mensch sind, der genießen kann, der zuverlässig und ehrlich und im allgemeinen glücklich und zufrieden ist. Eine solche Anhäufung kann man aber auch als ein Zuviel an Genießertum und deswegen als Lust am Lustgewinn um jeden Preis auslegen. Wer in sich Hund und Drache birgt, der verfügt vielleicht über ein zerrissenes Innenleben. Möglicherweise tobt in Ihnen dann der ewige Kampf der Tierkreiszeichen, und Sie schwanken in Ihren Entscheidungen, fühlen sich heute so, am nächsten Tag völlig anders. Nicht zuletzt könnten Sie in Jahr und Monat zum Beispiel den Hahn, in Tag und Stunde aber den Büffel haben. Eine solche Kombination heißt, daß Sie nach außen stolz und verträumt, vielleicht sogar blasiert wirken – innen aber ein sehr scheuer, zurückhaltender Mensch sind.

Wer zum Beispiel dreimal Yin Holz Hahn und einmal Yang Metall Tiger in seinen Zeichen hat, der könnte an manchen Tagen auf Widersprüche bei der Berechnung der günstigen Stunden stoßen. Ist eine Stunde für den Tiger gut, ist sie für den Hahn mitunter schlecht. In diesem Fall hilft nur die Flucht nach vorne: Sie rechnen einen anderen Tag aus, der zumindest einem Zeichen gewogen ist und beim anderen nur neutrale Wirkungen erzielt.
Die Lage verkompliziert sich bis zur Mathematikstunde der Oberprima, wenn Sie zum Beispiel den idealen Termin für Ihre Hochzeit suchen. Hier müssen Sie gleich acht Komponenten – vier Ihres oder Ihrer Zukünftigen und Ihre eigenen – mit einbeziehen! Ein uns bekanntes Pärchen hat zwei Jahre lang auf den idealen Termin gewartet. Es versteht sich nahezu von selbst, daß die beiden noch heute glücklich vermählt sind. Wer soviel Zeit allein in seine Trauung investiert, dem muß aneinander viel liegen!
Sie sehen: Die Möglichkeiten der Interpretation aller astrologischen Daten sind sehr vielschichtig! Aber mit einiger Erfahrung und Übung kommen Sie sicher bald zur richtigen Deutung in allen Lebenslagen. Dieses Buch soll dafür Ihre erste Grundlage und Entscheidungshilfe sein. Da es leider nicht möglich ist, alle Kombinationen zu beschreiben – es gibt über 1,3 Hexillionen –, muß ein Beispiel zur Veranschaulichung genügen.

Ein ausführliches Deutungsbeispiel

Gabi, der Name ist willkürlich gewählt, hat am 7. Juni 1965 um 5 Uhr 15 in München das Licht der Welt erblickt. Sie bekommt dieses Buch zu ihrem 33. Geburtstag geschenkt und arbeitet tags darauf das erste Mal damit.

Ihr erster Schritt: Das Ermitteln der Zahlen
Sie schaut im Kalender auf Seite 233 nach und entnimmt ihm die Jahres-, die Monats- und die Tageszahl. Das sind 42, 19 und 29.

Ihr zweiter Schritt: Informationen zur Tageszahl
Da die Tageszahl die aussagekräftigste ist, sieht sie auf Seite 120f. nach und erkennt, daß der Tageszahl 29 das kosmische Bild des Yang Wasser Drachen zugeordnet ist.
Rechts findet sie eine persönliche Beschreibung.
Den Tabellen links kann Gabi entnehmen, daß für sie grundsätzlich die Monate Mai, Dezember und Januar günstig, die Monate Juni, Juli und November ungünstig sind. Tage, die sich für Gabi grundsätzlich angenehm auswirken, sind die des Yin Metall Hasen im Herbst, die des Yang Holz Pferdes und die des Yin Feuer Hahns. Unangenehm sind Yin Wasser Schlange und Yang Erde Ratte im Winter.
Als Lebenspartner oder Arbeitskollegen kommen für eine harmonische Beziehung in Betracht: alle Ratten, besonders die Yang Holz Ratte; Affen, besonders der Yang Wasser Affe; Schweine, besonders das Yin Metall Schwein, sowie Tiger, Hasen und Schlangen. Weniger gut sind Beziehungen mit Hähnen, besonders Yin Erde Hähnen.
Als Partner für eine Liebschaft eignen sich: Tiger, besonders Yang Wasser Tiger; Hasen, besonders Yin Wasser Hasen, Schlangen, besonders Yin Metall Schlangen; Affen, besonders Yang Feuer Affen, sowie Ratten, Pferde und Schafe. Mit Büffeln, Hähnen – vor allem mit Yin Metall Büffeln und Yin Erde Hähnen – werden kurze Liebschaften unangenehm verlaufen. Sollte Gabi jemanden kennenlernen wollen, weiß sie: Hervorragend dafür ist die Zeit von 17 bis 19 Uhr im Monat des Hasen geeignet.
Darüber hinaus entnimmt sie den Rubriken „beherrschen“, „unterstützen“ und „gleichen“ weitere kosmische Bilder.
All diese Informationen kann Gabi verwenden, wenn sie beispielsweise ihre Freunde auf harmonische Tendenzen überprüfen will, wenn sie ihre Arbeitskollegen auf Möglichkeiten der Unterstützung abtestet oder wenn sie Termine planen will etc. etc.

Ihr dritter Schritt: Das Überprüfen einzelner Tage

Gabi will herausfinden, ob es günstig wäre, an einem der nächsten Tage ein Bewerbungsgespräch zu führen, da sie sich beruflich verändern will. Weiters interessiert sie sich für den nächsten günstigen Friseurtermin. Sie berechnet zuerst die Wirkung des 11. Juni 1998. Dabei befolgt sie die Anweisungen von Seite 55 und eruiert zuerst die Tageszahl des 11. Juni 1998. Laut Kalender ist das die 26.
Gabi rechnet: 26 (Tageszahl) – 29 (Geburts-Tageszahl) = –3.
60 addiert, ergibt 57.
Der 11. Juni 1998 hat für Gabi den Wert eines Yang Metall Affen.
Aus ihrem zweiten Schritt weiß Gabi, daß der Juni ein grundlegend ungünstiger Monat ist; der Tag des Yang Metall Affen hat mit Gabis Zeichen keinerlei Berührungspunkt, allerdings eine Besonderheit: „Unglückstag im 1., 2. und 3. Mondmonat." Der 11. Juni liegt, wie sie dem Kalender für 1998 entnehmen kann, im fünften Monat, daher wirkt er sich nicht aus. Wenn Gabi diese Konstellation wahrnehmen will, sollte sie die Stunden des Yang Metall Affen überprüfen. Dazu blättert sie auf seine Seite – die Seite 176f. Für Berufliches eignet sich die Zeit zwischen 23 und 1 Uhr und keinesfalls die Stunden von 5 bis 7 Uhr. Für Finanzielles kommt 7 bis 9 Uhr in Betracht, für Gesundheit und Schönheit 5 bis 7 Uhr. Wenn sie an diesem Tag ihr Bewerbungsgespräch führen will, sollte sie es zwischen 7 und 9 Uhr tun. Der Friseur wird von 5 bis 7 Uhr noch nicht geöffnet haben – da muß ein anderer Tag herhalten!
Sicherheitshalber überprüft sie noch den 16. Juni 1998. Laut Kalender hat dieser die Tageszahl 31. Für Gabi hat er daher den Wert „2" – den Yin Holz Büffel. Dieser hat weder Berührungspunkte noch Besonderheiten mit beziehungsweise für Gabi. Für Berufliches eignet sich am Tag des Yin Holz Büffels die Zeit von 9 bis 11 Uhr, für Schönheit und Gesundheit die von 15 bis 17 Uhr. Das wäre ein hervorragender Friseurtermin!

Ihr vierter Schritt: Die Auseinandersetzung mit Mitmenschen

Gabi hat kürzlich einen sympathischen Mann – Hans – kennengelernt. Sein Geburtsdatum ist der 9. Mai 1961. Seine Tageszahl ist die „39" – der Yang Wasser Tiger. Hans eignet sich als Liebschaft ausgezeichnet. Als Partner fürs Leben erzielt er keine herausragenden, aber gute astrologische Werte.

Ihr fünfter Schritt: Das detaillierte Horoskop

Gabi ist neugierig geworden. Nun will sie ein detaillierteres Horoskop erstellen. Dazu braucht sie ihre Jahreszahl, ihre Monatszahl, ihre Tageszahl und ihre Stundenzahl. Letztere kann sie anhand der Tabelle auf Seite 57 ermitteln.

Die vier Zahlen lauten:

- Jahr: 42 – Yin Holz Schlange
- Monat: 19 – Yang Wasser Pferd
- Tag: 29 – Yang Wasser Drache
- Stunde: 40 – Yin Wasser Hase

Ihr sechster Schritt: Die Außenwirkung

Gabi will herausfinden, wie sie auf andere Menschen wirkt. Dazu verbindet sie das kosmische Bild der Yin Holz Schlange mit dem des Yang Wasser Pferdes.

Die Tatsache, daß sie gleich hohe Yin- und Yang-Werte hat, verleiht ihr eine ausgeglichene Wirkung auf ihre Umwelt.

Schlange und Pferd sind jeweils Feuerzeichen – das entnimmt Gabi der Tabelle auf Seite 18 im Kapitel „Fünf Elemente". Das heißt, Gabi wirkt energisch, kraftvoll, leidenschaftlich, im Schlechten bisweilen streitsüchtig. Dieser Eindruck wird verstärkt durch das Element des Jahres – Holz (siehe Seite 22ff.) –, das Feuer erzeugt. Die Wirkkräfte der beiden Zeichen – Feuer von der Yin Holz Schlange, der Seite 147 zu entnehmen, und Holz vom Yang Wasser Pferd, siehe Seite 101 – verstärken diese Tendenzen. Da Feuer ihr beherrschendes Außenelement ist, kann Gabi dem entsprechenden Kapitel weitere persönliche Beschreibungen entnehmen.

Ihr siebenter Schritt: Das Innenleben

Gabi überprüft die astrologischen Erkenntnisse über ihr Innenleben. Dazu zieht sie in erster Linie die Zahlen ihres Tages und ihrer Stunde heran. Yin und Yang halten einander auch hier die Waage, was auf einen ausgewogenen Charakter hinweist.

Auffällig ist, daß beide kosmischen Bilder das Wasser als Element haben. Das deutet auf ein tiefgründiges Gefühlsleben hin. Weitere Interpretationen und Assoziationen sind denkbar. Zweimal Wasser ergibt ein großes Wasser. Große Wasser – wie zum Beispiel Seen oder Ozeane – bewegen sich nur schwerfällig. Gabis Emotionen werden daher kaum von innen nach außen dringen.

Die Elemente der Tierkreiszeichen Hase und Drache sind Holz beziehungsweise Erde. Die Erde des Drachen ist ruhig und stabil – das unterstützt die Ruhe des großen Wassers. Zuviel Wasser schwemmt Holz allerdings fort, deswegen reduziert sich der Einfluß des Hasen. Die Wirkkräfte der beiden kosmischen Bilder sind Wasser und Metall, was beides den Eindruck des großen Wassers unterstützt. Das Innenleben von Gabi ist in erster Linie von Wasser geprägt. Weitere Details kann sie dem Abschnitt Wasser (Seite 34ff.) entnehmen.

Ihr achter Schritt: Der Charakter

Gabi ermittelt ihr Charakterbild anhand der kosmischen Bilder des Jahres und des Tages, wobei den Tierkreiszeichen vorrangige Bedeutung zukommt. In Gabis Fall ist das die Schlange und der Drache. Hervorstechend wirken die Übereinstimmungen in beiden Tierkreiszeichen. Drache und Schlange sind weise, kluge Tiere. Sie zeichnen sich durch Beharrlichkeit und Neugierde aus. Um die Treue beider Tiere ist es mitunter weniger gut bestellt; beide prüfen erst, ehe sie sich binden. Jedenfalls aber steht immer wieder die Sache im Vordergrund. Der Drache als chinesisches Glückssymbol und die Schlange mit ihrer klugen Extravaganz lassen auf einen schillernden Charakter schließen, der sich irgendwo Bahn bricht. Sei es in der Kleidung, sei es im Beruf oder in der Ausgestaltung der eigenen vier Wände. Der Drache an sich ist sehr selbstbestimmt, die Schlange selbstsicher. Beides zusammengenommen weist im guten auf Ausgewogenheit im Charakter hin, im schlechten auf Egozentrik und Egoismus. Jedenfalls wird sich jemand mit einem solchen Charakter nur schwer unterkriegen lassen und immer wieder eine neue Chance suchen und finden.

Ihr neunter Schritt: Die Wirkkraft

Gemäß der Anleitung im Kapitel „Fünf Elemente“ will Gabi herausfinden, welches Element sie verstärken soll und welches nicht. Ihre Analyse der Wirkkräfte ergibt

Jahreszahl 42 – Wirkkraft Feuer
Monatszahl 19 – Wirkkraft Holz
Tageszahl 29 – Wirkkraft Wasser
Stundenzahl 40 – Wirkkraft Metall

Ihre Berechnung sieht so aus:

	+1 Holz	+1 Feuer	0 Erde	+1 Metall	+1 Wasser
erzeugt	+0,5 Feuer	+0,5 Erde	+0 Metall	+0,5 Wasser	+0,5 Holz
vernichtet	–0,5 Erde	–0,5 Metall	–0 Wasser	–0,5 Holz	–0,5 Feuer
ergibt	+1 Holz	+1 Feuer	0 Erde	+0,5 Metall	+1,5 Wasser

Gabi schließt daraus, daß ihre Wirkkräfte grundsätzlich ein harmonisches Gefüge bilden, daß sie aber Erde verstärken sollte.

1 甲子 Yang Holz Ratte

Was mich beherrscht
+ Yin Metall Hahn
– Yang Metall Affe
Was ich beherrsche
+ Yin Erde Schlange
– Yang Erde Drache
Was mich unterstützt
+ Yin Wasser Schwein
– Yang Wasser Hund
Was ich unterstütze
+ Yang Feuer Tiger
– Yin Feuer Hase
Was mir gleicht
+ Yang Holz Ratte
– Yin Holz Büffel

Lebens- und Arbeitsgemeinschaft

+ + + Yin Feuer Büffel, Yang Wasser Drache
+ Affe, Schwein
– Tiger, Hase, Schaf, Hahn
– – – Yang Wasser Tiger, Yin Wasser Hase, Yin Holz Schaf, Yin Wasser Hahn

Liebschaft

+ + + Affe, vor allem Yang Holz Affe
+ Tiger, Schlange
– Hase, Pferd
– – – Yin Wasser Hase, Yang Holz Pferd
♥♥♥ in der Zeit von 17 bis 19 Uhr, aber nur im Monat des Hahns.

Monate

+ + + Januar
+ Februar, März
– September, Oktober
– – – Juli

Tage

+ + + Yin Wasser Schwein im Winter
+ Yang Feuer Tiger, Yin Erde Schlange
– Yin Holz Büffel
– – – Yang Metall Affe im Herbst

Stunden

Finanzen	+ 15–17 Uhr	– 21–23 Uhr
Berufliches	+ 07–09 Uhr	– 13–15 Uhr
Kreatives	+ 11–13 Uhr	– 17–19 Uhr
Beziehung	+ 19–21 Uhr	– 01–03 Uhr
Gesundheit, Schönheit	+ 13–15 Uhr	– 19–21 Uhr

Besonderheiten

Glückstag im 10., 11. und 12. Mondmonat.

1 甲子 Yang Holz Ratte

Wirkkraft Metall

Die Yang Holz Ratte ist beseelt von Vernunft und Sachlichkeit. Ihre Holzkräfte lassen sie in der Wahl ihrer Ziele kreativ sein. Das der Ratte zugeordnete Wasser legt eine Verbindung zu Kommunikation und sozialem Engagement nahe. Yang Holz Ratten beherrschen von daher die Kunst der geschliffenen Rede, haben ein starkes Herz für Schwache und einen tiefliegenden Gerechtigkeitssinn. Das Prinzip Yang und die Wirkkraft Metall ergeben, daß sich die Yang Holz Ratte stets mit Vehemenz ein Ziel sucht. Sinnloses Dahingleiten, Aktionismus aus Fadesse oder auch dumpfe Faulheit sind ihr ein Greuel. Die Yang Holz Ratte braucht Sinn und Zweck mehr als viele andere Naturbilder. Diese Hingabe an die Sache, die Bestimmtheit und Sicherheit, die die Yang Holz Ratte dabei nach außen an den Tag legt, macht sie grundsätzlich erfolgreich. Die rasche Auffassungsgabe und der Spürsinn für Kombinationen hilft ihr dabei. Tatsächlich können Yang Holz Ratten oft Zusammenhänge erkennen, wo andere noch verzweifelt nach Ursachen suchen. Die Schwäche liegt in der Vermittlung. Bisweilen wird sich die Umwelt des Eindrucks nicht erwehren können, daß die Handlungen der Ratte nicht authentisch sind, irgendwie nicht mit dem Innenleben übereinstimmen. Und zum Teil ist dieser Eindruck durchaus richtig: Yang Holz Ratten haben wie andere Ratten auch das Kreuz der Unsicherheit zu tragen. In ruhigen Momenten wird der Mangel an Leidenschaft einerseits und das Fehlen innerer Ausgeglichenheit die Ratte plötzlich zu Fragen wie „Mach ich's eigentlich richtig?“ oder „Wozu der ganze Aufwand?“ verleiten. Stellen Sie sich jemanden vor, der sich mit Haut und Haar der Familie verschreibt, einen rührigen Vater, der durch seine kreative Arbeit genügend Geld für seine Lieben herankarrt, um 19 Uhr, wenn er nach Hause kommt, noch mit den Kindern spielt und danach die defekte Wasserleitung repariert. Man sollte meinen, daß so ein Mensch zufrieden und glücklich sein kann – aber in stillen Sekunden wird sich derselbe Mann bange fragen: Stimmt wirklich alles genau? Ist nicht irgendwo ein Fehler? Und er wird diesen Fehler in erster Linie bei sich selbst suchen. Mit derselben Entschlußkraft und Hingabe, die sie Nützlichem widmet, legt sich die Yang Holz Ratte schließlich für die „Eigentherapie“ ins Zeug. Nur große Wärme und Liebe von außen kann sie zur Ruhe kommen lassen. Hin und wieder ein einfacher Beweis der Liebe, den sich die Yang Holz Ratte nicht verdienen muß, das reicht schon – und wieder wird sie perfekt „funktionieren“ und sich mit allem, was sie hat, dem nächsten Ziel hingeben können.

Was mich beherrscht
+ Yang Metall Affe
– Yin Metall Hahn

Was ich beherrsche
+ Yang Erde Drache
– Yin Erde Schlange

Was mich unterstützt
+ Yang Wasser Hund
– Yin Wasser Schwein

Was ich unterstütze
+ Yin Feuer Hase
– Yang Feuer Tiger

Was mir gleicht
+ Yin Holz Büffel
– Yang Holz Ratte

Lebens- und Arbeitsgemeinschaft

+ + + Hahn, besonders Yin Holz Hahn
Schwein, besonders Yin Wasser Schwein
+ Schlange, Ratte
– Drache
– – – Yang Metall Drache

Liebschaft

+ + + Hund, besonders Yang Wasser Hund
Hahn, besonders Yin Holz Hahn
Ratte, besonders Yang Feuer Ratte
+ Affe, Hase
– Schwein
– – – Yin Metall Schwein
♥♥♥ in der Zeit von 11 bis 13 Uhr, aber nur im Monat des Pferdes.

Monate

+ + + Februar
+ März
– September, Oktober
– – – August

Tage

+ + + Yang Wasser Hund im Winter
+ Yin Feuer Hase, Yang Erde Drache
– Yang Holz Ratte
– – – Yin Metall Hahn im Herbst

Stunden

Finanzen	+ 17–19 Uhr	– 23–01 Uhr
Berufliches	+ 09–11 Uhr	– 15–17 Uhr
Kreatives	+ 13–15 Uhr	– 19–21 Uhr
Beziehung	+ 21–23 Uhr	– 03–05 Uhr
Gesundheit, Schönheit	+ 15–17 Uhr	– 21–23 Uhr

2 乙丑 Yin Holz Büffel

Wirkkraft Metall

Der Yin Holz Büffel ist zuverlässig, arbeitsam und aufgeschlossen. Er ist weitherzig und tiefgründig zugleich. Seiner Umwelt gegenüber ist er im guten Sinne des Wortes empfänglich. Wo die einen mit Scheuklappen durch die Straßen traben und andere nur erzeugen oder reden, aber nie zuhören und verarbeiten können, kann der Yin Holz Büffel seinen gleichermaßen intuitiven wie rationalen Verstand gebrauchen, um zügig Neues zu erfassen. In allem, was ein Yin Holz Büffel anpackt – und das werden zeit seines Lebens durchaus unterschiedliche Angelegenheiten sein – überzeugt er durch Ausdauer und Zuversicht. Schon im Kindesalter gewinnt der Yin Holz Büffel die Zuneigung der Erwachsenen. Sie kennen das vermutlich: Es gibt Kinder, die man trotz ihrer Fehler liebt; es gibt auch die lieben Kleinen, die ein eher unbeachtetes Dasein führen und nur gelegentlich die Aufmerksamkeit auf sich ziehen – und dann gibt es Sprößlinge, die sich auf unwiderstehliche Weise die Liebe aller Erwachsenen holen. Dazu müssen sie nicht die „Bravsten" sein; aber ihre Streiche werden milde belächelt, ihre Phantasie wird gelobt. Die meisten Yin Holz Büffel sind Sonnenkinder. Im Erwachsenenalter sind sie dann reife, mit beiden Beinen im Leben stehende Menschen. Allerdings steht wenig Freundschaft im Zeichen des Yin Holz Büffels. Er erntet zwar Anerkennung und Wohlwollen und wird sich nie über mangelnde Aufträge beklagen müssen, doch etwas mehr Rücksicht auf Schwächere wäre bei den meisten Yin Holz Büffeln angezeigt. Seine Wirkkraft Metall macht ihn entscheidungsstark, sein tierisches Element Erde sicher aber auch sehnsüchtig, und sein Yin Holz an sich attraktiv, aber nicht eben beständig in seinen Liebesbeziehungen. Wie allen anderen Büffeln auch liegt ihm viel an bewahrenden Werten, und mit freier Liebe wird er nichts anfangen können; aber dem Reiz neuer Gesichter oder von ihm unerforschter Körper kann er sich nur schwer entziehen. Der Yin Holz Büffel wird sich oft früh binden, obwohl er das nicht aktiv anstrebt. Er gehört zu jenen, denen Anträge gemacht werden. Aber er braucht verständnisvolle Partner, die seine Lust auf Abwechslung teilen beziehungsweise dieser gerecht werden. Verzweifeln Sie nicht, wenn Ihr lieber Yin Holz Büffel eine kurze Affäre mit jemand anderem hat! Er wird immer zu seiner angestammten Heimat zurückfinden. Trotzdem muß der Yin Holz Büffel lernen, daß er seine Herzensgüte besser nur mit einem oder einer teilt. Im Berufsleben entspricht ihm die Führerrolle nicht; auf zweiter Ebene aber ist er eine herausragende Kraft.

3 丙寅 Yang Feuer Tiger

Was mich beherrscht
+ Yin Wasser Schwein
– Yang Wasser Hund
Was ich beherrsche
+ Yin Metall Schaf
– Yang Metall Pferd
Was mich unterstützt
+ Yin Holz Büffel
– Yang Holz Ratte
Was ich unterstütze
+ Yang Erde Drache
– Yin Erde Schlange
Was mir gleicht
+ Yang Feuer Tiger
– Yin Feuer Hase

Lebens- und Arbeitsgemeinschaft

+ + + Pferd, besonders Yang Wasser Pferd
+ Hund, Schwein
– Hase
– – – Yin Holz Hase

Liebschaft

+ + + Tiger, besonders Yang Metall Tiger
+ Pferd, Drache
– Hase, Affe
– – – Yin Holz Hase
Yang Holz Affe
♥♥♥ in der Zeit von 5 bis 7 Uhr, aber nur im Monat des Hasen.

Monate

+ + + März
+ Juli, August
– Januar, Februar
– – – September

Tage

+ + + Yin Holz Büffel im Frühling
+ Yang Erde Drache, Yin Metall Schaf
– Yin Feuer Hase
– – – Yang Wasser Hund im Winter

Stunden

Finanzen	+ 19–21 Uhr	– 01–03 Uhr
Berufliches	+ 11–13 Uhr	– 17–19 Uhr
Kreatives	+ 15–17 Uhr	– 21–23 Uhr
Beziehung	+ 23–01 Uhr	– 05–07 Uhr
Gesundheit, Schönheit	+ 17–19 Uhr	– 23–01 Uhr

3 丙寅 Yang Feuer Tiger

Wirkkraft Feuer

Yang Feuer Tiger glänzen durch Leidenschaft, Unabhängigkeit und Zuversicht. Sie tragen ihr Herz auf der Zunge und sprudeln mitunter über vor Kreativität und Enthusiasmus. Irgendwo gibt es immer etwas, das ihres ganzen Einsatzes bedarf! Mitunter kann sich ihr Eifer zum Sendungsbewußtsein auswachsen. Da wäre hie und da eine geistige Bremse nötig: Um jeden Preis überzeugen zu wollen kann teuer werden! An sich können Yang Feuer Tiger es mit ihrer Intelligenz, ihrem Fleiß und ihrer Disziplin weit bringen. Von soviel guten Anlagen betört, sind sie mitunter aber blind für die fürsorglichen Ratschläge anderer. Der Starke ist am mächtigsten zu zweit! Diese Abwandlung einer Redewendung sollten sie beherzigen – auch wenn es ihrem Innersten möglicherweise widerstreben mag, sich jemandem voll und ganz anzuvertrauen und gemeinsam Lebensweg wie Karriereleiter zu beschreiten. Yang Feuer Tiger zeigen gern, was in ihnen steckt. Im Kindesalter kann das Erwachsenen, die eigentlich gemütlich miteinander plaudern wollten, ganz schön lästig werden: Wie würden Sie reagieren, wenn dauernd ein Kleiner daherkommt und Ihnen, während Sie gerade entspannt zur Kaffeetasse greifen wollten, seine neueste Legoburg zeigen will? Lassen Sie Kaffee und Kuchen trotzdem stehen, und loben Sie den kindlichen Yang Feuer Tiger für sein unnachahmliches Bauwerk – auch wenn es nur aus drei Steinchen besteht. Der Yang Feuer Tiger braucht das, sonst könnte er im Erwachsenenalter scheu und vorsichtig wie eine Großkatze werden, die gelernt hat, daß es angesichts überlegener menschlicher Schußwaffen besser ist, sich zu verbergen. Feuer als Wirkkraft und Element verursachen, daß Yang Feuer Tiger Wiederholungen nicht leiden können. Die graue Tretmühle des Alltags verursacht ihnen wenig Freude; sie fühlen sich bald von etwas oder jemandem gelangweilt und können das auch sehr deutlich machen. Dank ihrer inneren Festigkeit können sie aber andererseits viel ertragen und erdulden. In beruflicher Hinsicht sollten Yang Feuer Tiger ruhig etwas öfter ihr Bedürfnis nach Schutz und Tarnung aufgeben und sich mitteilen. Wenn sie gelernt haben, daß nicht jedes Regelwerk behindernd sein muß, steht ihnen kaum mehr etwas im Wege. Ähnliches gilt in privaten Belangen. Yang Feuer Tiger können gleichermaßen Wärme geben und zerstören. Die dem Feuer zugeordnete Eltern-Kind-Beziehung aber sollte aus ihnen, einmal gebunden, äußerst liebevolle Familienmenschen machen, die auch einer lang währenden Beziehung sehr viel Würze verleihen können. Partner von Yang Feuer Tigern sollten allerdings bedenken: Einer allein, der würzt, reicht nicht – nehmen Sie daher die Initiative öfter in die Hand, ehe der „Partnerschaftskoch“ die Beziehungsküche verläßt!

Was mich beherrscht
+ Yang Wasser Hund
– Yin Wasser Schwein
Was ich beherrsche
+ Yang Metall Pferd
– Yin Metall Schaf
Was mich unterstützt
+ Yang Holz Ratte
– Yin Holz Büffel
Was ich unterstütze
+ Yin Erde Schlange
– Yang Erde Drache
Was mir gleicht
+ Yin Feuer Hase
– Yang Feuer Tiger

Lebens- und Arbeitsgemeinschaft

+ + + Schaf, besonders Yin Wasser Schaf
Hase, besonders Yin Metall Hase
+ Schwein, Hund
– Affe
– – – Yang Holz Affe

Liebschaft

+ + + Drache, besonders Yang Erde Drache
+ Schaf, Schwein, Hund, Schlange, Hase
– Affe
– – – Yang Holz Affe
♥♥♥ in der Zeit von 23 bis 1 Uhr, aber nur im Monat der Ratte.

Monate

+ + + April
+ Juli, August
– Januar, Februar
– – – Oktober

Tage

+ + + Yang Holz Ratte im Frühling
+ Yin Erde Schlange, Yang Metall Pferd
– Yang Feuer Tiger
– – – Yin Wasser Schwein im Winter

Stunden

Finanzen	+ 21–23 Uhr	– 03–05 Uhr
Berufliches	+ 13–15 Uhr	– 19–21 Uhr
Kreatives	+ 17–19 Uhr	– 23–01 Uhr
Beziehung	+ 01–03 Uhr	– 07–09 Uhr
Gesundheit, Schönheit	+ 19–21 Uhr	– 01–03 Uhr

4 丁卯 Yin Feuer Hase

Wirkkraft Feuer

Der Yin Feuer Hase ist leidenschaftlich, geschmackvoll und stilsicher. Lauen Fernsehabenden oder schrillen Festivitäten wird er stets harmonische Abende zu zweit oder im Freundeskreis vorziehen. Der Yin Feuer Hase gehört zu jenen, die besonders gern besucht werden. Denn er weiß stets, was sich gehört und wie man anderen eine kleine Freude machen kann. Er steht dem Leben und anderen Menschen wohlwollend gegenüber, wahrt den Anstand und wird von den meisten seiner Mitbürger geschätzt und geachtet. Dabei fällt er weniger durch brillanten Intellektualismus, sondern mehr durch kreativen Wortwitz auf. Dank seiner Feuerkräfte – sowohl sein Element wie auch seine Wirkkraft stehen in diesem Zeichen – kann der Yin Feuer Hase besser als seine Artgenossen formulieren, was er will. Denn Hasen sind zumeist unter den Zuhörern und Ratgebern zu finden, gelten als geschätzte Mitarbeiter, aber weniger als dynamische Führungspersönlichkeiten. Die Extrovertiertheit des Feuers aber läßt den Hasen seine eigenen Bedürfnisse selten vergessen, wiewohl er aufgrund seines guten Benehmens manchmal zu kurz kommt. Wenn er sich nicht entschlossen wehrt, kann er leicht von der Umwelt ausgenützt werden, insbesondere, da seine Herzensgüte sich zur Harmoniesucht und Konfliktscheue auswachsen kann. Den Sinn des Yin Feuer Hasen für Ästhetik wird man stets erkennen. Wenn Sie in einem Großraumbüro inmitten chaotischer, überfüllter Schreibtische einen gefälligen, durch die Wahl der richtigen Farben und Accessoires hervorstechenden Arbeitsplatz sehen, dann liegt ein Yin Feuer Hase als Besitzer nahe. In den eigenen vier Wänden wird er immer durch Ordnung und Lebensart glänzen. In einer Beziehung muß der Yin Feuer Hase aufpassen, daß sein Feuer nicht allzu oft durchbricht. In körperlicher Hinsicht mag Leidenschaft befriedigen, plötzlich auftretende Temperamentsausbrüche können aber auch in einer Liebesbeziehung gewaltigen Schaden anrichten. Wenn Sie ein Freund anruft und vom Jähzorn seiner Partnerin berichtet und Sie das schon mit einem „Das gibt's doch gar nicht – sie könnte doch keiner Fliege was zuleide tun!“ quittieren wollen, bedenken Sie: Es könne sich um einen Yin Feuer Hasen handeln. Diese haben die fatale Neigung, sich nur im trauten Kreis auszutoben und gerade die Menschen, die sie am meisten lieben, zu verletzen. Wenn der Yin Feuer Hase sich aber rechtzeitig – und nicht plötzlich! – ausspricht, wird er ein aufregender Partner sein.

5 戊辰 Yang Erde Drache

Was mich beherrscht
+ Yin Holz Büffel
– Yang Holz Ratte
Was ich beherrsche
+ Yin Wasser Hahn
– Yang Wasser Affe
Was mich unterstützt
+ Yin Feuer Hase
– Yang Feuer Tiger
Was ich unterstütze
+ Yang Metall Pferd
– Yin Metall Schaf
Was mir gleicht
+ Yang Erde Drache
– Yin Erde Schlange

Lebens- und Arbeitsgemeinschaft

+ + + Ratte, besonders Yang Erde Ratte
Affe, besonders Yang Feuer Affe
Schwein, besonders Yin Holz Schwein
\+ Tiger, Hase, Schlange
– Hahn
– – – Yin Metall Hahn

Liebschaft

+ + + Tiger, besonders Yang Feuer Tiger
Hase, besonders Yin Feuer Hase
Schlange, besonders Yin Holz Schlange
Affe, besonders Yang Feuer Affe
\+ Ratte, Schaf, Pferd
– Büffel, Hahn
– – – Yin Wasser Büffel
Yin Metall Hahn
♥♥♥ in der Zeit von 17 bis 19 Uhr, aber nur im Monat des Hasen.

Monate

+ + + Mai
– August, Februar
– – – November

Tage

+ + + Yin Feuer Hase im Sommer
\+ Yang Metall Pferd, Yin Wasser Hahn
– Yin Erde Schlange
– – – Yang Holz Ratte im Frühling

Stunden

Finanzen	+ 23–01 Uhr	– 05–07 Uhr
Berufliches	+ 15–17 Uhr	– 21–23 Uhr
Kreatives	+ 19–21 Uhr	– 01–03 Uhr
Beziehung	+ 03–05 Uhr	– 09–11 Uhr
Gesundheit, Schönheit	+ 21–23 Uhr	– 03–05 Uhr

5 戊辰 Yang Erde Drache

Wirkkraft Holz

Yang Erde Drachen strotzen vor Lebenskraft, sind mächtig und stabil. Sie sind die geborenen Führernaturen! Yang Erde Drachen fallen schon in jungen Jahren auf. Ihre Gier nach Macht und Stärke läßt sie als Kleinkind schon früh auf beiden Beine stehen – diese Winzlinge können meist früher laufen als andere kosmische Bilder. Gleichzeitig sind sie ruhiger als andere! Die meisten Yang Erde Drachen schlafen bald durch, sind dafür im Wachzustand äußerst agil und bestimmt. Nur wenn man ihnen nicht gebührende Beachtung schenkt, werden sie vehement, beginnen auch nachts zu toben und zu schreien! Viele Yang Erde Drachen werden zur Schulzeit Klassensprecher oder Schülerzeitungsredakteure; in irgendeiner Weise fallen sie jedenfalls immer auf. Ihre Wirkkraft Holz macht sie fürsorglich, aber zum Teil auch extravagant. Ihre Rednergabe drückt sich mitunter sehr heftig aus. Yang Erde Drachen sind sehr schnell mit ihren Worten, schießen bisweilen übers Ziel hinaus und sind dabei oft verletzender, als sie eigentlich wollen. Ihre Reizbarkeit tut ein übriges dazu. So stark sie nach außen wirken, so sehr kennen sie auch Momente der Schwäche in ihrem Inneren. Viele Yang Erde Drachen haben einen Hang zu sentimentaler Schwärmerei. Typisch wäre ein selbstbestimmter Angestellter, der seinem Chef und allen anderen gegenüber seinen Mann steht – und dann kommt seine kleine Tochter, bittet mit treuherzigem Augenaufschlag um ein Eis, und der gerade noch harte Verhandler schmilzt dahin und ist plötzlich wehrlos. Alle Yang Erde Drachen haben irgendeinen Schwachpunkt, eine Art Knopf, den man drücken muß, um hinter die Kulissen ihrer starken Persönlichkeit zu blicken. In beruflicher Hinsicht haben Yang Erde Drachen den Drang zur Selbständigkeit, zu einer Stellung, in der sie ihren kreativen Geist ausleben können. Wichtig ist, daß Yang Erde Drachen einen eigenen Bereich haben, für den sie allein verantwortlich sind. In Beziehungsangelegenheiten lieben sie Offenheit und Ehrlichkeit. „Was ich nicht weiß, macht mich nicht heiß" – das kann kein Yang Erde Drache erfunden haben! Er genießt Gutes und spricht darüber. Immer wieder wird ein Yang Erde Drache dabei ein bestimmtes Muster erleben. Über kurz oder lang werden seinen Partnern oder Partnerinnen die Beziehungen wichtiger als ihm. Wo er sich bereits seinen Hobbys widmet, will der Partner noch Gedankenaustausch. Wo er sachlich wird, verlangt der Partner Emotionen. Yang Erde Drachen gehören eher zu denen, die eine Beziehung beenden, als zu jenen, die verlassen werden. Trotzdem ist etwas mehr Standhaftigkeit und ein massiveres Sicheinlassen auf eine Beziehung angebracht, um Zufriedenheit zu erlangen.

6 己巳 Yin Erde Schlange

Was mich beherrscht
+ Yang Holz Ratte
– Yin Holz Büffel

Was ich beherrsche
+ Yang Wasser Affe
– Yin Wasser Hahn

Was mich unterstützt
+ Yang Feuer Tiger
– Yin Feuer Hase

Was ich unterstütze
+ Yin Metall Schaf
– Yang Metall Pferd

Was mir gleicht
+ Yin Erde Schlange
– Yang Erde Drache

Lebens- und Arbeitsgemeinschaft

+ + + Hahn, besonders Yin Feuer Hahn
+ Drache, Schwein
– Affe
– – – Yang Metall Affe

Liebschaft

+ + + Drache, besonders Yang Holz Drache
+ Pferd, Schlange
– Schaf
– – – Yin Wasser Schaf
♥♥♥ in der Zeit von 11 bis 13 Uhr, aber nur im Monat des Pferdes.

Monate

+ + + Juni
+ August, Januar
– November, Mai
– – – Dezember

Tage

+ + + Yang Feuer Tiger im Sommer
+ Yin Metall Schaf, Yang Wasser Affe
– Yang Erde Drache
– – – Yin Holz Büffel im Frühling

Stunden

Finanzen	+ 01–03 Uhr	– 07–09 Uhr
Berufliches	+ 17–19 Uhr	– 23–01 Uhr
Kreatives	+ 21–23 Uhr	– 03–05 Uhr
Beziehung	+ 05–07 Uhr	– 11–13 Uhr
Gesundheit, Schönheit	+ 23–01 Uhr	– 05–07 Uhr

6 己巳 Yin Erde Schlange

Wirkkraft Holz

Wenn Ihnen ein Mensch in einem extravanganten Outfit auffällt, der sich stets im Hintergrund hält, dann ist es eine Yin Erde Schlange. Große Reden überläßt sie anderen. Als Zuhörerin ist sie aber unübertroffen. Stundenlang leiht sie Ihren Problemen ihr Ohr, unterbricht nur, wenn sie etwas zu sagen hat, und bearbeitet das Gespräch später, indem sie schreibt, eine Skulptur modelliert oder ein Bild malt. Die Yin Erde Schlange ist eher in sich gekehrt und offenbart ihre wahren Gefühle häufig nur über den Umweg der Kunst. Orte, die durch schrille Jet-set-Geselligkeit bestechen, meidet sie gleichermaßen wie stockkonservative Sit-ins bei Sekt und Kaviar. Das eine ist ihr zu oberflächlich, das andere zu steif. Ihr Ort ist schon eher der Seminarraum, das kreative Treffen im Café oder eine Teambesprechung im Grünen. Dort findet sie jene Menschen, mit denen sie ihr Wissen austauschen möchte. Dort herrscht jene Struktur, die ihr die Freiheit gibt, kommen und gehen zu können, wann immer sie will. Hierarchien erträgt sie nur widerwillig. Schon eher macht sie ihren Weg als Freiberufliche, selten als Senkrechtstarterin. Mit viel Akribie und Langmut versteht es die Yin Erde Schlange, ihr Ziel zu erreichen. An ihrer Überzeugung, das Richtige zu tun, läßt sie keinen Zweifel. Allfällige Kritik pariert sie mit der Überlegenheit einer Wissenden. Nur selten verliert sie die Fassung. Immer aber wahrt sie ihren Stil, ist eher ruhig und glänzt mit ihrem fast schon beharrlichen Hang zur Vernunft. Dabei steckt viel mehr als bloße Klugheit in der Yin Erde Schlange. Schneller als andere vermag sie die Befindlichkeit anderer zu deuten. Bereitwilliger als andere unterstützt sie in Not geratene Mitmenschen. Allerdings nur dann, wenn sie von der Nützlichkeit ihrer Hilfe und von der zu helfenden Person überzeugt ist. Respektiert sie die Person, so ist ihre Unterstützung überschwenglich, umfassend bis hin zum Übermaß. Manchmal vergißt sie darob, die richtige Distanz zu wahren, und der oder die Beistandsuchende tut gut daran, sich aus der Umklammerung der Schlange zu lösen. Steht ihr eine Person seelisch nicht nahe genug, so ist die Yin Erde Schlange unnahbar, kalt und nicht bereit, auch nur eine Sekunde für das Wohl dieser Person zu opfern. Alles in allem ist die Yin Erde Schlange eine in sich ruhende Persönlichkeit, die die Umwelt mit ihren oft unkonventionellen Ideen zum Nachdenken anregt. In Partnerschaft und Familie ist sie der Vernunft- und Ruhepol, den man gerne aufsucht, wenn einem Probleme das Leben schwerzumachen drohen.

7 庚午 Yang Metall Pferd

Was mich beherrscht
+ Yin Feuer Hase
– Yang Feuer Tiger
Was ich beherrsche
+ Yin Holz Schwein
– Yang Holz Hund
Was mich unterstützt
+ Yin Erde Schlange
– Yang Erde Drache
Was ich unterstütze
+ Yang Wasser Affe
– Yin Wasser Hahn
Was mir gleicht
+ Yang Metall Pferd
– Yin Metall Schaf

Lebens- und Arbeitsgemeinschaft

+ + + Schaf, besonders Yin Metall Schaf
+ Hase, Pferd
– Drache
– – – Yang Holz Drache

Liebschaft

+ + + Pferd, besonders Yang Metall Pferd
Schaf, besonders Yin Metall Schaf
Hund, besonders Yang Feuer Hund
+ Tiger, Hase, Schlange
– Ratte, Büffel
– – – Yang Erde Ratte
Yin Erde Büffel
♥♥♥ in der Zeit von 5 bis 7 Uhr, aber nur im Monat des Hasen.

Monate

+ + + Juli
+ September, Oktober
– März, April
– – – Januar

Tage

+ + + Yin Erde Schlange im Sommer
+ Yang Wasser Affe, Yin Holz Schwein
– Yin Metall Schaf
– – – Yang Feuer Tiger im Sommer

Stunden

Finanzen	+ 03–05 Uhr	– 09–11 Uhr
Berufliches	+ 19–21 Uhr	– 01–03 Uhr
Kreatives	+ 23–01 Uhr	– 05–07 Uhr
Beziehung	+ 07–09 Uhr	– 13–15 Uhr
Gesundheit, Schönheit	+ 01–03 Uhr	– 07–09 Uhr

7 庚午 Yang Metall Pferd

Wirkkraft Erde

Yang Metall Pferde sind gewissenhaft, selbständig und großzügig. Sie schöpfen meist aus dem vollen und geben aus ganzem Herzen. Ihnen verzeiht man, wenn sie eigennützig handeln. Denn sogar durch ihren Eigennutz ergibt sich oft etwas Vorteilhaftes für die Umwelt. Yang Metall Pferde sind sehr heimatbewußt, freilich nicht im herkömmlichen Sinn. Ihre Heimat definiert sich weniger über Staatsgrenzen oder die Zugehörigkeit zu einer Volksgruppe. Ihre Heimat ist dort, wo sie gerade sind. Wenn ein Yang Metall Pferd beschließt, seine aktuelle Heimat in einem Büro aufzuschlagen, wird es das Büro entsprechend seinen Vorstellungen umgestalten. Wenn es sein Daheim zu Hause finden will, dann gibt es sich der Arbeit in den eigenen vier Wänden mit all seiner Unbeugsamkeit und Strebsamkeit hin! Meist schlüpfen Yang Metall Pferde in durchaus traditionelle Rollen. Typisch ist etwa ein Mann, der zwar ein As an der Tastatur seines PCs ist, aber meint, die bunten Symbole auf einer Waschmaschine seien ihm zu kompliziert. „Ich kann's einfach nicht", wird er kopfschüttelnd sagen. Die meisten Menschen in seiner Umgebung werden ihm umgehend glauben, denn Yang Metall Pferde können einem alles verkaufen. Wenn sie mit ihrer Rhetorik von einem Gebrauchtwagen zu reden anfangen, wird die Rostschüssel vor dem geistigen Auge des Autohändlers bald als wertvoller Oldtimer dastehen. Partner von Yang Metall Pferden sollten daher immer wieder einen Schritt zur Seite gehen, sich dem Zauber dieses kosmischen Bildes entziehen – und erst in Ruhe überlegen, ob das, was das Yang Metall Pferd zum besten gibt, wirklich der Weisheit letzter Schluß ist. Es meint zwar alles gut, was es sagt und tut – oben beschriebener Autohändler wird schlußendlich den Wagen womöglich gar nicht mehr verkaufen wollen, sondern ihn lieber selbst als Geldanlage nutzen –, aber ob das auch schlau ist, gilt es erst zu überprüfen. Auch Yang Metall Pferde selbst sollten Entscheidungen, die sie treffen, gelegentlich hinterfragen. Ihre Grundsatztreue könnte sonst zum Starrsinn ausarten, ihre Entschlußkraft zur eigennützigen Faulheit. In der Liebe sind Yang Metall Pferde begehrte, sinnliche und potente Partner. An sich binden sie sich gerne und oft auch lebenslang. Das schließt permanente Treue aber nicht mit ein. Ein Yang Metall Pferd kann auch auf fremden Weiden grasen, ohne deswegen je den eigenen Hof aus dem Sinn zu verlieren!

8 辛未 Yin Metall Schaf

Was mich beherrscht
+ Yang Feuer Tiger
– Yin Feuer Hase

Was ich beherrsche
+ Yang Holz Hund
– Yin Holz Schwein

Was mich unterstützt
+ Yang Erde Drache
– Yin Erde Schlange

Was ich unterstütze
+ Yin Wasser Hahn
– Yang Wasser Affe

Was mir gleicht
+ Yin Metall Schaf
– Yang Metall Pferd

Lebens- und Arbeitsgemeinschaft

+ + + Pferd, besonders Yang Metall Pferd
+ Hase, Affe, Schwein
– Ratte
– – – Yang Erde Ratte

Liebschaft

+ + + Pferd, besonders Yang Metall Pferd
+ Hase, Drache
– Schlange, Schaf
– – – Yang Holz Schlange
Yin Erde Schaf
♥♥♥ in der Zeit von 23 bis 1 Uhr, aber nur im Monat der Ratte.

Monate

+ + + August
+ September, Oktober
– März, April
– – – Februar

Tage

+ + + Yang Erde Drache im Frühling
+ Yin Wasser Hahn, Yang Holz Hund
– Yang Metall Pferd
– – – Yin Feuer Hase im Sommer

Stunden

Finanzen	+ 05–07 Uhr	– 11–13 Uhr
Berufliches	+ 21–23 Uhr	– 03–05 Uhr
Kreatives	+ 01–03 Uhr	– 07–09 Uhr
Beziehung	+ 09–11 Uhr	– 15–17 Uhr
Gesundheit, Schönheit	+ 03–05 Uhr	– 09–11 Uhr

8 辛未 Yin Metall Schaf

Wirkkraft Erde

Yin Metall Schafe sind zutiefst gutmütig, friedfertig und sensibel. Wenn auch der Mensch an sich für sie im Zentrum aller Dinge steht, so ist für sie immer Leben jeglicher Art schützenswert. Viele Yin Metall Schafe sind beispielsweise Tierschützer, die meisten haben irgendein Haustier. Sie zeichnen sich wie alle Schafe durch besondere Langmut aus. Sie können widrige Umstände gut ertragen: Auch wenn ihnen ein Fremder Böses antun will, werden sie lange das Prinzip der christlichen Nächstenliebe walten lassen. Aber wehe, es reicht ihnen einmal! Dann reagieren Yin Metall Schafe blitzschnell, können dank ihres Elements sehr rasch und variantenreich all ihre Harmlosigkeit verlieren und ihren Feinden bestimmt und kraftvoll entgegentreten. Wie viele der Erde verhaftete kosmische Bilder – in diesem Fall ist das Element in Tierkreiszeichen und Wirkkraft vorhanden – erfreuen sich auch Yin Metall Schafe eines tiefen Schlafes. Wo andere sich lange Zeit im Bett hin und her wälzen, muß sich das Yin Metall Schaf bloß zur Ruhe begeben, und es schlummert selig. Die Erde bewirkt auch, daß Yin Metall Schafe alles durchdringen wollen. Sei es mit ihrem klaren Verstand oder – vor allem im Kindesalter – mit ihrem ganzen Sein. So ein kindliches Yin Metall Schaf kann noch so oft von seinen Eltern hören, daß es nicht an den Computer oder an den Videorecorder ran darf – es wird ihn immer untersuchen wollen! Gewährt man das dem Kleinen nicht, kann er richtiggehend bockig werden. Spätestens dann sollten Sie als verantwortungsbewußter Elternteil eines Yin Metall Schafs eher nachgeben, als mit harter Hand erziehen zu wollen. Solange das Yin Metall Schaf noch bockig wird, ist es gut. Erkennt es, daß es seinen Willen nur selten durchsetzen kann, wird es irgendwann einmal zum stillen, nachgiebigen Erdenbürger. Und das wird sich im Erwachsenenalter in Unzufriedenheit niederschlagen. In beruflicher Hinsicht paaren sich von der Anlage her im Yin Metall Schaf die Fähigkeit, Wissen wie ein Schwamm aufzusaugen, mit starkem Willen, Ruhe, Gelassenheit und Konzentrationskraft, ergänzt durch Kreativität. Das macht Yin Metall Schafe zu zielstrebigen Mitarbeitern, die aber aufpassen müssen, daß ihre guten Anlagen nicht von anderen ausgebeutet werden. In der Liebe sind Yin Metall Schafe empfängliche, sensitive Partner, die allerdings beachten sollten, daß nicht immer sie ihren Willen durchsetzen müssen.

9 壬申 Yang Wasser Affe

Was mich beherrscht
+ Yin Erde Schlange
– Yang Erde Drache
Was ich beherrsche
+ Yin Feuer Büffel
– Yang Feuer Ratte
Was mich unterstützt
+ Yin Metall Schaf
– Yang Metall Pferd
Was ich unterstütze
+ Yang Holz Hund
– Yin Holz Schwein
Was mir gleicht
+ Yang Wasser Affe
– Yin Wasser Hahn

Lebens- und Arbeitsgemeinschaft

+++ Drache, besonders Yang Metall Drache
Affe, besonders Yang Wasser Affe
+ Pferd
– Schwein
––– Yin Feuer Schwein

Liebschaft

+++ Drache, besonders Yang Metall Drache
Affe, besonders Yang Wasser Affe
+ Ratte, Schwein, Pferd
– Hahn
––– Yin Erde Hahn
♥♥♥ in der Zeit von 17 bis 19 Uhr, aber nur im Monat des Hahns.

Monate

+++ September
+ Dezember, Januar
– Juni, Juli
––– März

Tage

+++ Yin Metall Schaf im Frühling
+ Yang Holz Hund, Yin Feuer Büffel
– Yin Wasser Hahn
––– Yang Erde Drache im Frühling

Stunden

Finanzen	+ 07–09 Uhr	– 13–15 Uhr
Berufliches	+ 23–01 Uhr	– 05–07 Uhr
Kreatives	+ 03–05 Uhr	– 09–11 Uhr
Beziehung	+ 11–13 Uhr	– 17–19 Uhr
Gesundheit, Schönheit	+ 05–07 Uhr	– 11–13 Uhr

Besonderheiten

Vorsicht bei neuen Unternehmungen, da die Gefahr von finanziellen Verlusten besteht, ebenso wie die Gefahr des Unglücklichwerdens.

9 壬申 Yang Wasser Affe

Wirkkraft Metall

Der Yang Wasser Affe ist sparsam, extrovertiert und in seinem Temperament widersprüchlich. Meist prescht in seinen Entscheidungen sein Verstand voraus, seine Gefühle hinken hinterher. Typisch wäre ein Mann, der als Hochzeitsreise einen Billigflug nach Mallorca wählt, nur um sich noch Jahre später zu fragen, warum er statt dessen nicht ein bißchen mehr Geld für ein exklusiveres Flitterwochenziel ausgegeben hat. Denn es entspricht zwar seiner genügsamen Gesinnung, wenig Geld auszugeben, aber in seiner starken Gefühlswelt pendelt er zwischen dem Idealbild des großzügigen Gönners und dem des sparsamen Eremiten. Der Yang Wasser Affe ist grundsätzlich ein sympathischer Mensch, der keiner Fliege etwas zuleide tun könnte. Wichtig ist ihm in erster Linie, sich selbst treu zu bleiben. Das ist bei einem so komplexen Charakter eine schwierige Aufgabe! Um herauszufinden, wie diese Treue sich selbst gegenüber aussehen könnte, horcht der Yang Wasser Affe gerne in sich hinein. Das hat zweierlei Auswirkungen: Zum einen kommt er dabei montags meist zu einem anderen Ergebnis als dienstags, und weil Selbstverwirklichung für ihn ein elementares Bedürfnis darstellt, wird er folglich an einem Tag anders agieren als am nächsten. Die zweite Konsequenz betrifft die Umwelt des Yang Wasser Affen. Wer so oft sich selbst zuhört, kann bisweilen selbstverliebt wirken. Yang Wasser Affen sollten bedenken, daß das, was am Anfang ehrlich und offen wirkt, letztlich auch als nervtötendes, egozentrisches Gequatsche interpretiert werden kann. Im Normalfall aber – Yang Wasser Affen sind durchaus charmant und geistreich – wird der gute Eindruck sich durchsetzen. In beruflichen Belangen turnen Yang Wasser Affen alle möglichen Leitern hinauf und hinunter. Das Bild vom Buben, der in einem Betrieb als Lehrling anfängt und dortselbst als Meister in Pension geht, erfüllen andere kosmische Bilder besser. Der Yang Wasser Affe wäre gelangweilt – seine Freude an Entschlüssen wird ihn immer wieder zum Jobwechsel motivieren. In seinem Beziehungsleben gleicht der Yang Wasser Affe der entschlossenen, liebevollen Mutter, die allerdings auch ganz gern die Schürze mit dem kleinen Schwarzen und die Küche mit dem Tanzcafé vertauscht. Im wesentlichen sollte der Yang Wasser Affe lernen, mit seinen inneren Widersprüchen zu leben! Er wird nie ein graues Mäuschen, das brav Tag für Tag ein kleines Stückchen Käse in sein Loch schleppt! Wenn sich der Yang Wasser Affe in seinen Widersprüchen akzeptiert und diese auslebt, ohne seiner Umwelt zu schaden, kann er sein liebevolles und kreatives Potential vollkommen entfalten.

10 癸酉 Yin Wasser Hahn

Was mich beherrscht + Yang Erde Drache – Yin Erde Schlange	

Was mich beherrscht
+ Yang Erde Drache
– Yin Erde Schlange

Was ich beherrsche
+ Yang Feuer Ratte
– Yin Feuer Büffel

Was mich unterstützt
+ Yang Metall Pferd
– Yin Metall Schaf

Was ich unterstütze
+ Yin Holz Schwein
– Yang Holz Hund

Was mir gleicht
+ Yin Wasser Hahn
– Yang Wasser Affe

Lebens- und Arbeitsgemeinschaft

+ + + Büffel, besonders Yin Holz Büffel
+ Drache, Schlange
– Hund
– – – Yang Feuer Hund

Liebschaft

+ + + Büffel, besonders Yin Holz Büffel
+ Drache, Schlange, Schwein
– Tiger, Affe, Hund
– – – Yang Erde Tiger
Yang Erde Affe
Yang Feuer Hund
♥♥♥ in der Zeit von 11 bis 13 Uhr, aber nur im Monat des Pferdes.

Monate

+ + + Oktober
+ Dezember, Januar
– Juni, Juli
– – – April

Tage

+ + + Yang Metall Pferd im Herbst
+ Yin Holz Schwein, Yang Feuer Ratte
– Yang Wasser Affe
– – – Yin Erde Schlange im Frühling

Stunden

Finanzen	+ 09–11 Uhr	– 15–17 Uhr
Berufliches	+ 01–03 Uhr	– 07–09 Uhr
Kreatives	+ 05–07 Uhr	– 11–13 Uhr
Beziehung	+ 13–15 Uhr	– 19–21 Uhr
Gesundheit, Schönheit	+ 07–09 Uhr	– 13–15 Uhr

10 癸酉 Yin Wasser Hahn

Wirkkraft Metall

Yin Wasser Hähne verfügen über eine außerordentlich empfängliche Intelligenz, eine ausgewogene Harmonie zwischen gefühlsbetonter und sachorientierter Urteilskraft und über einen Hang zur raschen Bewertung jeglicher Umstände in allen Lebenslagen. Ihre Klugheit auf der einen und ihr Streben nach Gerechtigkeit auf der anderen Seite läßt sie ihr Herz gern auf der Zunge tragen. Yin Wasser Hähne haben das oft richtige Gefühl, Angelegenheiten bereinigen zu müssen. Wenn zwei sich streiten, freut sich der dritte! Das kann kein Yin Wasser Hahn erfunden haben. Konflikte gehen ihm nahe – er schätzt sie höchstens insofern, als er seine Lust an Rat und Tat ausleben kann. Yin Wasser Hähne versuchen gerne, durch ihre eigene Sicht der Dinge den beiden Konfliktparteien Lösungsansätze zu vermitteln. Dabei zeigen sie sich beredt und verständig. Yin Wasser Hähne sollten allerdings bedenken, daß guter Rat zwar teuer, vielfach aber nicht erwünscht ist. Lassen Sie ruhig auch andere ihre Erfahrungen machen! Mit Ihrer Hilfe ginge es vielleicht schneller, andererseits aber verstellen Sie als Dritter im Bunde möglicherweise auch den Blick auf Wesentliches. Und das Lob, das Sie wie alle Hähne so gerne hören, können Sie sich auch auf anderen Gebieten erwerben. In beruflicher Hinsicht gilt, was Yin Wasser Hähne im gesamten Leben bedenken sollten. Ihre Vielfalt an guten Eigenschaften und ihr Sinn für die Sache, den sie bisweilen auch ungefragt ausformulieren, kann sie hochmütig werden lassen. Yin Wasser Hähne gönnen sich dann gerne das Gefühl, ein unverstandener Einzelgänger zu sein, der sich mit Leuten abgeben muß, die eigentlich minderwertig sind. Ein bißchen weniger Hochachtung vor sich selbst wäre da wohl angebracht. In privaten Belangen gilt: Selbst sind sie gute Eltern und mit Beschützerinstinkt ausgestattet, aber mit den eigenen Erziehern haben Yin Wasser Hähne oft emotionale Schwierigkeiten. Auch hier wirkt sich ihre Entschlußfreude und die Gabe der Hähne, sehr rasch zu handeln – oft rascher als zu denken – aus. Ein schnelles Wort in der Jugend kann aber noch bis ins hohe Alter bitter bereut werden. Es gibt aber auch noch eine zweite Auswirkung. Yin Wasser Hähne stellen sehr starke Besitzansprüche. Sie träumen von einer Beziehung mit absoluter Treue – selbst wenn der Partner oder die Partnerin nur in Gedanken Lust an anderen Menschen empfindet, fühlen sich Yin Wasser Hähne empfindlich gestört. Hier etwas mehr Lockerheit an den Tag zu legen und mit Zuversicht und berechtigter Arglosigkeit anderen Freiräume zu gestatten, kann den Yin Wasser Hahn zu einem reifen, verständnisvollen Partner machen.

11 甲戌 Yang Holz Hund

Was mich beherrscht
+ Yin Metall Schaf
– Yang Metall Pferd
Was ich beherrsche
+ Yin Erde Hase
– Yang Erde Tiger
Was mich unterstützt
+ Yin Wasser Hahn
– Yang Wasser Affe
Was ich unterstütze
+ Yang Feuer Ratte
– Yin Feuer Büffel
Was mir gleicht
+ Yang Holz Hund
– Yin Holz Schwein

Lebens- und Arbeitsgemeinschaft

+ + + Pferd, besonders Yang Feuer Pferd
+ Tiger, Schwein
– Ratte
– – – Yang Holz Ratte

Liebschaft

+ + + Pferd, besonders Yang Feuer Pferd
+ Schwein
– Büffel
– – – Yin Holz Büffel
♥♥♥ in der Zeit von 5 bis 7 Uhr, aber nur im Monat des Hasen.

Monate

+ + + November
+ März, April
– September, Oktober
– – – Mai

Tage

+ + + Yin Wasser Hahn im Winter
+ Yang Feuer Ratte, Yin Erde Hase
– Yin Holz Schwein
– – – Yang Metall Pferd im Herbst

Stunden

Finanzen	+ 11–13 Uhr	– 17–19 Uhr
Berufliches	+ 03–05 Uhr	– 09–11 Uhr
Kreatives	+ 07–09 Uhr	– 13–15 Uhr
Beziehung	+ 15–17 Uhr	– 21–23 Uhr
Gesundheit, Schönheit	+ 09–11 Uhr	– 15–17 Uhr

11 甲戌 Yang Holz Hund

Wirkkraft Feuer

Der Yang Holz Hund ist ein durch und durch harmonischer und gefestigter Mensch. Seine klare Linie tut seinen Mitmenschen und seinen Geschäften gut. Am Arbeitsplatz gehört er zu den vertrauenswürdigen Mitarbeitern, bei denen jeder weiß, woran er ist. Der Yang Holz Hund läßt keinen Zweifel an seinen Vorhaben und Zielen. Dank seiner Elementekombination Holz, Erde (die dem Hund zugeordnet ist) und Feuer als Wirkkraft hat er viele Ideen – und er weiß, wie er sie umsetzen muß. Allerdings geht seine Leidenschaftlichkeit allzu leicht mit ihm durch. Stellen Sie sich einen Vater vor, der gemeinsam mit seinen Kindern ein Bücherregal zusammenschraubt. Dieser Aufgabe wird er sich mit Fleiß und technischem Geschick widmen. Nicht einmal, wenn eine Schraube in der Packung fehlt, wird ihn das von seinem Ziel abbringen können – denn er hat auch die Gabe der Improvisation. Aber wenn nicht jeder mit gleichem Elan an die Sache herangeht, reagiert der Yang Holz Hund unwirsch. Etwa dann, wenn sein Sohnemann nach fünf Minuten der Bastlerei den Rücken kehrt oder wenn seine Tochter die väterliche Handwerkskunst mit einem „Aber eigentlich gehört da eine ganz andere Schraube hin" in Frage stellt. Da liegt es dem Yang Holz Hund nahe, laut loszubellen – und dadurch das Gegenteil dessen zu erreichen, was er eigentlich wollte. Statt gemeinschaftlicher Bastelabende gibt's dann plärrende Kinder, die schwören, nie wieder einen Schraubenzieher in die Hand zu nehmen. Diese Schwäche muß der Yang Holz Hund bekämpfen. Er sollte die Hilfe anderer, auch wenn sie noch so tolpatschig ist, nie ausschlagen – und auch akzeptieren, wenn seinen Mitmenschen andere Ziele wichtiger sind. Versteht er es, mit seinen Gaben niemanden zwangszubeglücken, werden die anderen wie von Zauberhand seine Hilfe verlangen und tatkräftig an seinen Projekten mitwirken. Im Berufsleben wird sich der Yang Holz Hund möglicherweise als Unternehmer wiederfinden, der auf Expansion statt auf gleichbleibende Verhältnisse setzt. An Heim und Herd versucht er stets, alles zu optimieren und noch praktischer zu gestalten. In beiden Fällen gilt: Vernachlässigen Sie die Bedürfnisse der anderen nicht! Auch wenn Sie wissen, wo die neue Lampe sinnvollerweise anzubringen wäre, gönnen Sie sich und den anderen Irrtümer. Aus diesen können alle lernen. In seiner Beziehung zum anderen Geschlecht wird der Yang Holz Hund sehr früh nach ordentlichen Verhältnissen streben. Sein direkter, natürlicher Appeal hilft ihm dabei. Und obwohl bei ihm im Vergleich mit anderen Hund-Konstellationen der Sinn für Romantik noch am stärksten ausgeprägt ist, sollte auch der Yang Holz Hund nicht vergessen: Hin und wieder sollte man sich in einer Zweierbeziehung Abende gönnen, die nicht zweckgebunden sind!

12 乙亥 Yin Holz Schwein

Was mich beherrscht
+ Yang Metall Pferd
– Yin Metall Schaf
Was ich beherrsche
+ Yang Erde Tiger
– Yin Erde Hase
Was mich unterstützt
+ Yang Wasser Affe
– Yin Wasser Hahn
Was ich unterstütze
+ Yin Feuer Büffel
– Yang Feuer Ratte
Was mir gleicht
+ Yin Holz Schwein
– Yang Holz Hund

Lebens- und Arbeitsgemeinschaft

+ + + Tiger, besonders Yang Holz Tiger
Schwein, besonders Yin Wasser Schwein
\+ Schaf
– Affe
– – – Yang Wasser Affe

Liebschaft

+ + + Tiger, besonders Yang Holz Tiger
Hase, besonders Yin Holz Hase
Schaf, besonders Yin Feuer Schaf
\+ Hund, Schwein
– Hahn
– – – Yin Wasser Hahn
♥♥♥ in der Zeit von 23 bis 1 Uhr, aber nur im Monat der Ratte.

Monate

+ + + Dezember
\+ März, April
– September, Oktober
– – – Juni

Tage

+ + + Yang Wasser Affe im Winter
\+ Yin Feuer Büffel, Yang Erde Tiger
– Yang Holz Hund
– – – Yin Metall Schaf im Herbst

Stunden

Finanzen	+ 13–15 Uhr	– 19–21 Uhr
Berufliches	+ 05–07 Uhr	– 11–13 Uhr
Kreatives	+ 09–11 Uhr	– 15–17 Uhr
Beziehung	+ 17–19 Uhr	– 23–01 Uhr
Gesundheit, Schönheit	+ 11–13 Uhr	– 17–19 Uhr

12 乙亥 Yin Holz Schwein

Wirkkraft Feuer

Das Yin Holz Schwein ist ein feinfühliger Genießer. Es beginnt vieles gerne, führt seine Projekte aber selten bis zum Ende. Yin Holz Schweine sind außerordentlich kreativ; gut paßt das Bild vom Maler, der immer wieder von grandiosen Ideen beflügelt wird, sich aber nur selten aufraffen kann, wirklich zu Pinsel und Palette zu greifen. Da verbindet sich die angeborene Faulheit des Schweins mit der Lust an Neuem des Holzes. Die weibliche Hälfte Yin, das Verständnisvolle des Schweins und die Stärke von Holz lassen Yin Holz Schweine mehr Wert auf Gefühle legen denn auf klare Rationalität. Entscheidungen wird es fast immer intuitiv und sehr schnell treffen. Im sozialen Verhalten wirkt es empfindsam und kann gut zuhören. Yin Holz Schweine spüren sofort, wenn mit dem Gegenüber etwas nicht stimmt. Ob sie darauf liebevoll reagieren, hängt ganz von ihrem Interesse an der Person und deren Geschichte ab. Nur bei sehr nahestehenden Menschen wird es sich viel Zeit nehmen. Im Normalfall aber erlahmt sein Interesse rasch. Mathematik und strategische Überlegungen aller Art sind seine Sache genausowenig wie Arbeit am Detail. Auch die praktische Seite eines Hundes fehlt ihm teilweise. Das legt Berufe, die hohe soziale Kompetenz erfordern, nahe. Da Holz Erde zerstört, kann das Yin Holz Schwein auch finanziell nicht immer über jene Üppigkeit verfügen, die das Schwein so gerne hat. Da trifft es sich gut, daß es dem Materiellen nicht so verhaftet ist wie andere kosmische Bilder. Yin Holz Schweine sind weder karriereversessen noch auf Statussymbole aus. Sie trachten eher, das zu genießen, was ihnen bequem und ohne große Anstrengung offensteht. Statt Mountainbiking oder Downhillracing wird das Yin Holz Schwein lieber gemütlich wandern gehen, einige Einkehrschwünge zu zünftigen Imbissen unterwegs mit eingeschlossen. Eine kleine Schwäche des Yin Holz Schweins ist die Üppigkeit im Leibesumfang. Die Gewichtsprobleme eines Yin Erde Schweins aber erreicht es nicht. In der Liebe ist das Yin Holz Schwein ein wählerischer Partner. Es braucht sehr lange, bis es sich bindet. Und auch dann kann es den Vorzügen neuer Bekanntschaften nur schwer entsagen. Yin Holz Schweine flirten gerne. Mitunter steigen sie ganz unerwartet auf „unmoralische“ Angebote anderer ein. Denn in der Liebe sind sie überschwenglich, aber selten treu. Nur ein absolut faszinierender Partner kann sie bei der Stange halten.

13 丙子 Yang Feuer Ratte

Was mich beherrscht
+ Yin Wasser Hahn
– Yang Wasser Affe

Was ich beherrsche
+ Yin Metall Schlange
– Yang Metall Drache

Was mich unterstützt
+ Yin Holz Schwein
– Yang Holz Hund

Was ich unterstütze
+ Yang Erde Tiger
– Yin Erde Hase

Was mir gleicht
+ Yang Feuer Ratte
– Yin Feuer Büffel

Lebens- und Arbeitsgemeinschaft
+ + + Yin Wasser Büffel, Yang Erde Drache
+ Affe, Schwein
– Tiger, Hase, Schaf, Hahn
– – – Yang Holz Tiger
Yin Holz Hase
Yin Feuer Schaf
Yin Holz Hahn

Liebschaft
+ + + Affe, vor allem Yang Metall Affe
+ Tiger, Schlange
– Hase, Pferd
– – – Yin Holz Hase
Yang Feuer Pferd
♥♥♥ in der Zeit von 17 bis 19 Uhr, aber nur im Monat des Hahns.

Monate
+ + + Januar
+ Juni
– Dezember
– – – Juli

Tage
+ + + Yin Holz Schwein im Frühling
+ Yang Erde Tiger, Yin Metall Schlange
– Yin Feuer Büffel
– – – Yang Wasser Affe im Winter

Stunden

Finanzen	+ 15–17 Uhr	– 21–23 Uhr
Berufliches	+ 07–09 Uhr	– 13–15 Uhr
Kreatives	+ 11–13 Uhr	– 17–19 Uhr
Beziehung	+ 19–21 Uhr	– 01–03 Uhr
Gesundheit, Schönheit	+ 13–15 Uhr	– 19–21 Uhr

13 丙子 Yang Feuer Ratte

Wirkkraft Wasser

Die Yang Feuer Ratte ist ein Organisations- und Informationstalent. Das Bild von der eifrigen Mutter, die mit Liebe Kinderpartys organisiert, bei denen ein Clown die Kleinen unterhält und sie selbst mit den Müttern ein Gespräch bei Kaffee und Kuchen führen kann, trifft die Yang Feuer Ratte gut. Oder auch der Psychologiestudent, der mit Leidenschaft sein Inneres erforscht und seine Ergebnisse in einer Selbsterfahrungsgruppe austauscht; genauso aber auch der Unternehmer, der seine gesamte Energie in sein Geschäft steckt, zwar weiß, daß man gute Kunden auch mit kleinen Geschenken oder Sonderrabatten bei der Stange hält, dabei aber nie sinnvolle Investitionen mit freigebiger Verschwendung verwechselt. Zentral bleibt allen diesen Bildern die Aktivität, die Unlust an fauler Ruhe und der Sinn für Gespräche und kommunikativen Austausch. Die Umtriebigkeit läßt allerdings mitunter die Beharrlichkeit vermissen. Yang Feuer Ratten können gar nicht schnell genug das Thema wechseln, überfüllen ihren Terminkalender mit abwechslungsreichen Verabredungen und setzen sich stets neue Ziele. Obwohl der Zen-Buddhismus rät, den Weg als das Ziel zu betrachten, sollten Yang Feuer Ratten ob ihrer mannigfaltigen Wege nicht vergessen, daß ein Ziel schneller erreicht ist als viele verschiedene. Für Yang Feuer Ratten empfiehlt es sich im Beruf folglich, mehr Auftraggeber zu sein, als sich als zuverlässiger Arbeitnehmer zu versuchen. Ihre Leidenschaft läßt sie auch heftiger als andere an der Verzweiflung nagen. Der Vorteil ist nur: Am nächsten Tage ist es wieder vergessen. Himmelhoch jauchzend, zu Tode betrübt: Diese wechselvollen Gefühlszustände kennzeichnen das Innenleben der Yang Feuer Ratte. Darüber mit anderen zu reden, fällt ihr nur dann leicht, wenn sie Vertrauen hat. Dann aber sprudeln die Informationen aus ihr hervor wie aus wenig anderen. Sie kennen das vielleicht: Sie teilen sich und viele Informationen gerne anderen mit, wenn's aber um Ihre wahren Probleme geht, scheuen Sie das offene Wort. Zum Teil auch deshalb, weil Sie sich selbst einfach nicht so wichtig nehmen. Zum Teil aber auch, weil Sie glauben, anderen nicht ausreichend vertrauen zu können. Wenn die Yang Feuer Ratte lernt, beharrlich die Ziele zu verfolgen, die sie sich gesteckt hat, und gleichzeitig offen genug über alles reden kann, dann kann sie es mit jedem aufnehmen.

Was mich beherrscht
+ Yang Wasser Affe
– Yin Wasser Hahn
Was ich beherrsche
+ Yang Metall Drache
– Yin Metall Schlange
Was mich unterstützt
+ Yang Holz Hund
– Yin Holz Schwein
Was ich unterstütze
+ Yin Erde Hase
– Yang Erde Tiger
Was mir gleicht
+ Yin Feuer Büffel
– Yang Feuer Ratte

Lebens- und Arbeitsgemeinschaft

+ + + Hahn, besonders Yin Metall Hahn
Schwein, besonders Yin Erde Schwein
+ Schlange, Ratte
– Drache
– – – Yang Wasser Drache

Liebschaft

+ + + Hund, besonders Yang Erde Hund
Hahn, besonders Yin Metall Hahn
Ratte, besonders Yang Wasser Ratte
+ Affe, Hase
– Schwein
– – – Yin Wasser Schwein
♥♥♥ in der Zeit von 11 bis 13 Uhr, aber nur im Monat des Pferdes.

Monate

+ + + Februar
+ Juni, Juli
– Dezember, Januar
– – – August

Tage

+ + + Yang Holz Hund im Frühling
+ Yin Erde Hase, Yang Metall Drache
– Yang Feuer Ratte
– – – Yin Wasser Hahn im Winter

Stunden

Finanzen	+ 17–19 Uhr	– 23–01 Uhr
Berufliches	+ 09–11 Uhr	– 15–17 Uhr
Kreatives	+ 13–15 Uhr	– 19–21 Uhr
Beziehung	+ 21–23 Uhr	– 03–05 Uhr
Gesundheit, Schönheit	+ 15–17 Uhr	– 21–23 Uhr

14 丁丑 Yin Feuer Büffel

Wirkkraft Wasser

Yin Feuer Büffel sind ausgesprochen ausgeglichen, ruhig und sicher. Sie scheuen zeitlebens keine Mühe, fühlen sich jeder Aufgabe gewachsen und bleiben auch unter extremen Bedingungen stabil. Im tiefsten Herzen sind sie konservativ. Die Idee von fünf Tagen harter Arbeit und einem ordentlichen Freizeit-Wochenende könnte von einem Yin Feuer Büffel stammen. Mit demselben Elan, mit dem er sich seinem Beruf widmet, wird er am Wochenende die Gartenmöbel aufstellen, sich in eine Liege fläzen und – vielleicht mit einem Drink in der Hand und einer Grillparty vor Augen – sich erholen. In seinem Leben hat alles seine schöne Ordnung; er versteht es, zur rechten Zeit zu säen, zu gießen und zu ernten. In seiner Außenwirkung glänzt er durch Freundlichkeit und Ruhe. Er ist vielen seiner Mitmenschen starke Schulter und kräftige Brust zum Ausweinen zugleich; er ist jemand, der unsichere Mitmenschen einfach an der Hand faßt – und schon hat man den Eindruck, daß alles wieder gut wird. Dabei ist der Yin Feuer Büffel nicht der entschlußfreudigste Mensch der Welt. Mit Sprunghaftigkeit und schwankhaften Charakteren kann er auch wenig anfangen. Sein Lebensweg verläuft im optimalen Fall geradlinig. Der Yin Feuer Büffel muß sich nur vor skrupellosen Menschen hüten. Er wird ob seiner Gutmütigkeit leicht ausgenützt. Aber irgendwann bemerken die meisten Yin Feuer Büffel, daß sie einen Parasiten an ihrer breiten Brust nähren. Und dann gnade diesem Gott! Denn der Zorn des Yin Feuer Büffels kann verbrennen. Das gilt leider auch für Alltagssituationen. Manchmal zerstören die Wutausbrüche eines Yin Feuer Büffels das, was ihm am liebsten ist. Wenn er aber trotz seines Lebensglücks bescheiden bleibt und seine Selbstsicherheit nicht zu Eigenliebe und Selbstgefälligkeit ausartet, sollte er vor allem in beruflicher Hinsicht stetes Wachstum erleben. Auch an Heim und Herd wird er der Bilderbuchmama beziehungsweise dem idealen Vater wunderbar entsprechen. Jedenfalls fällt es ihm leicht, sich harmonisch in die jeweiligen Gegebenheiten zu fügen, ohne mit seinem Schicksal zu hadern. In der Liebe ist der Yin Feuer Büffel ein potenter Partner, der es den anderen an nichts fehlen läßt. Er bindet sich aber erst spät, sein Sinn für Kinder entwickelt sich erst im reifen Erwachsenenalter. Das ist auch gut so: Vorderhand wäre er mehr ein cholerischer Vater denn ein liebevoll sorgender.

15 戊寅 Yang Erde Tiger

Was mich beherrscht
+ Yin Holz Schwein
– Yang Holz Hund
Was ich beherrsche
+ Yin Wasser Schaf
– Yang Wasser Pferd
Was mich unterstützt
+ Yin Feuer Büffel
– Yang Feuer Ratte
Was ich unterstütze
+ Yang Metall Drache
– Yin Metall Schlange
Was mir gleicht
+ Yang Erde Tiger
– Yin Erde Hase

Lebens- und Arbeitsgemeinschaft

+ + + Pferd, besonders Yang Erde Pferd
+ Hund, Schwein
– Hase
– – – Yin Metall Hase

Liebschaft

+ + + Tiger, besonders Yang Feuer Tiger
+ Pferd, Drache
– Hase, Affe
– – – Yin Metall Hase
Yang Metall Affe
♥♥♥ in der Zeit von 5 bis 7 Uhr, aber nur im Monat des Hasen.

Monate

+ + + März
+ Mai, November
– Februar, August
– – – September

Tage

+ + + Yin Feuer Büffel im Sommer
+ Yang Metall Drache, Yin Wasser Schaf
– Yin Erde Hase
– – – Yang Holz Hund im Frühling

Stunden

Finanzen	+ 19–21 Uhr	– 01–03 Uhr
Berufliches	+ 11–13 Uhr	– 17–19 Uhr
Kreatives	+ 15–17 Uhr	– 21–23 Uhr
Beziehung	+ 23–01 Uhr	– 05–07 Uhr
Gesundheit, Schönheit	+ 17–19 Uhr	– 23–01 Uhr

Besonderheiten

Glückstag im 1., 2. und 3. Mondmonat.

15 戊寅 Yang Erde Tiger

Wirkkraft Erde

Der Yang Erde Tiger trägt zwei gegensätzliche Elemente in sich. Wie alle Tiger ist er dem Holz verhaftet. Dieses zerstört Erde, aber von der hat der Yang Erde Tiger ohnehin genug. In seinem ganzen Sein macht sich der Widerspruch zwischen Holz und Erde bemerkbar. Der Yang Erde Tiger liebt seine Freiheit über alles, er ist kühn, expansiv und entschlossen. Riskante Situationen bereiten ihm ansprechenden Kitzel. Seine Unrast läßt ihn immer wieder Unerforschtes wagen. Und das, obwohl er in seiner Seele unwägbaren Risiken mißtrauisch gegenübersteht. Es ist mehr die Sehnsucht, die ihn immer wieder auf weiße Flecken seiner inneren Landkarte treibt. Der Yang Erde Tiger will alles und jedes mit seinem Geist durchdringen. Irgendwie kann man sich des Eindrucks nicht erwehren, daß Yang Erde Tiger selbst nicht so genau wissen, was sie eigentlich vom Leben wollen. Meistens ist es jedenfalls nicht das, was sie gerade haben. Zumindest dann nicht, wenn dieses Schwierigkeiten zu machen droht. Ein junger Mann, der schon immer Kinder haben wollte und der das erste Mal damit konfrontiert wird, daß Kinderaufziehen auch regelmäßiges Windelwechseln bedeutet, wird versuchen, seine Zeit möglichst oft außerhalb des trauten Heims zu verbringen. Die Angestellte, die immer schon zur Chefsekretärin aufsteigen wollte und nun erkennen muß, daß mit dem begehrten Job auch Überstunden bis 23 Uhr verbunden sind, wird als Yang Erde Tiger mit dem Schicksal hadern und vielleicht die Firma wechseln wollen. Viele Yang Erde Tiger haben freilich gelernt, den Tatsachen ins Auge zu blicken. Wenn der oben beschriebene junge Mann aber die Zeit der durchwachten Nächte durchsteht, winkt ihm erfüllendes Familienglück. Wenn die Chefsekretärin anfangs Überstunden macht, kann sich bei einiger Routine ein regelmäßigerer Arbeitsalltag einstellen. Um dem Yang Erde Tiger diese Zuversicht zu schenken, ist es notwendig, ihn schon im Kindesalter zur Konzentration anzuhalten und sein Durchhaltevermögen zu stärken. Wenn ein Sprößling einmal mit Puppen und im nächsten Augenblick mit Autos spielen will, nur um gleich darauf in der Küche ein Eis zu essen, sollten Sie als verantwortungsbewußter Elternteil das Puppenspiel durch Ihre Mitwirkung für längere Zeit interessant machen. Der erwachsene Yang Erde Tiger wird es Ihnen danken! In Liebe und Leidenschaft brauchen Yang Erde Tiger einen verständnisvollen Partner, der ihnen hilft, die eigenen Launen zu mäßigen, und der auch schwierige Situationen mit ihm gemeinsam durchsteht. Grundsätzlich aber ist die Beziehung mit einem Yang Erde Tiger sicher nicht ihrer Kontinuität wegen befriedigend – sondern eher wegen der atemberaubenden Höhen und Tiefen in psychischer wie körperlicher Hinsicht, die man gemeinsam durchleben kann!

16 己卯 Yin Erde Hase

Was mich beherrscht
+ Yang Holz Hund
– Yin Holz Schwein
Was ich beherrsche
+ Yang Wasser Pferd
– Yin Wasser Schaf
Was mich unterstützt
+ Yang Feuer Ratte
– Yin Feuer Büffel
Was ich unterstütze
+ Yin Metall Schlange
– Yang Metall Drache
Was mir gleicht
+ Yin Erde Hase
– Yang Erde Tiger

Lebens- und Arbeitsgemeinschaft

+++ Schaf, besonders Yin Erde Schaf
Hase, besonders Yin Feuer Hase
+ Schwein, Hund
– Affe
––– Yang Metall Affe

Liebschaft

+++ Drache, besonders Yang Holz Drache
+ Schaf, Schwein, Hund, Schlange, Hase
– Affe
––– Yang Metall Affe
♥♥♥ in der Zeit von 23 bis 1 Uhr, aber nur im Monat der Ratte.

Monate

+++ April
+ August, Februar
– März, November
––– Oktober

Tage

+++ Yang Feuer Ratte im Sommer
+ Yin Metall Schlange, Yang Wasser Pferd
– Yang Erde Tiger
––– Yin Holz Schwein im Frühling

Stunden

Finanzen	+ 21–23 Uhr	– 03–05 Uhr
Berufliches	+ 13–15 Uhr	– 19–21 Uhr
Kreatives	+ 17–19 Uhr	– 23–01 Uhr
Beziehung	+ 01–03 Uhr	– 07–09 Uhr
Gesundheit, Schönheit	+ 19–21 Uhr	– 01–03 Uhr

16 己卯 Yin Erde Hase

Wirkkraft Erde

Yin Erde Hasen sind vertrauenswürdig, gutmütig und phantasievoll. Ihre erdbedingte Sehnsucht gilt der Harmonie, sie verstehen es mühelos, Wohlbefinden herzustellen. Deswegen sind Yin Erde Hasen außerordentlich teamfähig. Ihnen liegt es nicht, anderen vorauszueilen. Bei einer gemeinsamen Wanderung werden sie stets das Tempo wählen, das die voranstürmenden Dränger mit den nachhinkenden Gemütlichen verbindet. Wie durch ein Wunder gelingt es Yin Erde Hasen oft, vormals Zerstrittene wieder zu versöhnen. Dabei hilft ihnen ihre Menschenkenntnis, ihr Sinn für Charakter und Sitte sowie ihre begeisternde Redegabe. Wenn Yin Erde Hasen von ihrem Partner sprechen, werden sie nie die schlechten Eigenschaften präsentieren, sondern immer ein bezauberndes Bild heraufbeschwören. Sogar, wenn sie in einer Gaststätte knorpeliges Fleisch und zerkochtes Gemüse serviert bekommen, werden Yin Erde Hasen das Menü so loben, daß alle, die nicht dabeigewesen sind, glauben, es wäre ein Dinner in einem Gourmettempel gewesen. Yin Erde Hasen verstehen es ausgezeichnet, sich in bestehende Hierarchien einzufügen. Mitunter kann aber auch innere Schwäche die Ursache dafür sein, das unbestimmte Gefühl, ohne die Mitwirkung anderer wenig wert zu sein und allein den Fährnissen des Lebens machtlos gegenüberzustehen. Wenn Yin Erde Hasen begreifen, daß sie von sich genauso begeistert sein können wie von anderen, läßt sie dieses frisch erworbene Selbstvertrauen ihr Leben um so besser durchstehen. Die innere Spannung im Yin Erde Hasen kann seine Umwelt manchmal vor den Kopf stoßen. Vor allem dann, wenn sich die Spannung in unerwarteten Gefühlsausbrüchen äußert, die aber stets eher von Selbstbeschuldigungen denn von Aggression gegen andere durchsetzt sind. In beruflicher Hinsicht sollte der Yin Erde Hase seinen Platz in einem Team und/oder einer Familie suchen, die ihm genügend Raum für Kreativität offenlassen. In der Liebe strebt der Hase grundsätzlich eine lang währende Partnerschaft an. Ein Traum, der sich um so leichter erfüllen lassen wird, wenn sowohl er als auch sein Partner oder seine Partnerin lernen, sorgsam mit den Gefühlen des anderen umzugehen. Oft kann es vorkommen, daß der Yin Erde Hase einen Partner sucht, der um einiges jünger oder älter ist als er. Denn in der Beziehung sind seinem Element und seiner Wirkkraft Erde Mann und Frau zugeordnet, seinem Tierkreiszeichen aber das Geflecht zwischen Herrscher und Untertan. Zwischen beiden Bedürfnissen eine Harmonie herzustellen – und das richtige Maß zwischen Bestimmen und Nachgeben zu finden, kann dem Yin Erde Hasen Lebensaufgabe und Erfüllung zugleich bedeuten.

17 庚辰 Yang Metall Drache

Was mich beherrscht
+ Yin Feuer Büffel
– Yang Feuer Ratte

Was ich beherrsche
+ Yin Holz Hahn
– Yang Holz Affe

Was mich unterstützt
+ Yin Erde Hase
– Yang Erde Tiger

Was ich unterstütze
+ Yang Wasser Pferd
– Yin Wasser Schaf

Was mir gleicht
+ Yang Metall Drache
– Yin Metall Schlange

Lebens- und Arbeitsgemeinschaft

+ + + Ratte, besonders Yang Metall Ratte
Affe, besonders Yang Erde Affe
Schwein, besonders Yin Feuer Schwein
+ Tiger, Hase, Schlange
– Hahn
– – – Yin Feuer Hahn

Liebschaft

+ + + Tiger, besonders Yang Erde Tiger
Hase, besonders Yin Erde Hase
Schlange, besonders Yin Feuer Schlange
Affe, besonders Yang Feuer Affe
+ Ratte, Schaf, Pferd
– Büffel, Hahn
– – – Yin Erde Büffel
Yin Feuer Hahn
♥♥♥ in der Zeit von 17 bis 19 Uhr, aber nur im Monat des Hasen.

Monate

+ + + Mai
+ September, Oktober
– März, April
– – – November

Tage

+ + + Yin Erde Hase im Frühling
+ Yang Wasser Pferd, Yin Holz Hahn
– Yin Metall Schlange
– – – Yang Feuer Ratte im Sommer

Stunden

Finanzen	+ 23–01 Uhr	– 05–07 Uhr
Berufliches	+ 15–17 Uhr	– 21–23 Uhr
Kreatives	+ 19–21 Uhr	– 01–03 Uhr
Beziehung	+ 03–05 Uhr	– 09–11 Uhr
Gesundheit, Schönheit	+ 21–23 Uhr	– 03–05 Uhr

17 庚辰 Yang Metall Drache

Wirkkraft Metall

Yang Metall Drachen sind extrovertiert, tatkräftig, umsichtig und gesellig. Sie lieben das Leben, bejahen es mit all seinen Widrigkeiten und lassen sich von nichts und niemandem unterkriegen. Yang Metall Drachen geben gerne den Ton an – und die meisten ihrer Mitmenschen gewähren ihnen diese Rolle auch. Yang Metall Drachen denken meistens in großen Dimensionen. Wenn sie einen Wagen kaufen, werden sie eher die gehobene Mittelklasse und nicht das GTI Cabrio wählen; wenn sie etwas planen, dann in großem Stil; wenn sie heiraten, dann nicht verschwiegen und im stillen, sondern im Rahmen eines großen Festes. Kleinlichkeit halten sie für schäbig. Wenn man einen Yang Metall Drachen um Geld fragt, wird er selten verneinen, manchmal achselzuckend borgen, oft aber die Frage stellen: „Brauchst du wirklich nur tausend – oder soll ich dir mehr zur Verfügung stellen?“ Yang Metall Drachen lieben es, wenn sie großzügig sein können. Auf der anderen Seite können sie äußerst schlecht mit Nebenbuhlern umgehen. Wer einem Yang Metall Drachen den Rang streitig macht, wird mit all der Entschlossenheit des Metalls konfrontiert werden. Yang Metall Drachen wollen anerkannt sein, sie brauchen ihren Status, und sie hassen es, wenn sie jemand in aller Öffentlichkeit zurechtweist. Wenn ein Yang Metall Drache sich auf einem Amt ignoriert fühlt, wird er lautstark auf sich aufmerksam machen. Wenn sein Begleiter dann ein flehentliches „Bitte, nicht jetzt“ anbringen will, reagiert der Yang Metall Drache sauertöpfisch. Er will sich nehmen, was ihm zusteht. Viele Yang Metall Drachen sollten aber berücksichtigen: Mit einem Tropfen Honig fängt man mehr Fliegen als mit einem Faß voll Essig! Das gilt auch für Berufliches. Nicht nur Talent und Fähigkeiten zählen. Karriere macht nicht unbedingt, wer fachlich der Qualifizierteste ist. Der Mensch braucht auch soziales Schmieröl. Wenn Sie ein Büro betreten, weil Sie eine bestimmte Auskunft benötigen, empfiehlt es sich nicht, sofort mit der Tür ins Haus zu fallen. Statt „Ich brauche die Information XY. Wissen Sie darüber Bescheid?“ ist ein Gruß, eine Vorstellung, bei Kollegen ein „Wie geht es Ihnen?“ angebracht. Viele unverständlich scheinende Probleme des Yang Metall Drachen werden sich wie von Zauberhand lösen, wenn er nicht nur die Sache, sondern immer auch das Zwischenmenschliche in den Mittelpunkt seiner Kommunikation stellt. Das gilt auch in Liebesangelegenheiten: Yang Metall Drachen sind starke, vertrauenswürdige Partner, die zu tiefen Emotionen fähig sind. Ein bißchen mehr Zuhören und Eingehen auf den anderen aber könnte ihre partnerschaftlichen Fähigkeiten optimieren.

18 辛巳 Yin Metall Schlange

Was mich beherrscht	
+	Yang Feuer Ratte
–	Yin Feuer Büffel
Was ich beherrsche	
+	Yang Holz Affe
–	Yin Holz Hahn
Was mich unterstützt	
+	Yang Erde Tiger
–	Yin Erde Hase
Was ich unterstütze	
+	Yin Wasser Schaf
–	Yang Wasser Pferd
Was mir gleicht	
+	Yin Metall Schlange
–	Yang Metall Drache

Lebens- und Arbeitsgemeinschaft

+ + + Hahn, besonders Yin Erde Hahn
+ Drache, Schwein
– Affe
– – – Yang Feuer Affe

Liebschaft

+ + + Drache, besonders Yang Feuer Drache
+ Pferd, Schlange
– Schaf
– – – Yin Erde Schaf
♥♥♥ in der Zeit von 11 bis 13 Uhr, aber nur im Monat des Pferdes.

Monate

+ + + Juni
+ September, Oktober
– März, April
– – – Dezember

Tage

+ + + Yang Erde Tiger im Frühling
+ Yin Wasser Schaf, Yang Holz Affe
– Yang Metall Drache
– – – Yin Feuer Büffel im Sommer

Stunden

Finanzen	+ 01–03 Uhr	– 07–09 Uhr
Berufliches	+ 17–19 Uhr	– 23–01 Uhr
Kreatives	+ 21–23 Uhr	– 03–05 Uhr
Beziehung	+ 05–07 Uhr	– 11–13 Uhr
Gesundheit, Schönheit	+ 23–01 Uhr	– 05–07 Uhr

Besonderheiten

Vorsicht bei neuen Unternehmungen, da die Gefahr von finanziellen Verlusten besteht, ebenso wie die Gefahr des Unglücklichwerdens.

18 辛巳 Yin Metall Schlangen

Wirkkraft Metall

Yin Metall Schlangen sind ruhige Träumer, die aber mit beiden Beinen fest im Leben stehen. Sie sind intelligent, legen meist Wert auf Bildung, entscheiden gerne und sind trotz ihrer sehr selbstbestimmten Außenwirkung meist beseelt von einer gefühlskräftigen Leidenschaft. Irgendwie schwebt vielen Yin Metall Schlangen ein Weltbild vor, in dem alle mit stoischer Gelassenheit die eigenen Wünsche befriedigen können, ohne dabei die Grenzen anderer zu verletzen. Yin Metall Schlangen tragen dieses Weltbild auch gerne nach außen – sie sind dank ihrer Rednergabe oft gut im Erklären von Zusammenhängen. Ein Potential, das sie zu bemühten Eltern werden läßt. Malen Sie sich das Bild eines Kindes aus, das seinen Yin Metall Schlangen-Vater fragt: „Papa, leben Dinosaurier noch?" Man kann diese Frage mit einem kurzen „Nein" eindeutig beantworten – oder man beginnt dem fragenden Kind die Welt vorzuzaubern, wie sie einst war, inklusive Dinosaurier, Kometentheorie, Eiszeit und Menschwerdung. Etwas im Sinne von „Einst waren sie die Beherrscher der Erde, heute finden wir nur noch die kleinen Verwandten von ihnen, die Eidechsen . . .". Yin Metall Schlangen werden immer die zweite Antwort wählen – und möglicherweise die Entstehungsgeschichte der Welt und des Universums im allgemeinen gleich miterklären. Was Kinder lieben und mitunter auch früh reifen läßt, kann Erwachsenen bisweilen lästig werden. Denn wenn Sie eine echte Yin Metall Schlange fragen: „Wie geht es dir?", werden Sie selten „gut", dafür oft einige kurze Episoden der jüngeren Lebensgeschichte hören. Die Motivation der Yin Metall Schlange liegt dabei oft auch in der eigenen Unsicherheit – sie braucht Aufmerksamkeit mehr als andere kosmische Bilder. In diesem Sinne sei ihren Mitmenschen geraten, die Rede einer Yin Metall Schlange mit einem Lob etwas abzukürzen. Yin Metall Schlangen selbst ist zu wünschen, daß sie begreifen lernen, daß sie nichts Besonderes leisten müssen, um geliebt zu werden. In beruflicher Hinsicht neigen Yin Metall Schlangen dazu, sich zuviel aufhalsen zu lassen. Ihre Leistungskraft läßt sie immer wieder mehr tun, als sie müßten. Auch hier ist zu mehr Vorsicht zu raten. „Was du tust, das tue recht, lieber weniger – denn etwas schlecht!" möchte man einer Yin Metall Schlange ins Stammbuch des Lebens schreiben. In familiärer Hinsicht binden sich viele Yin Metall Schlangen früh, was ihnen nur bei konsequenter Lebensführung zum Vorteil gereicht. Im allgemeinen aber sind sie treu, können ihre Abenteuer recht gut im Kopf – und ihre Lust an Familie und lang währender Partnerschaft in ihren Handlungen ausleben.

19 壬午 Yang Wasser Pferd

Was mich beherrscht
+ Yin Erde Hase
– Yang Erde Tiger
Was ich beherrsche
+ Yin Feuer Schwein
– Yang Feuer Hund
Was mich unterstützt
+ Yin Metall Schlange
– Yang Metall Drache
Was ich unterstütze
+ Yang Holz Affe
– Yin Holz Hahn
Was mir gleicht
+ Yang Wasser Pferd
– Yin Wasser Schaf

Lebens- und Arbeitsgemeinschaft

+ + + Schaf, besonders Yin Holz Schaf
+ Hase, Pferd
– Drache
– – – Yang Feuer Drache

Liebschaft

+ + + Pferd, besonders Yang Holz Pferd
Schaf, besonders Yin Holz Schaf
Hund, besonders Yang Metall Hund
+ Tiger, Hase, Schlange
– Ratte, Büffel
– – – Yang Metall Ratte
Yin Metall Büffel
♥♥♥ in der Zeit von 5 bis 7 Uhr, aber nur im Monat des Hasen.

Monate

+ + + Juli
+ Dezember
– Juni
– – – Januar

Tage

+ + + Yin Metall Schlange im Frühling
+ Yang Holz Affe, Yin Feuer Schwein
– Yin Wasser Schaf
– – – Yang Erde Tiger im Frühling

Stunden

Finanzen	+ 03–05 Uhr	– 09–11 Uhr
Berufliches	+ 19–21 Uhr	– 01–03 Uhr
Kreatives	+ 23–01 Uhr	– 05–07 Uhr
Beziehung	+ 07–09 Uhr	– 13–15 Uhr
Gesundheit, Schönheit	+ 01–03 Uhr	– 07–09 Uhr

19 壬午 Yang Wasser Pferd

Wirkkraft Holz

Yang Wasser Pferde sind stattlich, sicher und jovial. Ihre Intelligenz ist mehr von der geschickten, hausverständigen Art. Theoretisches Bücherwissen ist ihnen zuwenig; „learning by doing" entspricht ihnen eher. Yang Wasser Pferde stellen sich jeder Aufgabe mit Verve und Elan. Sie sind auch weniger sparsam als viele ihrer Artgenossen. Allerdings sparen sie auch nicht mit heftigen Gefühlen! Es kann zwar lange dauern, bis ein Pferd ausbricht, aber wenn, dann gleicht es eher dem Ätna als einem Wassertopf, dem der Deckel hochgeht. Die Folgen sind mitunter ähnlich. Wenn so ein vulkanisches Gemüt explodiert, hinterläßt es bleibende Spuren. Auch wenn es das selber gar nicht wollte. Am besten, das Yang Wasser Pferd kanalisiert seine Emotionen im Sport. Viele tun das instinktiv, sie joggen, ehe sie schreien, spielen aber noch häufiger Fußball oder bevorzugen im allgemeinen Mannschaftssportarten. Waldläufe wollen sie selten allein unternehmen, obwohl es beim Ehrgeiz der Yang Wasser Pferde für viele schwer ist, Schritt zu halten! Ihre Wirkkraft Holz läßt sie nach außen hie und da wankelmütig erscheinen. Trotz ihrer ehrlichen Prinzipien können sie diese nicht immer vermitteln. Die meisten Yang Wasser Pferde sind Spätzünder und wirken schmächtiger als ihre gleichaltrigen Kameraden. Einige werden von leistungsgläubigen Eltern daher zur Perfektion in einem Gebiet angetrieben. Wer aber irgendwo perfekt sein will, muß egoistisch an die Sache herangehen. Kein Spitzensportler bringt es weit, wenn er nur an andere denkt! Dieser Egoismus ist es, der sich anderen vermittelt. In ihrer Arbeit haben Yang Wasser Pferde einen steten Drang nach außen. Es macht Sinn, sie zu Präsentatoren zu machen. Allein zu Hause werden sie trübsinnig, bisweilen aus Langeweile faul, nie aber leidenschaftlich und zufrieden. Ein Yang Wasser Pferd will sachlich wie emotional eingebunden werden! Das gilt auch für die Liebe. Yang Wasser Pferde sind zu sagenhaften Leistungen fähig. Der Preis dafür ist die Hingabe an sie. Der Preis, den Yang Wasser Pferde selbst für lang währendes Glück zahlen müssen, ist weniger Egoismus und mehr Zuhörbereitschaft. Typisch wäre jemand, der fragt: „Wie geht es dir?", nur um kurz nach dem „Gut, und . . ." das Gegenüber zu unterbrechen und von den eigenen Erlebnissen zu erzählen. So interessant diese auch sein mögen, so fade die Schilderungen des anderen vielleicht auch sind: Yang Wasser Pferde sollten sich darauf einlassen. Reden können sie, zuhören müssen sie lernen – und für ihre Partner gilt meist das Gegenteil. Denn Yang Wasser Pferde suchen sich meist instinktiv jemanden, der sie ergänzt.

20 癸未 Yin Wasser Schaf

Was mich beherrscht
+ Yang Erde Tiger
– Yin Erde Hase
Was ich beherrsche
+ Yang Feuer Hund
– Yin Feuer Schwein
Was mich unterstützt
+ Yang Metall Drache
– Yin Metall Schlange
Was ich unterstütze
+ Yin Holz Hahn
– Yang Holz Affe
Was mir gleicht
+ Yin Wasser Schaf
– Yang Wasser Pferd

Lebens- und Arbeitsgemeinschaft

+ + + Pferd, besonders Yang Holz Pferd
+ Hase, Affe, Schwein
– Ratte
– – – Yang Metall Ratte

Liebschaft

+ + + Pferd, besonders Yang Holz Pferd
+ Hase, Drache
– Schlange, Schaf
– – – Yang Feuer Schlange
Yin Metall Schaf
♥♥♥ in der Zeit von 23 bis 1 Uhr, aber nur im Monat der Ratte.

Monate

+ + + August
+ Dezember, Januar
– Juni, Juli
– – – Februar

Tage

+ + + Yang Metall Drache im Herbst
+ Yin Holz Hahn, Yang Feuer Hund
– Yang Wasser Pferd
– – – Yin Erde Hase im Frühling

Stunden

Finanzen	+ 05–07 Uhr	– 11–13 Uhr
Berufliches	+ 21–23 Uhr	– 03–05 Uhr
Kreatives	+ 01–03 Uhr	– 07–09 Uhr
Beziehung	+ 09–11 Uhr	– 15–17 Uhr
Gesundheit, Schönheit	+ 03–05 Uhr	– 09–11 Uhr

20 癸未 Yin Wasser Schaf

Wirkkraft Holz

Yin Wasser Schafe sind weich, duldsam und kommunikativ. Sie können sich hervorragend in Hierarchien einfügen und kennen kaum Autoritätsprobleme. Sie akzeptieren einfach, daß ein Chef ein Chef ist – genauso, wie sie es selbst in einer Führungsrolle verlangen und bekommen. Mitunter aber plagt Yin Wasser Schafe eine für andere schwer verständliche Zukunftsangst. Gerade wer so gute schöpferische Anlagen hat – und in guten Phasen immer wieder betont, daß er Neuem aufgeschlossen gegenübersteht, hat das eigentlich nicht nötig. Aber diese Furcht vor unberechenbaren Zuständen prägt Yin Wasser Schafe mitunter. So, als müßten sie ihr Leben lang dafür sorgen, daß sie im hohen Alter nicht Armensuppe löffeln müssen. Junge Yin Wasser Schafe fallen oft durch unerwartete Verständigkeit auf. Das kann Folge dieser Zukunftsangst sein: Wer meint, daß ihm künftig Nachteile drohen, wird sich beizeiten wappnen – und bei Kindern kann sich das so ausdrücken, daß sie erwachsener sind, als es ihrem Alter entspricht. Dabei kennen Yin Wasser Schafe auch die andere, die „schwarze Seite" eines Schafes. Sie können, vor allem in ihrer Kindheit, recht launenhaft sein und immer wieder Abwechslung einfordern. Da reicht es nicht, eine Geburtstagsparty mit schöner Torte zu organisieren. Da muß ein Zauberer, ein Clown oder ein neuer Videofilm her! Diese Launenhaftigkeit sollte das Yin Wasser Schaf zu beherrschen lernen. Eltern sollten es aber nicht bestrafen, sondern maßvoll zur Konzentration erziehen. In beruflicher Hinsicht gilt: Das Yin Wasser Schaf verschlägt es immer wieder in neue Bereiche. Einem Yin Wasser Schaf fällt dank seiner Wirkkraft Holz mit Sicherheit etwas Neues, Gutes ein. In der Liebe müssen Yin Wasser Schafe in den ersten Jahren einer Beziehung meist ein Wechselbad der Gefühle durchmachen. Hier sollten sie lernen, ihrer Intuition zu trauen, offen über alles zu reden und vor allem dem Partner oder der Partnerin jenes Vertrauen zu schenken, das er oder sie verdient. Yin Wasser Schafe selbst brauchen duldsame Partner, die ihre gelegentlichen Ausreißer in kapriziöses Verhalten tolerieren. Da sie im allgemeinen aber die Ruhe selbst sind, tut eine leidenschaftliche, direkte Ergänzung mitunter recht gut. Wenn Yin Wasser Schafe die erste Zeit überbrückt haben, werden sie zumeist eine erfüllte Beziehung fürs Leben führen können.

21 甲申 Yang Holz Affe

Was mich beherrscht + Yin Metall Schlange – Yang Metall Drache
Was ich beherrsche + Yin Erde Büffel – Yang Erde Ratte
Was mich unterstützt + Yin Wasser Schaf – Yang Wasser Pferd
Was ich unterstütze + Yang Feuer Hund – Yin Feuer Schwein
Was mir gleicht + Yang Holz Affe – Yin Holz Hahn

Lebens- und Arbeitsgemeinschaft

+ + + Drache, besonders Yang Wasser Drache
Affe, besonders Yang Holz Affe
+ Pferd
– Schwein
– – – Yin Metall Schwein

Liebschaft

+ + + Drache, besonders Yang Wasser Drache
Affe, besonders Yang Holz Affe
+ Ratte, Schwein, Pferd
– Hahn
– – – Yin Wasser Hahn
♥♥♥ in der Zeit von 17 bis 19 Uhr, aber nur im Monat des Hahns.

Monate

+ + + September
+ April
– Oktober
– – – März

Tage

+ + + Yin Wasser Schaf im Winter
+ Yang Feuer Hund, Yin Erde Büffel
– Yin Holz Hahn
– – – Yang Metall Drache im Herbst

Stunden

Finanzen	+ 07–09 Uhr	– 13–15 Uhr
Berufliches	+ 23–01 Uhr	– 05–07 Uhr
Kreatives	+ 03–05 Uhr	– 09–11 Uhr
Beziehung	+ 11–13 Uhr	– 17–19 Uhr
Gesundheit, Schönheit	+ 05–07 Uhr	– 11–13 Uhr

21 甲申 Yang Holz Affe

Wirkkraft Wasser

Yang Holz Affen agieren gefühlsbetont, sind flexibel und geistreich. Ihre Wirkkraft Wasser verstärkt die Lust des Tierkreiszeichens Affe an Kommunikation und betont den Hang zu intuitivem Verstand. Der Einfluß von Yang und von Holz macht den Yang Holz Affen neugierig und steigert seine Sprunghaftigkeit. Der Yang Holz Affe weiß zwar ganz genau, was er will, aber eben immer wieder etwas Neues, etwas anderes – Langeweile erträgt er nicht. Ein Yang Holz Affe in einem finsteren Büro vor endlosen Zahlenkolonnen muß sich furchtbar elend fühlen! Aber die Bedingungen, die einen Yang Holz Affen lange begeistern können, müssen erst erfunden werden. Das Leben hat so viele schöne Seiten – und er will sie alle kennenlernen! Diese Regungen sollte man nicht mit Unzuverlässigkeit verwechseln. Der Yang Holz Affe kann sehr gut mit Vertrauen umgehen. Wenn man ihm einen Auftrag gibt, wird er ihn erledigen. Etwaige Verbesserungen inklusive. Yang Holz Affen sind Meister im „Durchbeißen". Das kann sich auf schwierige Lebenssituationen genauso beziehen wie auf Streß und Hektik. Wenn so ein Yang Holz Affe ein Ziel hat, wird er nahezu jede Bedingung, die dorthin führt, ertragen können. Woran es ihm mitunter gebricht, ist die Ruhe! Das Bild vom keuchenden, nahezu erschöpften, hin und her gerissenen Affen, der sich gerade von einer Palme herabgeschwungen hat, nur um die nächste Bananenstaude zu erklimmen, der zwischendurch mit seinen Artgenossen streitet, dem Baby liebevoll die Läuse aus dem Pelz sucht und achtsam auf Gefahren in der Umgebung horcht, entspricht dem Yang Holz Affen oft gut. So jemand muß gestreßt sein! Irgendwann wird dann auch der Beste Fehlentscheidungen treffen! Dem Yang Holz Affen ist daher mehr Ruhe, mehr Loslassen, mehr Entspannung anzuraten. Die Erde dreht sich weiter, auch wenn er nicht alles macht! Vielleicht dreht sie sich dann ein bißchen weniger um ihn – und das kann die Eitelkeit des Yang Holz Affen verletzen. Dafür kann er die Erde länger miterleben. Zuviel Streß ist schließlich ungesund. Dies zu berücksichtigen, ist dem Yang Holz Affen sicher auch beruflich von Vorteil. Seine Chancen sind groß, und er wird immer wieder neue bekommen. Also muß er nicht sofort die erstbeste wählen! In Liebe und Partnerschaft sollten Yang Holz Affen zweierlei bedenken: Niemandem macht es Spaß, wenn jemand zu sehr an ihm hängt. Das wissen Yang Holz Affen sehr genau, denn wenn sie das Opfer sind, neigen sie zu Fluchtverhalten. Also hängen Sie sich auch nicht allzusehr an! Gelingt es Ihnen, die richtige Balance zwischen Distanz und Nähe zu finden, werden Ihre Beziehungen erfüllender sein.

22 乙酉 Yin Holz Hahn

Was mich beherrscht
+ Yang Metall Drache
– Yin Metall Schlange
Was ich beherrsche
+ Yang Erde Ratte
– Yin Erde Büffel
Was mich unterstützt
+ Yang Wasser Pferd
– Yin Wasser Schaf
Was ich unterstütze
+ Yin Feuer Schwein
– Yang Feuer Hund
Was mir gleicht
+ Yin Holz Hahn
– Yang Holz Affe

Lebens- und Arbeitsgemeinschaft

+ + + Büffel, besonders Yin Feuer Büffel
+ Drache, Schlange
– Hund
– – – Yang Metall Hund

Liebschaft

+ + + Büffel, besonders Yin Feuer Büffel
+ Drache, Schlange, Schwein
– Tiger, Affe, Hund
– – – Yang Wasser Tiger
Yang Wasser Affe
Yang Metall Hund
♥♥♥ in der Zeit von 11 bis 13 Uhr, aber nur im Monat des Pferdes.

Monate

+ + + Oktober
+ März
– September
– – – April

Tage

+ + + Yang Wasser Pferd im Winter
+ Yin Feuer Schwein, Yang Erde Ratte
– Yang Holz Affe
– – – Yin Metall Schlange im Herbst

Stunden

Finanzen	+ 09–11 Uhr	– 15–17 Uhr
Berufliches	+ 01–03 Uhr	– 07–09 Uhr
Kreatives	+ 05–07 Uhr	– 11–13 Uhr
Beziehung	+ 13–15 Uhr	– 19–21 Uhr
Gesundheit, Schönheit	+ 07–09 Uhr	– 13–15 Uhr

22 乙酉 Yin Holz Hahn

Wirkkraft Wasser

Yin Holz Hähne sind mutig, innovativ und schwärmerisch. Ihre Hoch-Zeit erleben sie in jungen Jahren. Da lassen sie sich vielfach vom Leben treiben, lernen kennen, reisen und ergründen die Vielfalt der Welt. Manche Yin Holz Hähne verlegen diese Neigung, möglichst viele Eindrücke in sich aufzusaugen, auch nach innen. Diese Yin Holz Hähne sind dann beim Lesen und Lernen nahezu unersättlich. In späteren Abschnitten des Lebens setzt sich zusehends das dem Tierkreiszeichen zugeordnete Metall durch. Yin Holz Hähne sind gefestigt in ihren Entschlüssen und greifen aus der Vielfalt einige wenige Gebiete heraus, die für sie in Frage kommen. Da wird nicht mehr irgendein Sport betrieben, sondern nur eine Sportart, zum Beispiel Tennis. Nicht mehr wahllos „Klassik" gehört, sondern einem bis zwei Komponisten vertieft gelauscht. Der Hang zur Kunst ist für Yin Holz Hähne übrigens typisch! Die meisten werden danach trachten, ihr Gefühlsleben über dieses Hilfsmittel auszudrücken, werden Klavier spielen, malen oder Gedichte verfassen. Denn obwohl ihre Wirkkraft Wasser ein intensives Gefühlsleben herausbildet und der Hahn an sich ein sehr offensives Tierkreiszeichen ist, verdrängt das Metall dieses heftige Gefühlsleben zusehends nach innen. Nur in äußerst vertrauter Umgebung können sich Yin Holz Hähne dann so geben, wie sie wirklich sind. Viele wirken nach außen verschlossen, mitunter etwas unbeweglich. Was sie neben Vertrautheit motivieren kann, ist Lob. Denn wie alle Hähne mögen Yin Holz Hähne Anerkennung von außen; im Schlechten kann sich das zur Eitelkeit auswachsen. In ihrem beruflichen Leben agieren Yin Holz Hähne ähnlich ihrem allgemeinen Werdegang: Anfangs wechseln sie häufig den Job, bis sie eine Bleibe gefunden haben, die ihren Ansprüchen halbwegs gerecht wird. Mitunter müssen sie sich auch recht plötzlich eine solche Bleibe suchen. Ihre Entschlüsse erfolgen nämlich meist spontan, und mitunter kann eine schnell getroffene Entscheidung – zum Beispiel ein Ja zu einem werdenden Kind – Folgen wie den Bedarf nach geregeltem Lohn nach sich ziehen. Landet so ein Yin Holz Hahn in einer unbeachteten Ecke einer Abteilung, wird er sein geistiges Zentrum bald woandershin verlagern. Für Vorgesetzte empfiehlt es sich daher, Yin Holz Hähne durch ihnen gerechte Aufgaben und entsprechendes Lob zu motivieren. In der Liebe werden Yin Holz Hähne treu; von Anfang an sind sie es nicht. Da sie ihren Bedürfnissen nur sehr unregelmäßig Ausdruck verleihen können, laufen sie mitunter Gefahr, unbeachtet unzufrieden zu werden. Sie sollten daher öfter Mut finden, sich nicht nur in Zeichnungen, sondern auch in deutlichen, überlegten Worten auszudrücken!

23 丙戌 Yang Feuer Hund

Was mich beherrscht
+ Yin Wasser Schaf
– Yang Wasser Pferd
Was ich beherrsche
+ Yin Metall Hase
– Yang Metall Tiger
Was mich unterstützt
+ Yin Holz Hahn
– Yang Holz Affe
Was ich unterstütze
+ Yang Erde Ratte
– Yin Erde Büffel
Was mir gleicht
+ Yang Feuer Hund
– Yin Feuer Schwein

Lebens- und Arbeitsgemeinschaft

+ + + Pferd, besonders Yang Wasser Pferd
+ Tiger, Schwein
– Ratte
– – – Yang Feuer Ratte

Liebschaft

+ + + Pferd, besonders Yang Wasser Pferd
+ Schwein
– Büffel
– – – Yin Feuer Büffel
♥♥♥ in der Zeit von 5 bis 7 Uhr, aber nur im Monat des Hasen.

Monate

+ + + November
+ Juni, Juli
– Dezember, Januar
– – – Mai

Tage

+ + + Yin Holz Hahn im Frühling
+ Yang Erde Ratte, Yin Metall Hase
– Yin Feuer Schwein
– – – Yang Wasser Pferd im Winter

Stunden

Finanzen	+ 11–13 Uhr	– 17–19 Uhr
Berufliches	+ 03–05 Uhr	– 09–11 Uhr
Kreatives	+ 07–09 Uhr	– 13–15 Uhr
Beziehung	+ 15–17 Uhr	– 21–23 Uhr
Gesundheit, Schönheit	+ 09–11 Uhr	– 15–17 Uhr

23 丙戌 Yang Feuer Hund

Wirkkraft Erde

Der Yang Feuer Hund ist ehrlich, rechtschaffen und pflichtbewußt. In seinem tatsächlichen Leben ist er oft ein Einzelgänger; in seinem Sehnen ein Familienmensch. Aufgrund der starken Erde in seiner Elementekombination wirkt er zwar ruhig und stabil, gleichzeitig macht ihn das Fehlen von Wasser aber verschlossen. Er äußert sich nur, wenn er es für notwendig hält – dann aber um so lauter und glühender. Er weiß zwar genau, wohin er will – aber das fehlende Holz läßt es ihm oft an jener phantasievollen Kraft ermangeln, die es braucht, um aus Nichts etwas, aus der Einsamkeit die Familie, aus der Armut die Üppigkeit zu schaffen. Trotzdem nagt in ihm keinerlei Unruhe; der Yang Feuer Hund kann mit seinen Fehlern leben. Er kann bei sich und bei anderen die kleinen Schwächen des Charakters zulassen, er verzeiht, wo es unumgänglich ist. Nur eines haßt er bis aufs Blut: Ungerechtigkeit. Ertappt er Mächtige dabei, die Kleinen zu übervorteilen, wird aus dem Hund in Lauerstellung die zähnefletschende, angriffslustige Bestie. Wer ungerecht handelt, verdient in seinen Augen keine Gnade. Wer aber der Hilfe bedarf, wird sie beim Yang Feuer Hund leicht finden. Er gibt gerne, und er gibt viel. Nur seine Seele gibt er ungern preis. Das Liebesspiel ist ihm genauso ernste Sache wie der arbeitsame Alltag. Wo ein Affe leichten Herzens darüber hinwegspringt, kann sich der Yang Feuer Hund verbeißen. Die Ungerechtigkeit der Welt kann ihn verzweifeln lassen – denn Ohnmacht spürt er nicht gerne. Dann wird aus dem Yang Feuer Hund ein Zyniker, der um so weniger Menschen seine innere Verletzlichkeit erschauen läßt. In der Liebe ist der Yang Feuer Hund treu und mit einem glimmenden Funken Sinnlichkeit ausgestattet. Allerdings sucht er gern Probleme bei sich und anderen – und wer mit solcher Vehemenz Probleme sucht, der findet mit der Spürnase eines Hundes garantiert welche. Dem Yang Feuer Hund liegt es nahe, sich und seine Qualitäten als Liebhaber zu unterschätzen – was leicht dazu führen kann, daß er nachher die Frage: „Wie war es für dich?“ stellt. Das mag am Anfang einer Beziehung für das gegenseitige Kennenlernen hilfreich sein; nach jedem Mal aber wirkt es vielleicht etwas aufdringlich und versessen. Es wäre ihm zu raten, seine Energie statt für das Suchen von Problemen bei sich selbst für andere einzusetzen, denn nur gemeinsam mit anderen kann er seine eigenen Ziele verwirklichen.

24 丁亥 Yin Feuer Schwein

Was mich beherrscht
+ Yang Wasser Pferd
– Yin Wasser Schaf
Was ich beherrsche
+ Yang Metall Tiger
– Yin Metall Hase
Was mich unterstützt
+ Yang Holz Affe
– Yin Holz Hahn
Was ich unterstütze
+ Yin Erde Büffel
– Yang Erde Ratte
Was mir gleicht
+ Yin Feuer Schwein
– Yang Feuer Hund

Lebens- und Arbeitsgemeinschaft

+++ Tiger, besonders Yang Metall Tiger
Schwein, besonders Yin Erde Schwein
\+ Schaf
– Affe
––– Yang Holz Affe

Liebschaft

+++ Tiger, besonders Yang Metall Tiger
Hase, besonders Yin Metall Hase
Schaf, besonders Yin Wasser Schaf
\+ Hund, Schwein
– Hahn
––– Yin Holz Hahn
♥♥♥ in der Zeit von 23 bis 1 Uhr, aber nur im Monat der Ratte.

Monate

+++ Dezember
\+ Juli
– Januar
––– Juni

Tage

+++ Yang Holz Affe im Frühling
\+ Yin Erde Büffel, Yang Metall Tiger
– Yang Feuer Hund
––– Yin Wasser Schaf im Winter

Stunden

Finanzen	+ 13–15 Uhr	– 19–21 Uhr
Berufliches	+ 05–07 Uhr	– 11–13 Uhr
Kreatives	+ 09–11 Uhr	– 15–17 Uhr
Beziehung	+ 17–19 Uhr	– 23–01 Uhr
Gesundheit, Schönheit	+ 11–13 Uhr	– 17–19 Uhr

24 丁亥 Yin Feuer Schwein

Wirkkraft Erde

Das Yin Feuer Schwein ist ritterlich, unerschütterlich und gutmütig. Es nimmt die Achterbahn des Lebens gefaßt und gelassen hin. Wenn es spielt und verliert, wird es das mit einem Lächeln wegstecken und sich launig anderen entspannenden Tätigkeiten widmen. Sein Yin Feuer, das eigentlich als Flamme der Leidenschaft lodern sollte, wird nur allzuleicht vom dem Schwein zugeordneten Wasser gelöscht. Es freut sich an den schönen Dingen des Lebens, es kann wie sonst kaum einer glücklich über sommerliche bunte Blumenwiesen spazieren, sich einfach darin fallen lassen und den wunderschönen blauen Himmel genießen. Wo andere einen Baum sehen, erblickt es ein Wunder der Natur in all seinen feingliedrigen Verästelungen. Das Yin Feuer Schwein ist feinfühlig, extrovertiert und weise zugleich. Seine Wirkkraft Erde läßt es dem Guten im Menschen vertrauen, und im Regelfall wird es immer genug zum Leben haben. Seine Schwäche liegt in seiner Gutartigkeit. Das Yin Feuer Schwein läßt sich leicht übertölpeln. Wenn es nicht nur friedlich, sondern auch noch naiv ist, können brutale, herzlose Menschen es ausbeuten. Das Yin Feuer Schwein ist ein idealer Lebensgefährte, der allerdings schon im Kindesalter gefährdet ist. Wenn so ein kleines Yin Feuer Schwein von Gleichaltrigen immer nur verhöhnt wird, wenn es, einfach weil es barmherzig ist, anderen seine liebsten Spielsachen borgt und diese nicht zurückbekommt, kann aus dem gutherzigen Kerlchen ein introvertierter Erwachsener werden. Aufmerksame Eltern sollten ihr Kind vor Schaden durch andere bewahren. Sonst kann das Yin Feuer Schwein nicht so angenehm leben, wie es gerne möchte. Es würde ja gerne Vertrauen schenken, aber die harte Welt hat es gelehrt, daß das mitunter schädlich sein kann. In der Berufswelt kann das Yin Feuer Schwein sehr hoch steigen. Denn wenn es einmal einen Entschluß gefaßt hat, wird es sein Ziel mit ungebremstem Elan verfolgen und meistens erreichen! Mitunter peilt das Yin Feuer Schwein auch nicht so hochgesteckte Ziele an – Faktum bleibt, daß es sich in der Geschäftswelt meistens den Platz erobern kann, den es erstrebt. In der Familie möchte man es manchmal gern antreiben und zu Entscheidungen zwingen. Das Yin Feuer Schwein wird zwar viel geschehen lassen, aber nur selten aktiv eingreifen. Die Wahl seines Partners sollte das Yin Feuer Schwein gut überdenken, denn es zieht andere, die es ausnutzen wollen, regelrecht an. Es selbst ist allerdings auch nicht von Pappe: Vom Äußeren her meist ansehnlich und attraktiv, kann es recht plötzlich Türen verschließen, die sein Partner gerne länger offengehalten hätte.

25 戊子 Yang Erde Ratte

Was mich beherrscht
+ Yin Holz Hahn
– Yang Holz Affe

Was ich beherrsche
+ Yin Wasser Schlange
– Yang Wasser Drache

Was mich unterstützt
+ Yin Feuer Schwein
– Yang Feuer Hund

Was ich unterstütze
+ Yang Metall Tiger
– Yin Metall Hase

Was mir gleicht
+ Yang Erde Ratte
– Yin Erde Büffel

Lebens- und Arbeitsgemeinschaft

+ + + Yin Erde Büffel, Yang Holz Drache
\+ Affe, Schwein
– Tiger, Hase, Schaf, Hahn
– – – Yang Metall Tiger
Yin Metall Hase
Yin Wasser Schaf
Yin Metall Hahn

Liebschaft

+ + + Affe, vor allem Yang Feuer Affe
\+ Tiger, Schlange
– Hase, Pferd
– – – Yin Metall Hase
Yang Wasser Pferd
♥♥♥ in der Zeit von 17 bis 19 Uhr, aber nur im Monat des Hahns.

Monate

+ + + Januar
\+ Mai, November
– Februar, August
– – – Juli

Tage

+ + + Yin Feuer Schwein im Sommer
\+ Yang Metall Tiger, Yin Wasser Schlange
– Yin Erde Büffel
– – – Yang Holz Affe im Frühling

Stunden

Finanzen	+ 15–17 Uhr	– 21–23 Uhr
Berufliches	+ 07–09 Uhr	– 13–15 Uhr
Kreatives	+ 11–13 Uhr	– 17–19 Uhr
Beziehung	+ 19–21 Uhr	– 01–03 Uhr
Gesundheit, Schönheit	+ 13–15 Uhr	– 19–21 Uhr

25 戊子 Yang Erde Ratte

Wirkkraft Feuer

Die Yang Erde Ratte ist die ausgeglichenste aller Ratten. Ihre Anlagen sind vom Himmelsbild gesegnet, ihre elementare Harmonie besänftigt den Perfektionismus der Ratte. Gleichzeitig aber waltet die Wirkkraft des Feuers in ihr und verbindet sich mit dem Prinzip Yang zur schöpferischen Kraft. Yang Erde Ratten sind deshalb erfinderisch und kreativ. Sie stellen sich neuen Aufgaben mit Elan und können gleichzeitig sinnvoll delegieren. Wenn eine Yang Erde Ratte in die Chefetage aufrückt, weiß sie sehr genau, was sie ihren Untergebenen zumuten kann und was nicht. Yang Erde Ratten sind auch zufriedene Eltern. Sie haben es nicht nötig, ihr Kind zum Minigenie zu trimmen. Sie können sehr gut zulassen, daß es wie jeder kleine Erdenbürger auch Schwächen hat, die seine Liebenswürdigkeit nicht mindern. Mitunter kann dieses „Zulassen" und „Andere-Ranlassen" aber zum Nachteil der Yang Erde Ratte geraten. Wenn ihre empfindsame Ader ausgenützt wird, etwa wenn ein Kollege, dem man hilfreich zur Seite steht, einem die ganze Arbeit überläßt, kann die Yang Erde Ratte ihre sensible Seite und sich verhärten. Solange sie ihrer inneren Stimme folgt, wird sie Erfolg haben. Aber unter äußeren Einflüssen oder dank schmeichelnden Einflüsterungen kann die Yang Erde Ratte leicht fremdbestimmt werden. Widerspenstige Trauer wird die Folge sein, wenn die Yang Erde Ratte sich fehlleiten läßt. Wenn sie sich von anderen von ihren hehren Zielen abbringen läßt, ist klar, daß sie unzufrieden wird. Plötzlich handelt sie nicht mehr harmonisch, ihre Taten stehen nicht mehr im Einklang mit ihrer Seele. Stellen Sie sich einen grundgütigen Yang Erde Ratten-Unternehmer vor, dem eine Beratungsfirma nahelegt, die älteren Mitarbeiter zu kündigen und statt dessen neue, billige Arbeitskräfte einzustellen. Wenn der Unternehmer diesem Rat folgt, verläßt er den Weg der feinfühligen Harmonie – und das wird seinen seelischen Zustand trüben und verdunkeln. Vielfach ist es auch eine plötzlich auftretende Ungeduld, ein nicht mit den Händen zu ergreifendes Verlangen, eine unerklärliche Sehnsucht, die die Yang Erde Ratte befällt. Sie steht nichtsahnend auf der Straße, muß auf einmal an ihre glückliche Schulzeit denken und wird sentimental, will hier und jetzt diese ungewisse Sehnsucht befriedigen, am liebsten gleich ihren alten Klassenlehrer treffen. Das Glück der Yang Erde Ratte ist wie eine Knospe, die unter dem Schnee auf den Frühling wartet. Gräbt man sie willkürlich aus, wird sie erfrieren. Mit etwas Geduld aber wird auch die zarte Knospe des Glücks und der Harmonie für die Yang Erde Ratte erblühen.

26 己丑 Yin Erde Büffel

Was mich beherrscht
+ Yang Holz Affe
– Yin Holz Hahn
Was ich beherrsche
+ Yang Wasser Drache
– Yin Wasser Schlange
Was mich unterstützt
+ Yang Feuer Hund
– Yin Feuer Schwein
Was ich unterstütze
+ Yin Metall Hase
– Yang Metall Tiger
Was mir gleicht
+ Yin Erde Büffel
– Yang Erde Ratte

Lebens- und Arbeitsgemeinschaft

+++ Hahn, besonders Yin Feuer Hahn
Schwein, besonders Yin Holz Schwein
\+ Schlange, Ratte
– Drache
––– Yang Erde Drache

Liebschaft

+++ Hund, besonders Yang Holz Hund
Hahn, besonders Yin Feuer Hahn
Ratte, besonders Yang Erde Ratte
\+ Affe, Hase
– Schwein
––– Yin Erde Schwein
♥♥♥ in der Zeit von 11 bis 13 Uhr, aber nur im Monat des Pferdes.

Monate

+++ Februar
– April, November
––– August

Tage

+++ Yang Feuer Hund im Sommer
\+ Yin Metall Hase, Yang Wasser Drache
– Yang Erde Ratte
––– Yin Holz Hahn im Frühling

Stunden

Finanzen	+ 17–19 Uhr	– 23–01 Uhr
Berufliches	+ 09–11 Uhr	– 15–17 Uhr
Kreatives	+ 13–15 Uhr	– 19–21 Uhr
Beziehung	+ 21–23 Uhr	– 03–05 Uhr
Gesundheit, Schönheit	+ 15–17 Uhr	– 21–23 Uhr

Besonderheiten

Vorsicht bei neuen Unternehmungen, da die Gefahr von finanziellen Verlusten besteht, ebenso wie die Gefahr des Unglücklichwerdens.

26 己丑 Yin Erde Büffel

Wirkkraft Feuer

Der Yin Erde Büffel arbeitet genau und methodisch, ist ruhig und beschaulich, und er haßt plötzliche Veränderungen. Sein Verstand durchdringt jede Problemstellung, aber dafür braucht es Zeit. Wer einem Yin Erde Büffel eine Entscheidung abverlangt, sollte sie nicht in der Sekunde der Fragestellung erwarten. Viele Yin Erde Büffel sprechen langsam und bedächtig. Yin Erde Büffel bereiten sich gerne und ordentlich auf alles vor. Deswegen sind sie meist gute Schüler, freilich ohne jeglichen Hang zu Strebertum oder zum genialischen Prinzip, das oft nur von den minder Ausgerüsteten als faule Ausrede mißbraucht wird. Im tiefsten Inneren sind Yin Erde Büffel durch Sehnsucht geprägt. Ihre Ziele suchen sie sich nicht aus strenger Weisheit, sondern mehr durch intuitives Geschick aus. Ihr ausgeprägter Familiensinn läßt sie oft in die Rolle eines Elternteils schlüpfen, dem man's eigentlich zutrauen würde, vor allem Zeitung zu lesen oder seinen Kindern vernünftige Maßstäbe beizubringen. Dieses Bild täuscht; was man dann merkt, wenn das Kind eines Yin Erde Büffels zum Beispiel eine Modelleisenbahn geschenkt bekommt. Dann sind Yin Erde Büffel die ersten, die stundenlang Geleise aufbauen, Weichen errichten und ein komplexes System von Abfahrts- und Ankunftszeiten erarbeiten. Methode, Exaktheit und Gründlichkeit liegt ihnen eben! Das Feuer in ihnen ist im Normalfall weniger von der lodernden Art, keine Feuersbrunst, die alles und jedes zerstören will. Es ist eher das Herdfeuer, das Wärme spendet und kontrollierten Nutzen schenkt. Man sollte das aber nicht ausnützen. Denn wenn Yin Erde Büffel einmal zornig sind, dann reagieren sie so wie ihr Namensstifter. Dann müssen sich auch der Tiger und der Drache vor der Urgewalt eines Büffels fürchten. In ihrem beruflichen Fortkommen streben Yin Erde Büffel ihrem Höhepunkt zur Lebensmitte entgegen. Weder Kindheit noch Greisenalter sind ihre optimale Zeit. Als Erwachsener erreichen sie den Zenit ihrer Leistungskraft, der oft mit ansehnlichem Einkommen beziehungsweise rundem Familienglück verbunden ist. So eine Yin Erde Mutter schafft es mit Leichtigkeit, auch sieben Sprößlinge großzuziehen! In ihrem Beziehungsleben sind sowohl das Eltern-Kind-Verhältnis wie das zwischen Mann und Frau angelegt. Das macht sie zu ausgesprochenen Familienmenschen. Freilich erst nach gründlicher Überlegung. Bis dahin sind sie eher Einzelgänger. Aufs andere Geschlecht wirken sie mit natürlicher Anziehungskraft, sie brauchen keine Extravaganzen. Yin Erde Büffel wären gut beraten, wenn sie hin und wieder Entschlüsse schneller fassen könnten. Sonst werden sie am Ende von schnelleren kosmischen Bildern ausgenutzt.

27 庚寅 Yang Metall Tiger

Was mich beherrscht
+ Yin Feuer Schwein
– Yang Feuer Hund

Was ich beherrsche
+ Yin Holz Schaf
– Yang Holz Pferd

Was mich unterstützt
+ Yin Erde Büffel
– Yang Erde Ratte

Was ich unterstütze
+ Yang Wasser Drache
– Yin Wasser Schlange

Was mir gleicht
+ Yang Metall Tiger
– Yin Metall Hase

Lebens- und Arbeitsgemeinschaft

+ + + Pferd, besonders Yang Metall Pferd
+ Hund, Schwein
– Hase
– – – Yin Feuer Hase

Liebschaft

+ + + Tiger, besonders Yang Erde Tiger
+ Pferd, Drache
– Hase, Affe
– – – Yin Feuer Hase
Yang Feuer Affe
♥♥♥ in der Zeit von 5 bis 7 Uhr, aber nur im Monat des Hasen.

Monate

+ + + März
+ Oktober
– April
– – – September

Tage

+ + + Yin Erde Büffel im Winter
+ Yang Wasser Drache, Yin Holz Schaf
– Yin Metall Hase
– – – Yang Feuer Hund im Sommer

Stunden

Finanzen	+ 19–21 Uhr	– 01–03 Uhr
Berufliches	+ 11–13 Uhr	– 17–19 Uhr
Kreatives	+ 15–17 Uhr	– 21–23 Uhr
Beziehung	+ 23–01 Uhr	– 05–07 Uhr
Gesundheit, Schönheit	+ 17–19 Uhr	– 23–01 Uhr

27 庚寅 Yang Metall Tiger

Wirkkraft Holz

Der Yang Metall Tiger ist ein ausgesprochen glückliches Zeichen. Sein Metall beschneidet das Holz auf sinnvolle Art und Weise; gerade so, wie die Schere des Gärtners den Baum erst richtig wachsen läßt. Das doppelte Holz in Wirkkraft und Tierkreiszeichen macht kreativ, gütig, elegant und neugierig. Das Metall gibt die Eigenschaften der Gerechtigkeit, der Genügsamkeit und der Realitätsnähe hinzu. Yang Metall Tiger müßten vor Selbstbewußtsein strotzen – wenn sie's nicht tun, sind sie sich ihrer inneren Werte nicht ausreichend bewußt! Nur wenn ausgesprochen widrige Umstände zusammentreffen, kann der Yang Metall Tiger vom Leben in ein unangenehmes Eck gedrängt werden. Im allgemeinen aber weiß er genau, was er will – und kann es dank seiner ideenreichen Intelligenz auch erreichen. Die Schwäche des Yang Metall Tigers liegt in seiner Launenhaftigkeit, die ihm wie allen Tigern innewohnt. Er pendelt oft zwischen Zorn und Trauer, zwischen Gutmütigkeit und Verärgerung hin und her. Wenn er es lernt, sich zu beherrschen, dann kann eigentlich nichts mehr schiefgehen! Seine stärkste Zeit erlebt der Yang Metall Tiger im reifen Erwachsenenalter, wenn Mutter Natur ihn vom verspielten Raubtier zur weisen Großkatze werden läßt. In seiner Jugend ist er mitunter zu unbeständig, als daß er sich etwa in der Schule und am Beginn seines Berufslebens durchsetzen könnte. Mit Beharrlichkeit und Fleiß aber wird er bald Karriere machen. Und eine Führungsposition ist das, was der Tiger anstrebt. Unterordnen liegt ihm bei weitem weniger. Seine Wärme spendet er sowohl dem Engagement für die Verbesserung der Welt als auch der Familie. Nicht selten wird man Yang Metall Tiger aktiv in Bürgerinitiativen finden, die statt stinkender Fabrikschlote mehr Parkanlagen und Kinderspielplätze erreichen wollen. In seinen Liebesbeziehungen gehört der Yang Metall Tiger zu jenen, die in jungen Jahren den Gedanken an Familie und feste Bindung weit von sich weisen und als Erwachsene dann zu den besten Familienmenschen überhaupt gehören. Gerade so wie eine junge Frau, die zuerst lieber die Nacht zum Tage macht und später zur wahren Löwin wird, die für ihre Angehörigen bis zum äußersten kämpft. Partner eines jungen Yang Metall Tigers werden mit seinen Wutausbrüchen und seinem Jähzorn zu kämpfen haben! Aber wenn sie durchhalten, werden sie erkennen: Je länger eine Beziehung währt, desto eher wird aus heftigem Gebrüll leidenschaftlich-wohliges Geschnurre.

28 辛卯 Yin Metall Hase

Was mich beherrscht
+ Yang Feuer Hund
– Yin Feuer Schwein
Was ich beherrsche
+ Yang Holz Pferd
– Yin Holz Schaf
Was mich unterstützt
+ Yang Erde Ratte
– Yin Erde Büffel
Was ich unterstütze
+ Yin Wasser Schlange
– Yang Wasser Drache
Was mir gleicht
+ Yin Metall Hase
– Yang Metall Tiger

Lebens- und Arbeitsgemeinschaft

+ + + Schaf, besonders Yin Metall Schaf
Hase, besonders Yin Erde Hase
+ Schwein, Hund
– Affe
– – – Yang Feuer Affe

Liebschaft

+ + + Drache, besonders Yang Feuer Drache
+ Schaf, Schwein, Hund, Schlange, Hase
– Affe
– – – Yang Feuer Affe
♥♥♥ in der Zeit von 23 bis 1 Uhr, aber nur im Monat der Ratte.

Monate

+ + + April
+ September
– März
– – – Oktober

Tage

+ + + Yang Erde Ratte im Winter
+ Yin Wasser Schlange, Yang Holz Pferd
– Yang Metall Tiger
– – – Yin Feuer Schwein im Sommer

Stunden

Finanzen	+ 21–23 Uhr	– 03–05 Uhr
Berufliches	+ 13–15 Uhr	– 19–21 Uhr
Kreatives	+ 17–19 Uhr	– 23–01 Uhr
Beziehung	+ 01–03 Uhr	– 07–09 Uhr
Gesundheit, Schönheit	+ 19–21 Uhr	– 01–03 Uhr

28 辛卯 Yin Metall Hase

Wirkkraft Holz

Der Yin Metall Hase ist anmutig, verspielt und aufmerksam. Er beherrscht die Kunst des Zuhörens genauso wie die der wohlwollenden Herzensgüte. Seine Wohnung sieht aus wie aus dem Designerkatalog entsprungen, obwohl er mit Sicherheit nie abkupfert. Auch ein Yin Metall Hase-Schüler wird nie schummeln. Immer adrett, wird er nie auf unrechte Weise sein schulisches Glück machen wollen. Die Lehrer können ihn ruhig in die letzte Bank setzen oder ihn bei Prüfungen in einer Bibliothek voller Lexika alleine lassen – der Yin Metall Hase ist zu ehrlich, um seine Ziele durch unlautere Mittel zu erreichen. Die durch Holz beigegebene elementare Experimentierfreudigkeit ist durch den Yin-Einfluß gemildert – der Yin Metall Hase drängt nicht nach Unerforschtem, aber er steht unbekannten Einflüssen aufgeschlossen gegenüber. Die ihm durch Tierkreiszeichen und Wirkkraft gleich zweifach zugeordnete Körperflüssigkeit sind die Tränen, sein „metallisches" Gefühl die Sorge. Auch dieses Bild trifft den Yin Metall Hasen perfekt: Oft hat er unbegründete Angst vor der Zukunft. Diese Angst kann er mitunter nicht so recht mitteilen. Denn vertraulich wird er erst, wenn er jemanden gut kennengelernt hat. Hinzu kommt, daß der Außenwelt seine Zukunftsangst oft seltsam erscheint. Wenn schon jemand wie der elegante, selten Probleme wälzende Yin Metall Hase sich fürchtet, wie muß es dann um die Welt bestellt sein? Wahre Sorge ist auch nicht angebracht, denn die Tränen eines echten Hasen trocknen genauso schnell, wie sie gekommen sind. Die Schwäche des Yin Metall Hasen liegt in seiner Oberflächlichkeit. Er ist der geborene Small talker – aber wenn's ans Eingemachte geht, wird er Haken schlagen und sich in seinen Bau zurückziehen wollen. In beruflicher Hinsicht sollte sich der Yin Metall Hase ein möglichst konfliktfreies Feld suchen. Jederzeit für irgend etwas kämpfen zu müssen, das liegt ihm nicht. Am besten arbeitet er in klar abgegrenzten, abwechslungsreichen Aufgabengebieten. In seinem Beziehungsleben wird er eher eine starke Schulter suchen, jemanden, der ihm Zuversicht und Mut einflößt und seine Eskapaden locker wegsteckt. Der Yin Metall Hase bindet sich gerne früh an einen erfahreneren Partner, nur: Wenn er selbst gereift ist und seine inneren Ängste besiegt hat, sucht er oft jemanden, der nicht immer nur die Oberhand behalten will. Das erfordert beim anfänglich starken Partner harte Beziehungsarbeit! Wenn es Ihnen aber gelingt, Ihre Beziehung immer wieder bruchfrei neu zu definieren, werden Sie im Yin Metall Hasen einen seligen Partner und einen guten Elternteil finden.

29 壬辰 Yang Wasser Drache

Was mich beherrscht
+ Yin Erde Büffel
– Yang Erde Ratte
Was ich beherrsche
+ Yin Feuer Hahn
– Yang Feuer Affe
Was mich unterstützt
+ Yin Metall Hase
– Yang Metall Tiger
Was ich unterstütze
+ Yang Holz Pferd
– Yin Holz Schaf
Was mir gleicht
+ Yang Wasser Drache
– Yin Wasser Schlange

Lebens- und Arbeitsgemeinschaft

+ + + Ratte, besonders Yang Holz Ratte
Affe, besonders Yang Wasser Affe
Schwein, besonders Yin Metall Schwein
+ Tiger, Hase, Schlange
– Hahn
– – – Yin Erde Hahn

Liebschaft

+ + + Tiger, besonders Yang Wasser Tiger
Hase, besonders Yin Wasser Hase
Schlange, besonders Yin Metall Schlange
Affe, besonders Yang Feuer Affe
+ Ratte, Schaf, Pferd
– Büffel, Hahn
– – – Yin Metall Büffel
Yin Erde Hahn
♥♥♥ in der Zeit von 17 bis 19 Uhr, aber nur im Monat des Hasen.

Monate

+ + + Mai
+ Dezember, Januar
– Juni, Juli
– – – November

Tage

+ + + Yin Metall Hase im Herbst
+ Yang Holz Pferd, Yin Feuer Hahn
– Yin Wasser Schlange
– – – Yang Erde Ratte im Winter

Stunden

Finanzen	+ 23–01 Uhr	– 05–07 Uhr
Berufliches	+ 15–17 Uhr	– 21–23 Uhr
Kreatives	+ 19–21 Uhr	– 01–03 Uhr
Beziehung	+ 03–05 Uhr	– 09–11 Uhr
Gesundheit, Schönheit	+ 21–23 Uhr	– 03–05 Uhr

29 壬辰 Yang Wasser Drache

Wirkkraft Wasser

Yang Wasser Drachen sind verantwortungsbewußt, von meist edler Gesinnung und mit einem starken Herzen für Schwache gesegnet. Ihre Rednergabe läßt sie so manche ihrer eigenen Schwächen zudecken, ihr sprudelnder Lebensmut und ihr anpackendes Gehabe lassen einen im Beisein eines Yang Wasser Drachen meist Schutz vor feindlicher Umwelt finden. In beruflicher Hinsicht paßt es gut, wenn sich Yang Wasser Drachen mit Vehemenz für sozial Schlechtergestellte engagieren. Ihr Selbstbewußtsein, das sich mitunter zur Eitelkeit entwickeln kann, bildet dazu einen nur scheinbaren Widerspruch. Stellen sie sich einen stolzen, mächtigen Menschen vor, der stets davon spricht, daß es den Ärmeren bessergehen sollte. Auf die meisten Menschen könnte das unglaubwürdig wirken. Um so mehr braucht der Yang Wasser Drache Vernunft und Ausdauer – um so mehr sollte er nicht nur in seinen Worten, sondern auch in seinen Werken den Vorstellungen der anderen entsprechen, ohne sich selbst dabei zu verraten. Grundsätzlich werden sich Yang Wasser Drachen in beruflicher Hinsicht immer wieder in Kommunikationsbereichen wiederfinden. Das mag in Medien sein, aber auch als Erzieher oder Elternteil. In letzterem Falle müssen Yang Wasser Drachen aufpassen, daß sie von nachgiebigeren Partnern nicht in die Rolle des durchsetzungskräftigen, in letzter Konsequenz strafenden Parts gedrängt werden. Seine natürliche Autorität legt es für Yang Wasser Drachen oft nahe, Grenzen zu ziehen. Etwa als Mutter, die, obwohl eigentlich der Vater Ruhe haben will, diese mit einem Machtwort bei den Kindern erreichen muß. Oder als Vater, der, obwohl von den eigenen Bedürfnissen her spielerisch veranlagt, sich plötzlich immer wieder den Satz „Jetzt reicht's mir aber“ sagen hört, obwohl eigentlich nicht sein Geduldsfaden, sondern der seiner Partnerin gerissen ist. Yang Wasser Drachen sollten daher loslassen lernen. In Liebesbeziehungen müssen Yang Wasser Drachen lernen, nicht immer nur über sich selbst zu sprechen oder gar „die Sache an sich“ in den Vordergrund zu rücken. Gönnen Sie sich harmonische Körperlichkeit, und hören Sie auch dem anderen zu. Sonst kommen Sie am Ende gar drauf, daß Sie immer, wenn Sie „wir“ sagten, unabsichtlich nur sich selbst gemeint haben. Partner von Yang Wasser Drachen müssen beizeiten lernen, sich Gehör zu verschaffen. Denn der Yang Wasser Drache übernimmt gern Verantwortung – auch dort, wo eigentlich andere betroffen sind!

30 癸巳 Yin Wasser Schlange

Was mich beherrscht
+ Yang Erde Ratte
– Yin Erde Büffel
Was ich beherrsche
+ Yang Feuer Affe
– Yin Feuer Hahn
Was mich unterstützt
+ Yang Metall Tiger
– Yin Metall Hase
Was ich unterstütze
+ Yin Holz Schaf
– Yang Holz Pferd
Was mir gleicht
+ Yin Wasser Schlange
– Yang Wasser Drache

Lebens- und Arbeitsgemeinschaft

+++ Hahn, besonders Yin Wasser Hahn
\+ Drache, Schwein
– Affe
––– Yang Erde Affe

Liebschaft

+++ Drache, besonders Yang Metall Drache
\+ Pferd, Schlange
– Schaf
––– Yin Metall Schaf
♥♥♥ in der Zeit von 11 bis 13 Uhr, aber nur im Monat des Pferdes.

Monate

+++ Juni
\+ Januar
– Juli
––– Dezember

Tage

+++ Yang Metall Tiger im Herbst
\+ Yin Holz Schaf, Yang Feuer Affe
– Yang Wasser Drache
––– Yin Erde Büffel im Winter

Stunden

Finanzen	+ 01–03 Uhr	– 07–09 Uhr
Berufliches	+ 17–19 Uhr	– 23–01 Uhr
Kreatives	+ 21–23 Uhr	– 03–05 Uhr
Beziehung	+ 05–07 Uhr	– 11–13 Uhr
Gesundheit, Schönheit	+ 23–01 Uhr	– 05–07 Uhr

30 癸巳 Yin Wasser Schlange

Wirkkraft Wasser

Yin Wasser Schlangen sind beredt, kontaktreich und zumeist abenteuerlustig. Bei ihnen klafft oft ein großer Unterschied zwischen Jugend und Alter. Wenn Yin Wasser Schlangen jung sind, experimentieren sie gerne. Ihre höchste Tugend ist dann zumeist die Nächstenliebe. Ihr Ziel eine Welt, in der alle Menschen Brüder und Schwestern sind. Vielen Yin Wasser Schlangen liegt in ihrer Jugend ein Beiklang von Flower Power nahe. Da können sie ihren Wissensdurst mit Ideen stillen, die die Welt verbessern könnten, und sich ihrem Antrieb hingeben, Bedürftigen beizustehen und das Elend anderer zu lindern. Ihre angeborene Triebfeder, anders zu sein als andere, kann manche Yin Wasser Schlangen auch neue Formen des Zusammenlebens ausprobieren lassen. In bunten Gewändern in einer Studenten-Wohngemeinschaft bis spät nachts die triste Situation in den Entwicklungsländern zu diskutieren, das liegt jungen Yin Wasser Schlangen näher als anderen kosmischen Bildern. In reiferen Jahren, wenn ihre hohe soziale Intelligenz sie dann in eine konsequente berufliche Laufbahn gebracht hat, können sie sich mitunter gar nicht mehr vorstellen, daß sie selbst einmal „unvernünftig" waren. Vielen Yin Wasser Schlangen wohnt das leise Gefühl inne, die jugendlichen Ideen irgendwie verraten zu haben. Was sie in ihrer sensiblen Art einfach übersehen, ist dann meist die Tatsache, daß Menschen – und daher auch Yin Wasser Schlangen – sich ändern. In einem aber bleiben Yin Wasser Schlangen meist gleich: Sie ertragen nur schwer den Eindruck, daß sie irgend jemandem generell unterlegen sind. Sie können zwar problemlos akzeptieren, daß es Menschen gibt, die irgend etwas besser können als sie selbst. Aber sie werden stets danach trachten, ihre eigenen Kenntnisse zu vervollkommnen. Nach ihrer mitunter umtriebigen Jugendzeit können Yin Wasser Schlangen ihre Kreativität meist in der Arbeitswelt umsetzen. Nur hie und da flackert noch die alte Masche vom „In-Szene-Setzen" auf. Zum Beispiel dann, wenn ein Buchhalter mit bunter Kleidung zum Dienst erscheint. Oder wenn ihm, entgegen anderen, ausschließlich wirtschaftlich denkenden Kollegen, die soziale Situation der Mitarbeiter am Herzen liegt. Yin Wasser Schlangen können da sehr wortreich werden! In der Liebe sollten Yin Wasser Schlangen beizeiten lernen, Grenzen zu ziehen. Wenn jemand schon auf Armeslänge herangekommen ist, ist es für einen Hinauswurf zu spät! Gerade die Sorgfalt, die Yin Wasser Schlangen im Geistigen an den Tag legen, sollten sie auch im Beziehungsleben zur Geltung bringen.

31 甲午 Yang Holz Pferd

Was mich beherrscht
+ Yin Metall Hase
– Yang Metall Tiger
Was ich beherrsche
+ Yin Erde Schwein
– Yang Erde Hund
Was mich unterstützt
+ Yin Wasser Schlange
– Yang Wasser Drache
Was ich unterstütze
+ Yang Feuer Affe
– Yin Feuer Hahn
Was mir gleicht
+ Yang Holz Pferd
– Yin Holz Schaf

Lebens- und Arbeitsgemeinschaft

+ + + Schaf, besonders Yin Feuer Schaf
+ Hase, Pferd
– Drache
– – – Yang Metall Drache

Liebschaft

+ + + Pferd, besonders Yang Feuer Pferd
Schaf, besonders Yin Feuer Schaf
Hund, besonders Yang Wasser Hund
+ Tiger, Hase, Schlange
– Ratte, Büffel
– – – Yang Holz Ratte
Yin Holz Büffel
♥♥♥ in der Zeit von 5 bis 7 Uhr, aber nur im Monat des Hasen.

Monate

+ + + Juli
+ März, April
– September, Oktober
– – – Januar

Tage

+ + + Yin Wasser Schlange im Winter
+ Yang Feuer Affe, Yin Erde Schwein
– Yin Holz Schaf
– – – Yang Metall Tiger im Herbst

Stunden

Finanzen	+ 03–05 Uhr	– 09–11 Uhr
Berufliches	+ 19–21 Uhr	– 01–03 Uhr
Kreatives	+ 23–01 Uhr	– 05–07 Uhr
Beziehung	+ 07–09 Uhr	– 13–15 Uhr
Gesundheit, Schönheit	+ 01–03 Uhr	– 07–09 Uhr

Besonderheiten

Glückstag im 4., 5. und 6. Mondmonat.

31 甲午 Yang Holz Pferd

Wirkkraft Metall

Yang Holz Pferde sind ausdauernd, innovativ und vernünftig. Sie haben Grundsätze im Leben, die sie nur dann aufgeben, wenn sie sich nach tiefsinniger Betrachtung als mangelhaft herausgestellt haben. Ihre hartes Yang Holz kann auf zweierlei Art mit der Wirkkraft Metall zusammenspielen: Einerseits ist es ob seiner Härte nur schwer vom Metall zu zersägen, dafür aber leichter durch Bearbeiten nutzbar zu machen. Andererseits kann es so hart sein, daß es die schneidende Klinge zerspringen läßt. Folglich besteht die eine Variante beispielsweise in massiver Schöpferkraft, die sich nicht ins Unendliche verliert! Wo andere immer wieder neu entwerfen, selbst bei einmal fertiggezeichneten Plänen gleich wieder ein Detail parat haben, das den ganzen Plan über den Haufen wirft, haben Yang Holz Pferde ihre Entschlußkraft, die ihnen deutlich sagt: Alles muß ein Ende haben! Daher können Yang Holz Pferde problemlos auch große Aufträge, lang dauernde Projekte verwirklichen. Da sind sie vergleichsweise wenig perfektionistisch, wohl aber sorgfältig und mit passendem Engagement. Wenn aber die andere Möglichkeit tragend wird und sich ihr Metall am Holz die Zähne ausbeißt, werfen sie, ohne zu zögern, Beschlüsse über Bord. Fast schon so wie das Bild von der Braut vor dem Altar, die plötzlich merkt, daß sie sich doch noch nicht reif genug für die Ehe fühlt. Im Beruf zeichnet sie meist eine gute Fähigkeit zum Teamwork aus. Hier fühlen sie sich zu Hause, hier können sie führen und auch geführt werden. Die meisten Yang Holz Pferde sind daher begehrte Mitarbeiter und auch Führungskräfte, viele von ihnen können mit nur geringer Unterstützung die Doppelbelastung Haushalt und Beruf vereinen. Trotzdem sollten sie darauf achten, sich nicht zu überarbeiten! Für die Liebe gilt ähnliches: Mit Yang Holz Pferden kann man Pferde stehlen; sie gehören aber bestimmt nicht zu der Sorte, die gestohlen werden. Mitunter gehören sie zu jenen Menschen, die eine Beziehung besonders intensiv leben und erleben wollen. Zu jenen, die meinen, der Partner oder die Partnerin allein sei genug fürs ganze Leben – und weder sie noch er müßten sich mit anderen Bekannten austauschen. Das beengt viele Menschen. Daher sollte ein Yang Holz Pferd auch in einer neuen Beziehung die Scheuklappen ablegen und immer wieder unerforschte Wege zu sich selbst, zum Partner und zur Umwelt beschreiten.

32 乙未 Yin Holz Schaf

Was mich beherrscht + Yang Metall Tiger – Yin Metall Hase
Was ich beherrsche + Yang Erde Hund – Yin Erde Schwein
Was mich unterstützt + Yang Wasser Drache – Yin Wasser Schlange
Was ich unterstütze + Yin Feuer Hahn – Yang Feuer Affe
Was mir gleicht + Yin Holz Schaf – Yang Holz Pferd

Lebens- und Arbeitsgemeinschaft

+ + + Pferd, besonders Yang Feuer Pferd
+ Hase, Affe, Schwein
– Ratte
– – – Yang Holz Ratte

Liebschaft

+ + + Pferd, besonders Yang Feuer Pferd
+ Hase, Drache
– Schlange, Schaf
– – – Yang Metall Schlange
Yin Holz Schaf
♥♥♥ in der Zeit von 23 bis 1 Uhr, aber nur im Monat der Ratte.

Monate

+ + + August
+ März, April
– September, Oktober
– – – Februar

Tage

+ + + Yang Wasser Drache im Winter
+ Yin Feuer Hahn, Yang Erde Hund
– Yang Holz Pferd
– – – Yin Metall Hase im Herbst

Stunden

Finanzen	+ 05–07 Uhr	– 11–13 Uhr
Berufliches	+ 21–23 Uhr	– 03–05 Uhr
Kreatives	+ 01–03 Uhr	– 07–09 Uhr
Beziehung	+ 09–11 Uhr	– 15–17 Uhr
Gesundheit, Schönheit	+ 03–05 Uhr	– 09–11 Uhr

32 乙未 Yin Holz Schaf

Wirkkraft Metall

Das Yin Holz Schaf kennt unkonventionelle Gedanken, zeigt sich geduldig, ist wachsam und ein guter Zuhörer. Die Wirkkraft Metall macht es genügsamer und entschlossener als andere Schafe; sein elementares Holz bringt ihm Ideenreichtum und Sehnsucht nach Harmonie. Vom Schicksal wird die Langmut des Yin Holz Schafes oft auf die Probe gestellt. Gerade ihm, so scheint es, stünden viele Tore offen, doch braucht es mehr Anstrengung als andere, sie zu erreichen. Das mag auch daran liegen, daß seine Elemente Holz, Erde – vom Tierkreiszeichen – und Metall einander zum Teil vernichten. Holz durchdringt Erde, Metall schneidet Holz. Yin Holz Schafe müssen daher mit den Schwierigkeiten, die ihnen das Leben bietet, achtsam umgehen. Sie sollten nicht den Fehler machen, nur zu meckern und ihrem Unglück nachzugeben, sondern sich den Prüfungen mit Zuversicht stellen. Ausdauer wird ihnen helfen, sie zu bestehen. Wobei sie in manchen Belangen nicht allzu ausdauernd agieren sollten. Denn Yin Holz Schafe neigen dazu, Konflikte bis zum Ende durchzufechten. Das macht sie mitunter erfolgreich im Beruf und räumt auch in Liebesbeziehungen viele Probleme gründlich aus dem Weg. Hie und da aber beachtet das Yin Holz Schaf in seinem klärenden Eifer nicht, daß andere schon längst die weiße Fahne gehißt haben. In einer Debatte, wo alle schließlich einen gemeinsamen Nenner gefunden haben, ist es oft das Yin Holz Schaf, das noch auf dem Nachhauseweg seinem Nebenmann ein „Und was ich dazu noch sagen wollte" vorkaut. Das zeichnet Yin Holz Schafe zwar als geistreiche, strebsame kosmische Bilder aus – in einigen Fällen aber auch als solche, die in einer Debatte kein Ende finden. Viele Yin Holz Schafe haben Schwierigkeiten mit den eigenen Eltern. Sei es, daß sie sich lange Zeit nicht lösen können, sei es – und das ist der Hauptgrund –, daß diese immer wieder über das an sich friedfertige Yin Holz Schaf bestimmen wollen. Sollten offene Worte nichts fruchten, kann nur einige Zeit der Distanz Loslösung und Harmonie für beide Teile bringen! In seinen beruflichen Wegen erleidet das Yin Holz Schaf oft lange Durststrecken. Typisch wäre etwa ein Studium oder eine andere lang währende Ausbildung, während der es auf vieles verzichten muß, nur um nachher reicher zu ernten. In Liebesangelegenheiten sollten sich Yin Holz Schafe vor egoistischen Partnern hüten! Wo andere recht selbstbestimmt mit eigenen Egoismen dagegenhalten, läuft das Yin Holz Schaf eher Gefahr, mit seinen Bedürfnissen unterzugehen.

33 丙申 Yang Feuer Affe

Was mich beherrscht
+ Yin Wasser Schlange
– Yang Wasser Drache
Was ich beherrsche
+ Yin Metall Büffel
– Yang Metall Ratte
Was mich unterstützt
+ Yin Holz Schaf
– Yang Holz Pferd
Was ich unterstütze
+ Yang Erde Hund
– Yin Erde Schwein
Was mir gleicht
+ Yang Feuer Affe
– Yin Feuer Hahn

Lebens- und Arbeitsgemeinschaft

+ + + Drache, besonders Yang Erde Drache
Affe, besonders Yang Metall Affe
+ Pferd
– Schwein
– – – Yin Wasser Schwein

Liebschaft

+ + + Drache, besonders Yang Erde Drache
Affe, besonders Yang Metall Affe
+ Ratte, Schwein, Pferd
– Hahn
– – – Yin Holz Hahn
♥♥♥ in der Zeit von 17 bis 19 Uhr, aber nur im Monat des Hahns.

Monate

+ + + September
+ Juni, Juli
– Dezember, Januar
– – – März

Tage

+ + + Yin Holz Schaf im Frühling
+ Yang Erde Hund, Yin Metall Büffel
– Yin Feuer Hahn
– – – Yang Wasser Drache im Winter

Stunden

Finanzen	+ 07–09 Uhr	– 13–15 Uhr
Berufliches	+ 23–01 Uhr	– 05–07 Uhr
Kreatives	+ 03–05 Uhr	– 09–11 Uhr
Beziehung	+ 11–13 Uhr	– 17–19 Uhr
Gesundheit, Schönheit	+ 05–07 Uhr	– 11–13 Uhr

Besonderheiten

Vorsicht bei neuen Unternehmungen, da die Gefahr von finanziellen Verlusten besteht, ebenso wie die Gefahr des Unglücklichwerdens.

33 丙申 Yang Feuer Affe

Wirkkraft Feuer

Yang Feuer Affen sind lebenslustig, beweglich und rege. Ihre Aufgewecktheit schon im Kindesalter macht altehrwürdigen Erwachsenen Beine, ihre Schlagfertigkeit läßt sie Rednerduelle selten verlieren. Ihr Gedankenreichtum bewirkt, daß sie ihrer Umwelt aufgeschlossen und kontaktfreudig gegenüberstehen. Nach außen wirken sie meist natürlich und wendig, vor allem Yang Feuer Affe-Frauen haben in bestimmten Lebensabschnitten eine ungeheure Anziehungskraft aufs andere Geschlecht. Ihr gewandter Geist birgt mitunter auch so manchen Nachteil. Viele Yang Feuer Affen wirken zerstreut, andere weitschweifig, dritte wankelmütig. Mitunter läßt das zweifache Feuer in Wirkkraft und Element das dem Tierkreiszeichen Affe zugeordnete Metall schmelzen. Für den Yang Feuer Affen bedeutet das, daß er sich öfter in Beharrlichkeit üben sollte. Denn sein Wille schmilzt angesichts verschiedener Verlockungen gern wie Butter in der Sonne. Yang Feuer Affen sollten meist erst gar nicht versuchen, Diät zu halten! Ihre Sinnenlust läßt sie die paar Kilo nach einigen Wochen ohnedies wieder rauffuttern. Wobei betont werden muß, daß ein Yang Feuer Affe in voller Fleischeskraft in vielen kosmischen Bildern begehrliche Gedanken säen wird. Yang Feuer Affen fahren die Achterbahn des Lebens in vollen Zügen auf und ab; so mancher wird dabei vor Vergnügen schrille Schreie ausstoßen. Nehmen Sie ein Yang Feuer Affe-Kind; es könnte in seiner Sportlichkeit und seiner Lust auf Entdeckungsreisen einem Bilderbuch entsprungen sein. Nach meist stürmischer Jugend gönnen sich Yang Feuer Affen dann ein aufopferndes, beziehungsreiches Elterndasein. Auch hier wird ihr Wille leicht dahinschmelzen. Wo entschlossene kosmische Bilder es bei „Ich habe dir gesagt: nur ein Eis, und dabei bleibt's!“ bewenden lassen, können Yang Feuer Affe-Eltern nicht widerstehen und werden ihre Sprößlinge mit einem zweiten großen Eisbecher verwöhnen. Meist kaufen sie sich selbst einen dazu. In geschäftlichen Dingen sollte ein Yang Feuer Affe eher in den kreativen oder sozialen Bereich wechseln. Seinem Umgang mit Geld fehlt meist jegliche Kontinuität. Eines Tages wild zur Sparsamkeit entschlossen, wird er den nächsten Abend in teurem Luxus schwelgen wollen. Insofern wird eine Beziehung mit einem Yang Feuer Affen selten langweilig. Man sollte als sein Partner oder seine Partnerin bloß bedenken, daß der Yang Feuer Affe dieselbe Abwechslung, die er anderen bietet, selbst genauso braucht. Dem Yang Feuer Affen wäre zu empfehlen, in seinem Streben kontinuierlicher zu werden. Sein Erfolg wird sich dadurch vervielfältigen.

34 丁酉 Yin Feuer Hahn

Was mich beherrscht
+ Yang Wasser Drache
– Yin Wasser Schlange
Was ich beherrsche
+ Yang Metall Ratte
– Yin Metall Büffel
Was mich unterstützt
+ Yang Holz Pferd
– Yin Holz Schaf
Was ich unterstütze
+ Yin Erde Schwein
– Yang Erde Hund
Was mir gleicht
+ Yin Feuer Hahn
– Yang Feuer Affe

Lebens- und Arbeitsgemeinschaft

+ + + Büffel, besonders Yin Wasser Büffel
+ Drache, Schlange
– Hund
– – – Yang Wasser Hund

Liebschaft

+ + + Büffel, besonders Yin Wasser Büffel
+ Drache, Schlange, Schwein
– Tiger, Affe, Hund
– – – Yang Holz Tiger
Yang Holz Affe
Yang Wasser Hund
♥♥♥ in der Zeit von 11 bis 13 Uhr, aber nur im Monat des Pferdes.

Monate

+ + + Oktober
+ Juni, Juli
– Dezember, Januar
– – – April

Tage

+ + + Yang Holz Pferd im Frühling
+ Yin Erde Schwein, Yang Metall Ratte
– Yang Feuer Affe
– – – Yin Wasser Schlange im Winter

Stunden

Finanzen	+ 09–11 Uhr	– 15–17 Uhr
Berufliches	+ 01–03 Uhr	– 07–09 Uhr
Kreatives	+ 05–07 Uhr	– 11–13 Uhr
Beziehung	+ 13–15 Uhr	– 19–21 Uhr
Gesundheit, Schönheit	+ 07–09 Uhr	– 13–15 Uhr

34 丁酉 Yin Feuer Hahn

Wirkkraft Feuer

Yin Feuer Hähne wirken selbstbewußt, geschickt und haben die natürliche Gabe, Gelegenheiten beim Schopf zu packen. Die meisten von ihnen sind Meister im „Aufreißen". Kaum ein Geschäft, für das sie nicht einen Riecher besäßen. Kaum eine Chance auf eine Liebesbeziehung, die ihnen entgeht. Das sollte nicht mit Treulosigkeit verwechselt werden. Yin Feuer Hähne spüren nur die bewußten oder unbewußten Signale ihrer Mitmenschen besser als andere. Yin Feuer Hähne können ausgezeichnet zuhören und vermitteln, daß sie bei Problemen anderen hilfreich zur Seite stehen und daß sie Lösungskompetenz besitzen. Sie sind im allgemeinen äußerst sozial – nie würde ein echter Yin Feuer Hahn Böses tun oder verletzen wollen! Yin Feuer Hähne erleben oft das, was die moderne Psychologie „Flow" nennt: eine Phase, in der sie glauben, alles würde ihnen gelingen, Zeiten, in denen man merkt: Man hat viel zu tun, aber es funktioniert! Der gordische Knoten im Kopf löst sich wie von selbst. Meist sind sie dann unerhört produktiv, arbeiten für drei, denken für fünf und handeln für sieben! Sie sollten sich aber vor Übertreibungen hüten. Wer so viel leistet, verliert mitunter das, was ihm erst die Chance auf reiche Ernte gebracht hat: das Gespür für die Bedürfnisse anderer. So mancher Yin Feuer Hahn ist schon unliebsam von der Wirklichkeit eingeholt worden! Denn wie alle Hähne neigt er zu Träumereien. Es ist wichtig, den jungen Yin Feuer Hahn in diesen Belangen zu unterstützen und gleichzeitig seine Beharrlichkeit zu fördern. Viele Yin Feuer Hahn-Kinder werden „Märchen" erzählen, phantasievolle Geschichten, die sie so nicht erlebt haben können, oder auch besonders geistreiche Spiele erfinden. Lassen Sie das als Elternteil zu! Auch wenn Sie manchmal befremdet ob der ausufernden Phantasie sind. Was der Yin Feuer Hahn braucht, ist Sitzfleisch. Man sollte daher von früh an vermitteln, daß er eine begonnene Sache auch fertigmachen sollte; daß er eine Suppe, die er sich einbrockt, auch auslöffeln muß. Dann wird seine schöpferische Kraft, die ihn im Erwachsenenleben stets neue Herausforderungen suchen läßt, beruflich erfolgbringend wirken. In der Liebe gilt ähnliches: Yin Feuer Hähne haben einen feurigen Ruf – aber Feuer hat es auch an sich, daß es verlöschen kann. Mehr Zuverlässigkeit in den Handlungen zu zeigen, würde einem Yin Feuer Hahn auch in seinem Beziehungsleben viel nutzen.

35 戊戌 Yang Erde Hund

Was mich beherrscht
+ Yin Holz Schaf
– Yang Holz Pferd
Was ich beherrsche
+ Yin Wasser Hase
– Yang Wasser Tiger
Was mich unterstützt
+ Yin Feuer Hahn
– Yang Feuer Affe
Was ich unterstütze
+ Yang Metall Ratte
– Yin Metall Büffel
Was mir gleicht
+ Yang Erde Hund
– Yin Erde Schwein

Lebens- und Arbeitsgemeinschaft

+++ Pferd, besonders Yang Erde Pferd
+ Tiger, Schwein
– Ratte
––– Yang Wasser Ratte

Liebschaft

+++ Pferd, besonders Yang Erde Pferd
+ Schwein
– Büffel
––– Yin Wasser Büffel
♥♥♥ in der Zeit von 5 bis 7 Uhr, aber nur im Monat des Hasen.

Monate

+++ November
– Februar, August
––– Mai

Tage

+++ Yin Feuer Hahn im Sommer
+ Yang Metall Ratte, Yin Wasser Hase
– Yin Erde Schwein
––– Yang Holz Pferd im Frühling

Stunden

Finanzen	+ 11–13 Uhr	– 17–19 Uhr
Berufliches	+ 03–05 Uhr	– 09–11 Uhr
Kreatives	+ 07–09 Uhr	– 13–15 Uhr
Beziehung	+ 15–17 Uhr	– 21–23 Uhr
Gesundheit, Schönheit	+ 09–11 Uhr	– 15–17 Uhr

Besonderheiten

Vorsicht bei neuen Unternehmungen, da die Gefahr von finanziellen Verlusten besteht, ebenso wie die Gefahr des Unglücklichwerdens.

35 戊戌 Yang Erde Hund

Wirkkraft Holz

Der Yang Erde Hund ist empfänglich, fortschrittlich, leidenschaftlich und praktisch. Sein logischer Verstand ruht in einer abgerundeten Persönlichkeit. Das schließt Weiterentwicklung nicht aus! Im Gegenteil: Der Yang Erde Hund kann aus der Kraft des Ruhenden schöpfen und stets etwas Neues dazulernen. Sein Zeichen ist ausgesprochen günstig. Als Mitarbeiter wird er durch Gehorsam und Unabhängigkeit zugleich auffallen. Als Chef vergißt er nie, daß auch der beste Vordermann ohne seine Untergebenen nichts zählt. Seine praktische Herangehensweise an die Vielfalt des Lebens läßt ihn grundsätzlich erfolgreich in Beruf und Beziehungsleben sein. Trotzdem bedeutet ihm Geld nicht viel. Selbst wenn er reichlich davon hat, wirkt er salopp und etwas bohemehaft. Wenn er unerwartet zu einem Vermögen kommt, wird er es achselzuckend ausgeben können. Ein knausriger Sparbuchhamster ist er jedenfalls nicht. Er kümmert sich schlicht und einfach nicht um finanzielle Belange. Stunden mit dem Bankberater zu verbringen, nur um am Ende ein paar Mäuse mehr zu lukrieren, dafür ist ihm seine Zeit zu schade. Er genießt, was er hat – und meistens hat er dank seiner Geistesgaben genug. Was ihm fehlt, ist die konfuzianische Strenge im Leben, das Fehlen von Leidenschaften, das in China für erstrebenswert erachtet wurde. Und tatsächlich, der Yang Erde Hund könnte sich ruhig manchmal etwas weniger in seine Angelegenheiten verbeißen. Denn die doppelte Erde aus Tierkreiszeichen und Element macht ihn nur dann zum Arbeitstier, wenn ihn etwas wirklich interessiert. Seine Wirkkraft Holz gestaltet seine Interessen aber vielschichtig – Sie werden daher schwerlich einen faulen Yang Erde Hund finden. Eher welche, die es für ganz natürlich halten, noch bis spät in die Nacht vor dem Computer zu sitzen und an irgendwelchen Programmen und Dokumenten zu basteln. Stammtischfreundschaften, mit einer Kegelrunde Nächte durchzechen oder mit flüchtigen Bekannten Pferde stehlen, das interessiert den Yang Erde Hund nicht. Dafür sucht er sinnlichen Genuß in Partnerschaften mit dem anderen Geschlecht. Nur sein Zorn – Yang Erde Hunde verstehen es, sehr rasch sehr laut zu bellen! – kann ihm da schaden. Mäßigung und kontemplative Durchdringung dienen ihm weit besser. Dies um so mehr, als Yang Erde Hunde bald feststellen werden, daß sie zwar Vertrauen in sich selbst, aber nicht in die Umwelt haben. Die Umwelt wiederum erkennt das Gute im Yang Erde Hund zu selten. Nur Beharrlichkeit und ruhige Gelassenheit werden den Yang Erde Hund die Position erreichen lassen, die ihm gebührt.

36 己亥 Yin Erde Schwein

Was mich beherrscht
+ Yang Holz Pferd
– Yin Holz Schaf

Was ich beherrsche
+ Yang Wasser Tiger
– Yin Wasser Hase

Was mich unterstützt
+ Yang Feuer Affe
– Yin Feuer Hahn

Was ich unterstütze
+ Yin Metall Büffel
– Yang Metall Ratte

Was mir gleicht
+ Yin Erde Schwein
– Yang Erde Hund

Lebens- und Arbeitsgemeinschaft

+ + + Tiger, besonders Yang Feuer Tiger
Schwein, besonders Yin Holz Schwein
+ Schaf
– Affe
– – – Yang Metall Affe

Liebschaft

+ + + Tiger, besonders Yang Feuer Tiger
Hase, besonders Yin Feuer Hase
Schaf, besonders Yin Erde Schaf
+ Hund, Schwein
– Hahn
– – – Yin Metall Hahn
♥♥♥ in der Zeit von 23 bis 1 Uhr, aber nur im Monat der Ratte.

Monate

+ + + Dezember
+ Februar, August
– Mai, November
– – – Juni

Tage

+ + + Yang Feuer Affe im Sommer
+ Yin Metall Büffel, Yang Wasser Tiger
– Yang Erde Hund
– – – Yin Holz Schaf im Frühling

Stunden

Finanzen	+ 13–15 Uhr	– 19–21 Uhr
Berufliches	+ 05–07 Uhr	– 11–13 Uhr
Kreatives	+ 09–11 Uhr	– 15–17 Uhr
Beziehung	+ 17–19 Uhr	– 23–01 Uhr
Gesundheit, Schönheit	+ 11–13 Uhr	– 17–19 Uhr

36 己亥 Yin Erde Schwein

Wirkkraft Holz

Yin Erde Schweine verfügen über einen bewundernswerten kreativen Verstand, der ihnen auch in scheinbar ausweglosen Situationen die richtige Hintertreppe offenbart. Gleichzeitig ist das Yin Erde Schwein ein zutiefst phantasievoller, liebenswerter und liebevoller Mensch, der intuitiv empfänglich ist, so als hätte es Antennen für die psychischen Schwingungen der Umwelt. Das Yin Erde Schwein lebt gerne in Wahrhaftigkeit – Lug und Trug verabscheut es. Im Kindesalter braucht es viel Liebe – auch wenn die Eltern gerade bei Yin Erde Schweinen feststellen müssen, daß diese viel zu früh erwachsen werden! Gerade hielten sie es noch in den Armen, und nun ist es schon in eine neue Wohnung gezogen! Und dazwischen – möglicherweise mit acht Jahren – hatte es das Verlangen, in die Kinderdisco zu gehen. Lassen Sie kindliche Yin Erde Schweine ihre Erfahrungen machen! Was Sie ihnen auf jeden Fall vermitteln sollten, ist die Fähigkeit zur Konzentration. Das ist nicht die größte Stärke des Yin Erde Schweins, obwohl sich das in der Schule kaum auswirken wird. Denn das Yin Erde Schwein ist wißbegierig. Es liest, auch als Erwachsener, gern, aber wahllos. Selten ein Tag, da es die Zeitung nicht durchgeblättert hat; kaum eine Nacht, in der es nicht irgendeinen Krimi verschlingt. In der Berufswelt versucht das Yin Erde Schwein oft, sich in großartiger Absicht über allerlei Hindernisse hinwegzuschwingen, aber diese sind mitunter zu groß – und das Yin Erde Schwein wird zum Rückzug gezwungen. Es sollte aber nicht gleich die Flinte ins Korn werfen – eine Reaktion, zu der die meisten Yin Erde Schweine impulsiv neigen –, sondern besser beharrlich versuchen, seinen Grundsätzen treu zu bleiben. Am Ende jedes Tunnels ist Licht! Das gilt auch fürs Privatleben. Da haben viele Yin Erde Schweine den Eindruck, daß sie – weil ihnen die finanziellen Mittel fehlen – nicht so genießen können, wie sie gerne möchten. Mit ein Grund für diese Unzufriedenheit liegt aber in der eigenen Laxheit. Wenn sich Yin Erde Schweine rascher zu etwas entschließen könnten, hätten sie in allen Belangen mehr Glück. Das Yin Erde Schwein hat wenig Freunde; aber jene, zu denen es hält, wird es mit seiner Gutmütigkeit regelrecht überschütten. In der Familie ist seine Position eine passive. Klassisch wäre ein Mann, der sich sonntags getreulich am Programm, das die anderen sich ausgedacht haben, beteiligt – aber wenn die anderen einmal nichts aushecken, wird er auch nichts machen. Beginnen Sie ruhig zu gestalten! Sie haben das Zeug dazu! Ihr Partner oder Ihre Partnerin wird sich erleichtert und auf angenehme Weise überrascht fühlen, wenn Sie das Heft etwas häufiger in die Hand nehmen.

37 庚子 Yang Metall Ratte

Was mich beherrscht
+ Yin Feuer Hahn
– Yang Feuer Affe
Was ich beherrsche
+ Yin Holz Schlange
– Yang Holz Drache
Was mich unterstützt
+ Yin Erde Schwein
– Yang Erde Hund
Was ich unterstütze
+ Yang Wasser Tiger
– Yin Wasser Hase
Was mir gleicht
+ Yang Metall Ratte
– Yin Metall Büffel

Lebens- und Arbeitsgemeinschaft

+ + + Yin Metall Büffel, Yang Feuer Drache
+ Affe, Schwein
– Tiger, Hase, Schaf, Hahn
– – – Yang Feuer Tiger
Yin Feuer Hase
Yin Erde Schaf
Yin Feuer Hahn

Liebschaft

+ + + Affe, vor allem Yang Erde Affe
+ Tiger, Schlange
– Hase, Pferd
– – – Yin Feuer Hase
Yang Erde Pferd
♥♥♥ in der Zeit von 17 bis 19 Uhr, aber nur im Monat des Hahns.

Monate

+ + + Januar
+ September, Oktober
– März, April
– – – Juli

Tage

+ + + Yin Erde Schwein im Winter
+ Yang Wasser Tiger, Yin Holz Schlange
– Yin Metall Büffel
– – – Yang Feuer Affe im Sommer

Stunden

Finanzen	+ 15–17 Uhr	– 21–23 Uhr
Berufliches	+ 07–09 Uhr	– 13–15 Uhr
Kreatives	+ 11–13 Uhr	– 17–19 Uhr
Beziehung	+ 19–21 Uhr	– 01–03 Uhr
Gesundheit, Schönheit	+ 13–15 Uhr	– 19–21 Uhr

37 庚子 Yang Metall Ratte

Wirkkraft Erde

Yang Metall Ratten sind im Geist der Materie verbunden. Sie fangen wenig an mit Spirituellem, mit übernatürlichen Phänomenen oder übersinnlichen Wahrnehmungen. Meist werden sie nur jenen Dingen anhängen, die sie begreifen können. Gleichzeitig ist die Yang Metall Ratte grundvernünftig und handelt durchdacht. Nur manchmal wohnt ihr eine nahezu unstillbare Sehnsucht inne. So, als würde ihr etwas fehlen, dessen sie jetzt dringend bedarf. Yang Metall Ratten bestellen im Restaurant gerne mehr, als sie eigentlich brauchen. Wenn eine Familie mit zwei kleinen Kindern in eine Pizzeria essen geht, würden vielleicht zwei oder drei Pizzen auf vier Tellern reichen – die Yang Metall Ratte wird aber immer vier Pizzen und dazu Salate, möglicherweise auch Vorspeisen, bestellen. Daß man das nicht alles aufessen kann, ist klar – aber, vernünftig und entschlußfreudig, wie sie ist, wird sie ohne Scham den Kellner rufen, um zu verlangen, was ihr zusteht: die Reste für zu Hause einzupacken. Die meisten Yang Metall Ratten sammeln leidenschaftlich gerne. Das kann bei Briefmarken oder Ansichtskarten beginnen, bei Büchern oder Automodellen weitergehen und sich bis hin zur Promiskuität auswachsen – da sammelt die Yang Erde Ratte dann Erfahrung mit möglichst vielen Partnern. Im äußersten werden Sie bei einsamen Yang Metall Ratten manchmal die Wohnung bis zur Decke mit alten Zeitungen vollgestopft finden. Denn sie können sich nur schwer von etwas trennen. Das macht sie im Beruf in vielerlei Hinsicht erfolgreich, in Beziehungen verletzlich. Wenn eine Yang Metall Ratte im Beruf eingesetzt wird, um Informationen zu erheischen, um Archive aufzubauen oder um schlicht und einfach ein gemütliches Daheim zu errichten, dann ist sie richtig am Platz. Man muß ihr nur die Chance auf Abwechslung bieten und ihr kurze „Ausreißer" oder stille, sehnsüchtige Momente zugestehen und allenfalls verzeihen. In Beziehungen werden Yang Metall Ratten weich, weil sie sich schlecht von etwas lösen können. Im unglücklichsten Fall fallen sie dann auf einen Partner herein, der sie von vorne bis hinten ausnützt – und sie schaffen es nicht, das alte Sprichwort „Lieber ein Ende mit Schrecken als ein Schrecken ohne Ende" in die Tat umzusetzen. Die Metallkräfte in der Yang Metall Ratte verstärken zwar den analytisch-systematischen Zugang – sie werden immer wissen, was gut für sie wäre! –, aber die innerliche Angst und die Verhaftung in der Sache läßt sie diese Erkenntnis nur unter sehr großem Druck in die Tat umsetzen. Allen Partnern von Yang Metall Ratten sei daher ans Herz gelegt: Yang Metall Ratten muß man mehr Phasen der Ruhe und des Alleinseins gönnen als vielen anderen kosmischen Bildern.

38 辛丑 Yin Metall Büffel

Was mich beherrscht
+ Yang Feuer Affe
– Yin Feuer Hahn
Was ich beherrsche
+ Yang Holz Drache
– Yin Holz Schlange
Was mich unterstützt
+ Yang Erde Hund
– Yin Erde Schwein
Was ich unterstütze
+ Yin Wasser Hase
– Yang Wasser Tiger
Was mir gleicht
+ Yin Metall Büffel
– Yang Metall Ratte

Lebens- und Arbeitsgemeinschaft

+ + + Hahn, besonders Yin Erde Hahn
Schwein, besonders Yin Feuer Schwein
+ Schlange, Ratte
– Drache
– – – Yang Holz Drache

Liebschaft

+ + + Hund, besonders Yang Feuer Hund
Hahn, besonders Yin Erde Hahn
Ratte, besonders Yang Metall Ratte
+ Affe, Hase
– Schwein
– – – Yin Holz Schwein
♥♥♥ in der Zeit von 11 bis 13 Uhr, aber nur im Monat des Pferdes.

Monate

+ + + Februar
+ September, Oktober
– März, April
– – – August

Tage

+ + + Yang Erde Hund im Winter
+ Yin Wasser Hase, Yang Holz Drache
– Yang Metall Ratte
– – – Yin Feuer Hahn im Sommer

Stunden

Finanzen	+ 17–19 Uhr	– 23–01 Uhr
Berufliches	+ 09–11 Uhr	– 15–17 Uhr
Kreatives	+ 13–15 Uhr	– 19–21 Uhr
Beziehung	+ 21–23 Uhr	– 03–05 Uhr
Gesundheit, Schönheit	+ 15–17 Uhr	– 21–23 Uhr

38 辛丑 Yin Metall Büffel

Wirkkraft Erde

Yin Metall Büffel wissen genau, was sie im Leben erreichen wollen. Dabei handelt es sich nicht um fahrlässig hochgesteckte Ziele! Yin Metall Büffel überblicken im allgemeinen recht gut, wohin sie kommen können. Hochfliegende Pläne und phantastische Luftschlösser überlassen sie lieber kindlichen Schwärmern. Ausdauernd und tatkräftig begegnen sie allen Herausforderungen, die das Leben an sie stellt. Weniger, weil es ihnen einerlei ist, was passiert, eher deshalb, weil Yin Metall Büffel sicher sind, daß sie am Ende die besseren Karten in der Hand haben. Das Haus oder die Wohnung eines Yin Metall Büffels wird man stets aufgeräumt und hübsch eingerichtet vorfinden. Im Geschmack sind sie dabei konservativ; statt schriller Tapetenmuster gibt es weiß getünchte Wände, die mitunter mit erlesenen Bildern oder Postern geschmückt werden. Die meisten von ihnen amüsieren sich eher über die heutige moderne Kunst, einigen ist die Tatsache, daß eine weiße Leinwand um Millionen gehandelt werden kann, sogar ein Ärgernis. In den meisten Haushalten von Yin Metall Büffeln wird der Küchentisch – vorzugsweise aus Nußholz! – mit einem gepflegten Tischtuch bedeckt sein. Wenn Sie ins Haus eines Yin Metall Büffels eingeladen werden, erwartet Sie ein gutes Essen in gemütlicher Atmosphäre. Keine kulinarischen Experimente, niemals ein „Und könntest du das Knabbergebäck mitbringen?“ oder ein „Warte, das Bier muß ich erst vom Supermarkt holen!“. Die treibende Kraft im Leben der Yin Metall Büffel ist die Sicherheit. Unklare Verhältnisse mißbilligen sie zutiefst. Ihr beruflicher Lebensweg verläuft meist ruhig und unproblematisch. Hingegen haben Bankbeamte, die einem Yin Metall Büffel begegnen, eine harte Nuß zu knacken. Denn im Aushandeln optimaler Geldanlagen sind Yin Metall Büffel beharrlich. Und wenn man sie dabei hereinlegen will, spüren sie das sofort. Eine Frau, die die Sparbücher sämtlicher Verwandten zusammenträgt, um mit dieser gemeinsamen höheren Summe statt 3,75 Prozent 4,25 Prozent herauszuschlagen, ist keine Seltenheit unter den Yin Metall Büffeln! Denn sie wissen eines ganz genau: Letztlich kann nur genügend Geld ihnen in Krisenzeiten helfen. Menschen, die von der Hand in den Mund leben wollen, werden kein Glück mit Yin Metall Büffeln finden. Eher schon jene, die einen ruhigen, genügsamen Partner suchen, an dessen starker Hand man durch dick und dünn gehen kann. Oberflächliche Tändeleien liegen dem Yin Metall Büffel nicht. Dieselbe Treue, die er schenkt, verlangt er allerdings auch unerbittlich von anderen. Wer eine Beziehung mit einem Yin Metall Büffel eingeht, sollte daher eines vor Augen haben: Zumeist ist sie für die Ewigkeit geschmiedet!

39 壬寅 Yang Wasser Tiger

Was mich beherrscht
+ Yin Erde Schwein
– Yang Erde Hund
Was ich beherrsche
+ Yin Feuer Schaf
– Yang Feuer Pferd
Was mich unterstützt
+ Yin Metall Büffel
– Yang Metall Ratte
Was ich unterstütze
+ Yang Holz Drache
– Yin Holz Schlange
Was mir gleicht
+ Yang Wasser Tiger
– Yin Wasser Hase

Lebens- und Arbeitsgemeinschaft

+ + + Pferd, besonders Yang Holz Pferd
+ Hund, Schwein
– Hase
– – – Yin Erde Hase

Liebschaft

+ + + •Tiger, besonders Yang Wasser Tiger
+ Pferd, Drache
– Hase, Affe
– – – Yin Erde Hase
Yang Erde Affe
♥♥♥ in der Zeit von 5 bis 7 Uhr, aber nur im Monat des Hasen.

Monate

+ + + März
+ Dezember, Januar
– Juni, Juli
– – – September

Tage

+ + + Yin Metall Büffel im Herbst
+ Yang Holz Drache, Yin Feuer Schaf
– Yin Wasser Hase
– – – Yang Erde Hund im Winter

Stunden

Finanzen	+ 19–21 Uhr	– 01–03 Uhr
Berufliches	+ 11–13 Uhr	– 17–19 Uhr
Kreatives	+ 15–17 Uhr	– 21–23 Uhr
Beziehung	+ 23–01 Uhr	– 05–07 Uhr
Gesundheit, Schönheit	+ 17–19 Uhr	– 23–01 Uhr

39 壬寅 Yang Wasser Tiger

Wirkkraft Metall

Yang Wasser Tiger sind aufregend, verführerisch, ehrlich und offen. In ihnen regieren abwechselnd die Gefühlsregungen von Holz, das entspricht dem Tiger, Metall, das entspricht der Wirkkraft, und Wasser, seinem Element. Diese Gefühle haben's in sich: Es handelt sich um den Zorn, die Trauer und die Angst. Die Freude des Feuers und die Sehnsucht der Erde fehlen. Dementsprechend geht's im Innenleben eines echten Yang Wasser Tigers einigermaßen heftig zu. Seine reine, strahlende Gedankenkraft läßt ihn Situationen blitzartig erfassen. Sein Reaktionsvermögen ist wie jenes der namensstiftenden Großkatze. Seine Freiheitsliebe ist unermeßlich. Das macht den Yang Wasser Tiger zum entschlossenen Verfechter seiner Angelegenheiten. Bisweilen kann es ihn auch zum Fanatiker mutieren lassen, insbesondere, wenn sich seine starken Gefühle mit religiöser Hingabe verbinden. Ist ein Yang Wasser Tiger gläubig, läßt er es nicht beim Kirchenbesuch oder stillen Gebet bewenden: Da wird er leicht missionarisch. Der Yang Wasser Tiger gleicht grundsätzlich dem Menschen, der ohne Rücksicht auf Verluste vorwärtsstürmt. Von Natur aus entspricht er am ehesten dem reißerischen Räuber, der angespannt und konzentriert seine Beute beobachtet. Wenn man ihn dabei stört, wird er es mit Jähzorn oder einem kräftigen, endgültigen Biß vergelten. Diese rohe Kraft des Yang Wasser Tigers muß bezwungen werden! Meistens schafft das die Erziehung des kindlichen Tigers, doch immer wieder wird der glühende Funke erneut auflodern. Vor allem Männer, denen von Natur aus Yang zugeordnet ist, haben erst im reifen Alter ausgleichende Techniken zur Hand. Die jungen Buben müßte man um so mehr zur Mäßigung und Konzentration erziehen. Frauen mit dem kosmischen Bild des Yang Wasser Tigers verfügen hingegen über weibliche Yin-Kräfte und können so eher die Balance wahren. Wichtig aber bleibt, daß ein Yang Wasser Tiger lernen muß, seine Grenzen zu erkennen. Im Beruf gilt für den Yang Wasser Tiger das gleiche wie im Leben. Seine Anlagen sind hervorragend, seine Fähigkeiten müssen klug eingesetzt werden, damit er seine Ziele erreicht. In der Liebe sollten Yang Wasser Tiger Anleihen in der Natur nehmen. Da bietet das Tigermännchen dem Weibchen erst sein Genick zum tödlichen Biß an, um mit dieser Demutsgeste Liebesbereitschaft zu signalisieren. Ein wenig mehr Demut schadet sicher auch dem Yang Wasser Tiger in einer Partnerschaft nicht. Und so wie der echte Tiger sehr gut auch die leisesten Geräusche im Dschungel hören kann, so sollten auch Sie Ihr Gehör einsetzen. Menschen, die dauernd von sich sprechen, könnten die Aussagen anderer leicht überhören. Und gerade Yang Wasser Tiger sollten mit guten Ratgebern durchs Leben schweifen.

40 癸卯 Yin Wasser Hase

Was mich beherrscht
+ Yang Erde Hund
– Yin Erde Schwein

Was ich beherrsche
+ Yang Feuer Pferd
– Yin Feuer Schaf

Was mich unterstützt
+ Yang Metall Ratte
– Yin Metall Büffel

Was ich unterstütze
+ Yin Holz Schlange
– Yang Holz Drache

Was mir gleicht
+ Yin Wasser Hase
– Yang Wasser Tiger

Lebens- und Arbeitsgemeinschaft

+ + + Schaf, besonders Yin Holz Schaf
Hase, besonders Yin Wasser Hase
+ Schwein, Hund
– Affe
– – – Yang Erde Affe

Liebschaft

+ + + Drache, besonders Yang Metall Drache
+ Schaf, Schwein, Hund, Schlange, Hase
– Affe
– – – Yang Erde Affe
♥♥♥ in der Zeit von 23 bis 1 Uhr, aber nur im Monat der Ratte.

Monate

+ + + April
+ Dezember, Januar
– Juni, Juli
– – – Oktober

Tage

+ + + Yang Metall Ratte im Herbst
+ Yin Holz Schlange, Yang Feuer Pferd
– Yang Wasser Tiger
– – – Yin Erde Schwein im Winter

Stunden

Finanzen	+ 21–23 Uhr	– 03–05 Uhr
Berufliches	+ 13–15 Uhr	– 19–21 Uhr
Kreatives	+ 17–19 Uhr	– 23–01 Uhr
Beziehung	+ 01–03 Uhr	– 07–09 Uhr
Gesundheit, Schönheit	+ 19–21 Uhr	– 01–03 Uhr

40 癸卯 Yin Wasser Hase

Wirkkraft Metall

Der Yin Wasser Hase ist ein gesegnetes Zeichen. Er verfügt über großartige Anlagen. Er ist kommunikativ, intelligent, schön, geschmackvoll, ehrlich und gütig. Im Vordergrund steht sein Bemühen um Rechtschaffenheit, doch wird er die Harmonie mit seiner Umgebung nie verletzen wollen. Seine Klugheit ist umfassend. Er hat sowohl soziale wie intellektuelle Kompetenz. Gleichzeitig ist er genügsam und reaktionssicher. Kurz: Der Yin Wasser Hase ist einer, der leichten Fußes durchs Leben schreiten kann. Aber: Wem viel zufällt, der lernt mitunter nicht, sich um etwas zu bemühen. Wer von vornherein stark ist und die dunklen Seiten des Lebens nie kennenlernen mußte, der steht jenen, die ein härteres Los zu tragen haben, oft mit Unverständnis gegenüber. Die chinesische Astrologie hält den Yin Wasser Hasen daher zum steten Bemühen an. Er sollte das Füllhorn der Natur, das ihn so verwöhnt hat, durch Arbeit und Einsatz für Schwache ehren. Eigentlich gehört der Yin Wasser Hase ja zu jenen, die geschliffen über die Armut auf der Erde reden können und im passenden Moment, etwa, wenn sie das Elend in Dritte-Welt-Slums im Fernsehen sehen, auch ein „Oh, wie entsetzlich!" ausrufen. Aber manchmal kommt das nicht von Herzen. Armut und Elend interessieren den Yin Wasser Hasen bisweilen nur dann, wenn er selbst davon betroffen ist. Die französische Kaiserin Marie Antoinette, der angesichts des hungernden, um Brot flehenden Pöbels ein „Wenn sie kein Brot haben, sollen sie halt Kuchen essen" einfiel, könnte ein Yin Wasser Hase gewesen sein. Dieses oberflächliche Gehabe liegt dem Yin Wasser Hasen näher als anderen kosmischen Bildern. Nur wenn er in seiner Kindheit und Jugend gelernt hat, daß rücksichtsvolle Anstrengung zum Ziel führt, kann er harmonisch leben. Auf seinem beruflichen Weg sollte er erfahreneren Menschen mit Achtung begegnen, auch wenn er glaubt, daß er eigentlich besser ist als sie. Von Autoritätspersonen kann er viel lernen. In seinen Beziehungen ist er im allgemeinen glücklich und kann wegen seiner angeborenen Schönheit wählerisch sein. Meist entscheidet sich der Yin Wasser Hase auch instinktiv für den richtigen Partner. Trotzdem sollte er sich vor Selbstzufriedenheit hüten, sonst könnte es ein böses Erwachen geben. Denn auch wenn einem Erfolg in Liebe und Beruf nur so zufliegt, gilt das alte Goethe-Wort: Was du ererbt von deinen Vätern hast, erwirb es, um es zu besitzen!

41 甲辰 Yang Holz Drache

Was mich beherrscht
+ Yin Metall Büffel
– Yang Metall Ratte
Was ich beherrsche
+ Yin Erde Hahn
– Yang Erde Affe
Was mich unterstützt
+ Yin Wasser Hase
– Yang Wasser Tiger
Was ich unterstütze
+ Yang Feuer Pferd
– Yin Feuer Schaf
Was mir gleicht
+ Yang Holz Drache
– Yin Holz Schlange

Lebens- und Arbeitsgemeinschaft

+ + + Ratte, besonders Yang Feuer Ratte
Affe, besonders Yang Holz Affe
Schwein, besonders Yin Wasser Schwein
+ Tiger, Hase, Schlange
– Hahn
– – – Yin Wasser Hahn

Liebschaft

+ + + Tiger, besonders Yang Holz Tiger
Hase, besonders Yin Holz Hase
Schlange, besonders Yin Wasser Schlange
Affe, besonders Yang Feuer Affe
+ Ratte, Schaf, Pferd
– Büffel, Hahn
– – – Yin Holz Büffel
Yin Wasser Hahn
♥♥♥ in der Zeit von 17 bis 19 Uhr, aber nur im Monat des Hasen.

Monate

+ + + Mai
+ März, April
– September, Oktober
– – – November

Tage

+ + + Yin Wasser Hase im Winter
+ Yang Feuer Pferd, Yin Erde Hahn
– Yin Holz Schlange
– – – Yang Metall Ratte im Herbst

Stunden

Finanzen	+ 23–01 Uhr	– 05–07 Uhr
Berufliches	+ 15–17 Uhr	– 21–23 Uhr
Kreatives	+ 19–21 Uhr	– 01–03 Uhr
Beziehung	+ 03–05 Uhr	– 09–11 Uhr
Gesundheit, Schönheit	+ 21–23 Uhr	– 03–05 Uhr

41 甲辰 Yang Holz Drache

Wirkkraft Feuer

Yang Holz Drachen sind Organisationstalente, leidenschaftlich in ihrem Auftreten und ungemein sensibel in ihrem Innenleben. Yang Holz Drachen machen jede müde Party munter, wissen um die Kleinigkeiten, die das Leben erst lebenswert machen, und strotzen in den Augen der meisten anderen vor Kraft und Stärke. Sie haben einen charmanten Sinn für Humor, müssen allerdings aufpassen, daß sie auch dann lachen, wenn ein Witz auf ihre Kosten geht. Sie würden nie vergessen, Blumen oder einen edlen Tropfen mitzubringen, wenn sie eingeladen sind. Und sie können dank ihrer Persönlichkeit problemlos Räume füllen. Sie kennen das vielleicht: Man sitzt harmlos in einer Gaststätte beisammen, und auf einmal betritt jemand das Lokal – und irgend etwas ist anders. Viele drehen sich hin, die eigene Stimmung verändert sich unwillkürlich, manchmal wird sie gedämpfter, meist gehobener. Es muß kein blondgelockter Talk-Show-Moderator gewesen sein, der da hereingekommen ist. Ein Yang Holz Drache genügt vollauf! Denn diese kosmischen Bilder haben eine starke Aura. Sie selbst geben sich immer wieder der Suche nach ihrem Inneren hin. Sie halten Selbstverwirklichung für ein absolutes Muß. Situationen, in denen sie durch Eintönigkeit oder schleppende Alltagsfadesse ihren Witz und ihre Leidenschaft verlieren, werden sie irgendwann einmal zu beenden trachten. Und dann agieren sie ohne Rücksicht auf Verluste. Ihr gewaltiges Selbstbewußtsein läßt sie mitunter zu Glücksrittern werden. Wem dank seiner guten Eigenschaften viel in den Schoß fällt, wer immer wieder die Butterseite des Lebens kosten darf, wer nach tiefem Fall feststellt, daß er weich gelandet ist, den reizt es nun einmal, sein Glück immer wieder auf die Probe zu stellen. Das macht Yang Holz Drachen hie und da unvorsichtig – im äußersten findet man sie nur zu oft am Roulettetisch, wo sie ihre meist hohen Verdienste verjubeln. Im Beruf können sich Yang Holz Drachen meist verlockender Angebote nicht erwehren. Kaum haben sie einen Job angefangen, machen sie ihn gut – und bekommen das nächste Angebot. Hier sollten sie genauso wie im Beziehungsleben beachten, daß nicht immer nur das „Ich" im Vordergrund stehen sollte. Ein bißchen mehr Behutsamkeit ist angebracht – sonst bringt man es trotz bester Anlagen nicht weit. Als Partner brauchen Yang Holz Drachen jemanden, der ihnen Paroli bieten kann. Zurückhaltende, scheue Wesen werden sie auf Dauer zu ihnen ähnlichen selbstbewußten Menschen ummodeln wollen – und das muß ins Auge gehen. Auch hier wäre mehr Sorgsamkeit anzuraten, um eine dauerhafte, glückliche Beziehung führen zu können.

42 乙巳 Yin Holz Schlange

Was mich beherrscht
+ Yang Metall Ratte
– Yin Metall Büffel
Was ich beherrsche
+ Yang Erde Affe
– Yin Erde Hahn
Was mich unterstützt
+ Yang Wasser Tiger
– Yin Wasser Hase
Was ich unterstütze
+ Yin Feuer Schaf
– Yang Feuer Pferd
Was mir gleicht
+ Yin Holz Schlange
– Yang Holz Drache

Lebens- und Arbeitsgemeinschaft

+ + + Hahn, besonders Yin Holz Hahn
+ Drache, Schwein
– Affe
– – – Yang Wasser Affe

Liebschaft

+ + + Drache, besonders Yang Wasser Drache
+ Pferd, Schlange
– Schaf
– – – Yin Holz Schaf
♥♥♥ in der Zeit von 11 bis 13 Uhr, aber nur im Monat des Pferdes.

Monate

+ + + Juni
+ März, April
– September, Oktober
– – – Dezember

Tage

+ + + Yang Wasser Tiger im Winter
+ Yin Feuer Schaf, Yang Erde Affe
– Yang Holz Drache
– – – Yin Metall Büffel im Herbst

Stunden

Finanzen	+ 01–03 Uhr	– 07–09 Uhr
Berufliches	+ 17–19 Uhr	– 23–01 Uhr
Kreatives	+ 21–23 Uhr	– 03–05 Uhr
Beziehung	+ 05–07 Uhr	– 11–13 Uhr
Gesundheit, Schönheit	+ 23–01 Uhr	– 05–07 Uhr

Besonderheiten

Vorsicht bei neuen Unternehmungen, da die Gefahr von finanziellen Verlusten besteht, ebenso wie die Gefahr des Unglücklichwerdens.

42 乙巳 Yin Holz Schlange

Wirkkraft Feuer

Yin Holz Schlangen sind leidenschaftlich, zärtlich und vital. Ihre geistige Beweglichkeit münzen sie oft in beruflichen Erfolg um; zumeist wählen sie dabei Sparten, in denen sie abwechslungsreichen Tätigkeiten nachgehen können. Einer ihrer lebensbestimmenden Faktoren ist ihr Ehrgeiz. Wenn eine Yin Holz Schlange in Debatten um die Situation in Osteuropa nach dem Fall der Mauer verwickelt wird und sich dabei herausstellt, daß sie eigentlich keinen blassen Dunst von Jelzin, Havel & Co. hat, wird sie die nächsten Tage mit der Suche nach weiterführender Literatur verbringen. Wenn das Thema erneut zur Sprache kommt, können sie dann wahrscheinlich alle Regierungschefs im Osten aufzählen – Innenminister und Staatssekretäre inklusive. Yin Holz Schlangen werden sich dabei nie vordrängen, immer erst die Ansage des Gegenübers abwarten, ehe sie dann um so rascher auf ihre Inhalte zu sprechen kommen. Manche Yin Holz Schlangen „outen" sich nur sehr ungern! Sie lassen den anderen dann so lange den Vortritt, bis niemand mehr auf die Idee kommt, sie nach ihrem Standpunkt zu fragen. In vielen anderen Bereichen haben sie ein perfektes Gespür für den richtigen Zeitpunkt. Etwa, wenn es darum geht, Traurige zu trösten, Unsicheren ein „Du bist o. k.!" zu spenden oder Unzufriedenen ein Ohr zu leihen. Denn Yin Holz Schlangen sind grundsätzlich äußerst fürsorglich und einfühlsam. Wo ein Problem ist, wollen sie es lösen. Wo ein Mißstand ausufert, gehört er bereinigt. Diese Leidenschaft für Klärungen aller Art läßt Yin Holz Schlangen mitunter streitsüchtig erscheinen. In Kombination mit ihrer raschen Auffassungsgabe beginnen Yin Holz Schlangen oft, das Thema des Streits in Sekundenschnelle zu wechseln. Eben ging es noch um liegengelassene Socken, schon diskutiert man das Minus am Konto, nur um danach eine Diät angeraten zu bekommen. In beruflicher Hinsicht hält es Yin Holz Schlangen folglich selten lange an einem Platz. Erst wenn sie ihre Berufung zum Beruf gemacht haben, werden sie seßhaft. Das gilt auch fürs Private: Yin Holz Schlangen binden sich erst relativ spät fürs Leben; manche tun es nie. In beiden Fällen werden sie ihre Ansprüche an den Partner hoch ansetzen – und nie zulassen, daß der Partner die Wirklichkeit zurechtrückt. Eher werden sie versuchen, den Partner nach ihrem Bild zu verändern. Wenn sie aber jemanden gefunden haben, den sie für ideal halten, gehen sie mit ihm durch dick und dünn.

43 丙午 Yang Feuer Pferd

Was mich beherrscht
+ Yin Wasser Hase
– Yang Wasser Tiger
Was ich beherrsche
+ Yin Metall Schwein
– Yang Metall Hund
Was mich unterstützt
+ Yin Holz Schlange
– Yang Holz Drache
Was ich unterstütze
+ Yang Erde Affe
– Yin Erde Hahn
Was mir gleicht
+ Yang Feuer Pferd
– Yin Feuer Schaf

Lebens- und Arbeitsgemeinschaft

+ + + Schaf, besonders Yin Wasser Schaf
+ Hase, Pferd
– Drache
– – – Yang Wasser Drache

Liebschaft

+ + + Pferd, besonders Yang Wasser Pferd
Schaf, besonders Yin Wasser Schaf
Hund, besonders Yang Erde Hund
+ Tiger, Hase, Schlange
– Ratte, Büffel
– – – Yang Feuer Ratte
Yin Feuer Büffel
♥♥♥ in der Zeit von 5 bis 7 Uhr, aber nur im Monat des Hasen.

Monate

+ + + Juli
+ Juni
– Dezember
– – – Januar

Tage

+ + + Yin Holz Schlange im Frühling
+ Yang Erde Affe, Yin Metall Schwein
– Yin Feuer Schaf
– – – Yang Wasser Tiger im Winter

Stunden

Finanzen	+ 03–05 Uhr	– 09–11 Uhr
Berufliches	+ 19–21 Uhr	– 01–03 Uhr
Kreatives	+ 23–01 Uhr	– 05–07 Uhr
Beziehung	+ 07–09 Uhr	– 13–15 Uhr
Gesundheit, Schönheit	+ 01–03 Uhr	– 07–09 Uhr

Besonderheiten

Unglückstag im 10., 11. und 12. Mondmonat.

43 丙午 Yang Feuer Pferd

Wirkkraft Wasser

Yang Feuer Pferde tragen zwei starke Kräfte in sich. Ihr zweifaches Feuer läßt sie immer wieder nach Heimat und „geistigen Schlüsseln" für alle Tore des Lebens suchen. Ihre Wirkkraft Wasser macht sie zu äußerst sozialen, gefühlsbetonten Menschen, die anderen helfen und Trost spenden wollen. Yang Feuer Pferde können sich in einer Gruppe recht gut unterordnen, viele von ihnen brauchen die Gruppe sogar. Wenn sie alleine sind, fühlen sie sich einsam. Erst im Kreis anderer Menschen blühen Yang Feuer Pferde auf, können ihren leidenschaftlichen Charme spielen lassen und zu Höchstleistungen auflaufen. Und umgekehrt! Ein passendes Bild wäre ein Mensch, der, solange seine Familienmitglieder um ihn sind, engagiert und bestimmend ist – dem Jungen noch rasch den Kragen richtet, dem Mädchen das Haar kämmt und beide zweimal fragt, ob sie die Jause eingepackt haben. Kaum aber schließt sich die Tür hinter dem letzten und das Yang Feuer Pferd ist allein, wird es tief Luft holen, sich kurz entspannen und sich mitunter müde fühlen. Tatsächlich müssen Yang Feuer Pferde aufpassen, daß sie ihr Feuer nicht frühzeitig verbrennen! Nur kluge Einteilung ihrer Ressourcen vermag ihnen weiterzuhelfen. Die zweite Schwierigkeit der Yang Feuer Pferde drückt sich über das Zusammenspiel der Wirkkraft Wasser und ihrem Element Feuer aus: Wasser löscht Feuer – und zuviel Feuer kann Wasser verdampfen lassen! Bei Yang Feuer Pferden sind es die starken Gefühlsausbrüche, die ein Wechselbad der Liebe erzeugen können. Heute noch heiß umkost, morgen vielleicht wild befehdet. Ein Streit um nichts! Und danach in erster Linie ein unglaublich aggressives Gefühl – vermehrt bei Frauen richten sich die Aggressionen wegen des Yin-Einflusses gegen innen und werden zu Depressionen. Da Yang Feuer Pferde viel auf Intuition und Gefühlskraft setzen, können bei ihnen Zweifel leichter in Verzweiflung ausarten. In beruflicher Hinsicht drängen Yang Feuer Pferde eher in den sozialen Bereich, wo sie ihre Gabe zur Vermittlung und ihr Verständnis für andere ausleben können. Und so sehr sie Teamarbeit schätzen, scheint vor allem in jungen Jahren immer wieder ein Knoten drin zu sein: Irgendwie will die Zusammenarbeit vielfach nicht klappen! Viele Yang Feuer Pferde wechseln vor allem anfangs häufig ihren Beruf. In der Liebe müssen sie ihr eigenes Gefühlsleben mitunter ein wenig regulieren. Nicht auf jedes Gewitter folgt umgehend Sonnenschein! Das kann sehr lange dauern! Wenn sie aber einen Partner gefunden haben, der ihnen das rechte Maß an Freiheit wie an Nähe vermitteln kann, werden sie das Glück nie leichtfertig aufs Spiel setzen.

44 丁未 Yin Feuer Schaf

Was mich beherrscht
+ Yang Wasser Tiger
– Yin Wasser Hase
Was ich beherrsche
+ Yang Metall Hund
– Yin Metall Schwein
Was mich unterstützt
+ Yang Holz Drache
– Yin Holz Schlange
Was ich unterstütze
+ Yin Erde Hahn
– Yang Erde Affe
Was mir gleicht
+ Yin Feuer Schaf
– Yang Feuer Pferd

Lebens- und Arbeitsgemeinschaft

+++ Pferd, besonders Yang Wasser Pferd
\+ Hase, Affe, Schwein
– Ratte
––– Yang Feuer Ratte

Liebschaft

+++ Pferd, besonders Yang Wasser Pferd
\+ Hase, Drache
– Schlange, Schaf
––– Yang Wasser Schlange
Yin Feuer Schaf
♥♥♥ in der Zeit von 23 bis 1 Uhr, aber nur im Monat der Ratte.

Monate

+++ August
\+ Juni, Juli
– Dezember, Januar
––– Februar

Tage

+++ Yang Holz Drache im Frühling
\+ Yin Erde Hahn, Yang Metall Hund
– Yang Feuer Pferd
––– Yin Wasser Hase im Winter

Stunden

Finanzen	+ 05–07 Uhr	– 11–13 Uhr
Berufliches	+ 21–23 Uhr	– 03–05 Uhr
Kreatives	+ 01–03 Uhr	– 07–09 Uhr
Beziehung	+ 09–11 Uhr	– 15–17 Uhr
Gesundheit, Schönheit	+ 03–05 Uhr	– 09–11 Uhr

44 丁未 Yin Feuer Schaf

Wirkkraft Wasser

Yin Feuer Schafe sind in vielerlei Hinsicht mutig. Sie stehen für andere ein, sind außerdem langmütig, gutmütig und lebensfroh. Ihre elementare Vielfalt – im Tierkreiszeichen Erde, in der Wirkkraft Wasser, im Element Feuer – drückt sich auch in mannigfaltigen Interessen aus. Yin Feuer Schafe neigen dabei fast immer zur Musikalität. Sei es, daß sie ein Instrument beherrschen, sei es, daß in ihren Regalen mehr Schallplatten oder CDs als Bücher zu finden sind. Musik schenkt ihnen Lebensfreude, so wie sie anderen Zuversicht zu geben imstande sind. Das Yin Feuer Schaf hat eine gefühlsbetonte Intelligenz. Zwar mangelt es ihm nicht an Sachverstand, aber seine soziale Umsicht ist noch stärker. Wenn es sich entscheiden muß, ob es in einem Fachseminar sein Wissen vertieft oder ob es einem Freund hilfreich zur Seite stehen soll, wird seine Wahl immer auf letzteres fallen. Auf Gruppen hat es oft eine harmonisierende Wirkung. Dank seiner Fröhlichkeit und Geduld strahlt es Konsens mehr denn Konflikt aus. Bei Meinungsverschiedenheiten wird das Yin Feuer Schaf auch stets versuchen, einen Kompromiß zu erzielen. Im Schlechten kann es konfliktscheu werden – dann schließt es faule Kompromisse, statt eigene Grenzen zu ziehen. In beruflicher Hinsicht strebt es weder nach Reichtum noch nach bedingungsloser Karriere. Statt sich hoher Titel wegen nächtens kaputtzuarbeiten, wird es lieber Kontakte pflegen. Das bringt ein Yin Feuer Schaf selten in führende Positionen, macht es aber immer zu einem ausgeglichenen Mitarbeiter. In seinen Beziehungen ist das Yin Feuer Schaf zuverlässig und unbeschwert. Zur umfassenden Harmonie sollte es lernen, daß lang währendes Glück eigene Grenzen braucht. Auch Yin Feuer Schafe dürfen „nein" sagen, wenn es ihnen wichtig ist! Ein erzwungenes „Vielleicht" nützt weder ihrem Partner noch ihnen selbst. Grundsätzlich findet man im Beziehungsleben zwei Arten von Yin Feuer Schafen. Die einen, bei denen die Wirkkraft Wasser im Vordergrund steht und die folglich mehr zuhörende Sorgsamkeit denn Leidenschaft in ihre Partnerschaft einbringen; und jene, die vom Feuer bestimmt sind, denen mitunter anzuraten wäre, ein wenig mehr auf den Partner zu achten, als den eigenen Bedürfnissen nach heiterer Entspannung nachzugehen. In beiden Fällen aber sind Yin Feuer Schafe für langfristige Beziehungen hervorragend geeignet! Denn ihre ausgeglichene Disposition erlaubt es ihnen, auch weniger harmonische Phasen in einer Partnerschaft durchzustehen. Echte Yin Feuer Schafe wissen, daß eine gute Beziehung sich nicht durch ununterbrochene Glückseligkeit, sondern durch Zusammenstehen in guten wie in schlechten Zeiten auszeichnet.

45 戊申 Yang Erde Affe

Was mich beherrscht
+ Yin Holz Schlange
– Yang Holz Drache

Was ich beherrsche
+ Yin Wasser Büffel
– Yang Wasser Ratte

Was mich unterstützt
+ Yin Feuer Schaf
– Yang Feuer Pferd

Was ich unterstütze
+ Yang Metall Hund
– Yin Metall Schwein

Was mir gleicht
+ Yang Erde Affe
– Yin Erde Hahn

Lebens- und Arbeitsgemeinschaft

+ + + Drache, besonders Yang Holz Drache
Affe, besonders Yang Feuer Affe
+ Pferd
– Schwein
– – – Yin Erde Schwein

Liebschaft

+ + + Drache, besonders Yang Holz Drache
Affe, besonders Yang Feuer Affe
+ Ratte, Schwein, Pferd
– Hahn
– – – Yin Metall Hahn
♥♥♥ in der Zeit von 17 bis 19 Uhr, aber nur im Monat des Hahns.

Monate

+ + + September
+ November, Mai
– Februar, August
– – – März

Tage

+ + + Yin Feuer Schaf im Sommer
+ Yang Metall Hund, Yin Wasser Büffel
– Yin Erde Hahn
– – – Yang Holz Drache im Frühling

Stunden

Finanzen	+ 07–09 Uhr	– 13–15 Uhr
Berufliches	+ 23–01 Uhr	– 05–07 Uhr
Kreatives	+ 03–05 Uhr	– 09–11 Uhr
Beziehung	+ 11–13 Uhr	– 17–19 Uhr
Gesundheit, Schönheit	+ 05–07 Uhr	– 11–13 Uhr

Besonderheiten

Glückstag im 7., 8. und 9. Mondmonat.

45 戊申 Yang Erde Affe

Wirkkraft Erde

Yang Erde Affen sind schön, ästhetisch empfindsam und geschmackvoll. Sie lieben es, in all ihrem Glanz in der Öffentlichkeit zu strahlen und heimsen gern bewundernde Blicke ein. So ruhig und ausgeglichen sie mitunter auf die anderen wirken, so unsicher können sie im tiefsten Inneren sein. Yang Erde Affen sehnen sich nach Harmonie und einer tiefgründigen Beziehung zu einem Partner des anderen Geschlechts. Sie erwarten sich von diesem zumeist jene innere Ruhe, über die sie selbst nicht immer verfügen. Yang Erde Affen verfolgen zumeist auch hochgesteckte Ziele; einen Yang Erde Affen kann man nicht mit kurzen, oberflächlichen Antworten abspeisen. Er wird immer wieder die Hintergründe in Erfahrung bringen wollen. Da der Yang Erde Affe selbst von einem durchdringenden Verstand gesegnet ist und meist aus der Üppigkeit seiner guten Eigenschaften schöpfen kann, erwartet er auch von anderen Stärke und Gleichmut, Erfolg und Verwöhnung. Wenn die Umwelt seinen Erwartungen nicht entspricht, kann die Redekunst des Yang Erde Affen mit ihm durchgehen. Da demonstriert er, zu welchen Spitzfindigkeiten seine scharfe Zunge fähig ist, und macht auf sich und seine Bedürfnisse in manchmal sehr harten Worten aufmerksam. Von manchen wird sein Mitteilungsbedürfnis dann als Nörgelei empfunden. Hie und da kann es auch sein, daß dem Yang Erde Affen in der Hitze des Gefechts oder dann, wenn er nach einer längeren Periode des Schweigens sich endlich Luft über die unangenehmen Seiten seines Lebens verschaffen kann, Worte „entschlüpfen". Er verletzt dann andere, obwohl er es nicht so meint! Oft ist es der Yang Erde Affe selbst, dem das am meisten leid tut. Denn in seiner natürlichen Disposition ist er friedlich und möchte, daß alle Menschen ein zufriedenes, harmonisches Dasein führen können. In finanziellen Belangen legt der Yang Erde Affe Wert auf ausreichendes Einkommen. Er ist nicht so genügsam wie andere kosmische Bilder. Seine Berufswahl ist von Wechselhaftigkeit geprägt, seine Flexibilität läßt ihn jeden Auftrag mit Verve und Sinn gestalten. Irgendwo – sei es als Hobby, im Geschäft oder in der der Familie – wird sich aber die Neigung des Yang Erde Affen zu Künstlerischem durchsetzen. In familiärer Hinsicht bindet sich der Yang Erde Affe gerne, durchlebt aber öfter als andere Phasen, in denen er mit seinem Idealpartner unzufrieden ist. Wenn der Yang Erde Affe lernt, der Umwelt ihre Fehler zuzugestehen und selbst mehr Verantwortung für das eigene Leben zu übernehmen, wird er die Beziehung führen können, die er sich ersehnt.

46 己酉 Yin Erde Hahn

Was mich beherrscht
+ Yang Holz Drache
– Yin Holz Schlange
Was ich beherrsche
+ Yang Wasser Ratte
– Yin Wasser Büffel
Was mich unterstützt
+ Yang Feuer Pferd
– Yin Feuer Schaf
Was ich unterstütze
+ Yin Metall Schwein
– Yang Metall Hund
Was mir gleicht
+ Yin Erde Hahn
– Yang Erde Affe

Lebens- und Arbeitsgemeinschaft

+ + + Büffel, besonders Yin Erde Büffel
+ Drache, Schlange
– Hund
– – – Yang Erde Hund

Liebschaft

+ + + Büffel, besonders Yin Erde Büffel
+ Drache, Schlange, Schwein
– Tiger, Affe, Hund
– – – Yang Metall Tiger
Yang Metall Affe
Yang Erde Hund
♥♥♥ in der Zeit von 11 bis 13 Uhr, aber nur im Monat des Pferdes.

Monate

+ + + Oktober
+ Februar, August
– November, Mai
– – – April

Tage

+ + + Yang Feuer Pferd im Sommer
+ Yin Metall Schwein, Yang Wasser Ratte
– Yang Erde Affe
– – – Yin Holz Schlange im Frühling

Stunden

Finanzen	+ 09–11 Uhr	– 15–17 Uhr
Berufliches	+ 01–03 Uhr	– 07–09 Uhr
Kreatives	+ 05–07 Uhr	– 11–13 Uhr
Beziehung	+ 13–15 Uhr	– 19–21 Uhr
Gesundheit, Schönheit	+ 07–09 Uhr	– 13–15 Uhr

46 己酉 Yin Erde Hahn

Wirkkraft Erde

Yin Erde Hähne sind selbstbewußt, ausgezeichnete Redner, in ihrer Seele Schwärmer und doch standhaft in ihrem Leben. Ihre Wirkkraft Erde wird sie nach außen als in sich selbst ruhende, den angenehmen Dingen des Lebens durchaus zugewandte Persönlichkeiten erscheinen lassen. In ihrem Selbstbild aber halten sich viele Yin Erde Hähne für genügsame, anspruchslose Wesen. In beiden Sichtweisen ruht ein wahrer Kern. Typisch für Yin Erde Hähne wäre es etwa, aus dem Supermarkt mit prall gefüllten Einkaufstaschen zurückzukehren, egal, ob die Zahlen auf dem Kontoauszug schon mehr rot als schwarz sind. Genauso aber werden sie vom einen Tag alten Brot jenes Stück nehmen, das schon vertrocknet ist, um – im gemeinsamen Haushalt – den anderen die frischen Schnitten zukommen zu lassen. Letzteres tun sie, weil Yin Erde Hähne vom Tierkreiszeichen her das Element Metall haben und auch ihre Erde sie Metall erzeugen läßt. Das macht Yin Erde Hähne immer wieder genügsam und steht im Gegensatz zu jenen Momenten, in denen sich die sinnenfrohe Erde durchsetzt. Yin Erde Hähne wären gut beraten, zu etwas mehr Konsequenz in ihrem Umgang mit Geld zu finden. Weder ausschließliche Sparsamkeit noch freie Großzügigkeit bis hin zur Verschwendung sind zielführend; der Weg sollte eher in der goldenen Mitte liegen. Yin Erde Hähne sind an sich sehr selbstbewußt, die meisten von ihnen sind hervorragend in Mathematik. Das verbindet sich mit dem Wagemut und der Kühnheit des Hahns mitunter zu spannungsgeladenen Situationen. Viele Yin Erde Hähne machen sich einen Sport daraus, ihre Gabe der Einschätzung von Raum und Zeit bis an die Grenzen voranzutreiben, etwa wenn sie rasch noch über eine Kreuzung brausen, obwohl die Ampel schon blinkt. Im Beruf müssen Yin Erde Hähne aufpassen, daß sie nicht für selbstgefällige Grenzgänger gehalten werden. Letzteres um so mehr, als für Yin Erde Hähne die Worte schon Taten entsprechen. Sie reden gerne über ihre Pläne und Träume, müssen aber beachten, daß ein Plan nicht bloß deswegen schon Wirklichkeit ist, weil man von ihm erzählt hat. Ähnliches gilt in der Liebe: Auch hier sollten Yin Erde Hähne mitunter mehr tun, als bloß zu reden. Zuhören, zum Beispiel. Wenn sie etwas sorgsamer mit ihren Mitmenschen umgehen und es nicht bei Lippenbekenntnissen bewenden lassen, kann die Sinnenlust ihrer Erde verbunden mit der metallischen Anspruchslosigkeit aus ihnen aufregende, treue Partner fürs Leben machen.

47 庚戌 Yang Metall Hund

Was mich beherrscht
+ Yin Feuer Schaf
– Yang Feuer Pferd
Was ich beherrsche
+ Yin Holz Hase
– Yang Holz Tiger
Was mich unterstützt
+ Yin Erde Hahn
– Yang Erde Affe
Was ich unterstütze
+ Yang Wasser Ratte
– Yin Wasser Büffel
Was mir gleicht
+ Yang Metall Hund
– Yin Metall Schwein

Lebens- und Arbeitsgemeinschaft

+ + + Pferd, besonders Yang Metall Pferd
+ Tiger, Schwein
– Ratte
– – – Yang Erde Ratte

Liebschaft

+ + + Pferd, besonders Yang Metall Pferd
+ Schwein
– Büffel
– – – Yin Erde Büffel
♥♥♥ in der Zeit von 5 bis 7 Uhr, aber nur im Monat des Hasen.

Monate

+ + + November
+ September, Oktober
– März, April
– – – Mai

Tage

+ + + Yin Erde Hahn im Herbst
+ Yang Wasser Ratte, Yin Holz Hase
– Yin Metall Schwein
– – – Yang Feuer Pferd im Sommer

Stunden

Finanzen	+ 11–13 Uhr	– 17–19 Uhr
Berufliches	+ 03–05 Uhr	– 09–11 Uhr
Kreatives	+ 07–09 Uhr	– 13–15 Uhr
Beziehung	+ 15–17 Uhr	– 21–23 Uhr
Gesundheit, Schönheit	+ 09–11 Uhr	– 15–17 Uhr

47 庚戌 Yang Metall Hund

Wirkkraft Metall

Der Yang Metall Hund hat sich einem klaren Lebensziel verschrieben: Gerechtigkeit! Selbstgenügsam, von klarem Verstand und rechtschaffen, ist ihm Unterdrückung und Ausbeutung ein Greuel. Er sehnt sich nach einer Welt, in der alles nach logischen, objektiven Kriterien funktioniert. Wenn in gemütlicher Runde der jüngste Politskandal diskutiert wird, bei dem ein Parteigünstling drei besseren Bewerbern vorgezogen wurde, und einer echauffiert sich über die Maßen: Dann ist das mit großer Wahrscheinlichkeit ein Yang Metall Hund! Widerstand gegen seine Überlegungen macht ihn nur stärker. Alles, was ihn nicht umbringt, härtet ihn ab. Es ist auch zumeist kein einfaches Leben, das der Yang Metall Hund für sich gewählt hat. Wo die einen gefährliche Klippen leicht umschiffen, zweite diese gar nicht erst wahrnehmen und dritte von vornherein auf einem ruhigen Fluß dahinsegeln, wird es der Yang Metall Hund oft in einem kleinen Tretboot gegen den Strom versuchen. Allerorten begegnen ausgerechnet ihm Widrigkeiten! Aber in den meisten Fällen geht er aus Konflikten gestählt hervor. Der Yang Metall Hund ist außerdem von einer sehr handfesten Sicht des Lebens geprägt. Weder allzu optimistisch noch ein Schwarzseher, ist er eher einer, der vielem mit einem Achselzucken und einem „Wird schon gutgehen!“ begegnet. Seine Feinde seien aber gewarnt: Der Yang Metall Hund heißt in China auch „Eisenhund“ und hat den Ruf, ein äußerst unangenehmer Gegner zu sein. Wenn man ihm Böses antut, wird er sich auf perfide Art rächen können, genau dann, wenn es den Feind am schlimmsten erwischt. Im Berufsleben kommt sein Organisationstalent oft zum Tragen; mitunter aber steckt er sich trotz seiner guten Anlagen zu hohe Ziele. In der Liebe ist der Yang Metall Hund verläßlich und weitgehend unproblematisch. Bisweilen aber hat es den Anschein, als wäre sein lockeres Gehabe nur Fassade, als würde er tief in seinem Inneren von der Sorge erfüllt sein, den Ansprüchen der anderen nicht zu genügen. Mehr Romantik und Liebelei würde seine gelegentliche Verkrampfung lockern! Menschen haben ein Recht darauf, nicht immer logisch denken zu müssen. Der Yang Metall Hund sollte daher seine mechanisch-klare Lebensschau nicht auch auf Beziehungen anwenden, ruhig einmal locker auf seine Sinne und nicht starr auf seinen Verstand hören! Generell, im Beruf und in der Liebe, sollte er sich einfach öfter den Umständen fügen und nicht versuchen, die Wirklichkeit geradezubiegen. Die Realität ist manchmal krumm, obwohl man das nicht krummnehmen muß! Wenn der Familienmensch Yang Metall Hund das schafft, steht einer wunderbaren Partnerschaft nichts im Wege.

48 辛亥 Yin Metall Schwein

Was mich beherrscht
+ Yang Feuer Pferd
– Yin Feuer Schaf
Was ich beherrsche
+ Yang Holz Tiger
– Yin Holz Hase
Was mich unterstützt
+ Yang Erde Affe
– Yin Erde Hahn
Was ich unterstütze
+ Yin Wasser Büffel
– Yang Wasser Ratte
Was mir gleicht
+ Yin Metall Schwein
– Yang Metall Hund

Lebens- und Arbeitsgemeinschaft

+ + + Tiger, besonders Yang Erde Tiger
Schwein, besonders Yin Feuer Schwein
+ Schaf
– Affe
– – – Yang Feuer Affe

Liebschaft

+ + + Tiger, besonders Yang Erde Tiger
Hase, besonders Yin Erde Hase
Schaf, besonders Yin Metall Schaf
+ Hund, Schwein
– Hahn
– – – Yin Feuer Hahn
♥♥♥ in der Zeit von 23 bis 1 Uhr, aber nur im Monat der Ratte.

Monate

+ + + Dezember
+ September, Oktober
– März, April
– – – Juni

Tage

+ + + Yang Erde Affe im Herbst
+ Yin Wasser Büffel, Yang Holz Tiger
– Yang Metall Hund
– – – Yin Feuer Schaf im Sommer

Stunden

Finanzen	+ 13–15 Uhr	– 19–21 Uhr
Berufliches	+ 05–07 Uhr	– 11–13 Uhr
Kreatives	+ 09–11 Uhr	– 15–17 Uhr
Beziehung	+ 17–19 Uhr	– 23–01 Uhr
Gesundheit, Schönheit	+ 11–13 Uhr	– 17–19 Uhr

48 辛亥 Yin Metall Schwein

Wirkkraft Metall

Das Yin Metall Schwein liebt die Wahrheit über alles. Sei es, daß es in seinen Studien danach sucht, sei es, daß es sie in Büchern oder im normalen Alltag zu finden trachtet. Lügen sind ihm widerwärtig, Unwahrhaftigkeit kann es nicht ausstehen. Dabei sind Yin Metall Schweine von Natur aus friedliebende Mitbürger, die anderen kein Härchen krümmen könnten. Im Gegensatz zu den meisten anderen Schweinen behagen ihnen auch Situationen, in denen sie sich entscheiden müssen. Nur Streitereien und überflüssige Konflikte möchte das Yin Metall Schwein am liebsten ignorieren. Auseinandersetzungen wird es tendenziell fliehen. Nur wenn es unbedingt nötig ist, wirft es sein beträchtliches soziales Gewicht in die Waagschale. Mancher Oberstudienrat wird sich über die Vehemenz wundern, mit der eine empörte Yin Wasser Schwein-Mutter ihre Tochter verteidigt. Aus dem Besuch im Lehrerzimmer kann eine echte Heimsuchung werden, nach der der Oberstudienrat das Kind in ganz anderem Licht sieht. Auf Äußerlichkeiten, soziale Rangordnung oder künstliche Hierarchien gibt das Yin Metall Schwein wenig. Das kann sich in seinen vier Wänden durch ein gewisses Maß an Unordnung ausdrücken. Sie werden die Wohnung eines Yin Metall Schweins immer so vorfinden, daß sie sich trauen würden, die Füße bequem hochzulegen. Da ist nichts, was die falsche Angst erzeugen könnte, man würde es schon durchs bloße Hinschauen zerbrechen. In seiner Kleidung hält das Schwein es mit all jenen, die schon immer gewußt haben, daß vor allem die inneren Werte zählen – im äußersten Fall läßt es sich gehen und wird nachlässig. Unaufgeforderter Eifer ist seine Sache genausowenig. Wenn es nicht muß, wird es nicht handeln. Lieber sitzt es auf der Tribüne und schaut dem bunten Treiben des Lebens zu, als sich selbst mitten hinein ins Chaos zu stürzen. In beruflicher Hinsicht hilft dem Yin Metall Schwein seine Entschlußkraft und seine angelesene Bildung weiter. Allerdings wird es nur selten reich. Das Geld scheint vielen Yin Metall Schweinen zwischen den Fingern zu zerrinnen. Aber es ist auf natürliche Art und Weise genügsam und findet Befriedigung auch in den kleinen Dingen des Lebens. Es muß nicht immer das fünfgängige Menü im Dreihaubenlokal sein, das in den siebten Himmel führt! Da reicht auch ein gutes Mahl zu Hause. Dort hält sich das Yin Metall Schwein auch vorzugsweise auf. Da kann es friedfertig mit den Seinen spielen und plaudern, in seinen eigenen vier Wänden kann es sich gehenlassen und sich wohlfühlen. In der Liebe gehört es zu den stillen Wassern, die tief sind. Man möchte es dem Yin Metall Schwein weder auf den ersten noch auf den zweiten Blick zutrauen, aber es kann seinem Partner oder seiner Partnerin ungeahnte sinnliche Genüsse bereiten!

49 壬子 Yang Wasser Ratte

Was mich beherrscht
+ Yin Erde Hahn
– Yang Erde Affe

Was ich beherrsche
+ Yin Feuer Schlange
– Yang Feuer Drache

Was mich unterstützt
+ Yin Metall Schwein
– Yang Metall Hund

Was ich unterstütze
+ Yang Holz Tiger
– Yin Holz Hase

Was mir gleicht
+ Yang Wasser Ratte
– Yin Wasser Büffel

Lebens- und Arbeitsgemeinschaft

+ + + Yin Holz Büffel, Yang Metall Drache
+ Affe, Schwein
– Tiger, Hase, Schaf
– – – Yang Erde Tiger
Yin Erde Hase
Yin Metall Schaf

Liebschaft

+ + + Affe, vor allem Yang Wasser Affe
+ Tiger, Schlange
– Hase, Pferd
– – – Yin Erde Hase
Yang Metall Pferd
♥♥♥ in der Zeit von 17 bis 19 Uhr, aber nur im Monat des Hahns.

Monate

+ + + Januar
+ Dezember
– Juni
– – – Juli

Tage

+ + + Yin Metall Schwein im Herbst
+ Yang Holz Tiger, Yin Feuer Schlange
– Yin Wasser Büffel
– – – Yang Erde Affe im Herbst

Stunden

Finanzen	+ 15–17 Uhr	– 21–23 Uhr
Berufliches	+ 07–09 Uhr	– 13–15 Uhr
Kreatives	+ 11–13 Uhr	– 17–19 Uhr
Beziehung	+ 19–21 Uhr	– 01–03 Uhr
Gesundheit, Schönheit	+ 13–15 Uhr	– 19–21 Uhr

Besonderheiten

Unglückstag im 4., 5. und 6. Mondmonat.

49 壬子 Yang Wasser Ratte

Wirkkraft Holz

Yang Wasser Ratten sprudeln förmlich über vor Lust an Kommunikation. Dabei erleben sie sich lieber in der Rolle des Erzählers als in der des Zuhörers; beides aber können sie gleichermaßen gut. Ihren Geschichten zu lauschen, bedeutet vielen pures Vergnügen. Sie können sich im Normalfall einer sehr bildhaften Sprache bedienen und haben ein gutes Gefühl für das passende Sinnbild am rechten Ort. Gleichzeitig befällt sie ein wenig Unruhe, wenn sie diesen Informationsaustausch einmal nicht vollziehen können. Sie brauchen die Gesellschaft, und die Gesellschaft braucht sie. Wenn die Yang Wasser Ratte drei Tage lang mit niemandem Probleme wälzen kann, wenn sie mit niemandem bespricht, was sie jüngst wieder erlebt hat, wird ihr irgend etwas fehlen. Vielfach versteht sie es auch, ihre Stories bunt auszuschmücken, um sie noch reizvoller zu machen, als sie ohnedies schon sind. Für Partner von Yang Wasser Ratten hat das Vor- und Nachteile. Zum einen ist es gut und schön, wenn man in einer Beziehung alles besprechen kann. Zum anderen kann es mitunter verletzend sein, wenn über den Streit in den eigenen vier Wänden anderntags die beste Freundin, der gute Kumpel, die eigenen Eltern und die Schwiegereltern auch noch Bescheid wissen. Yang Wasser Ratten haben zusätzlich den Vorzug außerordentlicher Wißbegierde und gewaltiger Lernfähigkeit. Sie können sich richtiggehend in Sachbücher hineinfressen! Manche Yang Wasser Ratten verfügen über die Gabe des fotografischen Gedächtnisses. Sie lesen oder hören eine Sache einmal und können sie perfekt wiedergeben. Manchmal erinnern sie sich noch nach Jahren an kleine Details, die andere längst vergessen haben. In Verbindung mit der kreativen Wirkkraft Holz läßt das einen Geist entstehen, der sich immer wieder neue Gebiete erschließt. Wie alle anderen Ratten auch, steht bei der Yang Wasser Ratte stets die Sache im Vordergrund. Nur selten dringt die Unsicherheit der Ratte, ob denn das alles für immer so bleiben kann, durch. Im Berufsleben eignet sich die Ratgeberrolle für die Yang Wasser Ratte optimal. Selbst entschließt sie sich weniger gern, sie ist besser aufgehoben in der Rolle der grauen Eminenz. Wenn Sie einen erfolgreichen Menschen kennen, bei dem Sie argwöhnen, sein Erfolg beruhe nicht wirklich nur auf eigenen Taten, überprüfen Sie seine Umgebung! Irgendwo steckt wahrscheinlich eine Yang Wasser Ratte dahinter und zieht geschäftig die Drähte. In der Liebe sollten Yang Wasser Ratten beachten, daß man bestimmte Dinge nicht nur bereden, sondern hin und wieder einfach tun sollte! Es nützt nichts, wenn Sie noch so klar absehen, was Sie brauchen oder wo die kleinen und großen Probleme in Ihrer Beziehung liegen. Hin und wieder sagt ein Kuß mehr als tausend Worte!

50 癸丑 Yin Wasser Büffel

Was mich beherrscht + Yang Erde Affe – Yin Erde Hahn
Was ich beherrsche + Yang Feuer Dache – Yin Feuer Schlange
Was mich unterstützt + Yang Metall Hund – Yin Metall Schwein
Was ich unterstütze + Yin Holz Hase – Yang Holz Tiger
Was mir gleicht + Yin Wasser Büffel – Yang Wasser Ratte

Lebens- und Arbeitsgemeinschaft

+ + + Hahn, besonders Yin Wasser Hahn
Schwein, besonders Yin Metall Schwein
+ Schlange, Ratte
– Drache
– – – Yang Feuer Drache

Liebschaft

+ + + Hund, besonders Yang Metall Hund
Hahn, besonders Yin Wasser Hahn
Ratte, besonders Yang Holz Ratte
+ Affe, Hase
– Schwein
– – – Yin Feuer Schwein
♥♥♥ in der Zeit von 11 bis 13 Uhr, aber nur im Monat des Pferdes.

Monate

+ + + Februar
+ Dezember, Januar
– Juni, Juli
– – – August

Tage

+ + + Yang Metall Hund im Herbst
+ Yin Holz Hase, Yang Feuer Drache
– Yang Wasser Ratte
– – – Yin Erde Hahn im Herbst

Stunden

Finanzen	+ 17–19 Uhr	– 23–01 Uhr
Berufliches	+ 09–11 Uhr	– 15–17 Uhr
Kreatives	+ 13–15 Uhr	– 19–21 Uhr
Beziehung	+ 21–23 Uhr	– 03–05 Uhr
Gesundheit, Schönheit	+ 15–17 Uhr	– 21–23 Uhr

50 癸丑 Yin Wasser Büffel

Wirkkraft Holz

Der Yin Wasser Büffel ist solide, vertrauenswürdig und zielstrebig. Er schätzt gutes Essen und alte Weine, und sein Heim bedeutet ihm sehr viel. Nestwärme geben und spüren, das ist sein Lebenselixier. In hohem Alter kann das so weit gehen, daß er das selbstgebaute Nest gar nicht mehr verlassen will. Sein sachlicher Verstand und seine Schaffenskraft verleiten ihn dazu, im Leben alles richtig machen zu wollen. Fehler, und wenn sie noch so klein sind, kann er nicht leiden. Da schlägt das Gestrenge, das Fehlen von Leidenschaft in seinem Element durch. Die Wirkkraft Holz steht derweil im Widerspruch zum Element seines Tierkreiszeichens. Ein Umstand, der manche Yin Wasser Büffel spüren läßt, daß in ihnen eine gewaltige Kraft und Lust steckt. Die meisten Yin Wasser Büffel kontrollieren sich aber, viele von ihnen sogar zu sehr. Ein bißchen mehr Entspannung wäre förderlich! Dem Yin Wasser Büffel entspricht es, konsequent ein Daheim für seine Familie zu bauen. Er gehört zu jenen, die alles dafür geben und auf dem Weg zum perfekten Eigenheim gerne auf oberflächliche Vergnügungen verzichten. Der Yin Wasser Büffel sollte allerdings nicht aus den Augen verlieren, daß es zwar Spaß macht, ein Haus zu bauen, daß es aber nicht Sinn und Ziel der Aktion sein kann, bis ans Lebensende zu werken und zu schuften. Ihre Energien sind zwar gewaltig, aber irgendwann sollten sich auch Yin Wasser Büffel entspannen. Der kleine Yin Wasser Büffel ist ein robustes Kind, das man am besten in Ruhe vor sich hin wachsen läßt. Mit harten Eingriffen tut man ihm nichts Gutes, wenn man ihm liebevoll begegnet und ihn schalten und walten läßt, wie er will, ist ihm im Erwachsenenleben meist ein freundlicher Charakter zu eigen. Leider passiert vielen Yin Wasser Büffeln in jungen Jahren – wenn sie noch ungestüm durchs Leben drängen – irgendeine unangenehme Erfahrung, die sie noch lange mitschleppen. Da sie sich erst spät fürs Leben binden, kommt die Aufgabe der Aufarbeitung dann ihrem Lebensmenschen zu. Wenn Sie mit einem Yin Wasser Büffel liiert sind, werden Sie oft feststellen: Da gibt es irgend etwas in seiner Vergangenheit, an dem er nagt. Yin Wasser Büffel messen folglich guter Kinderbetreuung hohe Bedeutung bei und interessieren sich sehr für Vergangenes. Sie gehören zu jenen Menschen, die gern in Fotoalben blättern oder im Urlaub mit der Videokamera herumlaufen, um nur ja nichts von diesen kostbaren Eindrücken verlorengehen zu lassen. Wenn Yin Wasser Büffel sich öfter Freiheiten erlauben und im Hier und Jetzt leben könnten, ohne an das Gestern oder an das Morgen zu denken, wären sie sicherlich optimal für Beruf und Partnerschaft gerüstet! Von der natürlichen Anlage her sind jedenfalls keine Probleme zu erwarten.

51 甲寅 Yang Holz Tiger

Was mich beherrscht
+ Yin Metall Schwein
– Yang Metall Hund

Was ich beherrsche
+ Yin Erde Schaf
– Yang Erde Pferd

Was mich unterstützt
+ Yin Wasser Büffel
– Yang Wasser Ratte

Was ich unterstütze
+ Yang Feuer Drache
– Yin Feuer Schlange

Was mir gleicht
+ Yang Holz Tiger
– Yin Holz Hase

Lebens- und Arbeitsgemeinschaft
+ + + Pferd, besonders Yang Feuer Pferd
+ Hund, Schwein
– Hase
– – – Yin Wasser Hase

Liebschaft
+ + + Tiger, besonders Yang Holz Tiger
+ Pferd, Drache
– Hase, Affe
– – – Yin Wasser Hase
Yang Wasser Affe
♥♥♥ in der Zeit von 5 bis 7 Uhr, aber nur im Monat des Hasen.

Monate
+ + + März
+ April
– Oktober
– – – September

Tage
+ + + Yin Wasser Büffel im Winter
+ Yang Feuer Drache, Yin Erde Schaf
– Yin Holz Hase
– – – Yang Metall Hund im Herbst

Stunden

Finanzen	+ 19–21 Uhr	– 01–03 Uhr
Berufliches	+ 11–13 Uhr	– 17–19 Uhr
Kreatives	+ 15–17 Uhr	– 21–23 Uhr
Beziehung	+ 23–01 Uhr	– 05–07 Uhr
Gesundheit, Schönheit	+ 17–19 Uhr	– 23–01 Uhr

Besonderheiten
Unglückstag im 7., 8. und 9. Mondmonat.

51 甲寅 Yang Holz Tiger

Wirkkraft Wasser

Yang Holz Tiger sind munter, aufgeweckt und aufgeschlossen. Das doppelte Holz in Element und Tierkreiszeichen legt nahe, daß sie klassische Morgenmenschen sind, von früh an leistungsfähig und stark. Die Wirkkraft Wasser verleiht Weisheit, Umsicht und Kommunikationsbereitschaft. Das Prinzip Yang tut ein übriges und läßt den Yang Holz Tiger aktiv und entscheidungsfreudig werden. In China hielt man ihn daher für den idealen Staatsbeamten, der freilich ganz anders war als die heute von Boulevardzeitungen verächtlich gemachten Amtsschimmel. Die Kindheit und Jugend ist die Blütezeit der Yang Holz Tiger. Meistens sind sie gute Schüler, sowohl im Leistungs- als auch im sozialen Bereich. Wenn Sie sich jetzt einen dicklichen Streber mit Nickelbrille vorstellen, liegen Sie allerdings ganz falsch. Der junge Yang Holz Tiger ist eher von der athletischen, gewandten Sorte, dem Mathematik und Physik trotzdem kein Greuel sind. Ohne Probleme wird er seine Hausübungshefte zum Abschreiben herborgen, niemals seine Freunde verraten und doch bei jedem Streich dabeisein. Sein jugendlicher Elan läßt ihn oft Schwierigkeiten mit den eigenen Eltern haben. Wenn etwa ein besorgter Vater seiner Tochter den Zahnarztberuf als krisensicher nahelegt und diese mit einem lockeren „Aber Papa, du mußt dir doch keine Sorgen um mich machen, bloß weil ich Aktionskünstlerin werden will“ die väterlichen Bedenken vom Tisch wischt – dann erahnen Sie vielleicht, warum die Eltern eines Yang Holz Tigers mitunter verzweifeln. Die chinesische Astrologie rät den Yang Holz Tigern daher, den Eltern besser zuzuhören – und den Eltern von Yang Holz Tigern, diesen mehr zu vertrauen. In der Arbeitswelt gelten Yang Holz Tiger als zuverlässige, schöpferische Mitarbeiter. Wenn Yang Holz Tiger eine eigene Familie gründen, fühlen sie sich darin geborgen und sicher und können zufrieden das Vertrauen ihrer Liebsten genießen. Davon brauchen diese allerdings reichlich. Denn Yang Holz Tiger neigen trotz ihrer familiären Erfüllung dazu, bald schon die Aufregungen des Lebens zu vermissen. Im Tiger selbst ist die Leidenschaft und somit mehr als eine Beziehung pro Menschenleben angelegt. Erfüllung findet er nur, wenn er seine permanente Lust auf Abwechslung durch mehr Vertrauen und stabile Zuversicht ergänzt.

52 乙卯 Yin Holz Hase

Was mich beherrscht
+ Yang Metall Hund
– Yin Metall Schwein
Was ich beherrsche
+ Yang Erde Pferd
– Yin Erde Schaf
Was mich unterstützt
+ Yang Wasser Ratte
– Yin Wasser Büffel
Was ich unterstütze
+ Yin Feuer Schlange
– Yang Feuer Drache
Was mir gleicht
+ Yin Holz Hase
– Yang Holz Tiger

Lebens- und Arbeitsgemeinschaft

+ + + Schaf, besonders Yin Feuer Schaf
Hase, besonders Yin Holz Hase
+ Schwein, Hund
– Affe
– – – Yang Wasser Affe

Liebschaft

+ + + Drache, besonders Yang Wasser Drache
+ Schaf, Schwein, Hund, Schlange, Hase
– Affe
– – – Yang Wasser Affe
♥♥♥ in der Zeit von 23 bis 1 Uhr, aber nur im Monat der Ratte.

Monate

+ + + April
+ März
– September
– – – Oktober

Tage

+ + + Yang Wasser Ratte im Winter
+ Yin Feuer Schlange, Yang Erde Pferd
– Yang Holz Tiger
– – – Yin Metall Schwein im Herbst

Stunden

Finanzen	+ 21–23 Uhr	– 03–05 Uhr
Berufliches	+ 13–15 Uhr	– 19–21 Uhr
Kreatives	+ 17–19 Uhr	– 23–01 Uhr
Beziehung	+ 01–03 Uhr	– 07–09 Uhr
Gesundheit, Schönheit	+ 19–21 Uhr	– 01–03 Uhr

Besonderheiten

Unglückstag im 7., 8. und 9. Mondmonat.

52 乙卯 Yin Holz Hase

Wirkkraft Wasser

Yin Holz Hasen können gut organisieren, sind reaktionssicher und entschlußfreudig. Der Yin Holz Hase plaudert gern bei Partys, bei denen es an nichts fehlt. Um da ganz sicherzugehen, veranstaltet er sie gerne selber und glänzt als eleganter Mittelpunkt einer Gesellschaft. In seinem Auftreten ist er stilsicher, was nicht unbedingt auf konservativen Geschmack hinweist. Wenn der Yin Metall Hase ein „Gruftie" ist, wird er eine unnachahmliche Kombination von schwarzer Kleidung tragen und die richtige Musik am richtigen Platz hören. Wenn er sich als Rocker versucht – obwohl ihm das gemäß seiner Anlage eigentlich schwerfallen sollte –, dann hat er nicht irgendeine Maschine, sondern eine echte Harley, komplettes Ledergewand und Stiefel inklusive. Nie wird er die Accessoires der ihm von Natur aus nahestehenden bürgerlichen Welt auf unschickliche Weise mit anderen Stilen mischen. Der Yin Holz Hase kümmert sich liebevoll um seine Freunde, ist gutmütig und klug. Die tiefe Beziehung zu ihm will aber erst verdient sein! Denn so gut er zuhört, so selten teilt er sein Innerstes den anderen mit. Meist verstehen sich mehr Leute mit dem Yin Holz Hasen gut, als er selbst ahnt – denn für ihn sind es in der Regel gute Bekannte, nicht wirkliche Freunde. Wie allen Hasen ist auch dem Yin Holz Hasen ein gewisser Hang zur Oberflächlichkeit nicht abzusprechen. Sein Interesse für eine Sache erlahmt schnell, sein Hang zu den guten, wahren und schönen Dingen des Lebens läßt ihn immer wieder Erlesenes ausprobieren. Wenn er Schwierigkeiten ahnt, wird er einen kurzen Haken schlagen – und damit ist für ihn die Sache erledigt. Der Yin Holz Hase sollte allerdings darauf achten, daß seine Gewinne nicht auf Kosten anderer gehen. In geschäftlichen Belangen hat er eine glückliche Hand. Der Yin Holz Hase wird dank seiner „hölzernen" Schaffenskraft leicht Marktlücken entdecken, wo andere noch nach Märkten Ausschau halten. Der Yin Holz Hase legt Wert auf Manieren und Grundsätze. Seine eigene Moral wird er nur unter Zwang verlassen, seine Festigkeit macht ihn zum geschätzten Kollegen. Wahre Harmonie aber kann man nur gemeinsam erreichen – das sollte ein Yin Holz Hase nicht vergessen! Das gilt erst recht für seine partnerschaftlichen Beziehungen. Wahrscheinlich wird er nur schwer jemanden finden, der seinen Ansprüchen genügt. Mitunter sind auch Schwierigkeiten im Freundeskreis zu erwarten, denn wenn sich der Yin Holz Hase einmal verliebt, dann oft in jemanden, der in seiner vertrauten Umgebung – möglicherweise bei den eigenen Eltern – auf Ablehnung stößt. Aber wenn er sich nicht beirren läßt, wird er sein geschmackvolles Heim bald dauerhaft teilen und seine Lust an Familie und Geborgenheit ausleben können.

53 丙辰 Yang Feuer Drache

Was mich beherrscht	
+	Yin Wasser Büffel
–	Yang Wasser Ratte
Was ich beherrsche	
+	Yin Metall Hahn
–	Yang Metall Affe
Was mich unterstützt	
+	Yin Holz Hase
–	Yang Holz Tiger
Was ich unterstütze	
+	Yang Erde Pferd
–	Yin Erde Schaf
Was mir gleicht	
+	Yang Feuer Drache
–	Yin Feuer Schlange

Lebens- und Arbeitsgemeinschaft

+ + + Ratte, besonders Yang Wasser Ratte
Affe, besonders Yang Metall Affe
Schwein, besonders Yin Erde Schwein
+ Tiger, Hase, Schlange
– Hahn
– – – Yin Holz Hahn

Liebschaft

+ + + Tiger, besonders Yang Metall Tiger
Hase, besonders Yin Metall Hase
Schlange, besonders Yin Erde Schlange
+ Ratte, Schaf, Pferd
– Büffel, Hahn
– – – Yin Feuer Büffel
Yin Holz Hahn
♥♥♥ in der Zeit von 17 bis 19 Uhr, aber nur im Monat des Hasen.

Monate

+ + + Mai
+ Juni, Juli
– Dezember, Januar
– – – November

Tage

+ + + Yin Holz Hase im Frühling
+ Yang Erde Pferd, Yin Metall Hahn
– Yin Feuer Schlange
– – – Yang Wasser Ratte im Winter

Stunden

Finanzen	+ 23–01 Uhr	– 05–07 Uhr
Berufliches	+ 15–17 Uhr	– 21–23 Uhr
Kreatives	+ 19–21 Uhr	– 01–03 Uhr
Beziehung	+ 03–05 Uhr	– 09–11 Uhr
Gesundheit, Schönheit	+ 21–23 Uhr	– 03–05 Uhr

53 丙辰 Yang Feuer Drache

Wirkkraft Erde

Yang Feuer Drachen sind sinnlich im Erleben, talentiert im Organisieren, unerschrocken, klug und ausgelassen. Ihre Leidenschaften lassen sie oft leichtsinnig agieren, ihr Glück und ihre positiven Anlagen erzeugen auf den ersten Blick ein mitunter überheblich anmutendes Bild. Jemand, der weiß, was er kann – und der noch dazu weiß, daß das viel ist, sollte sein Licht vielleicht nicht auch noch demonstrativ in den Mittelpunkt stellen – sondern eher unter einen Scheffel. Das Feuer des Yang Feuer Drachen strahlt zumeist ohnedies so hell, daß nicht einmal ein dickwandiger Scheffel es verbergen kann. In Gesellschaft sind Yang Feuer Drachen oft köstliche Alleinunterhalter; viele besitzen die Gabe, andere perfekt imitieren zu können. Andererseits legen sie äußerst viel Wert auf Würde. Yang Feuer Drachen können wie ein Wirbelwind durchs Leben tosen, sie werden das aber stets erhobenen Hauptes tun. Klare Grenzen, vor allem ihre eigenen, sind ihnen wichtig. Im Schlechten wird daraus Einseitigkeit und Selbstherrlichkeit. Im Guten können sie ihren Freiheitsdrang mit dem Leben anderer so verknüpfen, daß diese nicht um, sondern auf ihre Kosten kommen. Viele Yang Feuer Drachen werden in ihrer Kindheit bereits zurechtgebogen. Ein Yang Feuer Drache versucht vielleicht schon mit vier Jahren, sein Frühstücksbrot selbst mit der elektrischen Brotschneidemaschine zu tranchieren! Dieser Hang zu eigenmächtigem Handeln ist vielen Eltern Anlaß zur Besorgnis und zum Zurechtstutzen der lieben Kleinen. Ein Yang Feuer Drache, der zurechtgestutzt wird, läuft aber Gefahr, sich immer wieder in Frage zu stellen! Er wird unsicher, fragt sich, wie weit er gehen kann, und handelt kaum mehr authentisch. Der Sinn für Eigenmacht und Verantwortung wirkt sich auch in beruflicher Hinsicht aus. Yang Feuer Drachen übernehmen gerne Pflichten, vergessen dabei aber ihre Rechte nie. Ihr Streben nach „Ich tu' das einfach, weil's besser ist" kann starke Chefs leicht Nerven kosten. Yang Feuer Drachen sollten sich daher zurücknehmen. Im Beziehungsleben sind Yang Feuer Drachen herzlich, großzügig und im allgemeinen hervorragende, würdig präsentierende Gastgeber. Sie identifizieren sich mit ihren Kindern, bekommen in jungen Jahre meist viele Heiratsanträge und haben öfter die Wahl als andere kosmische Bilder. Sie verletzen auch andere oft, ohne daß sie das wollen oder merken. Auch hier gilt daher: Üben Sie sich in Zurückhaltung. Das bedeutet nicht, daß Sie Ihren Gefühlen nicht Ausdruck verleihen sollten. Aber Ihr Partner oder Ihre Partnerin braucht Freiraum – und wenn Sie den gesamten Raum besetzen, bleibt keiner mehr übrig.

54 丁巳 Yin Feuer Schlange

Was mich beherrscht	
+	Yang Wasser Ratte
–	Yin Wasser Büffel
Was ich beherrsche	
+	Yang Metall Affe
–	Yin Metall Hahn
Was mich unterstützt	
+	Yang Holz Tiger
–	Yin Holz Hase
Was ich unterstütze	
+	Yin Erde Schaf
–	Yang Erde Pferd
Was mir gleicht	
+	Yin Feuer Schlange
–	Yang Feuer Drache

Lebens- und Arbeitsgemeinschaft

+ + + Hahn, besonders Yin Metall Hahn
+ Drache, Schwein
– Affe
– – – Yang Holz Affe

Liebschaft

+ + + Drache, besonders Yang Erde Drache
+ Pferd, Schlange
– Schaf
– – – Yin Feuer Schaf
♥♥♥ in der Zeit von 11 bis 13 Uhr, aber nur im Monat des Pferdes.

Monate

+ + + Juni
+ Juli
– Januar
– – – Dezember

Tage

+ + + Yang Holz Tiger im Frühling
+ Yin Erde Schaf, Yang Metall Affe
– Yang Feuer Drache
– – – Yin Wasser Büffel im Winter

Stunden

Finanzen	+ 01–03 Uhr	– 07–09 Uhr
Berufliches	+ 17–19 Uhr	– 23–01 Uhr
Kreatives	+ 21–23 Uhr	– 03–05 Uhr
Beziehung	+ 05–07 Uhr	– 11–13 Uhr
Gesundheit, Schönheit	+ 23–01 Uhr	– 05–07 Uhr

Besonderheiten

Unglückstag im 10., 11. und 12. Mondmonat.

54 丁巳 Yin Feuer Schlange

Wirkkraft Erde

Yin Feuer Schlangen sind lebhaft, anregend, praktisch und vertrauenswürdig. Ihr vitaler Geist sehnt sich oft nach neuen Anregungen. Schon im Kindesalter zeigt sich: Die meisten Yin Feuer Schlangen müssen nicht das moderne Techno-Spielzeug besitzen, auch nicht die Superpuppe, die 1200 Wörter vorwärts und rückwärts aufsagen kann. Ihr Verlangen gilt Wissensgebieten und Menschen. Eine junge Yin Feuer Schlange wird stets durch ihr lebhaftes Interesse für die Umwelt auffallen. Auch in späteren Lebensabschnitten ist ihr Wissensdurst vielfach unstillbar. Die meisten suchen sich ein Hobby, in dem sie kraft ihres Wissens unschlagbar werden. Dabei steht ihr Sinn weniger nach körperlicher, mehr nach geistiger Bewegung. Yin Feuer Schlangen boxen nicht. Sie wissen aber alles übers Boxen. Yin Feuer Schlangen betreiben nicht aktiv Politik – sie erfassen und verfolgen tagespolitische Zusammenhänge aber intensiver als andere. Bei jeder Yin Feuer Schlange gibt es so ein Gebiet, in das sie sich ungemein vertieft. Ein gewisser Eigensinn ist Yin Feuer Schlangen auch nicht abzusprechen. In Sachen Kleidung kann man sich beispielsweise darauf verlassen, daß sie auch gegen jeden Farbberater und gegen jeden Modetrend sehr genau einschätzen können, was zu ihnen paßt und was nicht. Eine echte Yin Feuer Schlange wird sich mit ihren Ideen durchsetzen. Wovon sie allerdings Abstand nimmt, ist das Verletzen anderer. Es sei denn, dieser andere hätte ihr vorher Schaden zugefügt. Wie du mir, so ich dir – das haben Yin Feuer Schlangen verinnerlicht. Yin Feuer Schlangen unterbrechen auch gerne, weil sie meistens den Eindruck haben, den Gedanken des anderen bereits fertiggedacht zu haben, noch ehe dieser ihn zu Ende formuliert hat. Das bewirkt, daß sie ihr Know-how nicht immer optimal vermitteln können. Wenn man selbst nicht so schnell ist und erst verdauen muß, was A gesagt hat, kann man schwer den brillanten Ausführungen von B folgen – und bei diesem B handelt es sich oft um Yin Feuer Schlangen. In beruflichen Belangen kann sie ihr Eigensinn genauso in die Höhe wie aus jedem Betrieb hinauskatapultieren. Erst im Alter werden Yin Feuer Schlangen reifer und können sich besser auch an widrige Umstände der Außenwelt anpassen. In Beziehungen erleben und schenken Yin Feuer Schlangen sehr starke Gefühle bis hin zur Sentimentalität. Da wäre ihnen zu wünschen, sie könnten besser Schlußstriche unter Vergangenes ziehen! Denn wenn sich eine Yin Feuer Schlange einmal verliebt, wird auch Jahre nach der Trennung noch ein Quentchen Zuneigung bleiben.

55 戊午 Yang Erde Pferd

Was mich beherrscht
+ Yin Holz Hase
– Yang Holz Tiger
Was ich beherrsche
+ Yin Wasser Schwein
– Yang Wasser Hund
Was mich unterstützt
+ Yin Feuer Schlange
– Yang Feuer Drache
Was ich unterstütze
+ Yang Metall Affe
– Yin Metall Hahn
Was mir gleicht
+ Yang Erde Pferd
– Yin Erde Schaf

Lebens- und Arbeitsgemeinschaft

+ + + Schaf, besonders Yin Erde Schaf
+ Hase, Pferd
– Drache
– – – Yang Erde Drache

Liebschaft

+ + + Pferd, besonders Yang Erde Pferd
Schaf, besonders Yin Erde Schaf
Hund, besonders Yang Holz Hund
+ Tiger, Hase, Schlange
– Ratte, Büffel
– – – Yang Wasser Ratte
Yin Wasser Büffel
♥♥♥ in der Zeit von 5 bis 7 Uhr, aber nur im Monat des Hasen.

Monate

+ + + Juli
+ November, Mai
– August, Februar
– – – Januar

Tage

+ + + Yin Feuer Schlange im Sommer
+ Yang Metall Affe, Yin Wasser Schwein
– Yin Erde Schaf
– – – Yang Holz Tiger im Frühling

Stunden

Finanzen	+ 03–05 Uhr	– 09–11 Uhr
Berufliches	+ 19–21 Uhr	– 01–03 Uhr
Kreatives	+ 23–01 Uhr	– 05–07 Uhr
Beziehung	+ 07–09 Uhr	– 13–15 Uhr
Gesundheit, Schönheit	+ 01–03 Uhr	– 07–09 Uhr

55 戊午 Yang Erde Pferd

Wirkkraft Feuer

Yang Erde Pferde sind sinnlich, extrovertiert und realistisch. Ihre lebenspraktischen Anlagen lassen sie in guten Zeiten die Hülle und Fülle des Daseins heftig genießen. Etwa im Urlaub am Strand: Da kann ein Yang Erde Pferd sich an braungebrannten Körpern erfreuen, hin und wieder vielleicht begehrliche Blicke anderer einheimsen, mit Spaß, Spiel und Entspannung ganz Lebemann sein. Oder abends im Kino mit Freunden: gemeinsam ausgehen und danach bei einem Drink den Film analysieren, da leben Yang Erde Pferde auf. Noch mehr tun die meisten das daheim. Wenn sie mit Partner oder Partnerin in einer lauen Sommernacht den Abendhimmel genießen, fühlen sie sich in der Mitte des Seins, zur Erde gehörig und ganzheitlich. Am liebsten reden sie bei diesen Gelegenheiten von sich selbst, am zweitliebsten von Zuständen, die sie bessern könnten und möchten. Auf Platz drei liegen Dinge, die sie aufregen – und dann kommt lange nichts. Wenn Yang Erde Pferde lernen, diese Hitliste ein bißchen zugunsten fremdbestimmter Themen zu variieren, sind sie köstliche Partner! Vertrauenswürdig und nahezu unbeugsam in ihrem Streben sind sie auch so. Ihre arbeitsame Grundeinstellung, verbunden mit ihrer diplomatischen Zähigkeit, kann sie zwar mitunter spröde wirken lassen, da sie aber auch Sinn fürs Gespräch haben, werden sie meist gerngesehene Nachbarn und Mitarbeiter sein. Ein Yang Erde Pferd ist jemand, zu dem man ohne Probleme gehen kann, um einen Bohrer oder einen Liter Milch zu borgen; jemand, der gerne hilft und dabei immer einen charmanten Witz auf Lager hat. Als Kollegen sind Yang Erde Pferde dank ihrer elastischen Körperlichkeit und ihres emsigen Eifers sowohl im Teamwork wie auch beim Kegelabend danach gern gesehen. In der Gesellschaft im allgemeinen halten sie es für wichtig, daß es Bürger gibt, die Verantwortung, Pflichten und Rechte übernehmen; diese Rolle nehmen sie gerne und freudig an. Manchmal allerdings verrennen sich Yang Erde Pferde in Ideen; vielfach sind sie auch zu sehr von der Zustimmung anderer abhängig. Im Verhältnis Mann – Frau können Yang Erde Pferde auch sehr deutlich machen, wenn sie jemanden attraktiv finden. Yang Erde Pferde sind nie Latzhosenträger, die gramgebeugt mit Scheuklappen vor der Nickelbrille in Männerhilfegruppen Erfahrung suchen. Auch nie Frauen, die nur weiblich sein können, wenn sie sich in mannigfaltigen Kursen zum „Gespräch mit der eigenen Gebärmutter“ motiviert haben. Yang Erde Pferde sind im ganzen, Mann wie Frau, meist störungsfrei und sinnlich.

56 己未 Yin Erde Schaf

Was mich beherrscht
+ Yang Holz Tiger
– Yin Holz Hase

Was ich beherrsche
+ Yang Wasser Hund
– Yin Wasser Schwein

Was mich unterstützt
+ Yang Feuer Drache
– Yin Feuer Schlange

Was ich unterstütze
+ Yin Metall Hahn
– Yang Metall Affe

Was mir gleicht
+ Yin Erde Schaf
– Yang Erde Pferd

Lebens- und Arbeitsgemeinschaft

+ + + Pferd, besonders Yang Erde Pferd
+ Hase, Affe, Schwein
– Ratte
– – – Yang Wasser Ratte

Liebschaft

+ + + Pferd, besonders Yang Erde Pferd
+ Hase, Drache
– Schlange, Schaf
– – – Yang Erde Schlange
Yin Wasser Schaf
♥♥♥ in der Zeit von 23 bis 1 Uhr, aber nur im Monat der Ratte.

Monate

+ + + August
+ November, Mai
– – – Februar

Tage

+ + + Yang Feuer Drache im Sommer
+ Yin Metall Hahn, Yang Wasser Hund
– Yang Erde Pferd
– – – Yin Holz Hase im Frühling

Stunden

Finanzen	+ 05–07 Uhr	– 11–13 Uhr
Berufliches	+ 21–23 Uhr	– 03–05 Uhr
Kreatives	+ 01–03 Uhr	– 07–09 Uhr
Beziehung	+ 09–11 Uhr	– 15–17 Uhr
Gesundheit, Schönheit	+ 03–05 Uhr	– 09–11 Uhr

56 己未 Yin Erde Schaf

Wirkkraft Feuer

Yin Erde Schafe sind in ihrem inneren Wesen still, sanft und tolerant. Nach außen dringt aber eher das Feuer durch – und das ist beim Yin Erde Schaf zwar mehr die wärmende Lampe denn die lodernde Fackel, kann aber trotzdem mit starken Ansprüchen verbunden sein. Insbesondere die zweifache Erde in Element und Tierkreiszeichen macht das Yin Erde Schaf zu einem sensitiven, sinnenfrohen Menschen, der ein gutes Essen wahrscheinlich der durchgeistigten Welt der Bibliotheken vorziehen wird. Auf ein Yin Erde Schaf wirkt ein nickelbebrillter Belesener eher wie ein verstaubter Streber, dem es an der Erkenntnis mangelt, was im Leben wirklich zählt. Die Lust auf Konsumgüter vermittelt das Yin Erde Schaf nicht von sich aus, indem es etwa sagt: „Ich will einen hohen Lebensstandard" – es gehört mehr zu jener Sorte, die die anderen raten läßt, was die eigenen Bedürfnisse nun eigentlich sind. Es kann auch schlecht Grenzen ziehen und muß sich daher immer wieder mit Eindringlingen plagen. Das Yin Erde Schaf, das von Natur aus gerne teilt, braucht lange, bis es Parasiten energisch vor die Tür setzt. Dann aber kann es ein echter Wolf im Schafspelz sein, der, eben noch still, scheu und zurückhaltend, plötzlich mit schriller Stimme seine Bedürfnisse einfordert. Das Yin Erde Schaf will sein Leben in Ruhe genießen – um so mehr, als in ihm die Angst nagt, mit der Beschaulichkeit könnte es demnächst und mit dem Genuß sehr bald vorbei sein. Wie andere Schafe auch, neigt das Yin Erde Schaf zur Zukunftsangst; sein Genuß ist folglich mehr ein hastiger – ein: „Rasch noch die Früchte des Baumes kosten, ehe der Besitzer kommt". Dabei könnte es sich ohne falsche Furcht auf sein Plätzchen zurückziehen, wenn es nur lernte klarzumachen, wo dieses denn nun ist. Das gilt auch für berufliche Angelegenheiten. Yin Erde Schafe benötigen mehr Zeit als andere, um ihren Platz in einer Firma zu finden. Dann aber werden sie dort aufblühen und gedeihen, wobei sie sich nur vor Ideendiebstahl und Rücksichtslosigkeit in acht nehmen müssen. In Beziehungen wirkt das Yin Erde Schaf oft zerrissen. Einen Tag ruhig, wärmend und barmherzig, kann es auf einmal einen Streit wieder anfangen, den der Partner oder die Partnerin bereits lange vergessen hat. Das Yin Erde Schaf sollte lernen, seinen Willen beizeiten kundzutun! Niemand hat etwas davon, wenn es nach zehn Tagen Mallorca meint, Griechenland wäre ihm eigentlich schon immer lieber gewesen. Wenn es Konflikte nicht scheut und seine eigenen Bedürfnisse klarmachen kann, wird es ein zufriedener, umgänglicher Mensch sein, der sehr viel Wärme schenken kann und mit dem sich hervorragend Pferde stehlen lassen.

57 庚申 Yang Metall Affe

Was mich beherrscht
+ Yin Feuer Schlange
– Yang Feuer Drache
Was ich beherrsche
+ Yin Holz Büffel
– Yang Holz Ratte
Was mich unterstützt
+ Yin Erde Schaf
– Yang Erde Pferd
Was ich unterstütze
+ Yang Wasser Hund
– Yin Wasser Schwein
Was mir gleicht
+ Yang Metall Affe
– Yin Metall Hahn

Lebens- und Arbeitsgemeinschaft

+++ Drache, besonders Yang Feuer Drache
Affe, besonders Yang Erde Affe
+ Pferd
– Schwein
––– Yin Holz Schwein

Liebschaft

+++ Drache, besonders Yang Feuer Drache
Affe, besonders Yang Erde Affe
+ Ratte, Schwein, Pferd
– Hahn
––– Yin Feuer Hahn
♥♥♥ in der Zeit von 17 bis 19 Uhr, aber nur im Monat des Hahns.

Monate

+++ September
+ Oktober
– April
––– März

Tage

+++ Yin Erde Schaf im Sommer
+ Yang Wasser Hund, Yin Holz Büffel
– Yin Metall Hahn
––– Yang Feuer Drache im Sommer

Stunden

Finanzen	+ 07–09 Uhr	– 13–15 Uhr
Berufliches	+ 23–01 Uhr	– 05–07 Uhr
Kreatives	+ 03–05 Uhr	– 09–11 Uhr
Beziehung	+ 11–13 Uhr	– 17–19 Uhr
Gesundheit, Schönheit	+ 05–07 Uhr	– 11–13 Uhr

Besonderheiten

Unglückstag im 1., 2. und 3. Mondmonat.

57 庚申 Yang Metall Affe

Wirkkraft Holz

Yang Metall Affen werden durch mehrere Widersprüche bestimmt. Da ist einerseits ihre Wirkkraft Holz, die mit dem Yang Metall in Konflikt gerät. Und da ist andererseits das Sprunghafte des Affen, das die Entschlußkraft des Metalls zersetzen könnte. Dementsprechend abwechslungsreich gestaltet sich das Leben eines Yang Metall Affen mitunter: Einmal fühlt er sich in der Rolle des genügsamen, gestrengen Menschen wohl, nur um am nächsten Tag in schöpferischer Laune zu erblühen. Der Yang Metall Affe gehört zu jenen kosmischen Bildern, in denen Informationen erst zur Erkenntnis reifen müssen. Zum Teil hat das mit der Liebe des Affen zu sich selbst zu tun. Der Yang Metall Affe formt in seinem Kopf gern die Wirklichkeit nach seinem Geschmack, er selbst spielt dabei normalerweise die Hauptrolle. Und auch wenn er instinktiv spürt, daß Wirklichkeit und Vorstellung auseinanderklaffen, wird er sehr lange brauchen, um sich das einzugestehen. Bitter wird das, wenn es beispielsweise eine fremdgehende Partnerin betrifft, von der der Yang Metall Affe sagt: „Die Beziehung ist doch wunderbar" – und Jahre danach wird er sich fragen, wieso er so lange die Hölle auf Erden mitgemacht hat. Wenn er sich verantwortlich fühlt – insbesondere trifft das auf die Elternrolle zu –, kann er zu dieser Verantwortung stehen. Der Yang Metall Affe erfüllt die Pflicht einer Mutter oder eines Vaters durchaus liebevoll – obwohl sie ihm mehr lästige Pflicht ist. Wenn jemand verläßlich das Fläschchen nachfüllt, heißt das ja noch lange nicht, daß er's mit einem Lächeln auf den Lippen tun muß. Typisch ist eine Mutter, die sich eigentlich zu Kunst und Kultur hingezogen fühlt und – nach dem spontanen Ja zum werdenden Leben im Bauch – nach einiger Zeit feststellen muß, daß die einzigen Kulturgenüsse, für die sie Zeit hat, die Kritzeleien ihres Sprößlings sind. Die Yang Metall Affe-Mutter wird sich in ihr Schicksal fügen – mitgefangen, mitgehangen! –, es aber immer wieder vor anderen bekritteln. Aber wehe, ein anderer wagt es, das Wort von der lästigen Pflicht mit den Kindern des Yang Metall Affen in Verbindung zu bringen! Wenn jemand seine Kinder kritisieren darf, dann er selbst. Denn der Yang Metall Affe liebt seinen Nachwuchs abgöttisch. Für die Kleinen würde er durchs Feuer gehen – und wer weiß, daß Feuer Metall zerstört, kann erahnen, was Feuer für den Yang Metall Affen bedeutet. Trotzdem sollten Yang Metall Affen stets bedenken, daß ihre Wirkkraft Holz von Metall zerstört wird. Ihre vernünftigen Beschlüsse also möglicherweise ihr kreatives Potential behindern. Mit diesem Hin und Her zwischen Wollen, Können und Müssen muß sich der Yang Holz Affe beizeiten abfinden. Vor allem im Alter könnte er sonst ein zwar nach außen unterhaltsam-bärbeißiger, im Inneren aber ein verdrießlicher Zeitgenosse werden.

58 辛酉 Yin Metall Hahn

Was mich beherrscht
+ Yang Feuer Drache
– Yin Feuer Schlange
Was ich beherrsche
+ Yang Holz Ratte
– Yin Holz Büffel
Was mich unterstützt
+ Yang Erde Pferd
– Yin Erde Schaf
Was ich unterstütze
+ Yin Wasser Schwein
– Yang Wasser Hund
Was mir gleicht
+ Yin Metall Hahn
– Yang Metall Affe

Lebens- und Arbeitsgemeinschaft

+ + + Büffel, besonders Yin Metall Büffel
+ Drache, Schlange
– Hund
– – – Yang Holz Hund

Liebschaft

+ + + Büffel, besonders Yin Metall Büffel
+ Drache, Schlange, Schwein
– Tiger, Affe, Hund
– – – Yang Feuer Tiger
Yang Feuer Affe
Yang Holz Hund
♥♥♥ in der Zeit von 11 bis 13 Uhr, aber nur im Monat des Pferdes.

Monate

+ + + Oktober
+ September
– März
– – – April

Tage

+ + + Yang Erde Pferd im Sommer
+ Yin Wasser Schwein, Yang Holz Ratte
– Yang Metall Affe
– – – Yin Feuer Schlange im Sommer

Stunden

Finanzen	+ 09–11 Uhr	– 15–17 Uhr
Berufliches	+ 01–03 Uhr	– 07–09 Uhr
Kreatives	+ 05–07 Uhr	– 11–13 Uhr
Beziehung	+ 13–15 Uhr	– 19–21 Uhr
Gesundheit, Schönheit	+ 07–09 Uhr	– 13–15 Uhr

Besonderheiten

Unglückstag im 1., 2. und 3. Mondmonat.

58 辛酉 Yin Metall Hahn

Wirkkraft Holz

Der Yin Metall Hahn ist fürsorglich, scharfsinnig und künstlerisch. Sein doppeltes Metall in Element und Tierkreiszeichen macht ihn ungewöhnlich entschlußfreudig. Meist weiß er sehr genau, was er will; noch besser, was andere tun sollten. Mit seiner Ansicht hält er diesbezüglich nicht hinterm Berg. Er ist auch ein gern gefragter Ratgeber. Seine Blütezeit ist die Jugend. Da können Yin Metall Hähne ihren natürlichen Sinn für ungetrübte Freude, für unbekümmerte Heiterkeit ausleben. Nicht selten wird ein Yin Metall Hahn in jungen Jahren um die Welt reisen wollen, verschiedene Ausbildungen erwerben oder auch Dinge tun, von denen er als Erwachsener gar nicht so recht glauben mag, daß es wirklich er war. Typisch wäre ein „Wirklich – das bin ich auf diesem Foto da?“ in reifen Jahren. Meist beginnt der Yin Metall Hahn zu dieser Zeit auch, ungewöhnlichen Hobbys nachzugehen. Er gehört selten zu den Briefmarkensammlern, noch weniger zu denen, die irgendeinen Sport betreiben, den alle ausüben. Unter Yin Metall Hähnen wird man eher Bonsai-Züchter oder Menschen mit mitunter ausgefallenen künstlerischen Liebhabereien finden. Diese empfängliche Unbekümmertheit der Yin Metall Hähne gilt es, durch die Fährnisse des grauen Alltags hinüberzuretten. Wer in seiner Jugend sonnig ist, macht oft schlechte Erfahrungen mit berechnenden Mitmenschen! Yin Metall Hähne sollten sich ihre Freude nicht verderben lassen – und sie sollten beizeiten lernen, sie mit anderen zu teilen. Diese Mitmenschen können den Yin Metall Hahn auch davor bewahren, daß gleichsam sein Metall sein kreatives Holz zersäbelt, seine Entschlußkraft ihn also in Lebenssituationen bringt, in denen er seine Schöpferkraft nicht in Ruhe ausleben kann. In finanzieller Hinsicht neigen Yin Metall Hähne zu sehr wechselhaftem Verhalten. Einerseits sind sie vom Metall her genügsam, fast schon geizig – auf der anderen Seite bringt sie die Wirkkraft Holz dazu, im Überschwang Geld zum Fenster hinauszuwerfen. Yin Metall Hähne brauchen mitunter mehr Zeit, als sie sich selbst zu geben bereit sind. Dann würden sie vielleicht auch manche finanzielle Entscheidung neu überdenken. In Liebesangelegenheiten kommen Yin Metall Hähne oft recht schnell zur Sache und laufen Gefahr, andere mit ihrem Drängen und Wollen zu überfordern. Wenn sie mehr unter Yin-Einfluß als unter dem des Hahnes stehen, kann sich aber auch ein sehr empfängliches, hingebungsvolles Gefühl für den richtigen Zeitpunkt einstellen.

59 壬戌 Yang Wasser Hund

Was mich beherrscht
+ Yin Erde Schaf
– Yang Erde Pferd
Was ich beherrsche
+ Yin Feuer Hase
– Yang Feuer Tiger
Was mich unterstützt
+ Yin Metall Hahn
– Yang Metall Affe
Was ich unterstütze
+ Yang Holz Ratte
– Yin Holz Büffel
Was mir gleicht
+ Yang Wasser Hund
– Yin Wasser Schwein

Lebens- und Arbeitsgemeinschaft

+++ Pferd, besonders Yang Holz Pferd
+ Tiger, Schwein
– Ratte
––– Yang Metall Ratte

Liebschaft

+++ Pferd, besonders Yang Holz Pferd
+ Schwein
– Büffel
––– Yin Metall Büffel
♥♥♥ in der Zeit von 5 bis 7 Uhr, aber nur im Monat des Hasen.

Monate

+++ November
+ Dezember, Januar
– Juni, Juli
––– Mai

Tage

+++ Yin Metall Hahn im Herbst
+ Yang Holz Ratte, Yin Feuer Hase
– Yin Wasser Schwein
––– Yang Erde Pferd im Sommer

Stunden

Finanzen	+ 11–13 Uhr	– 17–19 Uhr
Berufliches	+ 03–05 Uhr	– 09–11 Uhr
Kreatives	+ 07–09 Uhr	– 13–15 Uhr
Beziehung	+ 15–17 Uhr	– 21–23 Uhr
Gesundheit, Schönheit	+ 09–11 Uhr	– 15–17 Uhr

59 壬戌 Yang Wasser Hund

Wirkkraft Wasser

Der Yang Wasser Hund ist diskret, ehrlich und gerecht. In ihm verbindet sich die Strenge und Weisheit des Wassers mit der Lust, alles ganz genau kennenzulernen, die zur Erde, dem Element des Tierkreiszeichens, gehört. Tatsächlich sind die meisten Yang Wasser Hunde Experten auf dem einen oder anderen Gebiet. Das kann vom spezialisierten Gerichtssachverständigen bis hin zur perfekten Tortenbäckerin reichen. Obwohl sie sehr gerne reden und zuhören, sind Yang Wasser Hunde gleichzeitig Einzelgänger. In ihrem tiefsten Inneren wissen sie, daß der Mensch zwar ein Gemeinschaftstier ist, letztlich aber doch allein im Leben steht. Ihre Redegabe und ihre soziale Kompetenz setzen sie daher vor allem ein, um Probleme zu wälzen. Wenn bei einer Einweihungsfeier einer neuen Wohnung einer ganz genau wissen will, welche Materialien für die Fensterrahmen verwendet wurden, und danach statt Small talk lieber mit der Gastgeberin die Schwierigkeiten der Kindererziehung in der heutigen Zeit diskutiert, dann ist das wahrscheinlich ein Yang Wasser Hund. Wenn derselbe Mensch mit Ihnen – weil Sie das unbedingt wollten – in die Oper geht und dabei im Gegensatz zu allen anderen eher lässig – nicht nachlässig! – gekleidet ins Foyer marschiert, dann können Sie schon fast sicher sein: Denn der Yang Wasser Hund tut in Hinsicht auf Kleidung und Manieren nur das, was er tun muß. Egal, wohin ihn das Schicksal verschlägt, ob als Straßenköter in die Gosse oder als Schoßhündchen in feine Salons, Materielles ist ihm egal. Überhaupt ist er die personifizierte Gleichmut. Bei einer Fernsehshow, bei der er nach der für ihn typischen Körperbewegung gefragt würde, würde er mit den Achseln zucken. „Ist mir egal" – das ist seine Standardantwort, wenn man ihn nach seinen Vorlieben fragt. In angeregter Konversation, auch wenn sie die persönlichen Belange seines Gesprächspartners betrifft, ist er engagiert, wenn's um ihn selbst geht, aber verschlossen. Das hängt damit zusammen, daß viele Yang Wasser Hunde dazu neigen, permanent an ihren Gefühlen – aber auch an denen ihres Partners – zu zweifeln. Nur wenn man ihm die Rute ins Fenster stellt, wird er Stellung beziehen. Ansonsten gilt seine Aktivität dem Beruf oder dem sozialen Engagement. Yang Wasser Hunde wären ideale Kommunalpolitiker; für die Regierungsspitze fehlt ihnen die Lust am Bad in der Menge. Sie sind phantastische Ratgeber, auch wenn sie selbst den Eindruck haben, nur allzuoft unter ihrem eigenen Wert verkauft zu werden. In einer Liebesbeziehung wäre ihnen mehr Selbstsicherheit zu wünschen, mehr Handlungsbereitschaft und Entschlußfreude – wenn diese Eigenschaften den angeborenen Sinn für die Sorge um Schwächere ergänzen, steht einer stabilen Beziehung nichts mehr im Wege.

60 癸亥 Yin Wasser Schwein

Was mich beherrscht
+ Yang Erde Pferd
– Yin Erde Schaf
Was ich beherrsche
+ Yang Feuer Tiger
– Yin Feuer Hase
Was mich unterstützt
+ Yang Metall Affe
– Yin Metall Hahn
Was ich unterstütze
+ Yin Holz Büffel
– Yang Holz Ratte
Was mir gleicht
+ Yin Wasser Schwein
– Yang Wasser Hund

Lebens- und Arbeitsgemeinschaft

+++ Tiger, besonders Yang Wasser Tiger
Schwein, besonders Yin Metall Schwein
\+ Schaf
– Affe
––– Yang Erde Affe

Liebschaft

+++ Tiger, besonders Yang Wasser Tiger
Hase, besonders Yin Wasser Hase
Schaf, besonders Yin Holz Schaf
\+ Hund, Schwein
– Hahn
––– Yin Erde Hahn
♥♥♥ in der Zeit von 23 bis 1 Uhr, aber nur im Monat der Ratte.

Monate

+++ Dezember
\+ Januar
– Juli
––– Juni

Tage

+++ Yang Metall Affe im Herbst
\+ Yin Holz Büffel, Yang Feuer Tiger
– Yang Wasser Hund
––– Yin Erde Schaf im Sommer

Stunden

Finanzen	+ 13–15 Uhr	– 19–21 Uhr
Berufliches	+ 05–07 Uhr	– 11–13 Uhr
Kreatives	+ 09–11 Uhr	– 15–17 Uhr
Beziehung	+ 17–19 Uhr	– 23–01 Uhr
Gesundheit, Schönheit	+ 11–13 Uhr	– 17–19 Uhr

Besonderheiten

Unglückstag im 4., 5. und 6. Mondmonat.

60 癸亥 Yin Wasser Schwein

Wirkkraft Wasser

Das Yin Wasser Schwein gibt gern mehr, als es nimmt. Es spendet Trost, schenkt Aufmerksamkeit und beseelt die Welt gern mit guten Worten. Tatsächlich ist das Gespräch sein ein und alles. Es plaudert bei Kaffee und Kuchen, es redet offen und frei selbst über intimste Angelegenheiten – im Schlechten kann es sogar einen schwatzhaften Eindruck machen. Dann redet es wie ein Wasserfall, vor allem im hohen Alter, und ist schlicht nicht zu bremsen. Hinzu kommt, daß es zwar gutmütig und lustvoll veranlagt ist, ihm aber trotzdem eine große Furcht innewohnt. Wenn jemand gewaltig tönt oder bestimmend eingreift, wird das Yin Wasser Schwein leicht verschreckt reagieren und sich zurückziehen. Wahrscheinlich ruft es kurz danach seine Vertrauten an, um alles genauer zu erörtern und seine Seele vor ihnen auszubreiten. Das Yin Wasser Schwein gehört aber auch zu jenen, die immer ein offenes Ohr für die Probleme anderer Leute haben. Seine besten Freunde dürfen es zu jeder Tages- und Nachtzeit aus dem Bett läuten und ihm ihre Schwierigkeiten anvertrauen. Es wird immer versuchen, sein Bestes für die anderen zu geben. Es weiß zwar, was es erreichen möchte, sein Verstand und sein Gemüt gleichen einem hellen, klaren Licht, und mitunter kann es auch recht leidenschaftslos sein. Aber nur allzuleicht läßt es sich einreden, daß andere noch schlechter dran sind. Da ähnelt es dem kleinen Kind, dem die Mutter den Löffel Lebertran mit den Worten „Die in Äthiopien wären froh!“ einflößen möchte. Das Yin Wasser Schwein wird sich überzeugen lassen – allenfalls vergießt es eine Träne wegen des Elends in fernen Weltgegenden und schluckt danach die bittere Medizin. Wenn das Yin Wasser Schwein gelernt hat, manchmal zwar nicht rücksichtslos, aber doch ohne übertriebene Bedachtnahme auf andere zu leben, kann es die Karriereleiter hoch hinaufklettern. Von Natur aus an mannigfaltigen Wissensgebieten interessiert, wird es sich eines herauspicken und seinen Verstand darin zu schärfen wissen. Seine angeborene Ausdrucksstärke macht es zum guten Politiker, zum redegewandten Anwalt, aber auch zum wortgewaltigen Elternteil. Sein Nachteil dabei ist nur die mitunter mangelhafte Durchsetzungsfähigkeit. Mehr als andere Schweine hat das Yin Wasser Schwein aber ein Faible für sozial Schwache und ihm nahestehende Menschen. Als Partner eines Yin Wasser Schweins sollte man beizeiten lernen, sich auszudrücken. Denn das Yin Wasser Schwein beherrscht die Gabe, einem alles im Munde umzudrehen. An sich aber ist es friedlich und braucht einen starken, verläßlichen Partner, bei dem es die Sicherheit hat, daß es nicht übervorteilt wird. Dann kann es die lustvolle, sinnliche Liebeskunst eines echten Yin Wasser Schweins entfalten!

Die 28 Xiu – Die 28 Mondhäuser

Es ist verblüffend: Das System beruht schon seit langem auf falschen Annahmen, und trotzdem funktioniert es. Die Rede ist von den 28 Mondhäusern oder „Xiu" der Chinesen. Ihre Entstehungsgeschichte ist umstritten. Die einen meinen, man hätte gewußt, daß der Mond vor dem Sternenhintergrund für einen vollen Umlauf um die Erde knapp 28 Tage braucht. Nachdem sich dieser Umlauf stetig wiederholt, kann man im 28er-Rhythmus dieselben Sterne sehen. Wenn Sterne sich auf Menschen auswirken, wiederholt sich folglich auch die Wirkung alle 28 Tage. Die anderen halten dagegen, daß man in der Frühgeschichte ausschließlich die Folge von einem Neumond bis zum nächsten abzählen konnte. Und das sind nicht runde 28, sondern über 29 Tage! Anhänger dieser Lehre glauben, daß es zu den 28 Xiu gekommen ist, weil die 28 seit jeher eine mythische Zahl war. Tatsächlich hat der Mensch genau 28 Fingerglieder, weswegen einige Stämme in Afrika noch heute ein Zählsystem in 28er-Schritten haben. Die 28 Fingerglieder also als Grundlage der 28 Xiu? Eine unumstrittene Antwort wird es nie geben. Eines aber ist sicher: So oder so klaffen zwischen den 28 Xiu und der mathematischen Wirklichkeit ganze Sonnensysteme. Denn weder der tatsächliche Mondumlauf noch die Phase von Neumond zu Neumond dauert genau 28 Tage. Innerhalb eines Jahres ergibt sich rein rechnerisch ein Unterschied von fünf bis elf Tagen! Zwar gab es in China schon bald Stätten, in denen das exakte Xiu für jeden Tag und für jeden Menschen berechnet werden konnte, für die volkstümliche Astrologie aber blieben diese Stätten bedeutungslos. Die 28 Xiu beschreiben der chinesischen Astrologie zufolge dennoch, und trotz aller mathematischen Fehler, die Wirklichkeit. Jahrtausendelang sind Sterndeuter und astrologisch Interessierte damit gut gefahren. Wenn Sie die 28 Xiu für Ihr Leben erproben wollen, finden Sie im folgenden die entsprechenden Regeln. Um das Xiu für einen bestimmten Tag zu errechnen, müssen Sie drei Zahlen zusammenrechnen. Das westliche Tagesdatum, die Monatszahl und die Jahreszahl. Diese beiden entnehmen Sie den folgenden Tabellen.

Monatszahltabelle

Januar	27	April	5	Juli	12	Oktober	20
Februar	2	Mai	7	August	15	November	23
März	2	Juni	10	September	18	Dezember	25

Jahreszahltabelle

*1928	11	1941	28	1954	16	1967	4	*1980	20	1993	9
1929	13	1942	1	1955	17	*1968	5	1981	22	1994	10
1930	14	1943	2	*1956	18	1969	7	1982	23	1995	11
1931	15	*1944	3	1957	20	1970	8	1983	24	*1996	12
*1932	16	1945	5	1958	21	1971	9	*1984	25	1997	14
1933	18	1946	6	1959	22	*1972	10	1985	27	1998	15
1934	19	1947	7	*1960	23	1973	12	1986	28	1999	16
1935	20	*1948	8	1961	25	1974	13	1987	1	*2000	17
*1936	21	1949	10	1962	26	1975	14	*1988	2	2001	19
1937	23	1950	11	1963	27	*1976	15	1989	4	2002	20
1938	24	1951	12	*1964	28	1977	17	1990	5	2003	21
1939	25	*1952	13	1965	2	1978	18	1991	6	*2004	22
*1940	26	1953	15	1966	3	1979	19	*1992	7	2005	24

* Schaltjahre

Nachdem Sie alle drei Zahlen Ihres Datums addiert haben, müssen Sie nur noch zwei Dinge beachten. Sollten Sie ein Datum gewählt haben, das in einem Schaltjahr nach dem 28. Februar liegt, müssen Sie „1" hinzurechnen. In jedem Fall ziehen Sie von Ihrem Gesamtergebnis so lange 28 ab, bis Sie eine Zahl erhalten, die kleiner oder gleich 28 ist. Zwei Beispiele sollen Ihnen diese Regeln verdeutlichen:

Sie wollen das Xiu des 13. Mai 1995 bestimmen.
Sie legen zuerst die Jahreszahl fest. Für 1995 ist das „11".
Danach die Monatszahl: Für den Mai ist das „7".
Ihre Tageszahl für den 13. Mai ist „13".
Sie rechnen daher 11 + 7 + 13 = 31.
1995 war kein Schaltjahr, also ist das das endgültige Ergebnis.
Da 31 aber größer als 28 ist, müssen Sie 28 abziehen.
31 – 28 = 3
Das Xiu des 13. Mai 1995 ist 3.

Sie wollen das Xiu des 24. Dezember 2004 errechnen.
Sie suchen zuerst die Jahreszahl in der Tabelle: Es ist die „22".
Für den Dezember ergibt sich in der Monatstabelle „25"
und das Tagesdatum ist „24".
Ihre Rechnung sieht so aus: 22 + 25 + 24 = 71.

2004 ist ein Schaltjahr, und der 24. Dezember liegt nach dem 28. Februar.

Daher müssen Sie „1" dazuzählen.	71 + 1 = 72.
72 ist größer als 28.	
Deswegen ziehen Sie 28 ab.	72 – 28 = 44.
44 ist noch immer größer als 28.	
Daher subtrahieren Sie erneut 28.	44 – 28 = 16.
Das Xiu des 24. Dezember 2004 ist 16.	

Sie haben in weiterer Folge zwei Möglichkeiten, mit Ihrem neu erworbenen Wissen umzugehen. Entweder wollen Sie herausfinden, was das Xiu über den Menschen sagt. Oder Sie wollen wissen, was das Xiu dem Tag bringt. Beide Zwecke erfüllt die folgende Beschreibung der 28 Xiu. Die Überschrift enthält sowohl die Zahl als auch das Schriftzeichen für den alten chinesischen Namen sowie die Übersetzung des alten wie des neuen chinesischen Namens des jeweiligen Xiu.

Xiu 1 角 Horn Ungehörnter Drache

Der Mensch: Menschen, die unter diesem Zeichen geboren sind, sind zuversichtlich, unbeschwert und neugierig. Ungehörnte Drachen können schlecht „nein“ sagen und werden daher von ihrer Umwelt leicht ausgenützt. Ein „Ja“ geht ihnen viel leichter über die Lippen, auch wenn ein „Vielleicht“ oder gar ein „Nein“ dem Innenleben eher entspräche. Wenn es nicht gerade um ein „Nein“ geht, tragen Ungehörnte Drachen ihr Herz auf der Zunge. Kein Geheimnis ist vor ihnen sicher, kein Gerücht, das sie nicht umgehend weitererzählen. Das macht sie zwar auf Partys beliebt, und in Zeitungsredaktionen wären sie begehrte Mitarbeiter. Aber sie gelten ihrer Umwelt mitunter als taktlose Plaudertaschen. Ungehörnte Drachen haben oft Schwierigkeiten mit Kollegen oder Nachbarn. Aber das bedrückt sie nicht lange. Wenn sie an einem Tag verletzt sind, herrscht am nächsten bereits ein „Schwamm drüber“-Gefühl. Sie sollten nur öfter bedenken, daß diese unbeschwerte Selbstsicherheit nicht jedermann zu eigen ist. Die Fröhlichkeit auch in unangenehmen Zeiten trägt ihnen den Ruf ein, unverbesserliche Optimisten zu sein. Rachsucht ist die Sache der Ungehörnten Drachen nicht. Sie vergessen schnell, meist schneller als ihre Umwelt. Das leichtherzige Element im Charakterbild kann bald in ein Bild der Leichtfertigkeit umschlagen. Dann erscheinen Ungehörnte Drachen ihren Mitmenschen als herzlos. So schnell Ungehörnte Drachen mit der Rede und der Vergeßlichkeit sind, so arbeitet auch ihr Verstand. Sie fassen rasch auf und verarbeiten Informationen blitzartig. Der Umgang mit Geld und Gut ist unverdorben und nahezu buddhistisch – es scheint, als ob Ungehörnte Drachen wenig an Materiellem hingen. Als Liebhaber/-innen verfügen Ungehörnte Drachen über ungewöhnliche Ausdauer und einen seelischen Hang zu Romantizismen. Was sie allerdings beachten sollten, ist, daß zu einer Beziehung auch das Zuhörenkönnen gehört. Sie sollten nicht so oft von sich reden, sondern auch den/die anderen zum Zug kommen lassen. Erst wenn sie Gedanken mit anderen austauschen, können sie die Harmonie verwirklichen, von der sie immer träumen.

Der Tag: Tage des Ungehörnten Drachen sollte man für alles nützen, was Wachstum braucht. Zum Beispiel für Eheschließungen, Aussaat und Umsetzen von Pflanzen, große Investitionen oder auch Hausbau.
Alles, was dem Wachstum widerspricht, paßt nicht zu einem Tag wie diesem: zum Beispiel Beerdigungen, die Fertigstellung eines Projektes, Aufnahmetests und Bewerbungsgespräche.

Xiu 2 亢 Hals Drache

Der Mensch: Menschen, die unter dem Zeichen des Drachen geboren sind, sind voller Lebenskraft, sportlich und verspielt. Sie sind Freunden gegenüber loyal, treu und zuverlässig. Aber: Wenn ihr Interesse an einer Sache erlahmt, beenden sie die Beschäftigung mit ihr einfach. Sie werden daher selten Drachen in einem Briefmarkensammler-Klub oder am Magierstammtisch antreffen. Wenn etwas schnell geht, dann sind Drachen dabei. Schach und strategische Geduldspiele sind den meisten Drachen ein Greuel. Da befassen sie sich lieber mit der harten, ehrlichen Welt der Arbeit. Drachen sind geborene Führernaturen. Obwohl sie an Leadership kein größeres Interesse zeigen, macht sie die Umwelt oft zur Nummer eins. Wie kleine Buben, die beim Fußballspiel einen Mannschaftskapitän suchen: Wenn ein Drache dabei ist, wird er es. Man kann sich auf sie dann auch verlassen: Unter der Ägide eines Drachen gelingen Dinge, von denen andere nur zu träumen wagen. Allerdings ist der Erfolg meist kurzfristig. Denn Drachen sind wenig ausdauernd, kaum sorgfältig und in den wenigsten Fällen ordentlich. Im Team mit einem Xiu Dachs können sie die Welt aus den Angeln heben, aber nur dann, wenn sie auch auf ihn hören. Typisch für einen Drachen wäre der große finanzielle Erfolg, der ihn aber auch das Steuerzahlen vergessen läßt. Vom Sammeln und Sortieren von Belegen für die eigene Buchhaltung ganz zu schweigen. Auch Pünktlichkeit ist keine Tugend des Drachen. Wer für ihn ein Abendessen um 20 Uhr kocht, sollte erst um 21 Uhr mit dem Braten beginnen. Die Zivilcourage des Drachen und seine Lust, stets Neues anzupacken, läßt ihn oft Unmögliches wagen. Dann besteht die Gefahr, daß er sich an der Last der Aufgabe buchstäblich überhebt. Vielleicht liegt es auch daran, daß Drachen oft kränkeln. Im Geschäft brauchen Drachen auf jeden Fall die ordnende Hand eines zweiten. Sonst könnten sie auch bei größtem Erfolg irgendwann bankrott gehen. Man sollte einen Drachen auch nie allein und ohne exakte Einkaufsliste in den Supermarkt schicken. Denn dann gibt er Hunderte aus, bloß weil ihn das Unbekannte reizt. In der Liebe sind Drachen feurig. Ihre Leidenschaft aber verblaßt sehr rasch.

Der Tag: Dieser Tag ist günstig für die Prophylaxe und für gute Taten; auch für das Bezahlen alter Schulden.
Schlecht hingegen für alles, worauf man Hoffnung auf Gedeih setzt, wie Heirat oder Kindtaufe. Kämpfe, die an einem Drachentag begonnen werden, gehen meist verloren.

Xiu 3 氐 Wurzel Dachs

Der Mensch: Dachsmenschen sind perfekte Zweite. Sie stehen nicht gern im Licht der Öffentlichkeit, aber sie sind zuverlässige Arbeiter. Sie sind gute Zuhörer und tolerant, weswegen sie von ihrer Umwelt oft als Helfer und Freunde empfunden werden. Sie selbst aber sind scheu – und betrachten die meisten Menschen nur als gute Bekannte. Haben sie aber einen „Lebensmenschen" gefunden, halten sie ihm bedingungslos die Treue. Den meisten Dachsmenschen sagt man nach, daß sie wenig flexibel und mobil sind. Sie legen Wert auf Tradition und vermeiden Veränderungen. Wenn man den ersten Abend mit einem Dachs verbringt, ist es sehr unwahrscheinlich, daß dieser einen überrumpelt oder sofort nur „ins Bett bekommen" will. Dachsmenschen werden den Abend mit einem guten Essen genießen und Ihnen zuhören, bis Sie nicht mehr wissen, was Sie sagen sollen. Oft hat man hinterher den Eindruck, man hätte zuviel gesagt. Aber auf Dachse ist Verlaß: Ein Geheimnis bleibt ein Geheimnis. Beim Dinner für zwei wird es aller Voraussicht nach nicht bleiben, zumindest dann nicht, wenn Sie den Dachs anrufen. Allein bleibt er lieber in seiner Höhle. Tiefe Freundschaft schließt er erst nach langer Zeit, Partnerschaften geht er erst ein, wenn er sein Gegenüber bis in die tiefsten Winkel der Seele kennengelernt hat. In Geschäften hat der Dachs einen hervorragenden Spürsinn. Wäre er ein wenig risikofreudiger, er könnte es mit geringem Einsatz zum Millionär bringen. Aber er bescheidet sich mit dem, was er hat. Ein Spatz in der Dachshand ist ihm lieber als die Taube auf dem Baum gegenüber von seinem Bau. In der Liebe ist der Dachs ausdauernd, aber bisweilen schüchtern. Romantische Begegnungen zu inszenieren, auf diese Idee wird ein echter Dachs nicht kommen. Möglicherweise wird Ihnen daher in einer langwährenden Beziehung mit einem Dachs der Pep fehlen.

Der Tag: Günstig sind diese Tage fürs Pflegen von privaten Beziehungen, für Partys, die man zu Hause gibt, für Ruhiges und Beschauliches. Einfach für alles, was man in vertrauter Umgebung machen kann – so auch Heimwerken. Alles, was große Veränderungen ergibt, sollte man vermeiden: berufliche Besprechungen, Heirat, Berufswechsel, Ankauf großer Dinge.

Xiu 4 房 Baum Hase

Der Mensch: Hasenmenschen stehen gerne im Mittelpunkt, sind neugierig und launisch. Sie sind auch sanft, munter und sensibel. Außerdem lieben sie Luxus. In einer Beziehung legen sie Wert auf verständnisvolle, tolerante Partner. Ohne Toleranz wäre die Beziehung wohl auch bald zu Ende; denn Hasenmenschen lieben in jeder Hinsicht das Abenteuer. Hasenmenschen verfügen über einen brillanten Verstand, den sie gerne einsetzen, um Eindruck zu schinden. Bei Festen sind es garantiert die Hasen, die bei Quizspielen auch Fragen wie „Wieviel Regentropfen sind anno 1847 in der Karibik gefallen?" richtig beantworten könnten. Und selbst wenn sie die richtige Antwort nicht kennen, werden sie dank ihrer genialen Redegabe ihr Unwissen zu verschleiern trachten. Hasen sind gute Mathematiker und Schachspieler. Allerdings müssen Eigenschaften wie diese von Kindesbeinen an gefördert werden. Der kindliche Hase wird vielfach für einen geschwätzigen Naseweis gehalten, der statt Puppen nur sich selbst liebt. Deswegen begehen Eltern mitunter den Fehler, ihrem Hasenkind den Mund zu verbieten. Wenn so ein Hase aber einmal verschreckt ist, wird er nicht so schnell zur geistigen Hochform auflaufen können. Was Eltern zusätzlich in Rage bringen könnte, bereitet dem Hasen wahrscheinlich auch im Beichtstuhl Probleme. Er neigt nicht bedingungslos zur Wahrhaftigkeit. Zwar ist er lustig und heiter und kann als Schüler viele Streiche spielen. Wenn aber der Lehrer fragt, wer's denn gewesen sei, wird sich der Hase nie freiwillig melden. Wenn man dann dahinterkommt, wird er dank seiner Redegabe immer wieder Ausflüchte finden, dank seiner Extrovertiertheit kindische Wutanfälle produzieren oder mit treuherzigem Augenaufschlag um Vergebung flehen. Wegen seines Charmes wird ihm diese oft gewährt. In der Liebe neigen Hasen dazu, trotz fester Bindung zumindest zu flirten – nur um die Übung nicht zu verlieren und weil sie es mögen, bewundernde Blicke einzuheimsen. Sollten Hasen ausschließlich Heim und Herd geboten bekommen, werden sie bald mürrisch und unzugänglich. Auf jeden Fall sollte man einem Hasen mit Duldsamkeit begegnen. Im Geschäft haben Hasen meist exzellente Ideen. Für deren Umsetzung aber brauchen sie Partner anderer Mondhäuser.

Der Tag: Der Hasentag ist der richtige Tag für Feste und Feierlichkeiten, für Luxus und Ungewöhnliches jeder Art. Empfehlenswert sind Heirat, Kindtaufe, Verlobung, aber auch Beerdigungen. Wenn Sie sich einmal etwas gönnen wollen, tun Sie das an einem Hasentag! Ungünstig ist dieser Tag allerdings für Alltägliches – wie berufliche Besprechungen oder Heimarbeit.

Xiu 5 心 Herz Fuchs

Der Mensch: Grundsätzlich sind Fuchsmenschen warmherzig, liebevoll und großzügig. Sie sind auch schlau und flink. In manchem handeln sie überhastet. Sie sind in ihrem Denken oft einen Schritt weiter als ihre Umgebung und stoßen daher oft auf Unverständnis. Füchse werden auch oft mißverstanden. Gerade sie wollen nur das Beste, aber man unterstellt ihnen böse Absichten. Das führt dazu, daß Füchse sich selbst, die Umwelt und das Weltengeschehen im allgemeinen gerne erklären. Sind sie einmal in Schwung, können sie kaum noch aufhören vor lauter Lust am „Outing". Füchse gehören zu den wenigen Xiu, die selbst einem Dachs-Xiu das Zuhören austreiben könnten. Dabei erklären sie sehr gut: Sie können Zusammenhänge erkennen, Spreu vom Weizen trennen und besitzen die Gabe der Vereinfachung. Trotzdem will's mit ihren Mitmenschen nicht so recht klappen. Vielleicht ist es auch das immer wiederkehrende Gerede über sich selbst, das – obwohl es nicht aus Egozentrik entsteht – andere Unrat wittern läßt. So haben's Füchse im Leben oft schwerer als notwendig. Und selbst der launigste Fuchs kann à la longue selbst mißtrauisch werden. Oft kehren sich so die guten Eigenschaften des Fuchsmenschen ins Gegenteil um. Aus Angst vor weiteren befremdeten Reaktionen des Gegenübers ziehen sie sich dann zurück und sind nur schwer wieder hervorzulocken. Im Geschäft sollte der Fuchs seine Pläne besser durchziehen, als sie anderen zu erzählen. Typisch für einen Fuchs wäre es, wenn er dem Chef einer Werbeagentur von seinen tollen Ideen über neue Kampagnen berichtet und sich dann wundert, wenn er die Umsetzung derselben zwar in Inseraten sieht, aber nicht in Form von Schecks auf seinem Bankkonto. In der Liebe sind Füchse ungemein zärtlich, sie streicheln gerne und werden gerne berührt. Allerdings kommt auch in romantischen Abschnitten des Fuchslebens immer wieder das schwatzhafte Element durch. „Tu's endlich, red nicht drüber!" möchte man so einem eifrigen Fuchsmenschen zurufen. Partner von Füchsen sollten sowohl die guten wie die schlechten Auswirkungen des leicht abgewandelten Sprichworts „Füchse, die bellen, beißen nicht" bedenken. Wahrscheinlich tut es einer Beziehung mit einem Fuchs gut, ihm einfach liebevoll die Hand auf den Mund zu legen und alles Weitere geschehen zu lassen.

Der Tag: Fuchstage sind nicht für Feierlichkeiten geschaffen. Sie sind gut für Berufliches, man muß aber auf die richtige Geschwindigkeit achten. Es ist sinnvoll, neue Projekte an einem Fuchstag zu planen – sie aber gleich umzusetzen wäre falsch.

Xiu 6 尾 Schwanz Tiger

Der Mensch: Tigermenschen sind in allem total. Wenn ihnen etwas wichtig ist, ist ihr Einsatz grenzenlos. Verlieben sie sich, muß es gleich die Liebe des Lebens sein. Nimmt der Tigermensch einen Job an, der ihm auch nur halbwegs Spaß macht, mutiert er mitunter zum Arbeitstier. Das stärkste am Tigermenschen aber ist und bleibt sein Gefühlsleben. Er ist leicht zu begeistern, legt ungeheuer viel Wert auf Gerechtigkeit, wenn er traurig ist, heult er Rotz und Wasser; und wenn er frohe Stunden genießt, wird er zum Partylöwen und unterhält alle mit seinem Wortwitz und seinem schallenden Gelächter. Aber die totale Langeweile, die kennt der Tigermensch genauso. Mit dem normalen Mittelmaß will sich der Tiger nicht zufriedengeben. Er will stets das Bessere, wenn nicht das Perfekte erreichen. Das schließt ein durchschnittliches Leben keinesfalls aus. Aber irgendwo wird das Feurige, das Verwegene, die Lust an Veränderung durchbrechen. Und wenn es nur die Vorliebe für eine Extremsportart oder das intensive Betreiben einer normalen Sportart ist. Tigerkinder können sehr anstrengend sein! Deswegen begehen viele Eltern den Fehler, sie zähmen zu wollen. Mit sehr viel geistiger oder körperlicher Strenge mag das vielleicht gelingen. Die Folge könnte ein zahnloses Kätzchen sein, das das Perfekte nur in den geordneten Reihen der Bücherregale sucht. In Tigermenschen steckt aber viel mehr drin! In beruflicher Hinsicht wird dem Tiger nur im Wege stehen, daß er sich nicht leicht anpassen kann. Immer wieder wird er bei Vorgesetzten Fehler entdecken, auf jeden Fall könnte er es besser machen. Wenn der Tigermensch lernt, sich hier in weiser Zurückhaltung zu üben oder auf den Rat genügsamerer, anspruchsloserer Xiu zu hören, wird er Erfolg haben. In Beziehung und Partnerschaft steht der Tiger hoch im Kurs. Seine glühende Leidenschaft wird den meisten Menschen zusagen, einigen wird sie lästig werden, wenige wird sie verbrennen. Die Formel „Bis daß der Tod euch scheide“ kann kein Tigermensch erfunden haben. Zwar ist er treu, aber seine Treue ist von der Art, daß er sie mehreren halten kann. Nur wenn er einen ebenbürtigen Partner findet, kann der Tigermensch zur lebenslangen erfüllenden Ruhe kommen.

Der Tag: Der Tigertag ist ein Glückstag für jedermann. Das gilt auch für Hochzeit, Verlobung oder den Abschluß von beruflichen Projekten. Heute sollte Ihnen vieles gelingen! Aber: Wenn Sie irgendwo kürzen müssen, irgend etwas beschneiden wollen, ein Streitgespräch mit nachteiligen Zielen für andere vor sich haben, sollten Sie einen anderen Tag wählen.

Xiu 7 箕 Getreideschwinge Leopard

Der Mensch: Leopardenmenschen verschreiben sich dem Edlen, Wahren und Schönen im Leben. Sie sind aufrecht und selbstsicher, anspruchsvoll und aktiv. Ihre Intelligenz ist kreativ, ihre Schaffenskraft kühn. Bei soviel Gutem schleichen sich aber auch Eitelkeit und Eigenliebe ein. Ein bißchen mehr Selbstkritik täte Leopardenmenschen gut. Ihre künstlerische Ader ist durchwegs sehr ausgeprägt. Das wirkt sich im schöpferischen Bereich zu ihren Gunsten aus, im Kontakt mit Mitmenschen wirken sie geistreich und unterhaltsam, mitunter aber auch künstlich und theatralisch. Leopardenmenschen brauchen viel Zeit für sich selbst, mitunter mehr Zeit, als sie haben. Denn Leopardenmenschen frönen vielen Hobbys, arbeiten gerne und gut. Der Tag eines Leopardenmenschen sollte oft 48 Stunden haben! Scheu und schüchtern werden sie erst durch schlechte Erfahrungen, von der Anlage her entspricht das Vorpreschende eher ihrem Naturell. Die Wichtigkeit der Außenwelt für den Leopardenmenschen wird durch ein zweites unterstrichen: Erlebt er Widerstand und Ablehnung, kann auch aus der selbstsichersten Raubkatze ein gramgebeugtes Kätzchen werden. Im Geschäft stellen sich gerade Leopardenmenschen Widrigkeiten entgegen. Selbst wenn ihnen persönlich alles leicht von der Hand geht, scheint es die Umwelt darauf anzulegen, ihnen möglichst viele Hindernisse in den Weg bergauf einzubauen. In ihrer privaten Beziehung fühlen sie sich in erster Linie wohl, wenn sie im Mittelpunkt stehen. Das endlose Zuhören liegt Leopardenmenschen nicht. Wer dauernd spricht, wirkt auf sie schwatzhaft. Ein Neben- und Miteinander zweier selbständiger Menschen ist ihr Ideal. Wenn sie sich ununterbrochen um andere kümmern müssen, werden sie eher verzweifeln. Trotzdem sollten sie ihr Augenmerk ein wenig öfter auf die Bedürfnisse und Vorzüge ihrer Mitmenschen lenken. Denn langfristig wird selbst dem Leopardenmenschen alleine langweilig.

Der Tag: Der Tag des Leoparden eignet sich hervorragend für Kommunikation. Sprechen Sie aus, was Sie denken. Erklären Sie, was Sie bewegt. Nehmen Sie sich die Zeit für tiefschürfende Gespräche. Große Sicherheit bietet der Leopardentag freilich nicht: Er symbolisiert auch die Kehrseite der Kommunikation: Gerüchte, Schwatzhaftigkeit und das Ausplaudern von Geheimnissen. An Leopardentagen können Sie auch vieles ernten, aber: die Qualität der Ernte ist umstritten. Beachten Sie daher: Es ist nicht alles Gold, was glänzt!

Xiu 8 斗 Schildkrötenkopf Fabelwesen

Der Mensch: Fabelwesen sind geduldig, stolz und frei. Sie legen Wert auf Individualität und Unabhängigkeit. Fabelwesen handeln sehr bewußt. Das Leben bietet ihnen nur selten Überraschungen – außer, sie wollen eine abwechslungsreiche Phase herbeiführen. Denn eines kann ein Fabelwesen nicht ertragen: Langeweile. In Gruppen und Familien fühlen sich Fabelwesen wohl, vorausgesetzt, man sichert ihnen einen Sonderstatus zu. Das merkt man schon im Kindesalter: In der Schule sind es gewiß die kleinen Fabelwesen, die bei Schulaufsätzen immer Gefahr laufen, das Thema zu verfehlen, weil sie einen außergewöhnlichen Zugang suchen. Die garantiert mit niedrigen Absätzen oder hochgestöckelt einherschreiten, wenn sonst alle Welt Plateauschuhe trägt. In Kursen und Seminaren werden es die Fabelwesen sein, die sich immer wieder zu Wort melden. Dabei finden sie mit Sicherheit den richtigen Zeitpunkt. Denn Fabelwesen können geduldig auf ihre Chance warten. Der Effekt ist dann um so größer. Die meisten Fabelwesen wissen, daß sie Charakter haben, „Typen" sind, und daß ihnen die Umwelt das auch zugesteht. Die Tatsache, daß sie selten um den eigenen Platz im unendlichen Universum raufen müssen, ermöglicht es ihnen, ein großes Herz für Schwächere zu haben. Im Beruf ist das Leben des Fabelwesens abwechslungsreich. So wie das geflügelte Phantasietier sich in luftige Höhen schwingen kann und von dort in totale Tiefen hinabstürzt, so geht es auch auf dem beruflichen Lebensweg des Fabelwesens zu: Die stete Karriere wird es nur selten absolvieren können. Aber: Jede Krise ist auch eine Chance! In der Liebe müssen Fabelwesen aufpassen, daß sie neben dem eigenen Bauchnabel auch anderen jene Beachtung schenken, die sie verdienen. Vielfach sind Fabelwesen auch von den eigenen Interessen so sehr gefangen, daß sie auf ihre Umwelt unaufmerksam und langweilig wirken. Wer aber die individuellen Qualitäten des Fabelwesens hochhält, der wird mit ihm nicht nur köstliche Abende, sondern auch ein wundervolles Leben gestalten können.

Der Tag: Mit Urteilen, die Sie heute fällen, liegen Sie zumeist richtig. Darunter sind allerdings weniger instinktive Entscheidungen zu verstehen, sondern eher die Ergebnisse vernünftiger Überlegungen. In Liebesangelegenheiten bringt es nichts, heute jemanden kennenzulernen; sie sollten den Tag aber dafür nutzen, sich zu entscheiden, ob es mit bestehenden Bekanntschaften weitergeht wie bisher oder doch ganz anders. Grundsätzlich belohnt der heutige Tag alles, was mit Fleiß und Einsatz erzeugt wurde. Die entsprechenden Festlichkeiten, vor allem die luxuriöser Natur, sollten Sie aber anderntags feiern.

Xiu 9 牛 Ochsenknabe Ochse

Der Mensch: Ochsenmenschen stellen sich jeder Aufgabe mit Fleiß und Zuversicht. Sie sind in allem gründlich. Ochsenmenschen würden nie ein begonnenes Projekt liegenlassen. Im Grunde ihres Herzens sind Ochsenmenschen konservativ. Sie werden selten schrille, extravagante Techno-Parties feiern. Die gediegene Welt der Pianobars oder der Familienfeste in engem Kreis ist mehr die ihre. Ochsenmenschen laden gerne ein. In diesem Fall werden Sie das Haus oder die Wohnung des Ochsenmenschen stets hergerichtet vorfinden; Sie werden gut zu essen und zu trinken bekommen und nie ein „Huch, ich habe den Wein nicht eingekühlt!" vernehmen. Auch der Geschmack der Ochsen ist eher konservativ, keine zeitgeistigen Chromgestänge, kein verschnörkeltes Metallbett, bloß weil es „in" ist. Eher natürliche, praktische Holzmöbel. Keine nouvelle cuisine, keine exotischen Spezialitäten, mehr handfeste Hausmannskost, zumindest aber erprobt Erlesenes. Ochsenmenschen werden selten unangenehme Überraschungen erleiden müssen. Sie folgen beharrlich einem einmal erdachten Lebenskonzept. Viele Ochsenmenschen werden als ideales Traumbild auch die Familie vor sich haben, mit der sie entspannt über grüne Wiesen laufen können. Sie scheuen wechselnde Beziehungen oder freie Liebe, Einzelgängertum und Einsamkeit. Ochsenmenschen sind hervorragende Eltern. Nur manchmal kann ihr cholerisches Temperament ihre Duldsamkeit durchbrechen. Mitunter schlägt ihre Gründlichkeit in Pedanterie, ihre Beharrlichkeit in Starrsinn um. In Berufs- und Finanzwelt sollten Ochsen mit einem kühnen, ideenreichen und vielleicht auch verschlageneren Xiu zusammenarbeiten. Einander so ergänzend, werden sie sagenhafte Ernten einfahren. Ohne diese spontane Erweiterung ihrer Möglichkeiten bleiben sie dort, wo sie sich wohl fühlen. Unauffällig, aber zufrieden. Ähnliches gilt für die Liebe. Viele Ochsenmenschen genießen einen gemeinsamen gemütlichen Fernsehabend mehr als die Achterbahn der zweisamen Discobesuche. Sie müssen nur beachten, daß allzuviel Gemütlichkeit in Fadesse und Unbeweglichkeit ausarten kann. Dann sollten sie reagieren und neue Einflüsse zulassen. Das fällt Ochsenmenschen aber sicher nicht schwer: Denn auch im Beziehungsleben gehen sie gründlich vor.

Der Tag: Der Ochsentag steht ganz im Zeichen der Sparsamkeit und Genügsamkeit. Stellen Sie sich darauf ein, daß Sie heute nichts Neues angehen sollten. Vor allem in geschäftlicher Hinsicht. „Seidenraupenzucht bringt heute keinen Gewinn", heißt es in einem alten Orakelspruch. Eines legt Ihnen dieselbe Weissagung besonders ans Herz: Schließen Sie alle Türen gut ab!

Xiu 10 女 Maid Fledermaus

Der Mensch: Fledermausgeborene sind im ureigenen Wesen flatterhaft. Man kann sie nur schwer auf eine Position festlegen. Die meisten wollen sich auch gar nicht festlegen lassen! Dank ihres pointierten Humors und ihrer vielschichtigen Interessen sind sie hinreißende Gesprächspartner. Mitunter kann es aber ganz schön schwer sein, den Gedanken einer Fledermaus zu folgen. Die meisten Fledermausmenschen sind Bewegungstalente. So wie sie im Gespräch oft unabsichtlich den wahren Kern, bisweilen auch den wunden Punkt treffen, so sicher sind sie auch im Sport. Egal, ob Tennis, Golf oder Fußball: Schon im Kindesalter kommen Fledermausmenschen weiter als schwerfälligere Xiu im ganzen Leben. Sport tut Fledermäusen auch gut: Dort können sie sich nach Herzenslust austoben. Fledermäuse brauchen viel Freiraum. Sie gelten in jeder Hinsicht als abenteuerlustig, was eine Partnerschaft oft erschwert. Fledermausmenschen nehmen ihr abwechslungsreiches Schicksal durchaus optimistisch – das Leben kann sie mal hinauf, mal hinunter spülen. Die Fledermaus wird aber stets zuversichtlich bleiben. Ihre Flexibilität macht sie beruflich meist erfolgreich. Bis ganz nach oben aber flattert sie selten. Zu oft will sie den Job wechseln, zu sehr reizen sie immer wieder neue Herausforderungen. Hinzu kommt, daß das Xiu Fledermaus kein von Natur aus günstiges ist. Es entspricht dem Charakter des Tieres und ist wechselhaft. Fledermausmenschen wird man selten im Hafen der Ehe antreffen. Sie halten es einfach nicht lange am selben Platz aus, sind oft ungeduldig, selten treu. Um eine befriedigende, dauerhafte Partnerschaft mit einem Fledermausmenschen führen zu können, muß man dazu bereit sein, sehr viel einzustecken. Erst im gereiften Erwachsenenalter suchen sich Fledermausmenschen einen Platz, an dem sie den Rest ihres Lebens behaglich verbringen können. Aber Verlaß ist auch dabei auf Fledermäuse nicht.

Der Tag: Fledermaustage haben zwei Seiten. Da dieses Mondhaus – vermutlich der alten Bedeutung als Maid wegen – über den Hausbau herrscht, liegt es nahe, den Fledermaustag häuslich und konservativ zu verbringen. Andererseits spricht einiges dafür, den Tag für neue Kontakte zu nutzen. Es kommt letztlich auf Ihren Mut an: Das Flatterhafte der Fledermaus als Beginn von etwas Neuem zu nutzen kann sinnvoll sein – gerade aber weil sie flatterhaft ist, kann das Neue scheitern. Im allgemeinen ist von großen Veränderungen oder von Begebenheiten, die zu solchen führen könnten, eher abzuraten.

Xiu 11 虛 Leere Ratte

Der Mensch: Rattengeborene sind gierig in jeder Hinsicht. Neugierig, wißbegierig, habgierig und voller Begierde. Kraft ihrer Intelligenz und Schnelligkeit sind sie gute Ratgeber und beruflich erfolgreich. In einer Beziehung kann das Manische einer Ratte den Partner genauso entflammen wie erdrücken. Ratten schätzen ein funktionierendes Daheim, das dank der ihnen eigenen Sparsamkeit meist floriert. Ratten leiden oft an Verlustangst und stürzen sich in Unternehmungen, die sie eigentlich gar nicht wollen. Sie kennen das Bild: Ein dominanter Freund plant einen Spaziergang. Und obwohl der andere lieber gemütlich im Fauteuil sitzen geblieben wäre, geht er schlußendlich mit. Das ist das typische Verhalten eines Rattenmenschen. Natürlich besitzt es auch Charme, wenn man vieles anderen zuliebe tut. Hie und da beginnt dem Rattenmenschen die ursprünglich ungeliebte Tätigkeit sogar Freude zu machen. In den meisten Fällen aber merkt man deutlich, daß er sich das Mitmachen nur gequält abgerungen hat. Rattenmenschen sollten öfter auf sich selbst hören! Sonst besteht die Gefahr, daß sich ihr sinnlicher Humor in Zynismus verkehrt. Wenn die Ratte nicht von Verlustangst angespornt ist, geht ihr damit auch die wichtigste Triebfeder verloren. Dann kann sie sich so oft ausruhen, wie es ihr zusteht. Mitunter kann das aber auch in Faulheit ausarten, die sich zu Parasitentum auswächst. Im Grunde aber sind Ratten liebevolle Wesen, die das Verständnis der Umgebung brauchen. Dann erst können sie sich öffnen und Höchstleistungen erbringen. In beruflicher Hinsicht eifern Ratten gerne hohen Idealen nach und sind um so öfter frustriert, weil allzu hochgesteckte Ziele eben nicht erreicht werden können. Dabei gehen sie Risiken nie ohne eine gesunde Portion Verstand und Augenmaß ein. Deswegen eignen sie sich hervorragend als Ratgeber für selbstbestimmtere Xius. In Liebe und Partnerschaft dominiert in jungen Rattenjahren die lustvolle Begierde. Im reifen Erwachsenenalter werden Ratten häuslich. Eines aber ändert sich nie: Damit eine Ratte selbstbewußt durchs Leben eilen kann, bedarf sie eines guten Vertrauten, der ihre Sorgen und Bedürfnisse teilt.

Der Tag: Der Rattentag ist an sich ungünstig. Aktive Unternehmungen jeglicher Art können zu Unglück führen. Feste und Feierlichkeiten sind nicht gesegnet. Den Rattentag sollte man nutzen, um sich zu sammeln; allenfalls, um Informationen einzuholen. Man kann ihn auch fürs Lernen, mitunter fürs Kennenlernen verwenden.

Xiu 12 危 Dach **Schwalbe**

Der Mensch: Schwalbenmenschen sind zartfühlend, verständnisinnig und schöngeistig. Sie halten Manierlichkeit und Anstand für erstrebenswert und sinnvoll. Rauhe Rüpel sind ihnen ein Greuel. Wenn jemand der Schwalbe brutal und sorglos gegenübertritt, zeigt sich das Verletzliche in ihrem Gemüt. Sie sollte sich nicht beirren lassen – es ist sehr wichtig, daß sie hehre Werte hochhält. Schwalbenmenschen sind auch sehr mitteilsam, plaudern gerne bei Kaffee und Kuchen, tauschen Meinungen und Informationen aus. Der Welt der anderen begegnen sie offen und mit Neugierde, dabei vergessen sie aber ihre eigenen Grenzen nie. Schwalbenmenschen sind kraft ihrer Intelligenz und ihrer Vertrauenswürdigkeit sehr lernfähig. Oft werden sie ein klares Ziel vor Augen haben, und dieses läßt sie dann dem Leben sehr robust und widerstandsfähig begegnen. Diese Ziele können auch – im Gegensatz zu wankelmütigen Xiu – sehr langfristig gesteckt sein. Am Ende werden sie sie, weniger dank roher Durchsetzungskraft, sondern mehr durch Sachverstand und Ausdauer, erreichen. Schwalbenmenschen sind außerdem sehr häuslich. Was ihnen wichtig ist, wird in hellem Glanz erstrahlen. Je nach Mitteln und Möglichkeit wird das Haus einer Schwalbe stets durch helle Freundlichkeit bestechen. In schwarzen, dunklen Räumen aber wird sie schleichendes Unwohlsein befallen. Die meisten Schwalbenmenschen fürchten sich im Dunkeln, auch wenn viele das nicht einmal vor sich selbst zugeben wollen. Prinzipiell sind Schwalbenmenschen allen gegenüber gutmütig und großzügig. Im Beruf verhalten sich Schwalbenmenschen oft sehr rücksichtsvoll. Jemanden durch Konkurrenz in die Mittellosigkeit zu treiben, das halten sie nicht aus. Sie erreichen ihre Ziele lieber miteinander. In einer Partnerschaft genießen Schwalben die Rolle des guten Zuhörers und werden nie verletzend. Die Details in einer Beziehung sind es, denen eine Schwalbe Beachtung schenkt. Sie bringt immer wieder Blumen mit, legt aber ihrerseits auch Wert auf kleine Liebesbeweise und versteckte Zärtlichkeiten. Ihrer Sensibilität wegen ist sie vor Übergriffen nie sicher. Mit einer Schwalbe muß man eben sorgsam umgehen.

Der Tag: Dies ist ein Tag, der Details und kleinen Feinheiten vorbehalten bleiben sollte. Setzen Sie nichts Großes um, feiern Sie keine üppigen Feste. Feilen Sie statt dessen lieber an Bestehendem. Nehmen Sie heute Blumen mit nach Hause – aber weder den hundertstieligen Rosenstrauß noch bunte Astern. Besser Schneeglöckchen, Primeln, Maiblümchen oder andere winzige Aufmerksamkeiten.

Xiu 13 室 Haus **Schwein**

Der Mensch: Sie sind gemütliche, lebensfrohe Genießer. Sie ruhen zufrieden in ihrer Mitte, und nur selten kann irgend etwas oder irgend jemand sie aus der Fassung bringen. Im Grundsatz wissen sie: Viel lieber als Müh und Plag ist ihnen das Glas Wein in einer lauen Sommernacht. Während andere sich in der Alltagstretmühle kaputtschinden, wissen sie genau, wo ihre Grenzen liegen. Sie können ihren Einsatz gut dosieren. Eine hervorstechende Eigenschaft des Xiu Schweins ist, daß es Geschehenes zulassen kann. Das Auf und Ab des Lebens kann es nicht erschüttern. Wenn ein Unglück geschieht, wird es nicht wie andere in ein unendliches tiefes Jammertal abrutschen, sondern weiterhin dem Leben positiv gegenüberstehen. Aber wehe, eine Sache fasziniert sie! Dann wirken sie wie verwandelt. Engagieren sich, tun mitunter mehr als das Nötige, begeistern und überzeugen andere. In der Schule kann das zum Wechselbad der Gefühle werden. Das klassische Xiu Schwein arbeitet in Fächern, die es interessiert, mit ungeheurem Druck. Da liest es mehr als nur die Schulbücher, ist rege und benutzt seinen vifen Verstand. In Gegenständen, die es langweilen, wird das Schwein nur tun, was es unbedingt muß. Da kann es seinen natürlichen Hang zur Faulheit ausleben. Im Leben setzen sich diese Erfahrungen fort. Das Xiu Schwein kann in einem Job, der es beeindruckt, zum Workaholic werden. Oder es trachtet danach, gerade genug für seine Lieben zu bekommen, und widmet sich voll und ganz seinen Hobbys. Neue Bekanntschaften macht das Xiu Schwein sehr leicht. Denn es wirkt auf niemanden verletzend oder gefährlich und kann sehr gut mit den Schrullen anderer leben. In der Liebe ist das Schwein daher ein toleranter Partner, der lange und tief genießen kann. Nur seine Faulheit kann die Harmonie in einer Zweierbeziehung stören. Dann etwa, wenn permanentes Fernsehen und frühes „Licht ab“ die Liebesbeziehung zu einer Wirtschaftsbeziehung verkommen lassen. Solcherart gelangweilt, wird das Xiu Schwein auf den nächsten Anreiz reagieren. Und da wären Partner dieses Xiu gut beraten, den Anreiz selbst zu schaffen – denn auch den Vorzügen anderer ist das Xiu Schwein durchaus gewogen.

Der Tag: Heute rentiert sich absoluter Einsatz! Nicht aber um jeden Preis. Nur wenn Sie wirklich von einer Sache überzeugt sind, sollten Sie sie mit letzter Konsequenz durchführen. Im allgemeinen herrscht Wachstum und Reichlichkeit in vielem.

Xiu 14 壁 Mauer Stachelschwein

Der Mensch: Rauhe Schale, weicher Kern. Diese Redewendung beschreibt das Xiu Stachelschwein am besten. In Wille und Seele liebevoll, solidarisch und unkompliziert, treiben Umstände und Außenwelt sie immer wieder zu harter Handlungsweise. Manchmal haben sie den Eindruck, sehr bestimmt agieren zu müssen, um Ordnung und Wohlgefühl wiederherzustellen. Ihre Umwelt legt ihnen das mitunter als Widerborstigkeit, Eigensinn und Strenge aus. Nur wenn das Äußere sich harmonisch zusammenfügt, können sie die tiefen Schichten ihres Seins ausleben. Da wird das vormals heikle Stachelschwein zum ausgelassenen Genießer, da kann es die gehaltvolle Liebe schenken, zu der es fähig ist. An sich messen Stachelschweinmenschen übersichtlicher Reinheit sehr viel Bedeutung zu. Nichts ist ihnen verhaßter als eine chaotische Wohnung oder ein unorganisiertes System! Sie können sehr gut Strukturen schaffen und verwischte Zuständigkeiten bereinigen. Ihre Ansprüche sind in vielerlei Hinsicht hochgeschraubt, vor allem aber im Hinblick auf sich selbst. Sie erwarten von sich, daß sie auch in außergewöhnlichen Situationen „richtig" reagieren. Dabei stehen sie sich dann manchmal selbst im Weg. Wenn Stachelschweinmenschen lernen, daß Schwächen menschlich und schon gar keine Schande sind, können sie zu abgeklärten, tiefsinnigen Mitbürgern werden. In hohem Alter sitzen sie dann besonders gerne vor dem Kamin, blättern in Fotoalben, geben sich ihrem Familiensinn voll und ganz hin. In Jugend und Kindheit hat es der Stachelschweinmensch oft schwerer als viele andere. Was seinen Bekannten und Kollegen in den Schoß fällt, muß er sich erst erarbeiten. Das gilt auch für die Arbeitswelt. Wo andere mit Leichtigkeit große Reden in überfüllten Sälen schwingen, wird das Stachelschwein erst zahlreiche Rhetorikkurse besuchen müssen, um seine Scheu zu überwinden. Im Privatleben braucht der Stachelschweinmensch lange, ehe er sich fürs Leben bindet. Oberflächliche und unklare Verhältnisse sind ihm gleichermaßen unangenehm. Wer aber die selbstauferlegten Schranken überwinden kann, der wird im Stachelschwein einen amüsanten, konstruktiv-kritischen Partner auf Lebenszeit finden.

Der Tag: Diesen Tag sollten Sie geistiger Beschäftigung widmen. Lesen Sie, erinnern Sie sich gemeinsam mit anderen vergangener Zeiten, gehen Sie ins Theater oder ins Kino. Nur wer in seinen heutigen Aufgaben die Vergangenheit mit einbezieht, wird Erfolg haben. Der Stachelschweintag eignet sich auch zum Begleichen offener Rechnungen.

Xiu 15 奎 Beine Wolf

Der Mensch: Wolfsmenschen sind Zerrissene in vielerlei Hinsicht. Eigentlich wären sie ja optimistisch und könnten sich dem Leben zuversichtlich stellen, da sie genügend Tapferkeit, Mut und Stärke besitzen. Wolfsmenschen verfügen über einen scharfen Verstand, weniger im analytisch-grübelnden Bereich als im Alltäglich-Praktischen. Dieser ist gepaart mit rascher Auffassungsgabe und der Möglichkeit, Informationen schnell zu verarbeiten und instinktiv zu einem sinnvollen Ganzen zusammenzufügen. Aber Wolfsmenschen neigen zu plötzlichen Stimmungsschwankungen. Zuerst heiter, binnen weniger Minuten aber zu Tode betrübt. Anfangs optimistisch und froh, im nächsten Augenblick unsicher, zweifelnd und mitunter verzweifelt. Das hat viel mit dem Unterschied zwischen Außen- und Innenwirkung zu tun. Während Wolfsmenschen nach außen selbstbewußt wirken und ausreichend Selbstvertrauen zu haben scheinen, sind sie im Inneren eher unsicher. Wenn andere ihn für seine Arbeit in den höchsten Tönen loben, wird das den Wolfsmenschen manchmal befremden: Er selbst hat die Aufgabe ohnedies als „babyleicht" empfunden. Diese zwei Seelen lassen Wolfsmenschen gerne zu allgemeingültigen Prinzipien greifen. Sie halten oft Tugenden hoch, legen Wert auf Moral und Sitte, glauben letztlich an den Sieg des Guten über das Böse und an Sätze wie „Ehrlich währt am längsten". Weil Wölfe nach außen unerschütterlich wirken, fällt es schwer, ihnen zu helfen. Das Launische am Wolfsmenschen tut ein übriges: Wer hilft schon gerne, wenn er glaubt, daß der andere sich nur in Selbstmitleid suhlt? Im Berufsleben zeigen sich Wolfsmenschen gerissen und selbstgenügsam. Langwährende Durststrecken können sie ohne größere Schwierigkeiten überwinden. Mit etwas gestärktem Selbstvertrauen wäre aber sicher noch mehr möglich. In ihrer privaten Beziehung suchen Wolfsmenschen stets Gleichgesinnte, mit denen sie durch dick und dünn gehen wollen. Was sie befremdet, dem werden sie ausweichen. Was sie bedroht, werden sie zu zerstören trachten. In der Liebe sind sie begierig und manchmal unersättlich. Nur wer entspannende Umstände schafft, wird auch einen Wolfsmenschen zur Ruhe bringen können. Das schwankende Element der Wölfe verlangt nach duldsamen Partnern. Obwohl ein Phänomen das Leben eines Wolfsmenschen durchzieht: Schwanken andere, wird er stärker.

Der Tag: Der Wolfstag steht unter unglückseligen Sternen. Am besten wär's ja, Sie würden im Bett bleiben, die Decke über den Kopf ziehen und hoffen, er ginge möglichst bald vorüber. Nachdem man aber nur selten die Gelegenheit dazu hat, sollten Sie den Wolfstag möglichst unauffällig verbringen.

Xiu 16 娄 Seil Hund

Der Mensch: Hundemenschen sind durch und durch praktisch veranlagt. Sie nähern sich den Anforderungen des Lebens ohne falsche Scheu und Scham. Während vielen anderen beispielsweise ein Computer etwas ist, das bei Fehlerhaftigkeit eines Fachmanns bedarf, wird ein Hundemensch nicht lange fackeln. Her mit dem Schraubenzieher und repariert, das Ding! Hundemenschen haben auch ein äußerst lebhaftes Interesse für die Funktionsweise der Gesellschaft, aber auch der Apparate. Im Kindesalter schrauben sie an alten Uhren herum und erstaunen Erwachsene, indem sie die Mechanismen der großen Welt durchschauen. Erzählen Sie einem Hundekind nie, daß es schlafen gehen muß, weil es gut für es ist, bloß weil Sie Ihre Ruhe haben wollen! Nahezu instinkthaft wird es das Wesentliche in Ihrer Aussage ohnedies durchschauen. Das lebhafte Interesse der Hundemenschen am Wie und Warum wirkt sich im Gegensatz zu anderen Xiu aber nicht behindernd aus. Selten wird ein Hundemensch grüblerisch oder verbohrt. Wo andere in Schweiß ausbrechen, wird der Hundemensch bloß fröhlich mit den Achseln zucken. Er kann auch Unannehmlichkeiten gelassen hinnehmen. Nur Ungerechtigkeit ist dem Hundemenschen ein Greuel. Wer ein Kleinkind auf offener Straße verprügelt, dem stellt er sich couragiert entgegen. Wenn ein Chef seine Angestellten schlecht behandelt, wird der Hundemensch beherzt dagegenhalten. Hundemenschen haben zumeist einen Sinn für trockenen, selten aber für schwarzen Humor. Im Geschäft ist ihnen keine Aufgabe zu schwer, keine Anforderung zu mühselig, kein Hindernis zu hoch. Sie kommen zwar nicht in großen Sprüngen, aber stetig voran. Sie gelten als zuverlässig und vertrauenswürdig. Nicht zuletzt auch deswegen, weil Hundemenschen ungern Projekte unvollendet liegenlassen. Hundemenschen können sich regelrecht in Aufgaben verbeißen! In Sachen Liebe lassen sich Hunde nie gehen. Aber sie sind lebenslustige Partner, die auch schwierige Phasen gemeinsam mit dem anderen durchstehen wollen. Ihre sachliche Ader kann aber manchmal schwärmerische Träume des anderen wie eine Seifenblase zerplatzen lassen. Erst wenn Hundemenschen gelernt haben, sich auf der Liebe Wellen treiben zu lassen, können sie die perfekte Harmonie in allen Belangen verwirklichen.

Der Tag: Im Fernen Osten bedeuten „Hundstage“ Glück, Feier, Harmonie und allgemeines gutes Gelingen. Feiern Sie heute ein Fest! Gute Laune ist garantiert. Dem Hundetag haftet aber auch etwas durch und durch Praktisches an. Was immer Sie noch reparieren können, sollten Sie auch in Ordnung bringen! Traute, romantische Zweisamkeit ist hingegen kaum angesagt.

Xiu 17 胃 Magen Fasan

Der Mensch: Ihre lebensbestimmende Eigenschaft ist die Nachdenklichkeit. Sie überlegen erst, bevor sie etwas tun. Es gibt keinen Trend, auf den sie aufspringen, nur weil andere ihnen dazu raten. Im Gegensatz zu anderen würden Fasanmenschen nie ins Wasser springen, ohne zu überprüfen, wie kalt es ist. Fasanmenschen wissen auch genau, daß sie über einen überlegenen Geist verfügen. Das macht sie mitunter unnahbar, sicher aber schwer zu erobern. Der Nachteil ihrer gründlichen Handlungsweise ist, daß sie selten zu spontanen Aktionen neigen. Dadurch wirken sie auf ihre Mitmenschen etwas schwerfällig. Ihr Vorteil wiederum ist, daß sie relativ „pflegeleicht" sind. Wo andere stundenlang im Mittelpunkt stehen müssen, theatralische Herz-Schmerz-Anfälle ausleben oder nur in besonderem Klima gedeihen können, wird sich der Fasan allerorten durchsetzen. Natürlich stören sie üppige Bedingungen keineswegs. Aber sie können auch selbstgenügsam sein, sind unkompliziert in ihren Ansprüchen und selten verdrossen. Fasanmenschen bevorzugen entkrampfte Abendgestaltung; Spiel und Spaß im Kreis guter Bekannter haben Vorrang vor ausgelassenen, lauten Festivitäten. Der Freundeskreis der Fasanmenschen ist zumeist ein erlesener. Zwar versteht man sich mit ihnen gut, und sie akzeptieren und respektieren die Andersartigkeit ihrer Mitmenschen auch leicht. Aber tiefe Freundschaft wollen Fasanmenschen nur mit wenigen teilen. Die grundlegende Gutmütigkeit anderen gegenüber kann sich in beruflicher Hinsicht mitunter fatal auswirken, denn Fasanmenschen vergessen leicht, daß Vertrauen gut ist, Kontrolle aber bisweilen besser. So versäumen sie manche Gelegenheiten und werden gelegentlich von anderen übervorteilt. In Liebe und Sexualität werden sie in ihrer Jugend wählerisch, aber auch häufig wählend sein: Fasanmenschen haben in jungen Jahren ein sehr abwechslungsreiches Sexualleben mit wechselnden Partnern. Im Erwachsenenalter binden sie sich gerne, müssen aber nicht selten lange auf den oder die „Richtige" warten. Damit die Partnerschaft dann aber auch wirklich hält, sollten sie nicht vergessen, daß ein bißchen Elan und Überraschung zur Würze einer Beziehung gehört.

Der Tag: Dem Schlendrian, der sich an einem Fasantag einzustellen droht, sollten Sie mit mehr Elan begegnen. Heute wird Ihnen naheliegen, eher verschlossen und abgegrenzt zu agieren. Verleihen Sie Ihrem Leben ruhig mehr Würze! Gönnen Sie sich Spontaneität! Handeln Sie, ohne gleich Risiken und mögliche böse Folgen zu bedenken. Prinzipiell ist der Fasantag günstig.

Xiu 18 昴 Plejaden Hahn

Der Mensch: Sie sind Menschen der Tat. Wo andere noch stundenlang reden und palavern, wollen sie umgehend die Initiative ergreifen. Das Angenehme daran: Sie haben meist Erfolg. Denn die Handlungen der Hahnmenschen sind wohlüberlegt, auch wenn das anderen nicht immer so erscheint. Wenn sie mit Freunden ausgehen und um 21 Uhr erwogen wird, das Lokal zu wechseln, werden Hahnmenschen spätestens um 21 Uhr 10 aufstehen und die nächste Gaststätte ansteuern. Alle anderen am Tisch würden vermutlich bis Mitternacht weiter überlegen wollen. Dieser natürliche Führungsanspruch des Hahnes wird ihm von der Umwelt zwar oft zugebilligt – was bleibt den meisten auch anderes übrig –, aber er sollte ihn nicht selbstgefällig werden lassen. Denn wer immer nur voranschreitet, verliert den Kontakt zu den anderen leicht. Da fühlen sich viele überfordert. Und, in leichter Abwandlung eines Sprichworts: Viele Hühner sind des Hahnes Ende! Hahnmenschen tun gut daran, sich öfter Ruhe und Pausen zu gönnen und die Führungsrolle auch einmal anderen zu gewähren. Auch wenn sie es besser könnten. Hähne verfügen auch über schnelle Auffassungsgabe und hervorragende analytische Fähigkeiten. Wer mit Problemen zu ihnen kommt, wird rasch gute, kühne Ratschläge hören. Ob man diesen Folge leistet, hängt davon ab, ob Hähne ein „Wir-Gefühl" erzeugen können oder ob sie beim wiederkehrenden „Ich" bleiben. An sich sind Hahnmenschen ungern alleine, beanspruchen aber ähnlich den Adlern stets eine Sonderrolle in der Gruppe. Anders als Adler brauchen sie es aber auch, daß dieser Sonderstatus hervorgehoben wird! Wenn andere wollen, daß der Hahn sich wohl fühlt, müssen sie ihn einmal täglich loben. Kommt Ihre Hahnfrau nach Hause, betonen Sie, wie gut sie in Job oder Familie wirkt! Wälzen Sie mit Ihrem Hahnmann Probleme, schärfen Sie seinen Geist mit Bewunderung! Was für Erwachsene gilt, stimmt natürlich erst recht für Hahnenkinder. Wie kaum ein anderes Xiu brauchen sie Lob und Bewunderung, um sich vollends entfalten zu können. In beruflicher Hinsicht sind Hahnmenschen oben erfolgreich, unten verstimmt. Denn es fällt ihnen schwer, andere als Autorität zu akzeptieren. In Beziehung und Partnerschaft gelten Hähne als sagenhafte und anspruchsvolle Liebhaber.

Der Tag: Heute sollten Sie erst nach gründlicher Überlegung handeln. Hahnentage eignen sich auch fürs Nachdenken über die vergangenen Tage, fürs Verarbeiten von Erlebnissen oder fürs Ordnen neuer Eindrücke. Vor allem gilt: Bevor Sie etwas bejahen, schlafen Sie noch einmal drüber! Sonst sind am Ende Sie der Dumme.

Xiu 19 毕 Netz Rabe

Der Mensch: Der Rabe der traditionellen chinesischen Astrologie straft das westliche Bild von den „Rabeneltern" Lügen. In tiefen Schichten seines Seins ist der Rabe ein wundervoller Familienmensch. Gerade er erhält und ernährt die Seinen auf unaufdringliche, oft auch unbedankte Art und Weise. Dabei vergißt er allerdings seinen eigenen Vorteil nie. Das Bild vom oberflächlich betrachtet Selbstlosen, der durch seine Handlungen vor allem sein Selbstbild vom guten Menschen erfüllen will, paßt hervorragend auf den Raben. Kräftig und weise, rhetorisch nicht unbegabt und mit scharfem Auge für Wesentliches ausgestattet, ist er trotzdem keine schillernde Figur. Anders als Drachen oder Tiger, die wie von selbst im Mittelpunkt stehen, wird der Rabe sich eher am Rand gesellschaftlicher und geschäftlicher Vorkommnisse positionieren. Wie nahezu alle Vogel-Xiu ist aber auch dem Raben Flatterhaftigkeit nicht abzusprechen. Vielfach hat man den Eindruck, Rabenmenschen nicht fassen zu können. In Debatten sind Raben wahre Künstler im Ausweichen. Um Ausreden sind sie nie verlegen. Für ihre spontanen, oft von Erfolg gekrönten Handlungen brauchen Raben auch viel Lob. In der Kindheit allerdings kann – vor allem wenn dominante Xiu im Nebenfeld aufwachsen – der Rabe allzu oft im Abseits stehen. Ohne Lob und Motivation verkümmert er dann zur flügellahmen Krähe, wird schwankend und unsicher. In finanziellen Angelegenheiten wird der Rabe mitunter schockieren: nicht zuletzt dann, wenn er vordergründig unverständliche Geschäfte wagt und Riskantes unternimmt. Meist aber bleibt er auf der Siegerstraße. In der Liebe muß man die Qualitäten des Rabenmenschen erst hervorlocken. In seinem Bemühen, anderen zu gefallen, wird er abwarten und die Vorlieben anderer abtasten wollen. Das macht ihn zärtlich, verleiht ihm selbst und seinen Partnern aber das Gefühl, mehr auf Können denn auf lustvolles Wollen zu setzen. Es ist gut, dafür zu sorgen, daß Raben sich entspannen können! Dann sind sie in allen Bereichen zu Höchstleistungen fähig.

Der Tag: Ein Rabentag eignet sich hervorragend für Geschäfte und Berufliches. Lassen Sie Ihre Schöpferkraft walten, fällen Sie Entscheidungen. Wappnen Sie sich aber gegen Ratschläge verschiedener Einflüsterer! An diesem Tag handeln Sie ohnedies von sich aus instinktiv richtig.

Xiu 20 嘴 Schnauze der Schildkröte Affe

Der Mensch: Stellen Sie sich folgende Situation vor: Freunde verbringen gemeinsam einen besinnlichen Abend. Plötzlich springt einer auf, meint: „Ich habe eine Idee!“ und sprudelt förmlich über vor Einfallsreichtum. Dann liegt eines nahe: Der Mensch ist vom Xiu Affe. Im Leben eines Affenmenschen geht vieles sprunghaft vor sich. In seinem Kopf ist er den anderen meist sieben Schritte voraus, in seinen Handlungen oft acht, in seinen Zielen lockere zehn. Es ist für viele Xiu sehr schwierig, einem Affenmenschen zu folgen. Zusätzlich sind sie vital, humorvoll und anregend. Am liebsten hätten Affenmenschen das Ende noch vor dem Anfang erreicht. Sie sind schlagfertig, aber nie zynisch. Fröhlichkeit ja, aber Witze auf anderer Leute Kosten: niemals! An letztgültiger Konsequenz mangelt es ihnen vielfach. So interessant, so farbenprächtig scheint ihnen die Vielfalt des Lebens zu sein, daß es schwerfällt, etwas davon auszulassen. Dabei beachten Affenmenschen die Regelhaftigkeit des Alltags durchaus. Wenn sie müssen, können sie auch sehr fügsam sein und hart arbeiten. Denn Müßiggang und Faulheit behagen Affen nicht. Wenn sie die Lebenssituation in ein anonymes Büro versetzt, werden sie das Beste daraus machen. Wenn sie statt dessen plötzlich als Vertreter oder Handwerker arbeiten, werden sie auch diese Situation optimieren. Denn Affenmenschen haben keine Angst vor Neuem, sie sind aufgeschlossen und optimistisch. Da müssen schon sehr schwere Schicksalsschläge her, um Schatten über das sonnige, liebenswürdige Gemüt eines Affenmenschen zu werfen. In finanzieller und beruflicher Hinsicht sind Affen sehr geschickt und schöpferisch. Sei es, wenn die Gründung eines eigenen Unternehmens ansteht, oder wenn es darum geht, die eigenen vier Wände mit Phantasie und wenig Geld zu Wohnraum zu machen, um den andere sie beneiden. In der Liebe sind Affen anhänglich und treu. Ihre starke Phantasie, ihre Kreativität und ihr verspieltes Wesen machen Affenmenschen zu aufregenden Partnern. Wenn man sie allerdings links liegenläßt und nicht immer wieder begehrlich auf ihre Angebote reagiert, kann auch aus dem phantasievollsten Menschen jemand werden, der das Graue des Alltags in Bett und Wohnung zuläßt.

Der Tag: Am liebsten wäre Ihnen an einem solchen Tag vermutlich, Sie hätten das Morgen schon erreicht, um zu sehen, wie sich das Heute auswirkt. Von astrologischer Seite wäre Ihnen tatsächlich zu wünschen, daß schon morgen ist! Denn der Affentag ist grundsätzlich ungünstig. Sie sollten die Dinge beruflich und privat besser einfach geschehen lassen und sich wenig einmischen.

Xiu 21 參 Jäger Großer Affe

Der Mensch: Der Große Affe besticht in erster Linie durch sein großes Herz für Schwache. Er ist der Familien- oder Gruppenmensch schlechthin, vergleichbar nur dem Xiu Pferd. In ihm vereinigen sich Stärke, Zivilcourage und Mitgefühl zu einem harmonischen Xiu. Der Große Affe legt viel Wert auf sein Zuhause. Darunter muß man aber nicht die eigene Wohnung verstehen. Menschen, die unter diesem Xiu geboren sind, suchen sich etwas, dem sie sich zugehörig fühlen können – und dieses Etwas verteidigen sie absolut und total. Sei es eine Firma, eine Wohnung, eine Familie, ein Freundeskreis oder auch eine politische Auffassung. Wer ihre traute Welt stören will, dem treten sie entgegen. Diese massive Bindung macht Große Affen mitunter zwanghaft und wenig flexibel. Sie können auch nur schlecht verlieren. Wenn ein Großer Affe mit einem anderen Würfelpoker spielt, verliert und trotzdem ruhig bleibt, kann ihm das Spiel an sich nicht wichtig gewesen sein. Ansonsten nämlich neigt der Große Affe zu mächtigem Zorn, häufig zu tobender Wut. Oft lernen Große Affen schon im Kindesalter, daß sie zu ihren Gefühlen – auch zu ihren Aggressionen! – stehen können. Allerdings können die eigenen Eltern da viel zerstören: Wenn zum Beispiel ein anderes Kleinkind dem kindlichen Großen Affen in der Sandkiste die Schaufel wegnimmt und letzterer sich nicht wehren darf, sondern stets nur gute Miene zum bösen Spiel machen muß, kann die positive Anlage des Auslebenkönnens verschüttgehen. Große Affen können beruflich sehr erfolgreich sein. Am wohlsten fühlen sie sich dabei als selbständiger Firmenchef mit den guten, aber auch schlechten Zügen eines echten Patriarchen. Mit heißluftigem Börsespiel fangen Große Affen wenig an. Die Welt der Familie ist dafür ganz die ihre. Die starke Mutter, die für ihre Sprößlinge tolle Kinderparties organisiert, der Vater, der mit all seinem Einsatz ein trautes Heim schafft, das sind die heimeligen Bilder des Großen Affen. In Partnerschaft und Sexualität sind Große Affen verläßlich. Leider können sie oft auch derb wirken; bezaubernder Charme ist ihre Sache ebensowenig wie romantisches Turteln. Große Affen bieten ihren Lieben dafür potente Sicherheit in allen Lebenslagen.

Der Tag: Alle nach außen gerichteten Aktivitäten sollten Sie am Tag des Großen Affen unterlassen. Vergessen Sie Bewerbungsgespräche, Kreativsitzungen oder zielorientierte Streitgespräche! Wenn Sie erlebnishungrig durch Stadt und Land pilgern wollen, bezähmen Sie Ihre Lust bis zu einem späteren Zeitpunkt. Nutzen Sie den Tag des Großen Affen für eine Nachdenkpause. Gönnen Sie sich Zeit, die Sie alleine in meditativer Stille verbringen.

Xiu 22 井 Brunnen Tapir

Der Mensch: In ihrem tiefsten Inneren lieben Tapire das Ungewöhnliche, das Außerordentliche, mitunter sogar das Exzentrische. Trotzdem verzweifeln sie nicht am grauen Einmaleins des Alltags. Sosehr sie von außerordentlichen Abenteuern träumen – und sie manchmal sogar erfahren! –, so beständig stellen sie sich den Erfordernissen des Lebens. Tapire sind gleichermaßen sensibel und sensitiv. Als Babys sind sie die klassischen „Mitheuler". Andere Xiu bemerken die Trauer des Fremden vielleicht nicht einmal, wieder andere gehen achtlos darüber hinweg. Aber wenn ein Tapirsäugling ein anderes Kleines weinen hört, wird er auch in Tränen ausbrechen. Vielleicht ist es gerade diese Empfindsamkeit, die Tapire im Leben oft zu Einzelgängern werden läßt. Sie können ihre letzten Geheimnisse nur schwer vor anderen ausbreiten. Dafür ist das Geheimnis anderer bei ihnen so sicher wie bei keinem zweiten Xiu. Die vertrauensvolle Zuneigung eines Tapirmenschen zu gewinnen ist ein komplexes Unterfangen, das sehr viel Zeit und Liebe braucht. Aber wenn die Vertrauensbasis einmal errichtet ist, kann sie so schnell nichts erschüttern. In finanzieller Hinsicht haben Tapire einen hervorragenden Riecher für Gewinne. Sie mögen zwar lange Zeit abwarten, aber wenn sie einmal zuschlagen, dann zahlt es sich aus. Ihr Außenseitertum in Geist, Wille und sozialer Rangordnung kann Tapire die Karriereleiter sehr sprunghaft nach oben steigen lassen. Aber wenn sie vom Außergewöhnlichen einmal nicht nur träumen, sondern es, ihre Feinfühligkeit hintanhaltend, unverschämt ausleben, können sie ebenso schnell tief fallen. In der Liebe gleichen Tapirmenschen den Austern: grundsätzlich verschlossen, aber wenn einmal geöffnet, kostbar und unersetzlich. Tapirmenschen brauchen sehr viel Wärme. Gibt man sie ihnen, erhält man sie oft doppelt und dreifach zurück. Ihre Lust am Ungewöhnlichen leben sie nur selten so aus, daß der andere überfordert wird. Eher werden sich Partner von Tapirmenschen angenehm überrascht vom abwechslungsreichen Liebesleben zeigen.

Der Tag: An Tapirtagen sollten Sie beruflich viel weiterbringen können. Für private Unternehmungen eignet sich der Tag nicht unbedingt. Dafür sollten Sie „beruflich" möglichst breit interpretieren. Wenn Sie von Beruf Hausfrau und Mutter sind, sollten Sie sich an diesem Tag im Haushalt ins Zeug legen, eventuell einen Großputz veranstalten. Sind Sie aktiv in der Welt der Büros und Chefetagen, hängen Sie heute Überstunden an wie sonst nie.

Xiu 23 鬼 Geisterwagen Schaf

Der Mensch: Schafmenschen sind liebevoll und zärtlich im Wesen, im Normalfall außerdem rücksichtsvoll und zurückhaltend. Diese Eigenschaften machen sie zu begehrten Freunden, Familienmitgliedern und Arbeitskollegen. An sich mit Engelsgeduld gesegnet, können Schafmenschen auch ganz schön bockig werden. Dann ist Abstand geboten: Es dauert zwar sehr lange, bis einem Schafmenschen der Geduldsfaden reißt, aber wenn, dann geht die Post ab. Man möchte meinen, daß in jedem Schafspelz auch ein kleiner Wolf steckt. Grundlegend kann sich der Schafmensch in zwei Richtungen entwickeln. Im ersten Fall steht das Brave, Liebe, Gütige im Vordergrund. Diese Menschen stellen ihr Licht gern unter den Scheffel, brauchen aber – so wie extrovertierte Drachen – ihre regelmäßigen Streicheleinheiten. Im Grunde ihres Herzens können die „braven" Schafe leicht unglücklich werden und sich ausgenutzt fühlen. Nach außen hin funktioniert zwar alles prächtig, im tiefsten Inneren aber wünschen sie sich immer wieder mehr Beachtung und Kraft. Dabei sollten diese Schafmenschen eines nicht vergessen: Es braucht mitunter mehr Stärke dafür, tapfer in zweiter Linie zu stehen, als sich an vorderster Front wichtig zu machen! Die andere Entwicklungsrichtung der Schafmenschen tendiert zum „schwarzen Schaf". Hier steht das aufmüpfige, rebellische Wesen, das Einzelgängertum und das Launische des Schafes im Vordergrund. Im Kern aber schwingen oben beschriebene Eigenschaften mit. Unabhängig davon, wie die Anteile Schaf/schwarzes Schaf verteilt sind, zeigen sich Schafmenschen im Geschäftsleben unauffällig, aber nicht erfolglos. Ihre soziale Intelligenz kann sie sehr hoch steigen lassen. In der Liebe sind Schafmenschen verständnisvoll und tolerant. Sie scheinen instinktiv zu spüren, wie es anderen geht. Allerdings müssen Schafmenschen aufpassen, daß sie nicht unter die Räder oder Fuchteln anderer Xiu geraten.

Der Tag: Wundern Sie sich nicht, wenn ausgerechnet heute eine unangenehme Überraschung eintritt! An Schaftagen können Sie machen, was Sie wollen – Sie sind von den Vorstellungen und Aktionen anderer abhängig. Fügen Sie sich am besten drein, und lassen Sie, wenn möglich, andere entscheiden, was Sie heute tun und lassen sollen.

Xiu 24 柳 Weide Muntjak

Der Mensch: Muntjakmenschen sind schön und attraktiv. Zugleich sind sie als Freunde hoch im Kurs. Denn Muntjaks sind nicht überaus anspruchsvoll, wissen sich zu benehmen und bestechen in Gesellschaft durch Anmut und Geist. Diese positiven Eigenschaften werden vom Muntjak selbst bisweilen unterschätzt. Im Gegensatz zum Xiu Hirsch, das vor Selbstwertgefühl nur so strotzt, wirken Muntjaks schüchtern, oft sogar naiv. Wenn Ihnen auf einem Fest ein engelsgleicher junger Mann begegnet, der seinen Sex-Appeal vorzugsweise bei etwas älteren Semestern einsetzt und auf „idealer Schwiegersohn" macht, gut erzogen und ein wenig hilflos der erfahrenen Damenwelt gegenüber, dann handelt es sich mit großer Wahrscheinlichkeit um einen Muntjak. Die Ehrfurcht vor Alter und Autorität, der Respekt gegenüber Höhergestellten ist nur zum Teil gespielt. Ein lebensechter Kern davon steckt in jedem Muntjak. Manche erkennen das beizeiten und verstehen ihre ungekünstelte Naivität dann glanzvoll einzusetzen. Im Schlechten wird aus dem Spiel mit hilflosem Charme bitterer Ernst: Muntjaks wissen dann selbst nicht mehr weiter und bestehen Gefahrensituationen nur mit fremder Hilfe. Abhängigkeit von anderen und Autoritätsgläubigkeit können die äußerste Folge sein. In der Berufs- und Geschäftswelt wird man Muntjaks selten in der ersten Reihe finden. Ihr Platz ist eher der elegante Adabei, mit künstlerischer Ader der versierte Modemensch, auf jeden Fall ein geschätzter Mitarbeiter. Allzu heftigen Konflikten sollte ein Muntjak allerdings nie ausgesetzt sein: Dann wird er zu Fluchtverhalten neigen. Gut beraten sind Muntjaks, wenn sie an diesen kleinen Schwächen arbeiten. Von der Natur meist überreichlich ausgestattet, sollten sie mit etwas mehr Selbstbewußtsein Erfolg im Kampf gegen die eigene Angst haben. In Liebe und Partnerschaft sind Muntjaks begehrte Wesen. Da sie mitunter leicht zu überzeugen sind, ist das Zusammenleben in jahrzehntelanger Treue nicht immer gewährleistet. Als Partner/-in eines Muntjaks sollten Sie ihn zu Selbständigkeit auffordern. Sonst sind Sie immer nur der Zweite, stets um ihre Angebetete bemüht. Muntjaks sollten beachten, daß Schönheit und Eleganz nicht von Dauerhaftigkeit gesegnet sind. Ein wenig mehr Bodenständigkeit und Lebenskraft kann ihnen keinesfalls schaden.

Der Tag: An einem Muntjaktag bleiben Sie am besten zu Hause und warten ab. Er gilt in der traditionellen chinesischen Astrologie als unheilvoll. Weichen Sie daher nicht von gewohnten Bahnen ab! Beziehungen, die an einem Muntjaktag begonnen werden, stehen angeblich unter einem unglücklichen Stern.

Xiu 25 星 Siebengestirn Pferd

Der Mensch: Wer im Mondhaus des Pferdes geboren ist, wird sich als Einzelgänger nahezu immer einsam fühlen. Pferdemenschen brauchen die Gruppe, und umgekehrt kann sich jede Gruppe, jedes Paar und jede Familie glücklich schätzen, wenn sie einen Pferdemenschen zum Mitglied hat. Sie sind leistungsstark, scheuen keine Herausforderung und verfügen über ein großes Maß an Zivilcourage. Ihnen wohnt auch nicht der Vernichtungswille anderer Xiu inne. In Wettkämpfen werden sie stets danach trachten, daß auch andere zum Zug kommen. Sie kennen das vielleicht aus Ihrem Alltag: Wenn Sie mit einem Freund immer wieder Schach spielen, haben Sie nach fünf gewonnenen Partien die Möglichkeit, ihn zu zerschmettern – und wollen auch die sechste Partie um jeden Preis gewinnen. Oder Sie erfreuen sich an Ihrer Klasse und spielen die nächste Partie gelassen und zwanglos. Pferdemenschen werden immer die zweite Möglichkeit wählen. Manchmal laufen Pferde Gefahr, sich und ihre Belastbarkeit zu überschätzen. Sie sollten eines beherzigen: Ein Pferd ist kein Packesel! Natürlich tut es gut, wenn sie ihre eigene Stärke spüren – und die bewundernden Blicke anderer stören sie nicht wirklich; aber sie müssen sich ja nicht alles aufhalsen. Sowohl für ihre eigene Entwicklung wie auch für die der anderen ist es förderlich, wenn mal ein anderer kräftig anpacken muß. Pferdemenschen sollten sich darin üben, loszulassen. Sie werden sehen: Es tut ihnen und ihrer Umwelt manchmal ganz gut. Im Geschäft sind Pferde stark und willig, letztlich daher auf der Sonnenseite von Beruf, Geld und Macht. Aber: Es fliegt ihnen nicht so zu wie anderen. Einsatz und Engagement sind notwendig. In der Liebe könnten andere Xiu von den Qualitäten der Pferde einiges lernen. Sie sind zärtlich, ausdauernd, mitfühlend, einfühlsam und treu. Nur manchmal schleicht sich Leistungsdruck ein. Dann sollten Sie als verantwortungsbewußter Partner dem Pferd mit viel Liebe begegnen. Erst wenn einem Pferd klar wird, daß es nicht allein für das traute Liebesglück verantwortlich ist, werden die wundervollen Qualitäten eines Pferdemenschen voll zur Geltung kommen.

Der Tag: Die Wirkung dieses Tages ist geteilt. Grundsätzlich eignet er sich für Arbeiten aller Art; diese aber eher in trautem, gewohntem Kreis. Die Pflege alter Bekanntschaften sollte im Vordergrund stehen. Feilen Sie ein wenig an Ihrer Liebesbeziehung! Erneuern Sie Freundschaften, die Sie in letzter Zeit vernachlässigt haben! Neues wie Bewerbungsgespräche oder Hochzeiten stehen eher unter einem ungünstigen Stern.

Xiu 26 张 Bogen Hirsch

Der Mensch: Hirschmenschen sind edelmütig, hilfreich und stark. Von Familiensinn und Beschützerinstinkt geprägt, sind sie anderen oft Schulter zum Anlehnen und Brust zum Ausweinen zugleich! Während die Umwelt im Hirschen den verständnisvollen Menschen sieht, könnte dieser oft selbst Hilfe gebrauchen. Hirschen aber fällt das Bitten um Unterstützung meist schwer. „Der Starke ist am mächtigsten allein" – diesen Sinnspruch treiben Hirsche bis zum Exzeß. Das gesunde Selbstvertrauen der Hirsche kann in Krankheit umschlagen, wenn es bis zur Egozentrik geht. Selbstverliebte Hirsche sind nur schwer zu ertragen. In beruflichen Angelegenheiten scheuen Hirsche keine Konfrontation. Sie gehen sicher – manchmal zu sicher! – und aufrecht mit Mitbewerbern um. Beide Eigenschaften, die Lust am Beschützen und die Hingabe an Konfrontationen, schaffen manchmal Probleme, wo eigentlich gar keine sind. Nicht alle Menschen wollen beschützt werden. Nicht jeder Konflikt muß in eine Konfrontation ausarten! In beiden Fällen wären Hirsche gut beraten, sich etwas zurückzunehmen und Fühler nach den Empfindungen anderer auszustrecken, bevor sie handeln. Die guten, starken Eigenschaften des Hirschen werden leider auch oft durch unangenehme Kindheitserlebnisse verschüttet. Nur wenn man Hirsche ungehindert wachsen läßt, werden sie sich zu verantwortungsvollen Mitgliedern der Gesellschaft entwickeln. Zwar machen Hirschkinder wegen ihrer Eigenbestimmtheit den Eltern oft das Leben schwer, aber mit kluger, gewaltloser Grenzziehung tut man sich und diesen Kindern jedenfalls das Beste! In der Liebe bestechen Hirsche durch Ausdauer und Kraft. Aber sie sollten nicht vergessen, daß eine Beziehung auch von der Würze der Abwechslung lebt! Hirsche neigen dazu, ihrem Partner einen goldenen Käfig zu bauen. Bauen Sie statt dessen mit Ihrem Partner oder Ihrer Partnerin ein goldenes Schloß für beide!

Der Tag: An einem Hirschtag empfiehlt sich ein Candlelight-Dinner für zwei genauso wie ein gemütliches Abendessen im Familienkreis. Der Tag kann überdies überraschende Neuerungen bringen, denen Sie aufgeschlossen gegenüberstehen sollten! Wenn Sie sich kreativ betätigen und eine plötzliche Inspiration Sie erleuchtet, verfolgen Sie sie! Die Ideen des Hirschtages bringen oft Erfolg.

Xiu 27 翼 Flügel Schlange

Der Mensch: Schlangemenschen besitzen tiefe Weisheit und ein eindrucksvolles Gefühlsleben. In ihrem Wesen sind sie oft gespalten wie die Zunge einer Schlange. Zum einen nachdenklich rational, zum anderen immer wieder von plötzlichen Regungen geleitet. Diese zwei Grundgedanken bestimmen auch zwei unterschiedliche Entwicklungsformen der Schlange. Meist sind sie gute Strategen, hervorragende Analytiker und Systematiker. Nach außen wirken Schlangen meist beeindruckend und klar. Aber die Gabe des klaren Verstandes kann sich ins Grüblerische verkehren. Schlangemenschen stehen sich manchmal selbst im Weg, wollen alles und jedes erfassen, begreifen, ergründen, ehe sie weiter handeln. Wo andere fühlen, wägt die Schlange ab. Dabei ist gerade sie sehr eruptiver Gefühlswallungen fähig. Kennen Sie einen Menschen, der meist sehr nachdenklich und überlegt handelt und plötzlich etwas völlig Unverständliches unternimmt? Das könnte ein Schlangemensch sein. Für viele von ihnen ist es schwierig, zu diesen aufkeimenden Gefühlen zu stehen. Darüber zu reden wird ihnen leichtfallen, sie leben und ausleben können sie nur selten, dann tun sie es aber sehr heftig. In Geschäften sollte man Schlangen die Ratgeberrolle überlassen, endgültige Entscheidungen sollten andere fällen. Denn so genial die Tips auch sind, braucht es doch stärkere Entscheidungskraft, um sie in die Tat umzusetzen. In der Liebe braucht die Schlange eigentlich einen Partner, der fest zu ihr steht und sie in Ruhe erwartet und „kommen" läßt. Meist aber suchen sich Schlangen eher abwechslungsreiche, spontane, mitunter sogar flatterhafte Wesen aus. Eine solche Beziehung setzt die Schlange vielfach unter Verständnisdruck. Partner der Schlange sollten sie dazu bewegen – aber nicht drängen! –, eigene Empfindungen öfter auszuleben. Sonst kann es leicht zu Unzufriedenheit bis hin zu plötzlichen gewaltigen Ausbrüchen führen. Wunderbar an der Schlange als Partner sind diese gewaltigen Ausbrüche vor allem dann, wenn sie sich in überraschenden Blumensträußen oder anderen lieben Mitbringseln ausdrükken. Und da ist die Schlange so gut wie sonst keiner.

Der Tag: Der Schlangentag wird in mancher Hinsicht als Unglückstag empfunden. Erfreuen Sie sich an einem Schlangentag an dem, was Sie haben. Wenn Ihnen eine grandiose Idee an einem Schlangentag kommt, verwirklichen Sie sie nicht. Der Schein des Gloriosen trügt. Für die Abendgestaltung legt ein Schlangentag einen ruhigen, gemütlichen Zustand nahe, den Sie alsbald durch tiefen, erholsamen Schlaf bis zum nächsten Morgen nutzen sollten. Da werden Sie Ihre Energien brauchen, wie Sie selbst gleich lesen können.

Xiu 28 轸 Wagenboden Wurm

Der Mensch: Wurmmenschen sind überall dabei. Kein Trend, den sie auslassen. Keinerlei Zurückhaltung gegenüber Zeitgeistigem. Generell gesagt sind es Menschen, mit denen man Pferde stehlen kann. Wurmmenschen sind notwendig – denn so wie der Regenwurm den Boden erst auflockern und bereiten muß, damit auf ihm Nutzpflanzen gedeihen können, brauchen andere Xiu den Wurmmenschen, um sich perfekt entwickeln zu können. Insofern ist der Wurm nie die klassische Führungspersönlichkeit. Eher wird er unter den Zuarbeitern zu finden sein. Vielfach wird er auch unterschätzt. Problematisch wird das in erster Linie, wenn er selbst es tut. Die brave Sekretärin, die immer da ist und stets dafür sorgt, daß Kopierer mit Papier aufgefüllt sind oder die richtigen Formulare ausreichend vorrätig sind, ist in vielen Betrieben die letzte, die hervorsticht und gelobt wird. Ohne das Lob der anderen aber wird der Selbstwert rasch tief angesetzt! Aber könnten Sie sich ein Büro vorstellen, in dem der Kopierer papierlos bleibt? Man übersieht Wurmmenschen so leicht, wenn sie sich nicht wehren. Deshalb sollten sich Wurmmenschen bewußt immer wieder in den Mittelpunkt stellen. Viele haben das auch gelernt, etwa wenn andere Xiu ihnen dabei geholfen haben. Glücklich auch der Mensch, der einen Wurm zu seinen Freunden zählen kann! Auch wenn der Wurmmensch das selbst nicht so sieht: Ohne ihn wäre die Welt nur halb so interessant. Im Geschäft wird der Wurmmensch nicht der große Aktionärs-Zampano werden. Natürliche Bescheidenheit und Redlichkeit lassen ihn an stetes Wachstum ohne große Sprünge glauben. Im kleinen aber hat er oft Erfolg. Mimosen findet man unter den Wurmmenschen kaum! Im Gegenteil: Schmerzen und Leid kann der Wurmmensch wie kaum ein anderer einstecken. Manchmal aber neigt der Wurmmensch – weil er ja gut leiden kann! – zu Selbstmitleid und Melancholie, die andere belastet. In der Liebe sind Wurmmenschen unauffällige, treue Partner. Ihren wahren Wert erkennen viele erst auf schmerzliche Art und Weise hinterher. Da der Wurm aber großmütig ist, wird er Treulosigkeit leichter verzeihen als viele andere. Auch wenn das nicht immer zu seinem Besten ist.

Der Tag: Der Tag des Zhen eignet sich hervorragend für Investitionen in Zukunftsweisendes. Es empfiehlt sich daher, an einem solchen Tag mit dem neuen Herzensschwarm zu Abend zu essen. Oder einen Weiterbildungskurs zu besuchen. Hilfestellungen für andere können für die Zukunft „hohe Zinsen", sei es finanzieller oder sozialer Natur, bringen. Bewahrenden oder sammelnden Tätigkeiten steht der Tag weniger freundlich gegenüber.

Der chinesische Astro-Kalender

Zum Gebrauch des Kalenders

Auf den folgenden Seiten finden Sie lange Zahlenkolonnen. Lassen Sie sich von ihnen nicht abschrecken. Benutzen Sie sie! Sie bergen wertvolle Informationen. Denn vor Ihnen liegt der astrologische Chinakalender, mit dessen Hilfe Sie ausrechnen können, welche anderen Tierkreiszeichen zu Ihnen passen, wo Ihre beruflichen Stärken und Schwächen liegen, wie Sie auf andere Menschen wirken, welche Charakteristika in Ihnen angelegt sind, welche Tageszeit sich für welche Aktivität besonders eignet u. v. a. m.

Um Ihr persönliches Horoskop zu erstellen, benötigen Sie zuerst die drei Zahlen Ihres Geburtsdatums: die Jahreszahl, die Monatszahl und die Tageszahl. Alle drei finden Sie auf den folgenden Seiten.

In jeder Jahresspalte oben links finden Sie das westliche Jahr. Rechts daneben steht das chinesische Schriftzeichen für die Bezeichnung des Jahres. Ganz rechts ist die entsprechende Jahreszahl von 1 bis 60 notiert, darunter die Übersetzung der chinesischen Jahresbezeichnung.

Unter dem Jahreszähler finden sie eine übersichtliche Tabelle für die chinesischen Monate. In China zählt man anders als bei uns. Wenn Sie daher den richtigen chinesischen Monat finden wollen, beachten Sie, daß der fünfte Monat dort möglicherweise mitten im April beginnt oder bis in den Juni hineinragt. In der Monatstabelle finden Sie die Beginndaten der chinesischen Monate. In der rechten Spalte der Monatstabelle stehen die entsprechenden Monatszahlen (Zeichen).

In der großen Tagestabelle darunter finden Sie lange Spalten voll mit Zahlen. Jede Spalte entspricht einem westlichen Monat. Wenn Sie zum Beispiel am achten Februar geboren sind, finden Sie an achter Stelle von oben in der zweiten Spalte Ihre Tageszahl.

Nach wenigen Sekunden haben Sie so die drei wichtigsten Zahlen für das chinesische Horoskop beisammen! Die Jahreszahl, die Monatszahl und die Tageszahl. Egal, ob Sie Ihr persönliches Geburtstagshoroskop ausrechnen wollen oder ob Sie schauen wollen, was Ihnen ein bestimmter Tag bringt: Suchen Sie die entsprechenden drei Zahlen und notieren Sie sie auf ein Blatt Papier. Wenn Sie soweit sind, blättern Sie bitte zurück auf Seite 53. Dort können Sie lesen, was die drei Zahlen für Sie bedeuten.

1930 庚午 7

Yang Metall Pferd

Chinesischer Monat	beginnt am	Zeichen
1. Monat	30. Januar	15
2. Monat	28. Februar	16
3. Monat	30. März	17
4. Monat	29. April	18
5. Monat	28. Mai	19
6. Monat	26. Juni	20
7. Monat	24. August	21
8. Monat	22. September	22
9. Monat	22. Oktober	23
10. Monat	20. November	24
11. Monat	20. Dezember	25
12. Monat	19. Januar	26

	J	F	M	A	M	J	J	A	S	O	N	D
1	48	19	47	18	48	19	49	20	51	21	52	22
2	49	20	48	19	49	20	50	21	52	22	53	23
3	50	21	49	20	50	21	51	22	53	23	54	24
4	51	22	50	21	51	22	52	23	54	24	55	25
5	52	23	51	22	52	23	53	24	55	25	56	26
6	53	24	52	23	53	24	54	25	56	26	57	27
7	54	25	53	24	54	25	55	26	57	27	58	28
8	55	26	54	25	55	26	56	27	58	28	59	29
9	56	27	55	26	56	27	57	28	59	29	60	30
10	57	28	56	27	57	28	58	29	60	30	1	31
11	58	29	57	28	58	29	59	30	1	31	2	32
12	59	30	58	29	59	30	60	31	2	32	3	33
13	60	31	59	30	60	31	1	32	3	33	4	34
14	1	32	60	31	1	32	2	33	4	34	5	35
15	2	33	1	32	2	33	3	34	5	35	6	36
16	3	34	2	33	3	34	4	35	6	36	7	37
17	4	35	3	34	4	35	5	36	7	37	8	38
18	5	36	4	35	5	36	6	37	8	38	9	39
19	6	37	5	36	6	37	7	38	9	39	10	40
20	7	38	6	37	7	38	8	39	10	40	11	41
21	8	39	7	38	8	39	9	40	11	41	12	42
22	9	40	8	39	9	40	10	41	12	42	13	43
23	10	41	9	40	10	41	11	42	13	43	14	44
24	11	42	10	41	11	42	12	43	14	44	15	45
25	12	43	11	42	12	43	13	44	15	45	16	46
26	13	44	12	43	13	44	14	45	16	46	17	47
27	14	45	13	44	14	45	15	46	17	47	18	48
28	15	46	14	45	15	46	16	47	18	48	19	49
29	16		15	46	16	47	17	48	19	49	20	50
30	17		16	47	17	48	18	49	20	50	21	51
31	18		17		18		19	50		51		52

1931 辛未 8

Yin Metall Schaf

Chinesischer Monat	beginnt am	Zeichen
1. Monat	17. Februar	27
2. Monat	19. März	28
3. Monat	18. April	29
4. Monat	17. Mai	30
5. Monat	16. Juni	31
6. Monat	15. Juli	32
7. Monat	14. August	33
8. Monat	12. September	34
9. Monat	11. Oktober	35
10. Monat	10. November	36
11. Monat	9. Dezember	37
12. Monat	8. Januar	38

	J	F	M	A	M	J	J	A	S	O	N	D
1	53	24	52	23	53	24	54	25	56	26	57	27
2	54	25	53	24	54	25	55	26	57	27	58	28
3	55	26	54	25	55	26	56	27	58	28	59	29
4	56	27	55	26	56	27	57	28	59	29	60	30
5	57	28	56	27	57	28	58	29	60	30	1	31
6	58	29	57	28	58	29	59	30	1	31	2	32
7	59	30	58	29	59	30	60	31	2	32	3	33
8	60	31	59	30	60	31	1	32	3	33	4	34
9	1	32	60	31	1	32	2	33	4	34	5	35
10	2	33	1	32	2	33	3	34	5	35	6	36
11	3	34	2	33	3	34	4	35	6	36	7	37
12	4	35	3	34	4	35	5	36	7	37	8	38
13	5	36	4	35	5	36	6	37	8	38	9	39
14	6	37	5	36	6	37	7	38	9	39	10	40
15	7	38	6	37	7	38	8	39	10	40	11	41
16	8	39	7	38	8	39	9	40	11	41	12	42
17	9	40	8	39	9	40	10	41	12	42	13	43
18	10	41	9	40	10	41	11	42	13	43	14	44
19	11	42	10	41	11	42	12	43	14	44	15	45
20	12	43	11	42	12	43	13	44	15	45	16	46
21	13	44	12	43	13	44	14	45	16	46	17	47
22	14	45	13	44	14	45	15	46	17	47	18	48
23	15	46	14	45	15	46	16	47	18	48	19	49
24	16	47	15	46	16	47	17	48	19	49	20	50
25	17	48	16	47	17	48	18	49	20	50	21	51
26	18	49	17	48	18	49	19	50	21	51	22	52
27	19	50	18	49	19	50	20	51	22	52	23	53
28	20	51	19	50	20	51	21	52	23	53	24	54
29	21		20	51	21	52	22	53	24	54	25	55
30	22		21	52	22	53	23	54	25	55	26	56
31	23		22		23		24	55		56		57

1932 壬申 9

Yang Wasser Affe

Chinesischer Monat	beginnt am	Zeichen
1. Monat	6. Februar	39
2. Monat	7. März	40
3. Monat	6. April	41
4. Monat	6. Mai	42
5. Monat	4. Juni	43
6. Monat	4. Juli	44
7. Monat	2. August	45
8. Monat	1. September	46
9. Monat	30. September	47
10. Monat	29. Oktober	48
11. Monat	28. November	49
12. Monat	27. Dezember	50

	J	F	M	A	M	J	J	A	S	O	N	D
1	58	29	58	29	59	30	60	31	2	32	3	33
2	59	30	59	30	60	31	1	32	3	33	4	34
3	60	31	60	31	1	32	2	33	4	34	5	35
4	1	32	1	32	2	33	3	34	5	35	6	36
5	2	33	2	33	3	34	4	35	6	36	7	37
6	3	34	3	34	4	35	5	36	7	37	8	38
7	4	35	4	35	5	36	6	37	8	38	9	39
8	5	36	5	36	6	37	7	38	9	39	10	40
9	6	37	6	37	7	38	8	39	10	40	11	41
10	7	38	7	38	8	39	9	40	11	41	12	42
11	8	39	8	39	9	40	10	41	12	42	13	43
12	9	40	9	40	10	41	11	42	13	43	14	44
13	10	41	10	41	11	42	12	43	14	44	15	45
14	11	42	11	42	12	43	13	44	15	45	16	46
15	12	43	12	43	13	44	14	45	16	46	17	47
16	13	44	13	44	14	45	15	46	17	47	18	48
17	14	45	14	45	15	46	16	47	18	48	19	49
18	15	46	15	46	16	47	17	48	19	49	20	50
19	16	47	16	47	17	48	18	49	20	50	21	51
20	17	48	17	48	18	49	19	50	21	51	22	52
21	18	49	18	49	19	50	20	51	22	52	23	53
22	19	50	19	50	20	51	21	52	23	53	24	54
23	20	51	20	51	21	52	22	53	24	54	25	55
24	21	52	21	52	22	53	23	54	25	55	26	56
25	22	53	22	53	23	54	24	55	26	56	27	57
26	23	54	23	54	24	55	25	56	27	57	28	58
27	24	55	24	55	25	56	26	57	28	58	29	59
28	25	56	25	56	26	57	27	58	29	59	30	60
29	26	57	26	57	27	58	28	59	30	60	31	1
30	27		27	58	28	59	29	60	31	1	32	2
31	28		28		29		30	1		2		3

1933 癸酉 10

Yin Wasser Hahn

Chinesischer Monat	beginnt am	Zeichen
1. Monat	26. Januar	51
2. Monat	24. Februar	52
3. Monat	26. März	53
4. Monat	25. April	54
5. Monat	24. Mai	55
6. Monat	23. Juli	56
7. Monat	21. August	57
8. Monat	20. September	58
9. Monat	19. Oktober	59
10. Monat	18. November	60
11. Monat	17. Dezember	1
12. Monat	15. Januar	2

	J	F	M	A	M	J	J	A	S	O	N	D
1	4	35	3	34	4	35	5	36	7	37	8	38
2	5	36	4	35	5	36	6	37	8	38	9	39
3	6	37	5	36	6	37	7	38	9	39	10	40
4	7	38	6	37	7	38	8	39	10	40	11	41
5	8	39	7	38	8	39	9	40	11	41	12	42
6	9	40	8	39	9	40	10	41	12	42	13	43
7	10	41	9	40	10	41	11	42	13	43	14	44
8	11	42	10	41	11	42	12	43	14	44	15	45
9	12	43	11	42	12	43	13	44	15	45	16	46
10	13	44	12	43	13	44	14	45	16	46	17	47
11	14	45	13	44	14	45	15	46	17	47	18	48
12	15	46	14	45	15	46	16	47	18	48	19	49
13	16	47	15	46	16	47	17	48	19	49	20	50
14	17	48	16	47	17	48	18	49	20	50	21	51
15	18	49	17	48	18	49	19	50	21	51	22	52
16	19	50	18	49	19	50	20	51	22	52	23	53
17	20	51	19	50	20	51	21	52	23	53	24	54
18	21	52	20	51	21	52	22	53	24	54	25	55
19	22	53	21	52	22	53	23	54	25	55	26	56
20	23	54	22	53	23	54	24	55	26	56	27	57
21	24	55	23	54	24	55	25	56	27	57	28	58
22	25	56	24	55	25	56	26	57	28	58	29	59
23	26	57	25	56	26	57	27	58	29	59	30	60
24	27	58	26	57	27	58	28	59	30	60	31	1
25	28	59	27	58	28	59	29	60	31	1	32	2
26	29	60	28	59	29	60	30	1	32	2	33	3
27	30	1	29	60	30	1	31	2	33	3	34	4
28	31	2	30	1	31	2	32	3	34	4	35	5
29	32		31	2	32	3	33	4	35	5	36	6
30	33		32	3	33	4	34	5	36	6	37	7
31	34		33		34		35	6		7		8

1934 甲戌 11

Yang Holz Hund

Chinesischer Monat	beginnt am	Zeichen
1. Monat	14. Februar	3
2. Monat	15. März	4
3. Monat	14. April	5
4. Monat	13. Mai	6
5. Monat	12. Juni	7
6. Monat	12. Juli	8
7. Monat	10. August	9
8. Monat	9. September	10
9. Monat	8. Oktober	11
10. Monat	7. November	12
11. Monat	7. Dezember	13
12. Monat	5. Januar	14

	J	F	M	A	M	J	J	A	S	O	N	D
1	9	40	8	39	9	40	10	41	12	42	13	43
2	10	41	9	40	10	41	11	42	13	43	14	44
3	11	42	10	41	11	42	12	43	14	44	15	45
4	12	43	11	42	12	43	13	44	15	45	16	46
5	13	44	12	43	13	44	14	45	16	46	17	47
6	14	45	13	44	14	45	15	46	17	47	18	48
7	15	46	14	45	15	46	16	47	18	48	19	49
8	16	47	15	46	16	47	17	48	19	49	20	50
9	17	48	16	47	17	48	18	49	20	50	21	51
10	18	49	17	48	18	49	19	50	21	51	22	52
11	19	50	18	49	19	50	20	51	22	52	23	53
12	20	51	19	50	20	51	21	52	23	53	24	54
13	21	52	20	51	21	52	22	53	24	54	25	55
14	22	53	21	52	22	53	23	54	25	55	26	56
15	23	54	22	53	23	54	24	55	26	56	27	57
16	24	55	23	54	24	55	25	56	27	57	28	58
17	25	56	24	55	25	56	26	57	28	58	29	59
18	26	57	25	56	26	57	27	58	29	59	30	60
19	27	58	26	57	27	58	28	59	30	60	31	1
20	28	59	27	58	28	59	29	60	31	1	32	2
21	29	60	28	59	29	60	30	1	32	2	33	3
22	30	1	29	60	30	1	31	2	33	3	34	4
23	31	2	30	1	31	2	32	3	34	4	35	5
24	32	3	31	2	32	3	33	4	35	5	36	6
25	33	4	32	3	33	4	34	5	36	6	37	7
26	34	5	33	4	34	5	35	6	37	7	38	8
27	35	6	34	5	35	6	36	7	38	8	39	9
28	36	7	35	6	36	7	37	8	39	9	40	10
29	37		36	7	37	8	38	9	40	10	41	11
30	38		37	8	38	9	39	10	41	11	42	12
31	39		38		39		40	11		12		13

1935 乙亥 12

Yin Holz Schwein

Chinesischer Monat	beginnt am	Zeichen
1. Monat	4. Februar	15
2. Monat	5. März	16
3. Monat	3. April	17
4. Monat	3. Mai	18
5. Monat	1. Juni	19
6. Monat	1. Juli	20
7. Monat	30. Juli	21
8. Monat	29. August	22
9. Monat	28. September	23
10. Monat	27. Oktober	24
11. Monat	26. November	25
12. Monat	26. Dezember	26

	J	F	M	A	M	J	J	A	S	O	N	D
1	14	45	13	44	14	45	15	46	17	47	18	48
2	15	46	14	45	15	46	16	47	18	48	19	49
3	16	47	15	46	16	47	17	48	19	49	20	50
4	17	48	16	47	17	48	18	49	20	50	21	51
5	18	49	17	48	18	49	19	50	21	51	22	52
6	19	50	18	49	19	50	20	51	22	52	23	53
7	20	51	19	50	20	51	21	52	23	53	24	54
8	21	52	20	51	21	52	22	53	24	54	25	55
9	22	53	21	52	22	53	23	54	25	55	26	56
10	23	54	22	53	23	54	24	55	26	56	27	57
11	24	55	23	54	24	55	25	56	27	57	28	58
12	25	56	24	55	25	56	26	57	28	58	29	59
13	26	57	25	56	26	57	27	58	29	59	30	60
14	27	58	26	57	27	58	28	59	30	60	31	1
15	28	59	27	58	28	59	29	60	31	1	32	2
16	29	60	28	59	29	60	30	1	32	2	33	3
17	30	1	29	60	30	1	31	2	33	3	34	4
18	31	2	30	1	31	2	32	3	34	4	35	5
19	32	3	31	2	32	3	33	4	35	5	36	6
20	33	4	32	3	33	4	34	5	36	6	37	7
21	34	5	33	4	34	5	35	6	37	7	38	8
22	35	6	34	5	35	6	36	7	38	8	39	9
23	36	7	35	6	36	7	37	8	39	9	40	10
24	37	8	36	7	37	8	38	9	40	10	41	11
25	38	9	37	8	38	9	39	10	41	11	42	12
26	39	10	38	9	39	10	40	11	42	12	43	13
27	40	11	39	10	40	11	41	12	43	13	44	14
28	41	12	40	11	41	12	42	13	44	14	45	15
29	42		41	12	42	13	43	14	45	15	46	16
30	43		42	13	43	14	44	15	46	16	47	17
31	44		43		44		45	16		17		18

1936 丙子 13

Yang Feuer Ratte

Chinesischer Monat	beginnt am	Zeichen
1. Monat	24. Januar	27
2. Monat	23. Februar	28
3. Monat	23. März	29
4. Monat	21. Mai	30
5. Monat	19. Juni	31
6. Monat	18. Juli	32
7. Monat	17. August	33
8. Monat	16. September	34
9. Monat	15. Oktober	35
10. Monat	14. November	36
11. Monat	14. Dezember	37
12. Monat	13. Januar	38

	J	F	M	A	M	J	J	A	S	O	N	D
1	19	50	19	50	20	51	21	52	23	53	24	54
2	20	51	20	51	21	52	22	53	24	54	25	55
3	21	52	21	52	22	53	23	54	25	55	26	56
4	22	53	22	53	23	54	24	55	26	56	27	57
5	23	54	23	54	24	55	25	56	27	57	28	58
6	24	55	24	55	25	56	26	57	28	58	29	59
7	25	56	25	56	26	57	27	58	29	59	30	60
8	26	57	26	57	27	58	28	59	30	60	31	1
9	27	58	27	58	28	59	29	60	31	1	32	2
10	28	59	28	59	29	60	30	1	32	2	33	3
11	29	60	29	60	30	1	31	2	33	3	34	4
12	30	1	30	1	31	2	32	3	34	4	35	5
13	31	2	31	2	32	3	33	4	35	5	36	6
14	32	3	32	3	33	4	34	5	36	6	37	7
15	33	4	33	4	34	5	35	6	37	7	38	8
16	34	5	34	5	35	6	36	7	38	8	39	9
17	35	6	35	6	36	7	37	8	39	9	40	10
18	36	7	36	7	37	8	38	9	40	10	41	11
19	37	8	37	8	38	9	39	10	41	11	42	12
20	38	9	38	9	39	10	40	11	42	12	43	13
21	39	10	39	10	40	11	41	12	43	13	44	14
22	40	11	40	11	41	12	42	13	44	14	45	15
23	41	12	41	12	42	13	43	14	45	15	46	16
24	42	13	42	13	43	14	44	15	46	16	47	17
25	43	14	43	14	44	15	45	16	47	17	48	18
26	44	15	44	15	45	16	46	17	48	18	49	19
27	45	16	45	16	46	17	47	18	49	19	50	20
28	46	17	46	17	47	18	48	19	50	20	51	21
29	47	18	47	18	48	19	49	20	51	21	52	22
30	48		48	19	49	20	50	21	52	22	53	23
31	49		49		50		51	22		23		24

1937 丁丑 14

Yin Feuer Büffel

Chinesischer Monat	beginnt am	Zeichen
1. Monat	11. Februar	39
2. Monat	13. März	40
3. Monat	11. April	41
4. Monat	10. Mai	42
5. Monat	9. Juni	43
6. Monat	8. Juli	44
7. Monat	6. August	45
8. Monat	5. September	46
9. Monat	4. Oktober	47
10. Monat	3. November	48
11. Monat	3. Dezember	49
12. Monat	2. Januar	50

	J	F	M	A	M	J	J	A	S	O	N	D
1	25	56	24	55	25	56	26	57	28	58	29	59
2	26	57	25	56	26	57	27	58	29	59	30	60
3	27	58	26	57	27	58	28	59	30	60	31	1
4	28	59	27	58	28	59	29	60	31	1	32	2
5	29	60	28	59	29	60	30	1	32	2	33	3
6	30	1	29	60	30	1	31	2	33	3	34	4
7	31	2	30	1	31	2	32	3	34	4	35	5
8	32	3	31	2	32	3	33	4	35	5	36	6
9	33	4	32	3	33	4	34	5	36	6	37	7
10	34	5	33	4	34	5	35	6	37	7	38	8
11	35	6	34	5	35	6	36	7	38	8	39	9
12	36	7	35	6	36	7	37	8	39	9	40	10
13	37	8	36	7	37	8	38	9	40	10	41	11
14	38	9	37	8	38	9	39	10	41	11	42	12
15	39	10	38	9	39	10	40	11	42	12	43	13
16	40	11	39	10	40	11	41	12	43	13	44	14
17	41	12	40	11	41	12	42	13	44	14	45	15
18	42	13	41	12	42	13	43	14	45	15	46	16
19	43	14	42	13	43	14	44	15	46	16	47	17
20	44	15	43	14	44	15	45	16	47	17	48	18
21	45	16	44	15	45	16	46	17	48	18	49	19
22	46	17	45	16	46	17	47	18	49	19	5	20
23	47	18	46	17	47	18	48	19	50	20	51	21
24	48	19	47	18	48	19	49	20	51	21	52	22
25	49	20	48	19	49	20	50	21	52	22	53	23
26	50	21	49	20	50	21	51	22	53	23	54	24
27	51	22	50	21	51	22	52	23	54	24	55	25
28	52	23	51	22	52	23	53	24	55	25	56	26
29	53		52	23	53	24	54	25	56	26	57	27
30	54		53	24	54	25	55	26	57	27	58	28
31	55		54		55		56	27		28		29

1938 戊寅 15

Yang Erde Tiger

Chinesischer Monat	beginnt am	Zeichen
1. Monat	31. Januar	51
2. Monat	2. März	52
3. Monat	1. April	53
4. Monat	30. April	54
5. Monat	29. Mai	55
6. Monat	28. Juni	56
7. Monat	27. Juli	57
8. Monat	24. September	58
9. Monat	23. Oktober	59
10. Monat	22. November	60
11. Monat	22. Dezember	1
12. Monat	20. Januar	2

	J	F	M	A	M	J	J	A	S	O	N	D
1	30	1	29	60	30	1	31	2	33	3	34	4
2	31	2	30	1	31	2	32	3	34	4	35	5
3	32	3	31	2	32	3	33	4	35	5	36	6
4	33	4	32	3	33	4	34	5	36	6	37	7
5	34	5	33	4	34	5	35	6	37	7	38	8
6	35	6	34	5	35	6	36	7	38	8	39	9
7	36	7	35	6	36	7	37	8	39	9	40	10
8	37	8	36	7	37	8	38	9	40	10	41	11
9	38	9	37	8	38	9	39	10	41	11	42	12
10	39	10	38	9	39	10	40	11	42	12	43	13
11	40	11	39	10	40	11	41	12	43	13	44	14
12	41	12	40	11	41	12	42	13	44	14	45	15
13	42	13	41	12	42	13	43	14	45	15	46	16
14	43	14	42	13	43	14	44	15	46	16	47	17
15	44	15	43	14	44	15	45	16	47	17	48	18
16	45	16	44	15	45	16	46	17	48	18	49	19
17	46	17	45	16	46	17	47	18	49	19	50	20
18	47	18	46	17	47	18	48	19	50	20	51	21
19	48	19	47	18	48	19	49	20	51	21	52	22
20	49	20	48	19	49	20	50	21	52	22	53	23
21	50	21	49	20	50	21	51	22	53	23	54	24
22	51	22	50	21	51	22	52	23	54	24	55	25
23	52	23	51	22	52	23	53	24	55	25	56	26
24	53	24	52	23	53	24	54	25	56	26	57	27
25	54	25	53	24	54	25	55	26	57	27	58	28
26	55	26	54	25	55	26	56	27	58	28	59	29
27	56	27	55	26	56	27	57	28	59	29	60	30
28	57	28	56	27	57	28	58	29	60	30	1	31
29	58		57	28	58	29	59	30	1	31	2	32
30	59		58	29	59	30	60	31	2	32	3	33
31	60		59		60		1	32		33		34

1939 己卯 16

Yin Erde Hase

Chinesischer Monat	beginnt am	Zeichen
1. Monat	19. Februar	3
2. Monat	21. März	4
3. Monat	20. April	5
4. Monat	19. Mai	6
5. Monat	17. Juni	7
6. Monat	17. Juli	8
7. Monat	15. August	9
8. Monat	13. September	10
9. Monat	13. Oktober	11
10. Monat	11. November	12
11. Monat	11. Dezember	13
12. Monat	9. Januar	14

	J	F	M	A	M	J	J	A	S	O	N	D
1	35	6	34	5	35	6	36	7	38	8	39	9
2	36	7	35	6	36	7	37	8	39	9	40	10
3	37	8	36	7	37	8	38	9	40	10	41	11
4	38	9	37	8	38	9	39	10	41	11	42	12
5	39	10	38	9	39	10	40	11	42	12	43	13
6	40	11	39	10	40	11	41	12	43	13	44	14
7	41	12	40	11	41	12	42	13	44	14	45	15
8	42	13	41	12	42	13	43	14	45	15	46	16
9	43	14	42	13	43	14	44	15	46	16	47	17
10	4	15	43	14	44	15	45	16	47	17	48	18
11	45	16	44	15	45	16	46	17	48	18	49	19
12	46	17	45	16	46	17	47	18	49	19	50	20
13	47	18	46	17	47	18	48	19	50	20	51	21
14	48	19	47	18	48	19	49	20	51	21	52	22
15	49	20	48	19	49	20	50	21	52	22	53	23
16	50	21	49	20	50	21	51	22	53	23	54	24
17	51	22	50	21	51	22	52	23	54	24	55	25
18	52	23	51	22	52	23	53	24	55	25	56	26
19	53	24	52	23	53	24	54	25	56	26	57	27
20	54	25	53	24	54	25	55	26	57	27	58	28
21	55	26	54	25	55	26	56	27	58	28	59	29
22	56	27	55	26	56	27	57	28	59	29	60	30
23	57	28	56	27	57	28	58	29	60	30	1	31
24	58	29	57	28	58	29	59	30	1	31	2	32
25	59	30	58	29	59	30	60	31	2	32	3	33
26	60	31	59	30	60	31	1	32	3	33	4	34
27	1	32	60	31	1	32	2	33	4	34	5	35
28	2	33	1	32	2	33	3	34	5	35	6	36
29	3		2	33	3	34	4	35	6	36	7	37
30	4		3	34	4	35	5	36	7	37	8	38
31	5		4		5		6	37		38		39

1940 庚辰 17

Yang Metall Drache

Chinesischer Monat	beginnt am	Zeichen
1. Monat	8. Februar	15
2. Monat	9. März	16
3. Monat	8. April	17
4. Monat	7. Mai	18
5. Monat	6. Juni	19
6. Monat	5. Juli	20
7. Monat	4. August	21
8. Monat	2. September	22
9. Monat	1. Oktober	23
10. Monat	31. Oktober	24
11. Monat	29. November	25
12. Monat	29. Dezember	26

	J	F	M	A	M	J	J	A	S	O	N	D
1	40	11	40	11	41	12	42	13	44	14	45	15
2	41	12	41	12	42	13	43	14	45	15	46	16
3	42	13	42	13	43	14	44	15	46	16	47	17
4	43	14	43	14	44	15	45	16	47	17	48	18
5	44	15	44	15	45	16	46	17	48	18	49	19
6	45	16	45	16	46	17	47	18	49	19	50	20
7	46	17	46	17	47	18	48	19	50	20	51	21
8	47	18	47	18	48	19	49	20	51	21	52	22
9	48	19	48	19	49	20	50	21	52	22	53	23
10	49	20	49	20	50	21	51	22	53	23	54	24
11	50	21	50	21	51	22	52	23	54	24	55	25
12	51	22	51	22	52	23	53	24	55	25	56	26
13	52	23	52	23	53	24	54	25	56	26	57	27
14	53	24	53	24	54	25	55	26	57	27	58	28
15	54	25	54	25	55	26	56	27	58	28	59	29
16	55	26	55	26	56	27	57	28	59	29	60	30
17	56	27	56	27	57	28	58	29	60	30	1	31
18	57	28	57	28	58	29	59	30	1	31	2	32
19	58	29	58	29	59	30	60	31	2	32	3	33
20	59	30	59	30	60	31	1	32	3	33	4	34
21	60	31	60	31	1	32	2	33	4	34	5	35
22	1	32	1	32	2	33	3	34	5	35	6	36
23	2	33	2	33	3	34	4	35	6	36	7	37
24	3	34	3	34	4	35	5	36	7	37	8	38
25	4	35	4	35	5	36	6	37	8	38	9	39
26	5	36	5	36	6	37	7	38	9	39	10	40
27	6	37	6	37	7	38	8	39	10	40	11	41
28	7	38	7	38	8	39	9	40	11	41	12	42
29	8	39	8	39	9	40	10	41	12	42	13	43
30	9		9	40	10	41	11	42	13	43	14	44
31	10		10		11		12	43		44		45

1941 辛巳 18

Yin Metall Schlange

Chinesischer Monat	beginnt am	Zeichen
1. Monat	27. Januar	27
2. Monat	26. Februar	28
3. Monat	28. März	29
4. Monat	26. April	30
5. Monat	26. Mai	31
6. Monat	25. Juni	32
7. Monat	23. August	33
8. Monat	21. September	34
9. Monat	20. Oktober	35
10. Monat	19. November	36
11. Monat	18. Dezember	37
12. Monat	17. Januar	38

	J	F	M	A	M	J	J	A	S	O	N	D
1	46	17	45	16	46	17	47	18	49	19	50	20
2	47	18	46	17	47	18	48	19	50	20	51	21
3	48	19	47	18	48	19	49	20	51	21	52	22
4	49	20	48	19	49	20	50	21	52	22	53	23
5	50	21	49	20	50	21	51	22	53	23	54	24
6	51	22	50	21	51	22	52	23	54	24	55	25
7	52	23	51	22	52	23	53	24	55	25	56	26
8	53	24	52	23	53	24	54	25	56	26	57	27
9	54	25	53	24	54	25	55	26	57	27	58	28
10	55	26	54	25	55	26	56	27	58	28	59	29
11	56	27	55	26	56	27	57	28	59	29	60	30
12	57	28	56	27	57	28	58	29	60	30	1	31
13	58	29	57	28	58	29	59	30	1	31	2	32
14	59	30	58	29	59	30	60	31	2	32	3	33
15	60	31	59	30	60	31	1	32	3	33	4	34
16	1	32	60	31	1	32	2	33	4	34	5	35
17	2	33	1	32	2	33	3	34	5	35	6	36
18	3	34	2	33	3	34	4	35	6	36	7	37
19	4	35	3	34	4	35	5	36	7	37	8	38
20	5	36	4	35	5	36	6	37	8	38	9	39
21	6	37	5	36	6	37	7	38	9	39	10	40
22	7	38	6	37	7	38	8	39	10	40	11	41
23	8	39	7	38	8	39	9	40	11	41	12	42
24	9	40	8	39	9	40	10	41	12	42	13	43
25	10	41	9	40	10	41	11	42	13	43	14	44
26	11	42	10	41	11	42	12	43	14	44	15	45
27	12	43	11	42	12	43	13	44	15	45	16	46
28	13	44	12	43	13	44	14	45	16	46	17	47
29	14		13	44	14	45	15	46	17	47	18	48
30	15		14	45	15	46	16	47	18	48	19	49
31	16		15		16		17	48		49		50

1942 壬午 19

Yang Wasser Pferd

Chinesischer Monat	beginnt am	Zeichen
1. Monat	15. Februar	39
2. Monat	17. März	40
3. Monat	15. April	41
4. Monat	15. Mai	42
5. Monat	14. Juni	43
6. Monat	13. Juli	44
7. Monat	12. August	45
8. Monat	10. September	46
9. Monat	10. Oktober	47
10. Monat	8. November	48
11. Monat	8. Dezember	49
12. Monat	6. Januar	50

	J	F	M	A	M	J	J	A	S	O	N	D
1	51	22	50	21	51	22	52	23	54	24	55	25
2	52	23	51	22	52	23	53	24	55	25	56	26
3	53	24	52	23	53	24	54	25	56	26	57	27
4	54	25	53	24	54	25	55	26	57	27	58	28
5	55	26	54	25	55	26	56	27	58	28	59	29
6	56	27	55	26	56	27	57	28	59	29	60	30
7	57	28	56	27	57	28	58	29	60	30	1	31
8	58	29	57	28	58	29	59	30	1	31	2	32
9	59	30	58	29	59	30	60	31	2	32	3	33
10	60	31	59	30	60	31	1	32	3	33	4	34
11	1	32	60	31	1	32	2	33	4	34	5	35
12	2	33	1	32	2	33	3	34	5	35	6	36
13	3	34	2	33	3	34	4	35	6	36	7	37
14	4	35	3	34	4	35	5	36	7	37	8	38
15	5	36	4	35	5	36	6	37	8	38	9	39
16	6	37	5	36	6	37	7	38	9	39	10	40
17	7	38	6	37	7	38	8	39	10	40	11	41
18	8	39	7	38	8	39	9	40	11	41	12	42
19	9	40	8	39	9	40	10	41	12	42	13	43
20	10	41	9	40	10	41	11	42	13	43	14	44
21	11	42	10	41	11	42	12	43	14	44	15	45
22	12	43	11	42	12	43	13	44	15	45	16	46
23	13	44	12	43	13	44	14	45	16	46	17	47
24	14	45	13	44	14	45	15	46	17	47	18	48
25	15	46	14	45	15	46	16	47	18	48	19	49
26	16	47	15	46	16	47	17	48	19	49	20	50
27	17	48	16	47	17	48	18	49	20	50	21	51
28	18	49	17	48	18	49	19	50	21	51	22	52
29	19		18	49	19	50	20	51	22	52	23	53
30	20		19	50	20	51	21	52	23	53	24	54
31	21		20		21		22	53		54		55

1943 癸未 20

Yin Wasser Schaf

Chinesischer Monat	beginnt am	Zeichen
1. Monat	5. Februar	51
2. Monat	6. März	52
3. Monat	5. April	53
4. Monat	4. Mai	54
5. Monat	3. Juni	55
6. Monat	2. Juli	56
7. Monat	1. August	57
8. Monat	31. August	58
9. Monat	29. September	59
10. Monat	29. Oktober	60
11. Monat	27. November	1
12. Monat	27. Dezember	2

	J	F	M	A	M	J	J	A	S	O	N	D
1	56	27	56	27	57	28	57	28	59	29	60	30
2	57	28	57	28	58	29	58	29	60	30	1	31
3	58	29	58	29	59	30	59	30	1	31	2	32
4	59	30	59	30	60	31	60	31	2	32	3	33
5	60	31	60	31	1	32	1	32	3	33	4	34
6	1	32	1	32	2	33	2	33	4	34	5	35
7	2	34	2	33	3	34	3	34	5	35	6	36
8	3	35	3	34	4	35	4	35	6	36	7	37
9	4	36	4	35	5	36	5	36	7	37	8	38
10	5	37	5	36	6	37	6	37	8	38	9	39
11	6	38	6	37	7	38	7	38	9	39	10	40
12	7	39	7	38	8	39	8	39	10	40	11	41
13	8	40	8	39	9	40	9	40	11	41	12	42
14	9	41	9	40	10	41	10	41	12	42	13	43
15	10	42	10	41	11	42	11	42	13	43	14	44
16	11	43	11	42	12	43	12	43	14	44	15	45
17	12	44	12	43	13	44	13	44	15	45	16	46
18	13	45	13	44	14	45	14	45	16	46	17	47
19	14	46	14	45	15	46	15	46	17	47	18	48
20	15	47	15	46	16	47	16	47	18	48	19	49
21	16	48	16	47	17	48	17	48	19	49	20	50
22	17	49	17	48	18	49	18	49	20	50	21	51
23	18	50	18	49	19	50	19	50	21	51	22	52
24	19	51	19	50	20	51	20	51	22	52	23	53
25	20	52	20	51	21	5	21	52	23	53	24	54
26	21	53	21	52	22	2	22	53	24	54	25	55
27	22	54	22	53	23	53	23	54	25	55	26	56
28	23	55	23	54	24	54	24	55	26	56	27	57
29	24		24	55	25	55	25	56	27	57	28	58
30	25		25	56	26	56	26	57	28	58	29	59
31	26		26		27		27	58		59		60

1944 甲申 21

Yang Holz Affe

Chinesischer Monat	beginnt am	Zeichen
1. Monat	25. Januar	3
2. Monat	24. Februar	4
3. Monat	24. März	5
4. Monat	23. April	6
5. Monat	21. Juni	7
6. Monat	20. Juli	8
7. Monat	19. August	9
8. Monat	17. September	10
9. Monat	17. Oktober	11
10. Monat	16. November	12
11. Monat	15. Dezember	13
12. Monat	14. Januar	14

	J	F	M	A	M	J	J	A	S	O	N	D
1	1	32	1	32	2	33	3	34	5	35	6	36
2	2	33	2	33	3	34	4	35	6	36	7	37
3	3	34	3	34	4	35	5	36	7	37	8	38
4	4	35	4	35	5	36	6	37	8	38	9	39
5	5	36	5	36	6	37	7	38	9	39	10	40
6	6	37	6	37	7	38	8	39	10	40	11	41
7	7	38	7	38	8	39	9	40	11	41	12	42
8	8	39	8	39	9	40	10	41	12	42	13	43
9	9	40	9	40	10	41	11	42	13	43	14	44
10	10	41	10	41	11	42	12	43	14	44	15	45
11	11	42	11	42	12	43	13	44	15	45	16	46
12	12	43	12	43	13	44	14	45	16	46	17	47
13	13	44	13	44	14	45	15	46	17	47	18	48
14	14	45	14	45	15	46	16	47	18	48	19	49
15	15	46	15	46	16	47	17	48	19	49	20	50
16	16	47	16	47	17	48	18	49	20	50	21	51
17	17	48	17	48	18	49	19	50	21	51	22	52
18	18	49	18	49	19	50	20	51	22	52	23	53
19	19	50	19	50	20	51	21	52	23	53	24	54
20	20	51	20	51	21	52	22	53	24	54	25	55
21	21	52	21	52	22	53	23	54	25	55	26	56
22	22	53	22	53	23	54	24	55	26	56	27	57
23	23	54	23	54	24	55	25	56	27	57	28	58
24	24	55	24	55	25	56	26	57	28	58	29	59
25	25	56	25	56	26	57	27	58	29	59	30	60
26	26	57	26	57	27	58	28	59	30	60	31	1
27	27	58	27	58	28	59	29	60	31	1	32	2
28	28	59	28	59	29	60	30	1	32	2	33	3
29	29	60	29	60	30	1	31	2	33	3	34	4
30	30		30	1	31	2	32	3	34	4	35	5
31	31		31		32		33	4		5		6

1945 乙酉 22

Yin Holz Hahn

Chinesischer Monat	beginnt am	Zeichen
1. Monat	13. Februar	15
2. Monat	14. März	16
3. Monat	12. April	17
4. Monat	12. Mai	18
5. Monat	10. Juni	19
6. Monat	9. Juli	20
7. Monat	8. August	21
8. Monat	6. September	22
9. Monat	6. Oktober	23
10. Monat	5. November	24
11. Monat	5. Dezember	25
12. Monat	3. Januar	26

	J	F	M	A	M	J	J	A	S	O	N	D
1	7	38	6	37	7	38	8	39	10	40	11	41
2	8	39	7	38	8	39	9	40	11	41	12	42
3	9	40	8	39	9	40	10	41	12	42	13	43
4	10	41	9	40	10	41	11	42	13	43	14	44
5	11	42	10	41	11	42	12	43	14	44	15	45
6	12	43	11	42	12	43	13	44	15	45	16	46
7	13	44	12	43	13	44	14	45	16	46	17	47
8	14	45	13	44	14	45	15	46	17	47	18	48
9	15	46	14	45	15	46	16	47	18	48	19	49
10	16	47	15	46	16	47	17	48	19	49	20	50
11	17	48	16	47	17	48	18	49	20	50	21	51
12	18	49	17	48	18	49	19	50	21	51	22	52
13	19	50	18	49	19	50	20	51	22	52	23	53
14	20	51	19	50	20	51	21	52	23	53	24	54
15	21	52	20	51	21	52	22	53	24	54	25	55
16	22	53	21	52	22	53	23	54	25	55	26	56
17	23	54	22	53	23	54	24	55	26	56	27	57
18	24	55	23	54	24	55	25	56	27	57	28	58
19	25	56	24	55	25	56	26	57	28	58	29	59
20	26	57	25	56	26	57	27	58	29	59	30	60
21	27	58	26	57	27	58	28	59	30	60	31	1
22	28	59	27	58	28	59	29	60	31	1	32	2
23	29	60	28	59	29	60	30	1	32	2	33	3
24	30	1	29	60	30	1	31	2	33	3	34	4
25	31	2	30	1	31	2	32	3	34	4	35	5
26	32	3	31	2	32	3	33	4	35	5	36	6
27	33	4	32	3	33	4	34	5	36	6	37	7
28	34	5	33	4	34	5	35	6	37	7	38	8
29	35		34	5	35	6	36	7	38	8	39	9
30	36		35	6	36	7	37	8	39	9	40	10
31	37		36		37		38	9		10		11

1946 丙戌 23

Yang Feuer Hund

Chinesischer Monat	beginnt am	Zeichen
1. Monat	2. Februar	27
2. Monat	4. März	28
3. Monat	2. April	29
4. Monat	1. Mai	30
5. Monat	31. Mai	31
6. Monat	29. Juni	32
7. Monat	28. Juli	33
8. Monat	27. August	34
9. Monat	25. September	35
10. Monat	25. Oktober	36
11. Monat	24. November	37
12. Monat	23. Dezember	38

	J	F	M	A	M	J	J	A	S	O	N	D
1	12	43	11	42	12	43	13	44	15	45	16	46
2	13	44	12	43	13	44	14	45	16	46	17	47
3	14	45	13	44	14	45	15	46	17	47	18	48
4	15	46	14	45	15	46	16	47	18	48	19	49
5	16	47	15	46	16	47	17	48	19	49	20	50
6	17	48	16	47	17	48	18	49	20	50	21	51
7	18	49	17	48	18	49	19	50	21	51	22	52
8	19	50	18	49	19	50	20	51	22	52	23	53
9	20	51	19	50	20	51	21	52	23	53	24	54
10	21	52	20	51	21	52	22	53	24	54	25	55
11	22	53	21	52	22	53	23	54	25	55	26	56
12	23	54	22	53	23	54	24	55	26	56	27	57
13	24	55	23	54	24	55	25	56	27	57	28	58
14	25	56	24	55	25	56	26	57	28	58	29	59
15	26	57	25	56	26	57	27	58	29	59	30	60
16	27	58	26	57	27	58	28	59	30	60	31	1
17	28	59	27	58	28	59	29	60	31	1	32	2
18	29	60	28	59	29	60	30	1	32	2	33	3
19	30	1	29	60	30	1	31	2	33	3	34	4
20	31	2	30	1	31	2	32	3	34	4	35	5
21	32	3	31	2	32	3	33	4	35	5	36	6
22	33	4	32	3	33	4	34	5	36	6	37	7
23	34	5	33	4	34	5	35	6	37	7	38	8
24	35	6	34	5	35	6	36	7	38	8	39	9
25	36	7	35	6	36	7	37	8	39	9	40	10
26	37	8	36	7	37	8	38	9	40	10	41	11
27	38	9	37	8	38	9	39	10	41	11	42	12
28	39	10	38	9	39	10	40	11	42	12	43	13
29	40		39	10	40	11	41	12	43	13	44	14
30	41		40	11	41	12	42	13	44	14	45	15
31	42		41		42		43	14	1	5		16

1947 丁亥 24

Yin Feuer Schwein

Chinesischer Monat	beginnt am	Zeichen
1. Monat	22. Januar	39
2. Monat	21. Februar	40
3. Monat	21. April	41
4. Monat	20. Mai	42
5. Monat	19. Juni	43
6. Monat	18. Juli	44
7. Monat	16. August	45
8. Monat	15. September	46
9. Monat	14. Oktober	47
10. Monat	13. November	48
11. Monat	12. Dezember	49
12. Monat	11. Januar	50

	J	F	M	A	M	J	J	A	S	O	N	D
1	17	48	16	47	17	48	18	49	20	50	21	51
2	18	49	17	48	18	49	19	50	21	51	22	52
3	19	50	18	49	19	50	20	51	22	52	23	53
4	20	51	19	50	20	51	21	52	23	53	24	54
5	21	52	20	51	21	52	22	53	24	54	25	55
6	22	53	21	52	22	53	23	54	25	55	26	56
7	23	54	22	53	23	54	24	55	26	56	27	57
8	24	55	23	54	24	55	25	56	27	57	28	58
9	25	56	24	55	25	56	26	57	28	58	29	59
10	26	57	25	56	26	57	27	58	29	59	30	60
11	27	58	26	57	27	58	28	59	30	60	31	1
12	28	59	27	58	28	59	29	60	31	1	32	2
13	29	60	28	59	29	60	30	1	32	2	33	3
14	30	1	29	60	30	1	31	2	33	3	34	4
15	31	2	30	1	31	2	32	3	34	4	35	5
16	32	3	31	2	32	3	33	4	35	5	36	6
17	33	4	32	3	33	4	34	5	36	6	37	7
18	3	5	33	4	34	5	35	6	37	7	38	8
19	35	6	34	5	35	6	36	7	38	8	39	9
20	36	7	35	6	36	7	37	8	39	9	40	10
21	37	8	36	7	37	8	38	9	40	10	41	11
22	38	9	37	8	38	9	39	10	41	11	42	12
23	39	10	38	9	39	10	40	11	42	12	43	13
24	40	11	39	10	40	11	41	12	43	13	44	14
25	41	12	40	11	41	12	42	13	44	14	45	15
26	42	13	41	12	42	13	43	14	45	15	46	16
27	43	14	42	13	43	14	44	15	46	16	47	17
28	44	15	43	14	44	15	45	16	47	17	48	18
29	45		44	15	45	16	46	17	48	18	49	19
30	46		45	16	46	17	47	18	49	19	50	20
31	47		46		47		48	19		20		21

1948 戊子 25

Yang Erde Ratte

Chinesischer Monat	beginnt am	Zeichen
1. Monat	10. Februar	51
2. Monat	11. März	52
3. Monat	9. April	53
4. Monat	9. Mai	54
5. Monat	7. Juni	55
6. Monat	7. Juli	56
7. Monat	5. August	57
8. Monat	3. September	58
9. Monat	3. Oktober	59
10. Monat	1. November	60
11. Monat	1. Dezember	1
12. Monat	30. Dezember	2

	J	F	M	A	M	J	J	A	S	O	N	D
1	22	53	22	53	23	54	24	55	26	55	27	57
2	23	54	23	54	24	55	25	56	27	57	28	58
3	24	55	24	55	25	56	26	57	28	58	29	59
4	25	56	25	56	26	57	27	58	9	59	30	60
5	26	57	26	57	27	58	28	59	30	60	31	1
6	27	58	27	58	28	59	29	60	31	1	32	2
7	28	59	28	59	29	60	30	1	32	2	33	3
8	29	60	29	60	30	1	31	2	33	3	34	4
9	30	1	30	1	31	2	32	3	34	4	35	5
10	31	2	31	2	32	3	33	4	35	5	36	6
11	32	3	32	3	33	4	34	5	36	6	37	7
12	33	4	33	4	34	5	35	6	37	7	38	8
13	34	5	34	5	35	6	36	7	38	8	39	9
14	35	6	35	6	36	7	37	8	39	9	40	10
15	36	7	36	7	37	8	38	9	40	10	41	11
16	37	8	37	8	38	9	39	10	41	11	42	12
17	38	9	38	9	39	10	40	11	42	12	43	13
18	39	10	39	10	40	11	41	12	43	13	44	14
19	40	11	40	11	41	12	42	13	44	14	45	15
20	41	12	41	12	42	13	43	14	45	15	46	16
21	42	13	42	13	43	14	44	15	46	16	47	17
22	43	14	43	14	44	15	45	16	47	17	48	18
23	44	15	44	15	45	16	46	17	48	18	49	19
24	45	16	45	16	46	17	47	18	49	19	50	20
25	46	17	46	17	47	18	48	19	50	20	51	21
26	47	18	47	18	48	19	49	20	51	21	52	22
27	48	19	48	19	49	20	50	21	52	22	53	23
28	49	20	49	20	50	21	51	22	53	23	54	24
29	50	21	50	21	51	22	52	23	54	24	55	25
30	51		51	22	52	23	53	24	55	25	56	26
31	52		52		53		54	25		26		27

1949 己丑 26

Yin Erde Büffel

Chinesischer Monat	beginnt am	Zeichen
1. Monat	29. Januar	3
2. Monat	28. Februar	4
3. Monat	29. März	5
4. Monat	28. April	6
5. Monat	28. Mai	7
6. Monat	26. Juni	8
7. Monat	26. Juli	9
8. Monat	22. September	10
9. Monat	22. Oktober	11
10. Monat	20. November	12
11. Monat	20. Dezember	13
12. Monat	18. Januar	14

	J	F	M	A	M	J	J	A	S	O	N	D
1	28	59	27	58	28	59	29	60	31	1	32	2
2	29	60	28	59	29	60	30	1	32	2	33	3
3	30	1	29	60	30	1	31	2	33	3	34	4
4	31	2	30	1	31	2	32	3	34	4	35	5
5	32	3	31	2	32	3	33	4	35	5	36	6
6	33	4	32	3	33	4	34	5	36	6	37	7
7	34	5	33	4	34	5	35	6	37	7	38	8
8	35	6	34	5	35	6	36	7	38	8	39	9
9	36	7	35	6	36	7	37	8	39	9	40	10
10	37	8	36	7	37	8	38	9	40	10	41	11
11	38	9	37	8	38	9	39	10	41	11	42	12
12	39	10	38	9	39	10	40	11	42	12	43	13
13	40	11	39	10	40	11	41	12	43	13	44	14
14	41	12	40	11	41	12	42	13	44	14	45	15
15	42	13	41	12	42	13	43	14	45	15	46	16
16	43	14	42	13	43	14	44	15	46	16	47	17
17	44	15	43	14	44	15	45	16	47	17	48	18
18	45	16	44	15	45	16	46	17	48	18	49	19
19	46	17	45	16	46	17	47	18	49	19	50	20
20	47	18	46	17	47	18	48	19	50	20	51	21
21	48	19	47	18	48	19	49	20	51	21	52	22
22	49	20	48	19	49	20	50	21	52	22	53	23
23	50	21	49	20	50	21	51	22	53	23	54	24
24	51	22	50	21	51	22	52	23	54	24	55	25
25	52	23	51	22	52	23	53	24	55	25	56	26
26	53	24	52	23	53	24	54	25	56	26	57	27
27	54	25	53	24	54	25	55	26	57	27	58	28
28	55	26	54	25	55	26	56	27	58	28	59	29
29	56		55	26	56	27	57	28	59	29	60	30
30	57		56	27	57	28	58	29	60	30	1	31
31	58		57		58		59	30		31		32

1950 庚寅 27

Yang Metall Tiger

Chinesischer Monat	beginnt am	Zeichen
1. Monat	17. Februar	15
2. Monat	18. März	16
3. Monat	17. April	17
4. Monat	17. Mai	18
5. Monat	15. Juni	19
6. Monat	15. Juli	20
7. Monat	14. August	21
8. Monat	12. September	22
9. Monat	11. Oktober	23
10. Monat	10. November	24
11. Monat	9. Dezember	25
12. Monat	8. Januar	26

	J	F	M	A	M	J	J	A	S	O	N	D
1	33	4	32	3	33	4	34	5	36	6	37	7
2	34	5	33	4	34	5	35	6	37	7	38	8
3	35	6	34	5	35	6	36	7	38	8	39	9
4	36	7	35	6	36	7	37	8	39	9	40	10
5	37	8	36	7	37	8	38	9	40	10	41	11
6	38	9	37	8	38	9	39	10	41	11	42	12
7	39	10	38	9	39	10	40	11	42	12	43	13
8	40	11	39	10	40	11	41	12	43	13	44	14
9	41	12	40	11	41	12	42	13	44	14	45	15
10	42	13	41	12	42	13	43	14	45	15	46	16
11	43	14	42	13	43	14	44	15	46	16	47	17
12	44	15	43	14	44	15	45	16	47	17	48	18
13	45	16	44	15	45	16	46	17	48	18	49	19
14	46	17	45	16	46	17	47	18	49	19	50	20
15	47	18	46	17	47	18	48	19	50	20	51	21
16	48	19	47	18	48	19	49	20	51	21	52	22
17	49	20	48	19	49	20	50	21	52	22	53	23
18	50	21	49	20	50	21	51	22	53	23	54	24
19	51	22	50	21	51	22	52	23	54	24	55	25
20	52	23	51	22	52	23	53	24	55	25	56	26
21	53	24	52	23	53	24	54	25	56	26	57	27
22	54	25	53	24	54	25	55	26	57	27	58	28
23	55	26	54	25	55	26	56	27	58	28	59	29
24	56	27	55	26	56	27	57	28	59	29	60	30
25	57	2	56	27	57	28	58	29	60	30	1	31
26	58	29	57	28	58	29	59	30	1	31	2	32
27	59	30	58	29	59	30	60	31	2	32	3	33
28	60	31	59	30	60	31	1	32	3	33	4	34
29	1		60	31	1	32	2	33	4	34	5	35
30	2		1	32	2	33	3	34	5	35	6	36
31	3		2		3		4	35		36		37

1951 辛卯 28

Yin Metall Hase

Chinesischer Monat	beginnt am	Zeichen
1. Monat	6. Februar	27
2. Monat	8. März	28
3. Monat	6. April	29
4. Monat	6. Mai	30
5. Monat	5. Juni	31
6. Monat	4. Juli	32
7. Monat	3. August	33
8. Monat	1. September	34
9. Monat	1. Oktober	35
10. Monat	30. Oktober	36
11. Monat	29. November	37
12. Monat	28. Dezember	38

	J	F	M	A	M	J	J	A	S	O	N	D
1	38	9	37	8	38	9	39	10	41	11	42	12
2	39	10	38	9	39	10	40	11	42	12	43	13
3	40	11	39	10	40	11	41	12	43	13	44	14
4	41	12	40	11	41	12	42	13	44	14	45	15
5	42	13	41	12	42	13	43	14	45	15	46	16
6	43	14	42	13	43	14	44	15	46	16	47	17
7	44	15	43	14	44	15	45	16	47	17	48	18
8	45	16	44	15	45	16	46	17	48	18	49	19
9	46	17	45	16	46	17	47	18	49	19	50	20
10	47	18	46	17	47	18	48	19	50	20	51	21
11	48	19	47	18	48	19	49	20	51	21	52	22
12	49	20	48	19	49	20	50	21	52	22	53	23
13	50	21	49	20	50	21	51	22	53	23	54	24
14	51	22	50	21	51	22	52	23	54	24	55	25
15	52	23	51	22	52	23	53	24	55	25	56	26
16	53	24	52	23	53	24	54	25	56	26	57	27
17	54	25	53	24	54	25	55	26	57	27	58	28
18	55	26	54	25	55	26	56	27	58	28	59	29
19	56	27	55	26	56	27	57	28	59	29	60	30
20	57	28	56	27	57	28	58	29	60	30	1	31
21	58	29	57	28	58	29	59	30	1	31	2	32
22	59	30	58	29	59	30	60	31	2	32	3	33
23	60	31	59	30	60	31	1	32	3	33	4	34
24	1	32	60	31	1	32	2	33	4	34	5	35
25	2	33	1	32	2	33	3	34	5	35	6	36
26	3	34	2	33	3	34	4	35	6	36	7	37
27	4	35	3	34	4	35	5	36	7	37	8	38
28	5	36	4	35	5	36	6	37	8	38	9	39
29	6		5	36	6	37	7	38	9	39	10	40
30	7		6	37	7	38	8	39	10	40	11	41
31	8		7		8		9	40		41		42

1952 壬辰 29

Yang Wasser Drache

Chinesischer Monat	beginnt am	Zeichen
1. Monat	27. Januar	39
2. Monat	25. Februar	40
3. Monat	26. März	41
4. Monat	24. April	42
5. Monat	24. Mai	43
6. Monat	22. Juli	44
7. Monat	20. August	45
8. Monat	19. September	46
9. Monat	19. Oktober	47
10. Monat	17. November	48
11. Monat	17. Dezember	49
12. Monat	15. Januar	50

	J	F	M	A	M	J	J	A	S	O	N	D
1	43	14	43	14	44	15	45	16	47	17	48	18
2	44	15	44	15	45	16	46	17	48	18	49	19
3	45	16	45	16	46	17	47	18	49	19	50	20
4	46	17	46	17	47	18	48	19	50	20	51	21
5	47	18	47	18	48	19	49	20	51	21	52	22
6	48	19	48	19	49	20	50	21	52	22	53	23
7	49	20	49	20	50	21	51	22	53	23	54	24
8	50	21	50	21	51	22	52	23	54	24	55	25
9	51	22	51	22	52	23	53	24	55	25	56	26
10	52	23	52	23	53	24	54	25	56	26	57	27
11	53	24	53	24	54	25	55	26	57	27	58	28
12	54	25	54	25	55	26	56	27	58	28	59	29
13	55	26	55	26	56	27	57	28	59	29	60	30
14	56	27	56	27	57	28	58	29	60	30	1	31
15	57	28	57	28	58	29	59	30	1	31	2	32
16	58	29	58	29	59	30	60	31	2	32	3	33
17	59	30	59	30	60	31	1	32	3	33	4	34
18	60	31	60	31	1	32	2	33	4	34	5	35
19	1	32	1	32	2	33	3	34	5	35	6	36
20	2	33	2	33	3	34	4	35	6	36	7	37
21	3	34	3	34	4	35	5	36	7	37	8	38
22	4	35	4	35	5	36	6	37	8	38	9	39
23	5	36	5	36	6	37	7	38	9	39	10	40
24	6	37	6	37	7	38	8	39	10	40	11	41
25	7	38	7	38	8	39	9	40	11	41	12	42
26	8	39	8	39	9	40	10	41	12	42	13	43
27	9	40	9	40	10	41	11	42	13	43	14	44
28	10	41	10	41	11	42	12	43	14	44	15	45
29	11	42	11	42	12	43	13	44	15	45	16	46
30	12		12	43	13	44	14	45	16	46	17	47
31	13		13		14		15	46		47		48

1953 癸巳 30

Yin Wasser Schlange

Chinesischer Monat	beginnt am	Zeichen
1. Monat	14. Februar	51
2. Monat	15. März	52
3. Monat	14. April	53
4. Monat	13. Mai	54
5. Monat	11. Juni	55
6. Monat	11. Juli	56
7. Monat	10. August	' 7
8. Monat	8. September	58
9. Monat	8. Oktober	59
10. Monat	7. November	60
11. Monat	6. Dezember	1
12. Monat	5. Januar	2

	J	F	M	A	M	J	J	A	S	O	N	D
1	49	20	48	19	49	20	50	21	52	22	53	23
2	50	21	49	20	50	21	51	22	53	23	54	24
3	51	22	50	21	51	22	52	23	54	24	55	25
4	52	23	51	22	52	23	53	24	55	25	56	26
5	53	24	52	23	53	24	54	25	56	26	57	27
6	54	25	53	24	54	25	55	26	57	27	58	28
7	55	26	54	25	55	26	56	27	58	28	59	29
8	56	27	55	26	56	27	57	28	59	29	60	30
9	57	28	56	27	57	28	58	29	60	30	1	31
10	58	29	57	28	58	29	59	30	1	31	2	32
11	59	30	58	29	59	30	60	31	2	32	3	33
12	60	31	59	30	60	31	1	32	3	33	4	34
13	1	32	60	31	1	32	2	33	4	34	5	35
14	2	33	1	32	2	33	3	34	5	35	6	36
15	3	34	2	33	3	34	4	35	6	36	7	37
16	4	35	3	34	4	35	5	36	7	37	8	38
17	5	36	4	35	5	36	6	37	8	38	9	39
18	6	37	5	36	6	37	7	38	9	39	10	40
19	7	38	6	37	7	38	8	39	10	40	11	41
20	8	39	7	38	8	39	9	40	11	41	12	42
21	9	40	8	39	9	40	10	41	12	42	13	43
22	10	41	9	40	10	41	11	42	13	43	14	44
23	11	42	10	41	11	42	12	43	14	44	15	45
24	12	43	11	42	12	43	13	44	15	45	16	46
25	13	44	12	43	13	44	14	45	16	46	17	47
26	14	45	13	44	14	45	15	46	17	47	18	48
27	15	46	14	45	15	46	16	47	18	48	19	49
28	16	47	15	46	16	47	17	48	19	49	20	50
29	17		16	47	17	48	18	49	20	50	21	51
30	18		17	48	18	49	19	50	21	51	22	52
31	19		18		19		20	51		52		53

1954 甲午 31

Yang Holz Pferd

Chinesischer Monat	beginnt am	Zeichen
1. Monat	3. Februar	3
2. Monat	5. März	4
3. Monat	3. April	5
4. Monat	3. Mai	6
5. Monat	1. Juni	7
6. Monat	30. Juni	8
7. Monat	30. Juli	9
8. Monat	28. August	10
9. Monat	27. September	11
10. Monat	27. Oktober	12
11. Monat	25. November	13
12. Monat	25. Dezember	14

	J	F	M	A	M	J	J	A	S	O	N	D
1	54	25	53	24	54	25	55	26	57	27	58	28
2	55	26	54	25	55	26	56	27	58	28	59	29
3	56	27	55	26	56	27	57	28	59	29	60	30
4	57	28	56	27	57	28	58	29	60	30	1	31
5	58	29	57	28	58	29	59	30	1	31	2	32
6	59	30	58	29	59	30	60	31	2	32	3	33
7	60	31	59	30	60	31	1	32	3	33	4	34
8	1	32	60	31	1	32	2	33	4	34	5	35
9	2	33	1	32	2	33	3	34	5	35	6	36
10	3	34	2	33	3	34	4	35	6	36	7	37
11	4	35	3	34	4	35	5	36	7	37	8	38
12	5	36	4	35	5	36	6	37	8	38	9	39
13	6	37	5	36	6	37	7	38	9	39	10	40
14	7	38	6	37	7	38	8	39	10	40	11	41
15	8	39	7	38	8	39	9	40	11	41	12	42
16	9	40	8	39	9	40	10	41	12	42	13	43
17	10	41	9	40	10	41	11	42	13	43	14	44
18	11	42	10	41	11	42	12	43	14	44	15	45
19	12	43	11	42	12	43	13	44	15	45	16	46
20	13	44	12	43	13	44	14	45	16	46	17	47
21	14	45	13	44	14	45	15	46	17	47	18	48
22	15	46	14	45	15	46	16	47	18	48	19	49
23	16	47	15	46	16	47	17	48	19	49	20	50
24	17	48	16	47	17	48	18	49	20	50	21	51
25	18	49	17	48	18	49	19	50	21	51	22	52
26	19	50	18	49	19	50	20	51	22	52	23	53
27	20	51	19	50	20	51	21	52	23	53	24	54
28	21	52	20	51	21	52	22	53	24	54	25	55
29	22		21	52	22	53	23	54	25	55	26	56
30	23		22	53	23	54	24	55	26	56	27	57
31	24		23		24		25	56		57		58

1955 乙未 32

Yin Holz Schaf

Chinesischer Monat	beginnt am	Zeichen
1. Monat	24. Januar	15
2. Monat	22. Februar	16
3. Monat	24. März	17
4. Monat	22. Mai	18
5. Monat	20. Juni	19
6. Monat	19. Juli	20
7. Monat	18. August	21
8. Monat	16. September	22
9. Monat	16. Oktober	23
10. Monat	14. November	24
11. Monat	14. Dezember	25
12. Monat	13. Januar	26

	J	F	M	A	M	J	J	A	S	O	N	D
1	59	30	58	29	59	30	60	31	2	32	3	33
2	60	31	59	30	60	31	1	32	3	33	4	34
3	1	32	60	31	1	32	2	33	4	34	5	35
4	2	33	1	32	2	33	3	34	5	35	6	36
5	3	34	2	33	3	34	4	35	6	36	7	37
6	4	35	3	34	4	35	5	36	7	37	8	38
7	5	36	4	35	5	36	6	37	8	38	9	39
8	6	37	5	36	6	37	7	38	9	39	10	40
9	7	38	6	37	7	38	8	39	10	40	11	41
10	8	39	7	38	8	39	9	40	11	41	12	42
11	9	40	8	39	9	40	10	41	12	42	13	43
12	10	41	9	40	10	41	11	42	13	43	14	44
13	11	42	10	41	11	42	12	43	14	44	15	45
14	12	43	11	42	12	43	13	44	15	45	16	46
15	13	44	12	43	13	44	14	45	16	46	17	47
16	14	45	13	44	14	45	15	46	17	47	18	48
17	15	46	14	45	15	46	16	47	18	48	19	49
18	16	47	15	46	16	47	17	48	19	49	20	50
19	17	48	16	47	17	48	18	49	20	50	21	51
20	18	49	17	48	18	49	19	50	21	51	22	52
21	19	50	18	49	19	50	20	51	22	52	23	53
22	20	51	19	50	20	51	21	52	23	53	24	54
23	21	52	20	51	21	52	22	53	24	54	25	55
24	22	53	21	52	22	53	23	54	25	55	26	56
25	23	54	22	53	23	54	24	55	26	56	27	57
26	24	55	23	54	24	55	25	56	27	57	28	58
27	25	56	24	55	25	56	26	57	28	58	29	59
28	26	57	25	56	26	57	27	58	29	59	30	60
29	27		26	57	27	58	28	59	30	60	31	1
30	28		27	58	28	59	29	60	31	1	32	2
31	29		28		29		30	1		2		3

1956 丙申 33

Yang Feuer Affe

Chinesischer Monat	beginnt am	Zeichen
1. Monat	12. Februar	27
2. Monat	12. März	28
3. Monat	11. April	29
4. Monat	10. Mai	30
5. Monat	9. Juni	31
6. Monat	8. Juli	32
7. Monat	6. August	33
8. Monat	5. September	34
9. Monat	4. Oktober	35
10. Monat	3. November	36
11. Monat	2. Dezember	37
12. Monat	1. Januar	38

	J	F	M	A	M	J	J	A	S	O	N	D
1	4	35	4	35	5	36	6	37	8	38	9	39
2	5	36	5	36	6	37	7	38	9	39	10	40
3	6	37	6	37	7	38	8	39	10	40	11	41
4	7	38	7	38	8	39	9	40	11	41	12	42
5	8	39	8	39	9	40	10	41	12	42	13	43
6	9	40	9	40	10	41	11	42	13	43	14	44
7	10	41	10	41	11	42	12	43	14	44	15	45
8	11	42	11	42	12	43	13	44	15	45	16	46
9	12	43	12	43	13	44	14	45	16	46	17	47
10	13	44	13	44	14	45	15	46	17	47	18	48
11	4	45	14	45	15	46	16	47	18	48	19	49
12	15	46	15	46	16	47	17	48	19	49	20	50
13	16	47	16	47	17	48	18	49	20	50	21	51
14	17	48	17	48	18	49	19	50	21	51	22	52
15	18	49	18	49	19	50	20	51	22	52	23	53
16	19	50	19	50	20	51	21	52	23	53	24	54
17	20	51	20	51	21	52	22	53	24	54	25	55
18	21	52	21	52	22	53	23	54	25	55	26	56
19	22	53	22	53	23	54	24	55	26	56	27	57
20	23	54	23	54	24	55	25	56	27	57	28	58
21	24	55	24	55	25	56	26	57	28	58	29	59
22	25	56	25	56	26	57	27	58	29	59	30	60
23	26	57	26	57	27	58	28	59	30	60	31	1
24	27	58	27	58	28	59	29	60	31	1	32	2
25	28	59	28	59	29	60	30	1	32	2	33	3
26	29	60	29	60	30	1	31	2	33	3	34	4
27	30	1	30	1	31	2	32	3	34	4	35	5
28	31	2	31	2	32	3	33	4	35	5	36	6
29	32	3	32	3	33	4	34	5	36	6	37	7
30	33		33	4	34	5	35	6	37	7	38	8
31	34		34		35		36	7		8		9

1957 丁酉 34

Yin Feuer Hahn

Chinesischer Monat	beginnt am	Zeichen
1. Monat	31. Januar	39
2. Monat	2. März	40
3. Monat	31. März	41
4. Monat	30. April	42
5. Monat	29. Mai	43
6. Monat	28. Juni	44
7. Monat	27. Juli	45
8. Monat	25. August	46
9. Monat	23. Oktober	47
10. Monat	22. November	48
11. Monat	21. Dezember	49
12. Monat	20. Januar	50

	J	F	M	A	M	J	J	A	S	O	N	D
1	10	41	9	40	10	41	11	42	13	43	14	44
2	11	42	10	41	11	42	12	43	14	44	15	45
3	12	43	11	42	12	43	13	44	15	45	16	46
4	13	44	12	43	13	44	14	45	16	46	17	47
5	14	45	13	44	14	45	15	46	17	47	18	48
6	15	46	14	45	15	46	16	47	18	48	19	49
7	16	47	15	46	16	47	17	48	19	49	20	50
8	17	48	16	47	17	48	18	49	20	50	21	51
9	18	49	17	48	18	49	19	50	21	51	22	52
10	19	50	18	49	19	50	20	51	22	52	23	53
11	20	51	19	50	20	51	21	52	23	53	24	54
12	21	52	20	51	21	52	22	53	24	54	25	55
13	22	53	21	52	22	53	23	54	25	55	26	56
14	23	54	22	53	23	54	24	55	26	56	27	57
15	24	55	23	54	24	55	25	56	27	57	28	58
16	25	56	24	55	25	56	26	57	28	58	29	59
17	26	57	25	56	26	57	27	58	29	59	30	60
18	27	58	26	57	27	58	28	59	30	60	31	1
19	28	59	27	58	28	59	29	60	31	1	32	2
20	29	60	28	59	29	60	30	1	32	2	33	3
21	30	1	29	60	30	1	31	2	33	3	34	4
22	31	2	30	1	31	2	32	3	34	4	35	5
23	32	3	31	2	32	3	33	4	35	5	36	6
24	33	4	32	3	33	4	34	5	36	6	37	7
25	34	5	33	4	34	5	35	6	37	7	38	8
26	35	6	34	5	35	6	36	7	38	9	39	9
27	36	7	35	6	36	7	37	8	39	9	40	10
28	37	8	36	7	37	8	38	9	40	10	41	11
29	38		37	8	38	9	39	10	41	11	42	12
30	39		38	9	39	10	40	11	42	12	43	13
31	40		39		40		41	12		13		14

1958 戊戌 35

Yang Erde Hund

Chinesischer Monat	beginnt am	Zeichen
1. Monat	18. Februar	51
2. Monat	20. März	52
3. Monat	19. April	53
4. Monat	19. Mai	54
5. Monat	17. Juni	55
6. Monat	17. Juli	56
7. Monat	15. August	57
8. Monat	13. September	58
9. Monat	13. Oktober	59
10. Monat	11. November	60
11. Monat	11. Dezember	1
12. Monat	9. Januar	2

	J	F	M	A	M	J	J	A	S	O	N	D
1	15	46	14	45	15	46	16	47	18	48	19	49
2	16	47	15	46	16	47	17	48	19	49	20	50
3	17	48	16	47	17	48	18	49	20	50	21	51
4	18	49	17	48	18	49	19	50	21	51	22	52
5	19	50	18	49	19	50	20	51	22	52	23	53
6	20	51	19	50	20	51	21	52	23	53	24	54
7	21	52	20	51	21	52	22	53	24	54	25	55
8	22	53	21	52	22	53	23	54	25	55	26	56
9	23	54	22	53	23	54	24	55	26	56	27	57
10	24	55	23	54	24	55	25	56	27	57	28	58
11	25	56	24	55	25	56	26	57	28	58	29	59
12	26	57	25	56	26	57	27	58	29	59	30	60
13	27	58	26	57	27	58	28	59	30	60	31	1
14	28	59	27	58	28	59	29	60	31	1	32	2
15	29	60	28	59	29	60	30	1	32	2	33	3
16	30	1	29	60	30	1	31	2	33	3	34	4
17	31	2	30	1	31	2	32	3	34	4	35	5
18	32	3	31	2	32	3	33	4	35	5	36	6
19	33	4	32	3	33	4	34	5	36	6	37	7
20	34	5	33	4	34	5	35	6	37	7	38	8
21	35	6	34	5	35	6	36	7	38	8	39	9
22	36	7	35	6	36	7	37	8	39	9	40	10
23	37	8	36	7	37	8	38	9	40	10	41	11
24	38	9	37	8	38	9	39	10	41	11	42	12
25	39	10	38	9	39	10	40	11	42	12	43	13
26	40	11	39	10	40	11	41	12	43	13	44	14
27	41	12	40	11	41	12	42	13	44	14	45	15
28	42	13	41	12	42	13	43	14	45	15	46	16
29	43		42	13	43	14	44	15	46	16	47	17
30	44		43	14	44	15	45	16	47	17	48	18
31	45		44		45		46	17		18		19

1959 己亥 36

Yin Erde Schwein

Chinesischer Monat	beginnt am	Zeichen
1. Monat	8. Februar	3
2. Monat	9. März	4
3. Monat	8. April	5
4. Monat	8. Mai	6
5. Monat	6. Juni	7
6. Monat	6. Juli	8
7. Monat	4. August	9
8. Monat	3. September	10
9. Monat	2. Oktober	11
10. Monat	1. November	12
11. Monat	30. November	13
12. Monat	30. Dezember	14

	J	F	M	A	M	J	J	A	S	O	N	D
1	20	51	19	50	20	51	21	52	23	53	24	54
2	21	52	20	51	21	52	22	53	24	54	25	55
3	22	53	21	52	22	53	23	54	25	55	26	56
4	23	54	22	53	23	54	24	55	26	56	27	57
5	24	55	23	54	24	55	25	56	27	57	28	58
6	25	56	24	55	25	56	26	57	28	58	29	59
7	26	57	25	56	26	57	27	58	29	59	30	60
8	27	58	26	57	27	58	28	59	30	60	31	1
9	28	59	27	58	28	59	29	60	31	1	32	2
10	29	60	28	59	29	60	30	1	32	2	33	3
11	30	1	29	60	30	1	31	2	33	3	34	4
12	31	2	30	1	31	2	32	3	34	4	35	5
13	32	3	31	2	32	3	33	4	35	5	36	6
14	33	4	32	3	33	4	34	5	36	6	37	7
15	34	5	33	4	34	5	35	6	37	7	38	8
16	35	6	34	5	35	6	36	7	38	8	39	9
17	36	7	35	6	36	7	37	8	39	9	40	10
18	37	8	36	7	37	8	38	9	40	10	41	11
19	38	9	37	8	38	9	39	10	41	11	42	12
20	39	10	38	9	39	10	40	11	42	12	43	13
21	40	11	39	10	40	11	41	12	43	13	44	14
22	41	12	40	11	41	12	42	13	44	14	45	15
23	42	13	41	12	42	13	43	14	45	15	46	16
24	43	14	42	13	43	14	44	15	46	16	47	17
25	44	15	43	14	44	15	45	16	47	17	48	18
26	45	16	44	15	45	16	46	17	48	18	49	19
27	46	17	45	16	46	17	47	18	49	19	50	20
28	47	18	46	17	47	18	48	19	50	20	51	21
29	48		47	18	48	19	49	20	51	21	52	22
30	49		48	19	49	20	50	21	52	22	53	23
31	50		49		50		51	22		23		24

1960 庚子 37
Yang Metall Ratte

Chinesischer Monat	Beginnt am	Zeichen
1. Monat	28. Januar	15
2. Monat	27. Februar	16
3. Monat	27. März	17
4. Monat	26. April	18
5. Monat	25. Mai	19
6. Monat	24. Juni	20
7. Monat	22. August	21
8. Monat	21. September	22
9. Monat	20. Oktober	23
10. Monat	19. November	24
11. Monat	18. Dezember	25
12. Monat	17. Januar	26

	J	F	M	A	M	J	J	A	S	O	N	D
1	25	56	25	56	26	57	27	58	29	59	30	60
2	26	57	26	57	27	58	28	59	30	60	31	1
3	27	58	27	58	28	59	29	60	31	1	32	2
4	28	59	28	59	29	60	30	1	32	2	33	3
5	29	60	29	60	30	1	31	2	33	3	34	4
6	30	1	30	1	31	2	32	3	34	4	35	5
7	31	2	31	2	32	3	33	4	35	5	36	6
8	32	3	32	3	33	4	34	5	36	6	37	7
9	33	4	33	4	34	5	35	6	37	7	8	8
10	34	5	34	5	35	6	36	7	38	8	39	9
11	35	6	35	6	36	7	37	8	39	9	40	10
12	36	7	36	7	37	8	38	9	40	10	41	11
13	37	8	37	8	38	9	39	10	41	11	42	12
14	38	9	38	9	39	10	40	11	42	12	43	13
15	39	10	39	10	40	11	41	12	43	13	44	14
16	40	11	40	11	41	12	42	13	44	14	45	15
17	41	12	41	12	42	13	43	14	45	15	46	16
18	42	13	42	13	43	14	44	15	46	16	47	17
19	43	4	43	14	44	15	45	16	47	17	48	18
20	44	15	44	15	45	16	46	17	48	18	49	19
21	45	16	45	16	46	17	47	18	49	19	50	20
22	46	17	46	17	47	18	48	19	50	20	51	21
23	47	18	47	18	48	19	49	20	51	21	52	22
24	48	19	48	19	49	20	50	21	52	22	53	23
25	49	20	49	20	50	21	51	22	53	23	54	24
26	50	21	50	21	51	22	52	23	54	24	55	25
27	51	22	51	22	52	23	53	24	55	25	56	26
28	52	23	52	23	53	24	54	25	56	26	57	27
29	53	24	53	24	54	25	55	26	57	27	58	28
30	54		54	25	55	26	56	27	58	28	59	29
31	55		55		56		57	28		29		30

1961 辛丑 38
Yin Metall Büffel

Chinesischer Monat	beginnt am	Zeichen
1. Monat	15. Februar	27
2. Monat	17. März	28
3. Monat	15. April	29
4. Monat	15. Mai	30
5. Monat	13. Juni	31
6. Monat	13. Juli	32
7. Monat	11. August	33
8. Monat	10. September	34
9. Monat	10. Oktober	35
10. Monat	8. November	36
11. Monat	8. Dezember	37
12. Monat	6. Januar	38

	J	F	M	A	M	J	J	A	S	O	N	D
1	31	2	30	1	31	2	32	3	34	4	35	5
2	32	3	31	2	32	3	33	4	35	5	36	6
3	33	4	32	3	33	4	34	5	36	6	37	7
4	34	5	33	4	34	5	35	6	37	7	38	8
5	35	6	34	5	35	6	36	7	38	8	39	9
6	36	7	35	6	36	7	37	8	39	9	40	10
7	37	8	36	7	37	8	38	9	40	10	41	11
8	38	9	37	8	38	9	39	10	41	11	42	12
9	39	10	38	9	39	10	40	11	42	12	43	13
10	40	11	39	10	40	11	41	12	43	13	44	14
11	41	12	40	11	41	12	42	13	44	14	45	15
12	42	13	41	12	42	13	43	14	45	15	46	16
13	43	14	42	13	43	14	44	15	46	16	47	17
14	44	15	43	14	44	15	45	16	47	17	48	18
15	45	16	44	15	45	16	46	17	48	18	49	19
16	46	17	45	16	46	17	47	18	49	19	50	20
17	47	18	46	17	47	18	48	19	50	20	51	21
18	48	19	47	18	48	19	49	20	51	21	52	22
19	49	20	48	19	49	20	50	21	52	22	53	23
20	50	21	49	20	50	21	51	22	53	23	54	24
21	51	22	50	21	51	22	52	23	54	24	55	25
22	52	23	51	22	52	23	53	24	55	25	56	26
23	53	24	52	23	53	24	54	25	56	26	57	27
24	54	25	53	24	54	25	55	26	57	27	58	28
25	55	26	54	25	55	26	56	27	58	28	59	29
26	56	27	55	26	56	27	57	28	59	29	60	30
27	57	28	56	27	57	28	58	29	60	30	1	31
28	58	29	57	28	58	29	59	30	1	31	2	32
29	59		58	29	59	30	60	31	2	32	3	33
30	60		59	30	60	31	1	32	3	33	4	34
31	1		60		1		2	33		34		35

1962 壬寅 39

Yang Wasser Tiger

Chinesischer Monat	beginnt am	Zeichen
1. Monat	5. Februar	39
2. Monat	6. März	40
3. Monat	5. April	41
4. Monat	4. Mai	42
5. Monat	2. Juni	43
6. Monat	2. Juli	44
7. Monat	31. Juli	45
8. Monat	30. August	46
9. Monat	29. September	47
10. Monat	28. Oktober	48
11. Monat	27. November	49
12. Monat	27. Dezember	50

	J	F	M	A	M	J	J	A	S	O	N	D
1	36	7	35	6	36	7	37	8	39	9	40	10
2	37	8	36	7	37	8	38	9	40	10	41	11
3	38	9	37	8	38	9	39	10	41	11	42	12
4	39	10	38	9	39	10	40	11	42	12	43	13
5	40	11	39	10	40	11	41	12	43	13	44	14
6	41	12	40	11	41	12	42	13	44	14	45	15
7	42	13	41	12	42	13	43	14	45	15	46	16
8	43	14	42	13	43	14	44	15	46	16	47	17
9	44	15	43	14	44	15	45	16	47	17	48	18
10	45	16	44	15	45	16	46	17	48	18	49	19
11	46	17	45	16	46	17	47	18	49	19	50	20
12	47	18	46	17	47	18	48	19	50	20	51	21
13	48	19	47	18	48	19	49	20	51	21	52	22
14	49	20	48	19	49	20	50	21	52	22	53	23
15	50	21	49	20	50	21	51	22	53	23	54	24
16	51	22	50	21	51	22	52	23	54	24	55	25
17	52	23	51	22	52	23	53	24	55	25	56	26
18	53	24	52	23	53	24	54	25	56	26	57	27
19	54	25	53	24	54	25	55	26	57	27	58	28
20	55	26	54	25	55	26	56	27	58	28	59	29
21	56	27	55	26	56	27	57	28	59	29	60	30
22	57	28	56	27	57	28	58	29	60	30	1	31
23	58	29	57	28	58	29	59	30	1	31	2	32
24	59	30	58	29	59	30	60	31	2	32	3	33
25	60	31	59	30	60	31	1	32	3	33	4	34
26	1	32	60	31	1	32	2	33	4	34	5	35
27	2	33	1	32	2	33	3	34	5	35	6	36
28	3	34	2	33	3	34	4	35	6	36	7	37
29	4		3	34	4	35	5	36	7	37	8	38
30	5		4	35	5	36	6	37	8	38	9	39
31	6		5		6		7	38		39		40

1963 癸卯 40

Yin Wasser Hase

Chinesischer Monat	beginnt am	Zeichen
1. Monat	25. Januar	51
2. Monat	24. Februar	52
3. Monat	25. März	53
4. Monat	24. April	54
5. Monat	21. Juni	55
6. Monat	21. Juli	56
7. Monat	19. August	57
8. Monat	18. September	58
9. Monat	17. Oktober	59
10. Monat	16. November	60
11. Monat	16. Dezember	1
12. Monat	15. Januar	2

	J	F	M	A	M	J	J	A	S	O	N	D
1	41	12	40	11	41	12	42	13	44	14	45	15
2	42	13	41	12	42	13	43	14	45	15	46	16
3	43	14	42	13	43	14	44	15	46	16	47	17
4	44	15	43	14	44	15	45	16	47	17	48	18
5	45	16	44	15	45	16	46	17	48	18	49	19
6	46	17	45	16	46	17	47	18	49	19	50	20
7	47	18	46	17	47	18	48	19	50	20	51	21
8	48	19	47	18	48	19	49	20	51	21	52	22
9	49	20	48	19	49	20	50	21	52	22	53	23
10	50	21	49	20	50	21	51	22	53	23	54	24
11	51	22	50	21	51	22	52	23	54	24	55	25
12	52	23	51	22	52	23	53	24	55	25	56	26
13	53	24	52	23	53	24	54	25	56	26	57	27
14	54	25	53	24	54	25	55	26	57	27	58	28
15	55	26	54	25	55	26	56	27	58	28	59	29
16	56	27	55	26	56	27	57	28	59	29	60	30
17	57	28	56	27	57	28	58	29	60	30	1	31
18	58	29	57	28	58	29	59	30	1	31	2	32
19	59	30	58	29	59	30	60	31	2	32	3	33
20	60	31	59	30	60	31	1	32	3	33	4	34
21	1	32	60	31	1	32	2	33	4	34	5	35
22	2	33	1	32	2	33	3	34	5	35	6	36
23	3	34	2	33	3	34	4	35	6	36	7	37
24	4	35	3	34	4	35	5	36	7	37	8	38
25	5	36	4	35	5	36	6	37	8	38	9	39
26	6	37	5	36	6	37	7	38	9	39	10	40
27	7	38	6	37	7	38	8	39	10	40	11	41
28	8	39	7	38	8	39	9	40	11	41	12	42
29	9		8	39	9	40	10	41	12	42	13	43
30	10		9	40	10	41	11	42	13	43	14	44
31	11		10		11		12	43		44		45

1964 甲辰 41

Yang Holz Drache

Chinesischer Monat	beginnt am	Zeichen
1. Monat	13. Februar	3
2. Monat	14. März	4
3. Monat	12. April	5
4. Monat	12. Mai	6
5. Monat	10. Juni	7
6. Monat	9. Juli	8
7. Monat	8. August	9
8. Monat	6. September	10
9. Monat	6. Oktober	11
10. Monat	4. November	12
11. Monat	4. Dezember	13
12. Monat	3. Januar	14

	J	F	M	A	M	J	J	A	S	O	N	D
1	46	17	46	17	47	18	48	19	50	20	51	21
2	47	18	47	18	48	19	49	20	51	21	52	22
3	48	19	48	19	49	20	50	21	52	22	53	23
4	49	20	49	20	50	21	51	22	53	23	54	24
5	50	21	50	21	51	22	52	23	54	24	55	25
6	51	22	51	22	52	23	53	24	55	25	56	26
7	52	23	52	23	53	24	54	25	56	26	57	27
8	53	24	53	24	54	25	55	26	57	27	58	28
9	54	25	54	25	55	26	56	27	58	28	59	29
10	55	26	55	26	56	27	57	28	59	29	60	30
11	56	27	56	27	57	28	58	29	60	30	1	31
12	57	28	57	28	58	29	59	30	1	31	2	32
13	58	29	58	29	59	30	60	31	2	32	3	33
14	59	30	59	30	60	31	1	32	3	33	4	34
15	60	31	60	31	1	32	2	33	4	34	5	35
16	1	32	1	32	2	33	3	34	5	35	6	36
17	2	33	2	33	3	34	4	35	6	36	7	37
18	3	34	3	34	4	35	5	36	7	37	8	38
19	4	35	4	35	5	36	6	37	8	38	9	39
20	5	36	5	36	6	37	7	38	9	39	10	40
21	6	37	6	37	7	38	8	39	10	40	11	41
22	7	38	7	38	8	39	9	40	11	41	12	42
23	8	39	8	39	9	40	10	41	12	42	13	43
24	9	40	9	40	10	41	11	42	13	43	14	44
25	10	41	10	41	11	42	12	43	14	44	15	45
26	11	42	11	42	12	43	13	44	15	45	16	46
27	12	43	12	43	13	44	14	45	16	46	17	47
28	13	44	13	44	14	45	15	46	17	47	18	48
29	14	45	14	45	15	46	16	47	18	48	19	49
30	15		15	46	16	47	17	48	19	49	20	50
31	16		16		17		18	49		50		51

1965 乙巳 42

Yin Holz Schlange

Chinesischer Monat	beginnt am	Zeichen
1. Monat	2. Februar	15
2. Monat	3. März	16
3. Monat	2. April	17
4. Monat	1. Mai	18
5. Monat	31. Mai	19
6. Monat	29. Juni	20
7. Monat	28. Juli	21
8. Monat	27. August	22
9. Monat	25. September	23
10. Monat	24. Oktober	24
11. Monat	23. November	25
12. Monat	23. Dezember	26

	J	F	M	A	M	J	J	A	S	O	N	D
1	52	23	51	22	52	23	53	24	55	25	56	26
2	53	24	52	23	53	24	54	25	56	26	57	27
3	54	25	53	24	54	25	55	26	57	27	58	28
4	55	26	54	25	55	26	56	27	58	28	59	29
5	56	27	55	26	56	27	57	28	59	29	60	30
6	57	28	56	27	57	28	58	29	60	30	1	31
7	58	29	57	28	58	29	59	30	1	31	2	32
8	59	30	58	29	59	30	60	31	2	32	3	33
9	60	31	59	30	60	31	1	32	3	33	4	34
10	1	32	60	31	1	32	2	33	4	34	5	35
11	2	33	1	32	2	33	3	34	5	35	6	36
12	3	34	2	33	3	34	4	35	6	36	7	37
13	4	35	3	34	4	35	5	36	7	37	8	38
14	5	36	4	35	5	36	6	37	8	38	9	39
15	6	37	5	36	6	37	7	38	9	39	10	40
16	7	38	6	37	7	38	8	39	10	40	11	41
17	8	39	7	38	8	39	9	40	11	41	12	42
18	9	40	8	39	9	40	10	41	12	42	13	43
19	10	41	9	40	10	41	11	42	13	43	14	44
20	11	42	10	41	11	42	12	43	14	44	15	45
21	12	43	11	42	12	43	13	44	15	45	16	46
22	13	44	12	43	13	44	14	45	16	46	17	47
23	14	45	13	44	14	45	15	46	17	47	18	48
24	15	46	14	45	15	46	16	47	18	48	19	49
25	16	47	15	46	16	47	17	48	19	49	20	50
26	17	48	16	47	17	48	18	49	20	50	21	51
27	18	49	17	48	18	49	19	50	21	51	22	52
28	19	50	18	49	19	50	20	51	22	52	23	53
29	20		19	50	20	51	21	52	23	53	24	54
30	21		20	51	21	52	22	53	24	54	25	55
31	22		21		22		23	54		55		56

1966 丙午 43

Yang Feuer Pferd

Chinesischer Monat	beginnt am	Zeichen
1. Monat	21. Januar	27
2. Monat	20. Februar	28
3. Monat	22. März	29
4. Monat	20. Mai	30
5. Monat	19. Juni	31
6. Monat	18. Juli	32
7. Monat	16. August	33
8. Monat	15. September	34
9. Monat	14. Oktober	35
10. Monat	12. November	36
11. Monat	12. Dezember	37
12. Monat	11. Januar	38

	J	F	M	A	M	J	J	A	S	O	N	D
1	57	28	56	27	57	28	58	29	60	30	1	31
2	58	29	57	28	58	29	59	30	1	31	2	32
3	59	30	58	29	59	30	60	31	2	32	3	33
4	60	31	59	30	60	31	1	32	3	33	4	34
5	1	32	60	31	1	32	2	33	4	34	5	35
6	2	33	1	32	2	33	3	34	5	35	6	36
7	3	34	2	33	3	34	4	35	6	36	7	37
8	4	35	3	34	4	35	5	36	7	37	8	38
9	5	36	4	35	5	36	6	37	8	38	9	39
10	6	37	5	36	6	37	7	38	9	39	10	40
11	7	38	6	37	7	38	8	39	10	40	11	41
12	8	39	7	38	8	39	9	40	11	41	12	42
13	9	40	8	39	9	40	10	41	12	42	13	43
14	10	41	9	40	10	41	11	42	13	43	14	44
15	11	42	10	41	11	42	12	43	14	44	15	45
16	12	43	11	42	12	43	13	44	15	45	16	46
17	13	44	12	43	13	44	14	45	16	46	17	47
18	14	45	13	44	14	45	15	46	17	47	18	48
19	15	46	14	45	15	46	16	47	18	48	19	49
20	16	47	15	46	16	47	17	48	19	49	20	50
21	17	48	16	47	17	48	18	49	20	50	21	51
22	18	49	17	48	18	49	19	50	21	51	22	52
23	19	50	18	49	19	50	20	51	22	52	23	53
24	20	51	19	50	20	51	21	52	23	53	24	54
25	21	52	20	51	21	52	22	53	24	54	25	55
26	22	53	21	52	22	53	23	54	25	55	26	56
27	23	54	22	53	23	54	24	55	26	56	27	57
28	24	55	23	54	24	55	25	56	27	57	28	58
29	25		24	55	25	56	26	57	28	58	29	59
30	26		25	56	26	57	27	58	29	59	30	60
31	27		26		27		28	59		60		1

1967 丁未 44

Yin Feuer Schaf

Chinesischer Monat	beginnt am	Zeichen
1. Monat	9. Februar	39
2. Monat	11. März	40
3. Monat	10. April	41
4. Monat	9. Mai	42
5. Monat	8. Juni	43
6. Monat	8. Juli	44
7. Monat	6. August	45
8. Monat	4. September	46
9. Monat	4. Oktober	47
10. Monat	2. November	48
11. Monat	2. Dezember	49
12. Monat	31. Dezember	50

	J	F	M	A	M	J	J	A	S	O	N	D
1	2	33	1	32	2	33	3	34	5	35	6	36
2	3	34	2	33	3	34	4	35	6	36	7	37
3	4	35	3	34	4	35	5	36	7	37	8	38
4	5	36	4	35	5	36	6	37	8	38	9	39
5	6	37	5	36	6	37	7	38	9	39	10	40
6	7	38	6	37	7	38	8	39	10	40	11	41
7	8	39	7	38	8	39	9	40	11	41	12	42
8	9	40	8	39	9	40	10	41	12	42	13	43
9	10	41	9	40	10	41	11	42	13	43	14	44
10	11	42	10	41	11	42	12	43	14	44	15	45
11	12	43	11	42	12	43	13	44	15	45	16	46
12	13	44	12	43	13	44	14	45	16	46	17	47
13	14	45	13	44	14	45	15	46	17	47	18	48
14	15	46	14	45	15	46	16	47	18	48	19	49
15	16	47	15	46	16	47	17	48	19	49	20	50
16	17	48	16	47	17	48	18	49	20	50	21	51
17	18	49	17	48	18	49	19	50	21	51	22	52
18	19	50	18	49	19	50	20	51	22	52	23	53
19	20	51	19	50	20	51	21	52	23	53	24	54
20	21	52	20	51	21	52	22	53	24	54	25	55
21	22	53	21	52	22	53	23	54	25	55	26	56
22	23	54	22	53	23	54	24	55	26	56	27	57
23	24	55	23	54	24	55	25	56	27	57	28	58
24	25	56	24	55	25	56	26	57	28	58	29	59
25	26	57	25	56	26	57	27	58	29	59	30	60
26	27	58	26	57	27	58	28	59	30	60	31	1
27	28	59	27	58	28	59	29	60	31	1	32	2
28	29	60	28	59	29	60	30	1	32	2	33	3
29	30		29	60	30	1	31	2	33	3	34	4
30	31		30	1	31	2	32	3	34	4	35	5
31	32		31		32		33	4		5		6

1968 戊申 45

Yang Erde Affe

Chinesischer Monat	beginnt am	Zeichen
1. Monat	30. Januar	51
2. Monat	28. Februar	52
3. Monat	29. März	53
4. Monat	27. April	54
5. Monat	27. Mai	55
6. Monat	26. Juni	56
7. Monat	25. Juli	57
8. Monat	22. September	58
9. Monat	22. Oktober	59
10. Monat	20. November	60
11. Monat	20. Dezember	1
12. Monat	18. Januar	2

	J	F	M	A	M	J	J	A	S	O	N	D
1	7	38	7	38	8	39	9	40	11	41	12	42
2	8	39	8	39	9	40	10	41	12	42	13	43
3	9	40	9	40	10	41	11	42	13	43	14	44
4	10	41	10	41	11	42	12	43	14	44	15	45
5	11	42	11	42	12	43	13	44	15	45	16	46
6	12	43	12	43	13	44	14	45	16	46	17	47
7	13	44	13	44	14	45	15	46	17	47	18	48
8	14	45	14	45	15	46	16	47	18	48	19	49
9	15	46	15	46	16	47	17	48	19	49	20	50
10	16	47	16	47	17	48	18	49	20	50	21	51
11	17	48	17	48	18	49	19	50	21	51	22	52
12	18	49	18	49	19	50	20	51	22	52	23	53
13	19	50	19	50	20	51	21	52	23	53	24	54
14	20	51	20	51	21	52	22	53	24	54	25	55
15	21	52	21	52	22	53	23	54	25	55	26	56
16	22	53	22	53	23	54	24	55	26	56	27	57
17	23	54	23	54	24	55	25	56	27	57	28	58
18	24	55	24	55	25	56	26	57	28	58	29	59
19	25	56	25	56	26	57	27	58	29	59	30	60
20	26	57	26	57	27	58	28	59	30	60	31	1
21	27	58	27	58	28	59	29	60	31	1	32	2
22	28	59	28	59	29	60	30	1	32	2	33	3
23	29	60	29	60	30	1	31	2	33	3	34	4
24	30	1	30	1	31	2	32	3	34	4	35	5
25	31	2	31	2	32	3	33	4	35	5	36	6
26	32	3	32	3	33	4	34	5	36	6	37	7
27	33	4	33	4	34	5	35	6	37	7	38	8
28	34	5	34	5	35	6	36	7	38	8	39	9
29	35	6	35	6	36	7	37	8	39	9	40	10
30	36		36	7	37	8	38	9	40	10	41	11
31	37		37		38		39	10		11		12

1969 己酉 46

Yin Erde Hahn

Chinesischer Monat	beginnt am	Zeichen
1. Monat	17. Februar	3
2. Monat	18. März	4
3. Monat	17. April	5
4. Monat	16. Mai	6
5. Monat	15. Juni	7
6. Monat	14. Juli	8
7. Monat	13. August	9
8. Monat	12. September	10
9. Monat	11. Oktober	11
10. Monat	10. November	12
11. Monat	9. Dezember	13
12. Monat	8. Januar	14

	J	F	M	A	M	J	J	A	S	O	N	D
1	13	44	12	43	13	44	14	45	16	46	17	47
2	14	45	13	44	14	45	15	46	17	47	18	48
3	15	46	14	45	15	46	16	47	18	48	19	49
4	16	47	15	46	16	47	17	48	19	49	20	50
5	17	48	16	47	17	48	18	49	20	50	21	51
6	18	49	17	48	18	49	19	50	21	51	22	52
7	19	50	18	49	19	50	20	51	22	52	23	53
8	20	51	19	50	20	51	21	52	23	53	24	54
9	21	52	20	51	21	52	22	53	24	54	25	55
10	22	53	21	52	22	53	23	54	25	55	26	56
11	23	54	22	53	23	54	24	55	26	56	27	57
12	24	55	23	54	24	55	25	56	27	57	28	58
13	25	56	24	55	25	56	26	57	28	58	29	59
14	26	57	25	56	26	57	27	58	29	59	30	60
15	27	58	26	57	27	58	28	59	30	60	31	1
16	28	59	27	58	28	59	29	60	31	1	32	2
17	29	60	28	59	29	60	30	1	32	2	33	3
18	30	1	29	60	30	1	31	2	33	3	34	4
19	31	2	30	1	31	2	32	3	34	4	35	5
20	32	3	31	2	32	3	33	4	35	5	36	6
21	33	4	32	3	33	4	34	5	36	6	37	7
22	34	5	33	4	34	5	35	6	37	7	38	8
23	35	6	34	5	35	6	36	7	38	8	39	9
24	36	7	35	6	36	7	37	8	39	9	40	10
25	37	8	36	7	37	8	38	9	40	10	41	11
26	38	9	37	8	38	9	39	10	41	11	42	12
27	39	10	38	9	39	10	40	11	42	12	43	13
28	40	11	39	10	40	11	41	12	43	13	44	14
29	41		40	11	41	12	42	13	44	14	45	15
30	42		41	12	42	13	43	14	45	15	46	16
31	43		42		43		44	15		16	1	7

1970 庚戌 47

Yang Metall Hund

Chinesischer Monat	beginnt am	Zeichen
1. Monat	6. Februar	15
2. Monat	8. März	16
3. Monat	6. April	17
4. Monat	5. Mai	18
5. Monat	4. Juni	19
6. Monat	3. Juli	20
7. Monat	2. August	21
8. Monat	1. September	22
9. Monat	30. September	23
10. Monat	30. Oktober	24
11. Monat	29. November	25
12. Monat	28. Dezember	26

	J	F	M	A	M	J	J	A	S	O	N	D
1	18	49	17	48	18	49	19	50	21	51	22	52
2	19	50	18	49	19	50	20	51	22	52	23	53
3	20	51	19	50	20	51	21	52	23	53	24	54
4	21	52	20	51	21	52	22	53	24	54	25	55
5	22	53	21	52	22	53	23	54	25	55	26	56
6	23	54	22	53	23	54	24	55	26	56	27	57
7	24	55	23	54	24	55	25	56	27	57	28	58
8	25	56	24	55	25	56	26	57	28	58	29	59
9	26	57	25	56	26	57	27	58	29	59	30	60
10	27	58	26	57	27	58	28	59	30	60	31	1
11	28	59	27	58	28	59	29	60	31	1	32	2
12	29	60	28	59	29	60	30	1	32	2	33	3
13	30	1	29	60	30	1	31	2	33	3	34	4
14	31	2	30	1	31	2	32	3	34	4	35	5
15	32	3	31	2	32	3	33	4	35	5	36	6
16	33	4	32	3	33	4	34	5	36	6	37	7
17	34	5	33	4	34	5	35	6	37	7	38	8
18	35	6	34	5	35	6	36	7	38	8	39	9
19	36	7	35	6	36	7	37	8	39	9	40	10
20	37	8	36	7	37	8	38	9	40	10	41	11
21	38	9	37	8	38	9	39	10	41	11	42	12
22	39	10	38	9	39	10	40	11	42	12	43	13
23	40	11	39	10	40	11	41	12	43	13	44	14
24	41	12	40	11	41	12	42	13	44	14	45	15
25	42	13	41	12	42	13	43	14	45	15	46	16
26	43	14	42	13	43	14	44	15	46	16	47	17
27	44	15	43	14	44	15	45	16	47	17	48	18
28	45	16	44	15	45	16	46	17	48	18	49	19
29	46		45	16	46	17	47	18	49	19	50	20
30	47		46	17	47	18	48	19	50	20	51	21
31	48		47		48		49	20		21		22

1971 辛亥 48

Yin Metall Schwein

Chinesischer Monat	beginnt am	Zeichen
1. Monat	27. Januar	27
2. Monat	25. Februar	28
3. Monat	27. März	29
4. Monat	25. April	30
5. Monat	24. Mai	31
6. Monat	22. Juli	32
7. Monat	21. August	33
8. Monat	19. September	34
9. Monat	19. Oktober	35
10. Monat	18. November	36
11. Monat	18. Dezember	37
12. Monat	16. Januar	38

	J	F	M	A	M	J	J	A	S	O	N	D
1	23	54	22	53	23	54	24	55	26	56	27	57
2	24	55	23	54	24	55	25	56	27	57	28	58
3	25	56	24	55	25	56	26	57	28	58	29	59
4	26	57	25	56	26	57	27	58	29	59	30	60
5	27	58	26	57	27	58	28	59	30	60	31	1
6	28	59	27	58	28	59	29	60	31	1	32	2
7	29	60	28	59	29	60	30	1	32	2	33	3
8	30	1	29	60	30	1	31	2	33	3	34	4
9	31	2	30	1	31	2	32	3	34	4	35	5
10	32	3	31	2	32	3	33	4	35	5	36	6
11	33	4	32	3	33	4	34	5	36	6	37	7
12	34	5	33	4	34	5	35	6	37	7	38	8
13	35	6	34	5	35	6	36	7	38	8	39	9
14	36	7	35	6	36	7	37	8	39	9	40	10
15	37	8	36	7	37	8	38	9	40	10	41	11
16	38	9	37	8	38	9	39	10	41	11	42	12
17	39	10	38	9	39	10	40	11	42	12	43	13
18	40	11	39	10	40	11	41	12	43	13	44	14
19	41	12	40	11	41	12	42	13	44	14	45	15
20	42	13	41	12	42	13	43	14	45	15	46	16
21	43	14	42	13	43	14	44	15	46	16	47	17
22	44	15	34	14	44	15	45	16	47	17	48	18
23	45	16	44	15	45	16	46	17	48	18	49	19
24	46	17	45	16	46	17	47	18	49	19	50	20
25	47	18	46	17	47	18	48	19	50	20	51	21
26	48	19	47	18	48	19	49	20	51	21	52	22
27	49	20	48	19	49	20	50	21	52	22	53	23
28	50	21	49	20	50	21	51	22	53	23	54	24
29	51		50	21	51	22	52	23	54	24	55	25
30	52		51	22	52	23	53	24	55	25	56	26
31	53		52		53		54	25		26		27

1972 壬子 49

Yang Wasser Ratte

Chinesischer Monat	beginnt am	Zeichen
1. Monat	15. Februar	39
2. Monat	15. März	40
3. Monat	14. April	41
4. Monat	13. Mai	42
5. Monat	11. Juni	43
6. Monat	11. Juli	44
7. Monat	9. August	45
8. Monat	8. September	46
9. Monat	7. Oktober	47
10. Monat	6. November	48
11. Monat	6. Dezember	49
12. Monat	4. Januar	50

	J	F	M	A	M	J	J	A	S	O	N	D
1	28	59	28	59	29	60	30	1	32	2	33	3
2	29	60	29	60	30	1	31	2	33	3	34	4
3	30	1	30	1	31	2	32	3	34	4	35	5
4	31	2	31	2	32	3	33	4	35	5	36	6
5	32	3	32	3	33	4	34	5	36	6	37	7
6	33	4	33	4	34	5	35	6	37	7	38	8
7	34	5	34	5	35	6	36	7	38	8	39	9
8	35	6	35	6	36	7	37	8	39	9	40	10
9	36	7	36	7	37	8	38	9	40	10	41	11
10	37	8	37	8	38	9	39	10	41	11	42	12
11	38	9	38	9	39	10	40	11	42	12	43	13
12	39	10	39	10	40	11	41	12	43	13	44	14
13	40	11	40	11	41	12	42	13	44	14	45	15
14	41	12	41	12	42	13	43	14	45	15	46	16
15	42	13	42	13	43	14	44	15	46	16	47	17
16	43	14	43	14	44	15	45	16	47	17	48	18
17	44	15	44	15	45	16	46	17	48	18	49	19
18	45	16	45	16	46	17	47	18	49	19	50	20
19	46	17	46	17	47	18	48	19	50	20	51	21
20	47	18	47	18	48	19	49	20	51	21	52	22
21	48	19	48	19	49	20	50	21	52	22	53	23
22	49	20	49	20	50	21	51	22	53	23	54	24
23	50	21	50	21	51	22	52	23	54	24	55	25
24	51	22	51	22	52	23	53	24	55	25	56	26
25	52	23	52	23	53	24	54	25	56	26	57	27
26	53	24	53	24	54	25	55	26	57	27	58	28
27	54	25	54	25	55	26	56	27	58	28	59	29
28	55	26	55	26	56	27	57	28	59	29	60	30
29	56	27	56	27	57	28	58	29	60	30	1	31
30	57		57	28	58	29	59	30	1	31	2	32
31	58		58		59		60	31		32		33

1973 癸丑 50

Yin Wasser Büffel

Chinesischer Monat	beginnt am	Zeichen
1. Monat	3. Februar	51
2. Monat	5. März	52
3. Monat	3. April	53
4. Monat	3. Mai	54
5. Monat	1. Juni	55
6. Monat	30. Juni	56
7. Monat	30. Juli	57
8. Monat	28. August	58
9. Monat	26. September	59
10. Monat	26. Oktober	60
11. Monat	25. November	1
12. Monat	24. Dezember	2

	J	F	M	A	M	J	J	A	S	O	N	D
1	34	5	33	4	34	5	35	6	37	7	38	8
2	35	6	34	5	35	6	36	7	38	8	39	9
3	36	7	35	6	36	7	37	8	39	9	40	10
4	37	8	36	7	37	8	38	9	40	10	41	11
5	38	9	37	8	38	9	39	10	41	11	42	12
6	39	10	38	9	39	10	40	11	42	12	43	13
7	40	11	39	10	40	11	41	12	43	13	44	14
8	41	12	40	11	41	12	42	13	44	14	45	15
9	42	13	41	12	42	13	43	14	45	15	46	16
10	43	14	42	13	43	14	44	15	46	16	47	17
11	44	15	43	14	44	15	45	16	47	17	48	18
12	45	16	44	15	45	16	46	17	48	18	49	19
13	46	17	45	16	46	17	47	18	49	19	50	20
14	47	18	46	17	47	18	48	19	50	20	51	21
15	48	19	47	18	48	19	49	20	51	21	52	22
16	49	20	48	19	49	20	50	21	52	22	53	23
17	50	21	49	20	50	21	51	22	53	23	54	24
18	51	22	50	21	51	22	52	23	54	24	55	25
19	52	23	51	22	52	23	53	24	55	25	56	26
20	53	24	52	23	53	24	54	25	56	26	57	27
21	54	25	53	24	54	25	55	26	57	27	58	28
22	55	26	54	25	55	26	56	27	58	28	59	29
23	56	27	55	26	56	27	57	28	59	29	60	30
24	57	28	56	27	57	28	58	29	60	30	1	31
25	58	29	57	28	58	29	59	30	1	31	2	32
26	59	30	58	29	59	30	60	31	2	32	3	33
27	60	31	59	30	60	31	1	32	3	33	4	34
28	1	32	60	31	1	32	2	33	4	34	5	35
29	2		1	32	2	33	3	34	5	35	6	36
30	3		2	33	3	34	4	35	6	36	7	37
31	4		3		4		5	36		37		38

1974 甲寅 51

Yang Holz Tiger

Chinesischer Monat	beginnt am	Zeichen
1. Monat	23. Januar	3
2. Monat	22. Februar	4
3. Monat	24. März	5
4. Monat	22. April	6
5. Monat	20. Juni	7
6. Monat	19. Juli	8
7. Monat	18. August	9
8. Monat	16. September	10
9. Monat	15. Oktober	11
10. Monat	14. November	12
11. Monat	14. Dezember	13
12. Monat	12. Januar	14

	J	F	M	A	M	J	J	A	S	O	N	D
1	39	10	38	9	39	10	40	11	42	12	43	13
2	40	11	39	10	40	11	41	12	43	13	44	14
3	41	12	40	11	41	12	42	13	44	14	45	15
4	42	13	41	12	42	13	43	14	45	15	46	16
5	43	14	42	13	43	14	44	15	46	16	47	17
6	44	15	43	14	44	15	45	16	47	17	48	18
7	45	16	44	15	45	16	46	17	48	18	49	19
8	46	17	45	16	46	17	47	18	49	19	50	20
9	47	18	46	17	47	18	48	19	50	20	51	21
10	48	19	47	18	48	19	49	20	51	21	52	22
11	49	20	48	19	49	20	50	21	52	22	53	23
12	50	21	49	20	50	21	51	22	53	23	54	24
13	51	22	50	21	51	22	52	23	54	24	55	25
14	52	23	51	22	52	23	53	24	55	25	56	26
15	53	24	52	23	53	24	54	25	56	26	57	27
16	54	25	53	24	54	25	55	26	57	27	58	28
17	55	26	54	25	55	26	56	27	58	28	59	29
18	56	27	55	26	56	27	57	28	59	29	60	30
19	57	28	56	27	57	28	58	29	60	30	1	31
20	58	29	57	28	58	29	59	30	1	31	2	32
21	59	30	58	29	59	30	60	31	2	32	3	33
22	60	31	59	30	60	31	1	32	3	33	4	34
23	1	32	60	31	1	32	2	33	4	34	5	35
24	2	33	1	32	2	33	3	34	5	35	6	36
25	3	34	2	33	3	34	4	35	6	36	7	37
26	4	35	3	34	4	35	5	36	7	37	8	38
27	5	36	4	35	5	36	6	37	8	38	9	39
28	6	37	5	36	6	37	7	38	9	39	10	40
29	7		6	37	7	38	8	39	10	40	11	41
30	8		7	38	8	39	9	40	11	41	12	42
31	9		8		9		10	41		42		43

1975 乙卯 52

Yin Holz Hase

Chinesischer Monat	beginnt am	Zeichen
1. Monat	11. Februar	15
2. Monat	13. März	16
3. Monat	12. April	17
4. Monat	11. Mai	18
5. Monat	10. Juni	19
6. Monat	9. Juli	20
7. Monat	7. August	21
8. Monat	6. September	22
9. Monat	5. Oktober	23
10. Monat	3. November	24
11. Monat	3. Dezember	25
12. Monat	1. Januar	26

	J	F	M	A	M	J	J	A	S	O	N	D
1	44	15	43	14	44	15	45	16	47	17	48	18
2	45	16	44	15	45	16	46	17	48	18	49	19
3	46	17	45	16	46	17	47	18	49	19	50	20
4	47	18	46	17	47	18	48	19	50	20	51	21
5	48	19	47	18	48	19	49	20	51	21	52	22
6	49	20	48	19	49	20	50	21	52	22	53	23
7	50	21	49	20	50	21	51	22	53	23	54	24
8	51	22	50	21	51	22	52	23	54	24	55	25
9	52	23	51	22	52	23	53	24	55	25	56	26
10	53	24	52	23	53	24	54	25	56	26	57	27
11	54	25	53	24	54	25	55	26	57	27	58	28
12	55	26	54	25	55	26	56	27	58	28	59	29
13	56	27	55	26	56	27	57	28	59	29	60	30
14	57	28	56	27	57	28	58	29	60	30	1	31
15	58	29	57	28	58	29	59	30	1	31	2	32
16	59	30	58	29	59	30	60	31	2	32	3	33
17	60	31	59	30	60	31	1	32	3	33	4	34
18	1	32	60	31	1	32	2	33	4	34	5	35
19	2	33	1	32	2	33	3	34	5	35	6	36
20	3	34	2	33	3	34	4	35	6	36	7	37
21	4	35	3	34	4	35	5	36	7	37	8	38
22	5	36	4	35	5	36	6	37	8	38	9	39
23	6	37	5	36	6	37	7	38	9	39	10	40
24	7	38	6	37	7	38	8	39	10	40	11	41
25	8	39	7	38	8	39	9	40	11	41	12	42
26	9	40	8	39	9	40	10	41	12	42	13	43
27	10	41	9	40	10	41	11	42	13	43	14	44
28	11	42	10	41	11	42	12	43	14	44	15	45
29	12		11	42	12	43	13	44	15	45	16	46
30	13		12	43	13	44	14	45	16	46	17	47
31	14		13		14		15	46		47		48

1976 丙辰 53

Yang Feuer Drache

Chinesischer Monat	beginnt am	Zeichen
1. Monat	31. Januar	27
2. Monat	1. März	28
3. Monat	31. März	29
4. Monat	29. April	30
5. Monat	29. Mai	31
6. Monat	27. Juni	32
7. Monat	27. Juli	33
8. Monat	25. August	34
9. Monat	23. Oktober	35
10. Monat	21. November	36
11. Monat	21. Dezember	37
12. Monat	19. Januar	38

	J	F	M	A	M	J	J	A	S	O	N	D
1	49	20	49	20	50	21	51	22	53	23	54	24
2	50	21	50	21	51	22	52	23	54	24	55	25
3	51	22	51	22	52	23	53	24	55	25	56	26
4	52	23	52	23	53	24	54	25	56	26	57	27
5	53	24	53	24	54	25	55	26	57	27	58	28
6	54	25	54	25	55	26	56	27	58	28	59	29
7	55	26	55	26	56	27	57	28	59	29	60	30
8	56	27	56	27	57	28	58	29	60	30	1	31
9	57	28	57	28	58	29	59	30	1	31	2	32
10	58	29	58	29	59	30	60	31	2	32	3	33
11	59	30	59	30	60	31	1	32	3	33	4	34
12	60	31	60	31	1	32	2	33	4	34	5	35
13	1	32	1	32	2	33	3	34	5	35	6	36
14	2	33	2	33	3	34	4	35	6	36	7	37
15	3	34	3	34	4	35	5	36	7	37	8	38
16	4	35	4	35	5	36	6	37	8	38	9	39
17	5	36	5	36	6	37	7	38	9	39	10	40
18	6	37	6	37	7	38	8	39	10	40	11	41
19	7	38	7	38	8	39	9	40	11	41	12	42
20	8	39	8	39	9	40	10	41	12	42	13	43
21	9	40	9	40	10	41	11	42	13	43	14	44
22	10	41	10	41	11	42	12	43	14	44	15	45
23	11	42	11	42	12	43	13	44	15	45	16	46
24	12	43	12	43	13	44	14	45	16	46	17	47
25	13	44	13	44	14	45	15	46	17	47	18	48
26	14	45	14	45	15	46	16	47	18	48	19	49
27	15	46	15	46	16	47	17	48	19	49	20	50
28	16	47	16	47	17	48	18	49	20	50	21	51
29	17	48	17	48	18	49	19	50	21	51	22	52
30	18		18	49	19	50	20	51	22	52	23	53
31	19		19		20		21	52		53		54

1977 丁巳 54

Yin Feuer Schlange

Chinesischer Monat	beginnt am	Zeichen
1. Monat	18. Februar	39
2. Monat	20. März	40
3. Monat	18. April	41
4. Monat	18. Mai	42
5. Monat	17. Juni	43
6. Monat	16. Juli	44
7. Monat	15. August	45
8. Monat	13. September	46
9. Monat	13. Oktober	47
10. Monat	11. November	48
11. Monat	11. Dezember	49
12. Monat	9. Januar	50

	J	F	M	A	M	J	J	A	S	O	N	D
1	55	26	54	25	55	26	56	27	58	28	59	29
2	56	27	55	26	56	27	57	28	59	29	60	30
3	57	28	56	27	57	28	58	29	60	30	1	31
4	58	29	57	28	58	29	59	30	1	31	2	32
5	59	30	58	29	59	30	60	31	2	32	3	33
6	60	31	59	30	60	31	1	32	3	33	4	34
7	1	32	60	31	1	32	2	33	4	34	5	35
8	2	33	1	32	2	33	3	34	5	35	6	36
9	3	34	2	33	3	34	4	35	6	36	7	37
10	4	35	3	34	4	35	5	36	7	37	8	38
11	5	36	4	35	5	36	6	37	8	38	9	39
12	6	37	5	36	6	37	7	38	9	39	10	40
13	7	38	6	37	7	38	8	39	10	40	11	41
14	8	39	7	38	8	39	9	40	11	41	12	42
15	9	40	8	39	9	40	10	41	12	42	13	43
16	10	41	9	40	10	41	11	42	13	43	14	44
17	11	42	10	41	11	42	12	43	14	44	15	45
18	12	43	11	42	12	43	13	44	15	45	16	46
19	13	44	12	43	13	44	14	45	16	46	17	47
20	14	45	13	44	14	45	15	46	17	47	18	48
21	15	46	14	45	15	46	16	47	18	48	19	49
22	16	47	15	46	16	47	17	48	19	49	20	50
23	17	48	16	47	17	48	18	49	20	50	21	51
24	18	49	17	48	18	49	19	50	21	51	22	52
25	19	50	18	49	19	50	20	51	22	52	23	53
26	20	51	19	50	20	51	21	52	23	53	24	54
27	21	52	20	51	21	52	22	53	24	54	25	55
28	22	53	21	52	22	53	23	54	25	55	26	56
29	23		22	53	23	54	24	55	26	56	27	57
30	24		23	54	24	55	25	56	27	57	28	58
31	25		24		25		26	57		58		59

1978 戊午 55

Yang Erde Pferd

Chinesischer Monat	beginnt am	Zeichen
1. Monat	7. Februar	51
2. Monat	9. März	52
3. Monat	7. April	53
4. Monat	7. Mai	54
5. Monat	6. Juni	55
6. Monat	5. Juli	56
7. Monat	4. August	57
8. Monat	3. September	58
9. Monat	2. Oktober	59
10. Monat	1. November	60
11. Monat	30. November	1
12. Monat	30. Dezember	2

	J	F	M	A	M	J	J	A	S	O	N	D
1	60	31	59	30	60	31	1	32	3	33	4	34
2	1	32	60	31	1	32	2	33	4	34	5	35
3	2	33	1	32	2	33	3	34	5	35	6	36
4	3	34	2	33	3	34	4	35	6	36	7	37
5	4	35	3	34	4	35	5	36	7	37	8	38
6	5	36	4	35	5	36	6	37	8	38	9	39
7	6	37	5	36	6	37	7	38	9	39	10	40
8	7	38	6	37	7	38	8	39	10	40	11	41
9	8	39	7	38	8	39	9	40	11	41	12	42
10	9	40	8	39	9	40	10	41	12	42	13	43
11	10	41	9	40	10	41	11	42	13	43	14	44
12	11	42	10	41	11	42	12	43	14	44	15	45
13	12	43	11	42	12	43	13	44	15	45	16	46
14	13	44	12	43	13	44	14	45	16	46	17	47
15	14	45	13	44	14	45	15	46	17	47	18	48
16	15	46	14	45	15	46	16	47	18	48	19	49
17	16	47	15	46	16	47	17	48	19	49	20	50
18	17	48	16	47	17	48	18	49	20	50	21	51
19	18	49	17	48	18	49	19	50	21	51	22	52
20	19	50	18	49	19	50	20	51	22	52	23	53
21	20	51	19	50	20	51	21	52	23	53	24	54
22	21	52	20	51	21	52	22	53	24	54	25	55
23	22	53	21	52	22	53	23	54	25	55	26	56
24	23	54	22	53	23	54	24	55	26	56	27	57
25	24	55	23	54	24	55	25	56	27	57	28	58
26	25	56	24	55	25	56	26	57	28	58	29	59
27	26	57	25	56	26	57	27	58	29	59	30	60
28	27	58	26	57	27	58	28	59	30	60	31	1
29	28		27	58	28	59	29	60	31	1	32	2
30	29		28	59	29	60	30	1	32	2	33	3
31	30		29		30		31	2		3		4

1979 己未 56

Yin Erde Schaf

Chinesischer Monat	beginnt am	Zeichen
1. Monat	28. Januar	3
2. Monat	27. Februar	4
3. Monat	28. März	5
4. Monat	26. April	6
5. Monat	26. Mai	7
6. Monat	24. Juni	8
7. Monat	23. August	9
8. Monat	21. September	10
9. Monat	21. Oktober	11
10. Monat	20. November	12
11. Monat	19. Dezember	13
12. Monat	18. Januar	14

	J	F	M	A	M	J	J	A	S	O	N	D
1	5	36	4	35	5	36	6	37	8	38	9	39
2	6	37	5	36	6	37	7	38	9	39	10	40
3	7	38	6	37	7	38	8	39	10	40	11	41
4	8	39	7	38	8	39	9	40	11	41	12	42
5	9	40	8	39	9	40	10	41	12	42	13	43
6	10	41	9	40	10	41	11	42	13	43	14	44
7	11	42	10	41	11	42	12	43	14	44	15	45
8	12	43	11	42	12	43	13	44	15	45	16	46
9	13	44	12	43	13	44	14	45	16	46	17	47
10	14	45	13	44	14	45	15	46	17	47	18	48
11	15	46	14	45	15	46	16	47	18	48	19	49
12	16	47	15	46	16	47	17	48	19	49	20	50
13	17	48	16	47	17	48	18	49	20	50	21	51
14	18	49	17	48	18	49	19	50	21	51	22	52
15	19	50	18	49	19	50	20	51	22	52	23	53
16	20	51	19	50	20	51	21	52	23	53	24	54
17	21	52	20	51	21	52	22	53	24	54	25	55
18	22	53	21	52	22	53	23	54	25	55	26	56
19	23	54	22	53	23	54	24	55	26	56	27	57
20	24	55	23	54	24	55	25	56	27	57	28	58
21	25	56	24	55	25	56	26	57	28	58	29	59
22	26	57	25	56	26	57	27	58	29	59	30	60
23	27	58	26	57	27	58	28	59	30	60	31	1
24	28	59	27	58	28	59	29	60	31	1	32	2
25	29	60	28	59	29	60	30	1	32	2	33	3
26	30	1	29	60	30	1	31	2	33	3	34	4
27	31	2	30	1	31	2	32	3	34	4	35	5
28	32	3	31	2	32	3	33	4	35	5	36	6
29	33		32	3	33	4	34	5	36	6	37	7
30	34		33	4	34	5	35	6	37	7	38	8
31	35		34		35		36	7		8		9

1980 庚申 57

Yang Metall Affe

Chinesischer Monat	beginnt am	Zeichen
1. Monat	16. Februar	15
2. Monat	17. März	16
3. Monat	15. April	17
4. Monat	14. Mai	18
5. Monat	13. Juni	19
6. Monat	12. Juli	20
7. Monat	11. August	21
8. Monat	9. September	22
9. Monat	9. Oktober	23
10. Monat	8. November	24
11. Monat	7. Dezember	25
12. Monat	6. Januar	26

	J	F	M	A	M	J	J	A	S	O	N	D
1	10	41	10	41	11	42	12	43	14	44	15	45
2	11	42	11	42	12	43	13	44	15	45	16	46
3	12	43	12	43	13	44	14	45	16	46	17	47
4	13	44	13	44	14	45	15	46	17	47	18	48
5	14	45	14	45	15	46	16	47	18	48	19	49
6	15	46	15	46	16	47	17	48	19	49	20	50
7	16	47	16	47	17	48	18	49	20	50	21	51
8	17	48	17	48	18	49	19	50	21	51	22	52
9	18	49	18	49	19	50	20	51	22	52	23	53
10	19	50	19	50	20	51	21	52	23	53	24	54
11	20	51	20	51	21	52	22	53	24	54	25	55
12	21	52	21	52	22	53	23	54	25	55	26	56
13	22	53	22	53	23	54	24	55	26	56	27	57
14	23	54	3	54	24	55	25	56	27	57	28	5
15	24	55	24	55	25	56	26	57	28	58	29	59
16	25	56	25	56	26	57	27	58	29	59	30	60
17	26	57	26	57	27	58	28	59	30	60	31	1
18	27	58	27	58	28	59	29	60	31	1	32	2
19	28	59	28	59	29	60	30	1	32	2	33	3
20	29	60	29	60	30	1	31	2	33	3	34	4
21	30	1	30	1	31	2	32	3	34	4	35	5
22	31	2	31	2	32	3	33	4	35	5	36	6
23	32	3	32	3	33	4	34	5	36	6	37	7
24	33	4	33	4	34	5	35	6	37	7	38	8
25	34	5	34	5	35	6	36	7	38	8	39	9
26	35	6	35	6	36	7	37	8	39	9	40	10
27	36	7	36	7	37	8	38	9	40	10	41	11
28	37	8	37	8	38	9	39	10	41	11	42	12
29	38	9	38	9	39	10	40	11	42	12	43	13
30	39		39	10	40	11	41	12	43	13	44	14
31	40		40		41		42	13		14		15

1981 辛酉 58

Yin Metall Hahn

Chinesischer Monat	beginnt am	Zeichen
1. Monat	5. Februar	27
2. Monat	6. März	28
3. Monat	5. April	29
4. Monat	4. Mai	30
5. Monat	2. Juni	31
6. Monat	2. Juli	32
7. Monat	31. Juli	33
8. Monat	29. August	34
9. Monat	28. September	35
10. Monat	28. Oktober	36
11. Monat	26. November	37
12. Monat	26. Dezember	38

	J	F	M	A	M	J	J	A	S	O	N	D
1	16	47	15	46	16	47	17	48	19	49	20	50
2	17	48	16	47	17	48	18	49	20	50	21	51
3	18	49	17	48	18	49	19	50	21	51	22	52
4	19	50	18	49	19	50	20	51	22	52	23	53
5	20	51	19	50	20	51	21	52	23	53	24	54
6	21	52	20	51	21	52	22	53	24	54	25	55
7	22	53	21	52	22	53	23	54	25	55	26	56
8	23	54	22	53	23	54	24	55	26	56	27	57
9	24	55	23	54	24	55	25	56	27	57	28	58
10	25	56	24	55	25	56	26	57	28	58	29	59
11	26	57	25	56	26	57	27	58	29	59	30	60
12	27	58	26	57	27	58	28	59	30	60	31	1
13	28	59	27	58	28	59	29	60	31	1	32	2
14	29	60	28	59	29	60	30	1	32	2	33	3
15	30	1	29	60	30	1	31	2	33	3	34	4
16	31	2	30	1	31	2	32	3	34	4	35	5
17	32	3	31	2	32	3	33	4	35	5	36	6
18	33	4	32	3	33	4	34	5	36	6	37	7
19	34	5	33	4	34	5	35	6	37	7	38	8
20	35	6	34	5	35	6	36	7	38	8	39	9
21	36	7	35	6	36	7	37	8	39	9	40	10
22	37	8	36	7	37	8	38	9	40	10	41	11
23	38	9	37	8	38	9	39	10	41	11	42	12
24	39	10	38	9	39	10	40	11	42	12	43	13
25	40	11	39	10	40	11	41	12	43	13	44	14
26	41	12	40	11	41	12	42	13	44	14	45	15
27	42	13	41	12	42	13	43	14	45	15	46	16
28	43	14	42	13	43	14	44	15	46	16	47	17
29	44		43	14	44	15	45	16	47	17	48	18
30	45		44	15	45	16	46	17	48	18	49	19
31	46		45		46		47	18		19		20

1982 壬戌 59

Yang Wasser Hund

Chinesischer Monat	beginnt am	Zeichen
1. Monat	25. Januar	39
2. Monat	24. Februar	40
3. Monat	25. März	41
4. Monat	24. April	42
5. Monat	21. Juni	43
6. Monat	21. Juli	44
7. Monat	19. August	45
8. Monat	17. September	46
9. Monat	17. Oktober	47
10. Monat	15. November	48
11. Monat	15. Dezember	49
12. Monat	14. Januar	50

	J	F	M	A	M	J	J	A	S	O	N	D
1	21	52	20	51	21	52	22	53	24	54	25	55
2	22	53	21	52	22	53	23	54	25	55	26	56
3	23	54	22	53	23	54	24	55	26	56	27	57
4	24	55	23	54	24	55	25	56	27	57	28	58
5	25	56	24	55	25	56	26	57	28	58	29	59
6	26	57	25	56	26	57	27	58	29	59	30	60
7	27	58	26	57	27	58	28	59	30	60	31	1
8	28	59	27	58	28	59	29	60	31	1	32	2
9	29	60	28	59	29	60	30	1	32	2	33	3
10	30	1	29	60	30	1	31	2	33	3	34	4
11	31	2	30	1	31	2	32	3	34	4	35	5
12	32	3	31	2	32	3	33	4	35	5	36	6
13	33	4	32	3	33	4	34	5	36	6	37	7
14	34	5	33	4	34	5	35	6	37	7	38	8
15	35	6	34	5	35	6	36	7	38	8	39	9
16	36	7	35	6	36	7	37	8	39	9	40	10
17	37	8	36	7	37	8	38	9	40	10	41	11
18	38	9	37	8	38	9	39	10	41	11	42	12
19	39	10	38	9	39	10	40	11	42	12	43	13
20	40	11	39	10	40	11	41	12	43	13	44	14
21	41	12	40	11	41	12	42	13	44	14	45	15
22	42	13	41	12	42	13	43	14	45	15	46	16
23	43	14	42	13	43	14	44	15	46	16	47	17
24	44	15	43	14	44	15	45	16	47	17	48	18
25	45	16	44	15	45	16	46	17	48	18	49	19
26	46	17	45	16	46	17	47	18	49	19	50	20
27	47	18	46	17	47	18	48	19	50	20	51	21
28	48	19	47	18	48	19	49	20	51	21	52	22
29	49		48	19	49	20	50	21	52	22	53	23
30	50		49	20	50	21	51	22	53	23	54	24
31	51		50		51		52	23		24		25

1983 癸亥 60

Yin Wasser Schwein

Chinesischer Monat	beginnt am	Zeichen
1. Monat	13. Februar	51
2. Monat	15. März	52
3. Monat	13. April	53
4. Monat	13. Mai	54
5. Monat	11. Juni	55
6. Monat	10. Juli	56
7. Monat	9. August	57
8. Monat	7. September	58
9. Monat	6. Oktober	59
10. Monat	5. November	60
11. Monat	4. Dezember	1
12. Monat	3. Januar	2

	J	F	M	A	M	J	J	A	S	O	N	D
1	26	57	25	56	26	57	27	58	29	59	30	60
2	27	58	26	57	27	58	28	59	30	60	31	1
3	28	59	27	58	28	59	29	60	31	1	32	2
4	29	60	28	59	29	60	30	1	32	2	33	3
5	30	1	29	60	30	1	31	2	33	3	34	4
6	31	2	30	1	31	2	32	3	34	4	35	5
7	32	3	31	2	32	3	33	4	35	5	36	6
8	33	4	32	3	33	4	3	5	36	6	37	7
9	34	5	33	4	34	5	35	6	37	7	38	8
10	35	6	34	5	35	6	36	7	38	8	39	9
11	36	7	35	6	36	7	37	8	39	9	40	10
12	37	8	36	7	37	8	38	9	40	10	41	11
13	38	9	37	8	38	9	39	10	41	11	42	12
14	39	10	38	9	39	10	40	11	42	12	43	13
15	40	11	39	10	40	11	41	12	43	13	44	14
16	41	12	40	11	41	12	42	13	44	14	45	15
17	42	13	41	12	42	13	43	14	45	15	46	16
18	43	14	42	13	43	14	44	15	46	16	47	17
19	44	15	43	14	44	15	45	16	47	17	48	18
20	45	16	44	15	45	16	46	17	48	18	49	19
21	46	17	45	16	46	17	47	18	49	19	50	20
22	47	18	46	17	47	18	48	19	50	20	51	21
23	48	19	47	18	48	19	49	20	51	21	52	22
24	49	20	48	19	49	20	50	21	52	22	53	23
25	50	21	49	20	50	21	51	22	53	23	54	24
26	51	22	50	21	51	22	52	23	54	24	55	25
27	52	23	51	22	52	23	53	24	55	25	56	26
28	53	24	52	23	53	24	54	25	56	26	57	27
29	54		53	24	54	25	55	26	57	27	58	28
30	55		54	25	55	26	56	27	58	28	59	29
31	56		55		56		57	28		29		30

1984 甲子 1

Yang Holz Ratte

Chinesischer Monat	beginnt am	Zeichen
1. Monat	2. Februar	3
2. Monat	3. März	4
3. Monat	1. April	5
4. Monat	1. Mai	6
5. Monat	31. Mai	7
6. Monat	29. Juni	8
7. Monat	28. Juli	9
8. Monat	27. August	10
9. Monat	25. September	11
10. Monat	24. Oktober	12
11. Monat	22. Dezember	13
12. Monat	21. Januar	14

	J	F	M	A	M	J	J	A	S	O	N	D
1	31	2	31	2	32	3	33	4	35	5	36	6
2	32	3	32	3	33	4	34	5	36	6	37	7
3	33	4	33	4	34	5	35	6	37	7	38	8
4	34	5	34	5	35	6	36	7	38	8	39	9
5	35	6	35	6	36	7	37	8	39	9	40	10
6	36	7	36	7	37	8	38	9	40	10	41	11
7	37	8	37	8	38	9	39	10	41	11	42	12
8	38	9	38	9	39	10	40	11	42	12	43	13
9	39	10	39	10	40	11	41	12	43	13	44	14
10	40	11	40	11	41	12	42	13	44	14	45	15
11	41	12	41	12	42	13	43	14	45	15	46	16
12	42	13	42	13	43	14	44	15	46	16	47	17
13	43	14	43	14	44	15	45	16	47	17	48	18
14	44	15	44	15	45	16	46	17	48	18	49	19
15	45	16	45	16	46	17	47	18	49	19	50	20
16	46	17	46	17	47	18	48	19	50	20	51	21
17	47	18	47	18	48	19	49	20	51	21	52	22
18	48	19	48	19	49	20	50	21	52	22	53	23
19	49	20	49	20	50	21	51	22	53	23	54	24
20	50	21	50	21	51	22	52	23	54	24	55	25
21	51	22	51	22	52	23	53	24	55	25	56	26
22	52	23	52	23	53	24	54	25	56	26	57	27
23	53	24	53	24	54	25	55	26	57	27	58	28
24	54	25	54	25	55	26	56	27	58	28	59	29
25	55	26	55	26	56	27	57	28	59	29	60	30
26	56	27	56	27	57	28	58	29	60	30	1	31
27	57	28	57	28	58	29	59	30	1	31	2	32
28	58	29	58	29	59	30	60	31	2	32	3	33
29	59	30	59	30	60	31	1	32	3	33	4	34
30	60		60	31	1	32	2	33	4	34	5	35
31	1		1		2		3	34		35		36

1985 乙丑 2

Yin Holz Büffel

Chinesischer Monat	beginnt am	Zeichen
1. Monat	20. Februar	15
2. Monat	21. März	16
3. Monat	20. April	17
4. Monat	20. Mai	18
5. Monat	18. Juni	19
6. Monat	18. Juli	20
7. Monat	16. August	21
8. Monat	15. September	22
9. Monat	14. Oktober	23
10. Monat	12. November	24
11. Monat	12. Dezember	25
12. Monat	10. Januar	26

	J	F	M	A	M	J	J	A	S	O	N	D
1	37	8	36	7	37	8	38	9	40	10	41	11
2	38	9	37	8	38	9	39	10	41	11	42	12
3	39	10	38	9	39	10	40	11	42	12	43	13
4	40	11	39	10	40	11	41	12	43	13	44	14
5	41	12	40	11	41	12	42	13	44	14	45	15
6	42	13	41	12	42	13	43	14	45	15	46	16
7	43	14	42	13	43	14	44	15	46	16	47	17
8	44	15	43	14	44	15	45	16	47	17	48	18
9	45	16	44	15	45	16	46	17	48	18	49	19
10	46	17	45	16	46	17	47	18	49	19	50	20
11	47	18	46	17	47	18	48	19	50	20	51	21
12	48	19	47	18	48	19	49	20	51	21	52	22
13	49	20	48	19	49	20	50	21	52	22	53	23
14	50	21	49	20	50	21	51	22	53	23	54	24
15	51	22	50	21	51	22	52	23	54	24	55	25
16	52	23	51	22	52	23	53	24	55	25	56	26
17	53	24	52	23	53	24	54	25	56	26	57	27
18	54	25	53	24	54	25	55	26	57	27	58	28
19	55	26	54	25	55	26	56	27	58	28	59	29
20	56	27	55	26	56	27	57	28	59	29	60	30
21	57	28	56	27	57	28	58	29	60	30	1	31
22	58	29	57	28	58	29	59	30	1	31	2	32
23	59	30	58	29	59	30	60	31	2	32	3	33
24	60	31	59	30	60	31	1	32	3	33	4	34
25	1	32	60	31	1	32	2	33	4	34	5	35
26	2	33	1	32	2	33	3	34	5	35	6	36
27	3	34	2	33	3	34	4	35	6	36	7	37
28	4	35	3	34	4	35	5	36	7	37	8	38
29	5		4	35	5	36	6	37	8	38	9	39
30	6		5	36	6	37	7	38	9	39	10	40
31	7		6		7		8	39		40		41

1986 丙寅 3

Yang Feuer Tiger

Chinesischer Monat	beginnt am	Zeichen
1. Monat	9. Februar	27
2. Monat	10. März	28
3. Monat	9. April	29
4. Monat	9. Mai	30
5. Monat	7. Juni	31
6. Monat	7. Juli	32
7. Monat	6. August	33
8. Monat	4. September	34
9. Monat	4. Oktober	35
10. Monat	2. November	36
11. Monat	2. Dezember	37
12. Monat	31. Dezember	38

	J	F	M	A	M	J	J	A	S	O	N	D
1	42	13	41	12	42	13	43	14	45	15	46	16
2	43	14	42	13	43	14	44	15	46	16	47	17
3	44	15	43	14	44	15	45	16	47	17	48	18
4	45	16	44	15	45	16	46	17	48	18	49	19
5	46	17	45	16	46	17	47	18	49	19	50	20
6	47	18	46	17	47	18	48	19	50	20	51	21
7	48	19	47	18	48	19	49	20	51	21	52	22
8	49	20	48	19	49	20	50	21	52	22	53	23
9	50	21	49	20	50	21	51	22	53	23	54	24
10	51	22	50	21	51	22	52	23	54	24	55	25
11	52	23	51	22	52	23	53	24	55	25	56	26
12	53	24	52	23	53	24	54	25	56	26	57	27
13	54	25	53	24	54	25	55	26	57	27	58	28
14	55	26	54	25	55	26	56	27	58	28	59	29
15	56	27	55	26	56	27	57	28	59	29	60	30
16	57	28	56	27	57	28	58	29	60	30	1	31
17	58	29	57	28	58	29	59	30	1	31	2	32
18	59	30	58	29	59	30	60	31	2	32	3	33
19	60	31	59	30	60	31	1	32	3	33	4	34
20	1	32	60	31	1	32	2	33	4	34	5	35
21	2	33	1	32	2	33	3	34	5	35	6	36
22	3	34	2	33	3	34	4	35	6	36	7	37
23	4	35	3	34	4	35	5	36	7	37	8	38
24	5	36	4	35	5	36	6	37	8	38	9	39
25	6	37	5	36	6	37	7	38	9	39	10	40
26	7	38	6	37	7	38	8	39	10	40	11	41
27	8	39	7	38	8	39	9	40	11	41	12	42
28	9	40	8	39	9	40	10	41	12	42	13	43
29	10		9	40	10	41	11	42	13	43	14	44
30	11		10	41	11	42	12	43	14	44	15	45
31	12		11		12		13	44		45		46

1987 丁卯 4

Yin Feuer Hase

Chinesischer Monat	beginnt am	Zeichen
1. Monat	29. Januar	39
2. Monat	28. Februar	40
3. Monat	29. März	41
4. Monat	28. April	42
5. Monat	27. Mai	43
6. Monat	26. Juni	44
7. Monat	24. August	45
8. Monat	23. September	46
9. Monat	23. Oktober	47
10. Monat	21. November	48
11. Monat	21. Dezember	49
12. Monat	19. Januar	50

	J	F	M	A	M	J	J	A	S	O	N	D
1	47	18	46	17	47	18	48	19	50	20	51	21
2	48	19	47	18	48	19	49	20	51	21	52	22
3	49	20	48	19	49	20	50	21	52	22	53	23
4	50	21	49	20	50	21	51	22	53	23	54	24
5	51	22	50	21	51	22	52	23	54	24	55	25
6	52	23	51	22	52	23	53	24	55	25	56	26
7	53	24	52	23	53	24	54	25	56	26	57	27
8	54	25	53	24	54	25	55	26	57	27	58	28
9	55	26	54	25	55	26	56	27	58	28	59	29
10	56	27	55	26	56	27	57	28	59	29	60	30
11	57	28	56	27	57	28	58	29	60	30	1	31
12	58	29	57	28	58	29	59	30	1	31	2	32
13	59	30	58	29	59	30	60	31	2	32	3	33
14	60	31	59	30	60	31	1	32	3	33	4	34
15	1	32	60	31	1	32	2	33	4	34	5	35
16	2	33	1	32	2	33	3	34	5	35	6	36
17	3	34	2	33	3	34	4	35	6	36	7	37
18	4	35	3	34	4	35	5	36	7	37	8	38
19	5	36	4	35	5	36	6	37	8	38	9	39
20	6	37	5	36	6	37	7	38	9	39	10	40
21	7	38	6	37	7	38	8	39	10	40	11	41
22	8	39	7	38	8	39	9	40	11	41	12	42
23	9	40	8	39	9	40	10	41	12	42	13	43
24	10	41	9	40	10	41	11	42	13	43	14	44
25	11	42	10	41	11	42	12	43	14	44	15	45
26	12	43	11	42	12	43	13	44	15	45	16	46
27	13	44	12	43	13	44	14	45	16	46	17	47
28	14	45	13	44	14	45	15	46	17	47	18	48
29	15		14	45	15	46	16	47	18	48	19	49
30	16		15	46	16	47	17	48	19	49	20	50
31	17		16		17		18	49		50		51

1988 戊辰 5

Yang Erde Drache

Chinesischer Monat	beginnt am	Zeichen
1. Monat	17. Februar	51
2. Monat	18. März	52
3. Monat	16. April	53
4. Monat	16. Mai	54
5. Monat	14. Juni	55
6. Monat	14. Juli	56
7. Monat	12. August	57
8. Monat	11. September	58
9. Monat	11. Oktober	59
10. Monat	9. November	60
11. Monat	9. Dezember	1
12. Monat	8. Januar	2

	J	F	M	A	M	J	J	A	S	O	N	D
1	52	23	52	23	53	24	54	25	56	26	57	27
2	53	24	53	24	54	25	55	26	57	27	58	28
3	54	25	54	25	55	26	56	27	58	28	59	29
4	55	26	55	26	56	27	57	28	59	29	60	30
5	56	27	56	27	57	28	58	29	60	30	1	31
6	57	28	57	28	58	29	59	30	1	31	2	32
7	58	29	58	29	59	30	60	31	2	32	3	33
8	59	30	59	30	60	31	1	32	3	33	4	34
9	60	31	60	31	1	32	2	33	4	34	5	35
10	1	32	1	32	2	33	3	34	5	35	6	36
11	2	33	2	33	3	34	4	35	6	36	7	37
12	3	34	3	34	4	35	5	36	7	37	8	38
13	4	35	4	35	5	36	6	37	8	38	9	39
14	5	36	5	36	6	37	7	38	9	39	10	40
15	6	37	6	37	7	38	8	39	10	40	11	41
16	7	38	7	38	8	39	9	40	11	41	12	42
17	8	39	8	39	9	40	10	41	12	42	13	43
18	9	40	9	40	10	41	11	42	13	43	14	44
19	10	41	10	41	11	42	12	43	14	44	15	45
20	11	42	11	42	12	43	13	44	15	45	16	46
21	12	43	12	43	13	44	14	45	16	46	17	47
22	13	44	13	44	14	45	15	46	17	47	18	48
23	14	45	14	45	15	46	16	47	18	48	19	49
24	15	46	15	46	16	47	17	48	19	49	20	50
25	16	47	16	47	17	48	18	49	20	50	21	51
26	17	48	17	48	18	49	19	50	21	51	22	52
27	18	49	18	49	19	50	20	51	22	52	23	53
28	19	50	19	50	20	51	21	52	23	53	24	54
29	20	51	20	51	21	52	22	53	24	54	25	55
30	21		21	52	22	53	23	54	25	55	26	56
31	22		22		23		24	55		56		57

1989 己巳 6

Yin Erde Schlange

Chinesischer Monat	beginnt am	Zeichen
1. Monat	6. Februar	3
2. Monat	8. März	4
3. Monat	6. April	5
4. Monat	5. Mai	6
5. Monat	4. Juni	7
6. Monat	3. Juli	8
7. Monat	2. August	9
8. Monat	31. August	10
9. Monat	30. September	11
10. Monat	29. Oktober	12
11. Monat	28. November	13
12. Monat	28. Dezember	14

	J	F	M	A	M	J	J	A	S	O	N	D
1	58	29	57	28	58	29	59	30	1	31	2	32
2	59	30	58	29	59	30	60	31	2	32	3	33
3	60	31	59	30	60	31	1	32	3	33	4	34
4	1	32	60	31	1	32	2	33	4	34	5	35
5	2	33	1	32	2	33	3	34	5	35	6	36
6	3	34	2	33	3	34	4	35	6	36	7	37
7	4	35	3	34	4	35	5	36	7	37	8	38
8	5	36	4	35	5	36	6	37	8	38	9	39
9	6	37	5	36	6	37	7	38	9	39	10	40
10	7	38	6	37	7	38	8	39	10	40	11	41
11	8	39	7	38	8	39	9	40	11	41	12	42
12	9	40	8	39	9	40	10	41	12	42	13	43
13	10	41	9	40	10	41	11	42	13	43	14	44
14	11	42	10	41	11	42	12	43	14	44	15	45
15	12	43	11	42	12	43	13	44	15	45	16	46
16	13	44	12	43	13	44	14	45	16	46	17	47
17	14	45	13	44	14	45	15	46	17	47	18	48
18	15	46	14	45	15	46	16	47	18	48	19	49
19	16	47	15	46	16	47	17	48	19	49	20	50
20	17	48	16	47	17	48	18	49	20	50	21	51
21	18	49	17	48	18	49	19	50	21	51	22	52
22	19	50	18	49	19	50	20	51	22	52	23	53
23	20	51	19	50	20	51	21	52	23	53	24	54
24	21	52	20	51	21	52	22	53	24	54	25	55
25	22	53	21	52	22	53	23	54	25	55	26	56
26	23	54	22	53	23	54	24	55	26	56	27	57
27	24	55	23	54	24	55	25	56	27	57	28	58
28	25	56	24	55	25	56	26	57	28	58	29	59
29	26		25	56	26	57	27	58	29	59	30	60
30	27		26	57	27	58	28	59	30	60	31	1
31	28		27		28		29	60		1		2

1990 庚午 7

Yang Metall Pferd

Chinesischer Monat	beginnt am	Zeichen
1. Monat	27. Januar	15
2. Monat	25. Februar	16
3. Monat	27. März	17
4. Monat	25. April	18
5. Monat	24. Mai	19
6. Monat	22. Juli	20
7. Monat	20. August	21
8. Monat	19. September	22
9. Monat	18. Oktober	23
10. Monat	17. November	24
11. Monat	17. Dezember	25
12. Monat	16. Januar	26

	J	F	M	A	M	J	J	A	S	O	N	D
1	3	34	2	33	3	34	4	35	6	36	7	37
2	4	35	3	34	4	35	5	36	7	37	8	38
3	5	36	4	35	5	36	6	37	8	38	9	39
4	6	37	5	36	6	37	7	38	9	39	10	40
5	7	38	6	37	7	38	8	39	10	40	11	41
6	8	39	7	38	8	39	9	40	11	41	12	42
7	9	40	8	39	9	40	10	41	12	42	13	43
8	10	41	9	40	10	41	11	42	13	43	14	44
9	11	42	10	41	11	42	12	43	14	44	15	45
10	12	43	11	42	12	43	13	44	15	45	16	46
11	13	44	12	43	13	44	14	45	16	46	17	47
12	14	45	13	44	14	45	15	46	17	47	18	48
13	15	46	14	45	15	46	16	47	18	48	19	49
14	16	47	15	46	16	47	17	48	19	49	20	50
15	17	48	16	47	17	48	18	49	20	50	21	51
16	18	49	17	48	18	49	19	50	21	51	22	52
17	19	50	18	49	19	50	20	51	22	52	23	53
18	20	51	19	50	20	51	21	52	23	53	24	54
19	21	52	20	51	21	52	22	53	24	54	25	55
20	22	53	21	52	22	53	23	54	25	55	26	56
21	23	54	22	53	23	54	24	55	26	56	27	57
22	24	55	23	54	24	55	25	56	27	57	28	58
23	25	56	24	55	25	56	26	57	28	58	29	59
24	26	57	25	56	26	57	27	58	29	59	30	60
25	27	58	26	57	27	58	28	59	30	60	31	1
26	28	59	27	58	28	59	29	60	31	1	32	2
27	29	60	28	59	29	60	30	1	32	2	33	3
28	30	1	29	60	30	1	31	2	33	3	34	4
29	31		30	1	31	2	32	3	34	4	35	5
30	32		31	2	32	3	33	4	35	5	36	6
31	33		32		33		34	5		6		7

1991 辛未 8

Yin Metall Schaf

Chinesischer Monat	beginnt am	Zeichen
1. Monat	15. Februar	27
2. Monat	16. März	28
3. Monat	15. April	29
4. Monat	14. Mai	30
5. Monat	12. Juni	31
6. Monat	12. Juli	32
7. Monat	10. August	33
8. Monat	8. September	34
9. Monat	8. Oktober	35
10. Monat	6. November	36
11. Monat	6. Dezember	37
12. Monat	5. Januar	38

	J	F	M	A	M	J	J	A	S	O	N	D
1	8	39	7	38	8	39	9	40	11	41	12	42
2	9	40	8	39	9	40	10	41	12	42	13	43
3	10	41	9	40	10	41	11	42	13	43	14	44
4	11	42	10	41	11	42	12	43	14	44	15	45
5	12	43	11	42	12	43	13	44	15	45	16	46
6	13	44	12	43	13	44	14	45	16	46	17	47
7	14	45	13	44	14	45	15	46	17	47	18	48
8	15	46	14	45	15	46	16	47	18	48	19	49
9	16	47	15	46	16	47	17	48	19	49	20	50
10	17	48	16	47	17	48	18	49	20	50	21	51
11	18	49	17	48	18	49	19	50	21	51	22	52
12	19	50	18	49	19	50	20	51	22	52	23	53
13	20	51	19	50	20	51	21	52	23	53	24	54
14	21	52	20	51	21	52	22	53	24	54	25	55
15	22	53	21	52	22	53	23	54	25	55	26	56
16	23	54	22	53	23	54	24	55	26	56	27	57
17	24	55	23	54	24	55	25	56	27	57	28	58
18	25	56	24	55	25	56	26	57	28	58	29	59
19	26	57	25	56	26	57	27	58	29	59	30	60
20	27	58	26	57	27	58	28	59	30	60	31	1
21	28	59	27	58	28	59	29	60	31	1	32	2
22	29	60	28	59	29	60	30	1	32	2	33	3
23	30	1	29	60	30	1	31	2	33	3	34	4
24	31	2	30	1	31	2	32	3	34	4	35	5
25	32	3	31	2	32	3	33	4	35	5	36	6
26	33	4	32	3	33	4	34	5	36	6	37	7
27	34	5	33	4	34	5	35	6	37	7	38	8
28	35	6	34	5	35	6	36	7	38	8	39	9
29	36		35	6	36	7	37	8	39	9	40	10
30	37		36	7	37	8	38	9	40	10	41	11
31	38		37		38		39	10		11		12

1992 壬申 9

Yang Wasser Affe

Chinesischer Monat	beginnt am	Zeichen
1. Monat	4. Februar	39
2. Monat	4. März	40
3. Monat	3. April	41
4. Monat	3. Mai	42
5. Monat	1. Juni	43
6. Monat	30. Juni	44
7. Monat	30. Juli	45
8. Monat	28. August	46
9. Monat	26. September	47
10. Monat	26. Oktober	48
11. Monat	24. November	49
12. Monat	24. Dezember	50

	J	F	M	A	M	J	J	A	S	O	N	D
1	13	44	13	44	14	45	15	46	17	47	18	48
2	14	45	14	45	15	46	16	47	18	48	19	49
3	15	46	15	46	16	47	17	48	19	49	20	50
4	16	47	16	47	17	48	18	49	20	50	21	51
5	17	48	17	48	18	49	19	50	21	51	22	52
6	18	49	18	49	19	50	20	51	22	52	23	53
7	19	50	19	50	20	51	21	52	23	53	24	54
8	20	51	20	51	21	52	22	53	24	54	25	55
9	21	52	21	52	22	53	23	54	25	55	26	56
10	22	53	22	53	23	54	24	55	26	56	27	57
11	23	54	23	54	24	55	25	56	27	57	28	58
12	24	55	24	55	25	56	26	57	28	58	29	59
13	25	56	25	56	26	57	27	58	29	59	30	60
14	26	57	26	57	27	58	28	59	30	60	31	1
15	27	58	27	58	28	59	29	60	31	1	32	2
16	28	59	28	59	29	60	30	1	32	2	33	3
17	29	60	29	60	30	1	31	2	33	3	34	4
18	30	1	30	1	31	2	32	3	34	4	35	5
19	31	2	31	2	32	3	33	4	35	5	36	6
20	32	3	32	3	33	4	34	5	36	6	37	7
21	33	4	33	4	34	5	35	6	37	7	38	8
22	34	5	34	5	35	6	36	7	38	8	39	9
23	35	6	35	6	36	7	37	8	39	9	40	10
24	36	7	36	7	37	8	38	9	40	10	41	11
25	37	8	37	8	38	9	39	10	41	11	42	12
26	38	9	38	9	39	10	40	11	42	12	43	13
27	39	10	39	10	40	11	41	12	43	13	44	14
28	40	11	40	11	41	12	42	13	44	14	45	15
29	41	12	41	12	42	13	43	14	45	15	46	16
30	42		42	13	43	14	44	15	46	16	47	17
31	43		43		44		45	16		17		18

1993 癸酉 10

Yin Wasser Hahn

Chinesischer Monat	beginnt am	Zeichen
1. Monat	23. Januar	51
2. Monat	21. Februar	52
3. Monat	23. März	53
4. Monat	21. Mai	54
5. Monat	20. Juni	55
6. Monat	19. Juli	56
7. Monat	18. August	57
8. Monat	16. September	58
9. Monat	15. Oktober	59
10. Monat	14. November	60
11. Monat	13. Dezember	1
12. Monat	12. Januar	2

	J	F	M	A	M	J	J	A	S	O	N	D
1	19	50	18	49	19	50	20	51	22	52	23	53
2	20	51	19	50	20	51	21	52	23	53	24	54
3	21	52	20	51	21	52	22	53	24	54	25	55
4	22	53	21	52	22	53	23	54	25	55	26	56
5	23	54	22	53	23	54	24	55	26	56	27	57
6	24	55	23	54	24	55	25	56	27	57	28	58
7	25	56	24	55	25	56	26	57	28	58	29	59
8	26	57	25	56	26	57	27	58	29	59	30	60
9	27	58	26	57	27	58	28	59	30	60	31	1
10	28	59	27	58	28	59	29	60	31	1	32	2
11	29	60	28	59	29	60	30	1	32	2	33	3
12	30	1	29	60	30	1	31	2	33	3	34	4
13	31	2	30	1	31	2	32	3	34	4	35	5
14	32	3	31	2	32	3	33	4	35	5	36	6
15	33	4	32	3	33	4	34	5	36	6	37	7
16	34	5	33	4	34	5	35	6	37	7	38	8
17	35	6	34	5	35	6	36	7	38	8	39	9
18	36	7	35	6	36	7	37	8	39	9	40	10
19	37	8	36	7	37	8	38	9	40	10	41	11
20	38	9	37	8	38	9	39	10	41	11	42	12
21	39	10	38	9	39	10	40	11	42	12	43	13
22	40	11	39	10	40	11	41	12	43	13	44	14
23	41	12	40	11	41	12	42	13	44	14	45	15
24	42	13	41	12	42	13	43	14	45	15	46	16
25	43	14	42	13	43	14	44	15	46	16	47	17
26	44	15	43	14	44	15	45	16	47	17	48	18
27	45	16	44	15	45	16	46	17	48	18	49	19
28	46	17	45	16	46	17	47	18	49	19	50	20
29	47		46	17	47	18	48	19	50	20	51	21
30	48		47	18	48	19	49	20	51	21	52	22
31	49		48		49		50	21		22		23

1994 甲戌 11

Yang Holz Hund

Chinesischer Monat	beginnt am	Zeichen
1. Monat	10. Februar	3
2. Monat	12. März	4
3. Monat	11. April	5
4. Monat	11. Mai	6
5. Monat	9. Juni	7
6. Monat	9. Juli	8
7. Monat	7. August	9
8. Monat	6. September	10
9. Monat	5. Oktober	11
10. Monat	3. November	12
11. Monat	3. Dezember	13
12. Monat	1. Januar	14

	J	F	M	A	M	J	J	A	S	O	N	D
1	24	55	23	54	24	55	25	56	27	57	28	58
2	25	56	24	55	25	56	26	57	28	58	29	59
3	26	57	25	56	26	57	27	58	29	59	30	60
4	27	58	26	57	27	58	28	59	30	60	31	1
5	28	59	27	58	28	59	29	60	31	1	32	2
6	29	60	28	59	29	60	30	1	32	2	33	3
7	30	1	29	60	30	1	31	2	33	3	34	4
8	31	2	30	1	31	2	32	3	34	4	35	5
9	32	3	31	2	32	3	33	4	35	5	36	6
10	33	4	32	3	33	4	34	5	36	6	37	7
11	34	5	33	4	34	5	35	6	37	7	38	8
12	35	6	34	5	35	6	36	7	38	8	39	9
13	36	7	35	6	36	7	37	8	39	9	40	10
14	37	8	36	7	37	8	38	9	40	10	41	11
15	38	9	37	8	38	9	39	10	41	11	42	12
16	39	10	38	9	39	10	40	11	42	12	43	13
17	40	11	39	10	40	11	41	12	43	13	44	14
18	41	12	40	11	41	12	42	13	44	14	45	15
19	42	13	41	12	42	13	43	14	45	15	46	16
20	43	14	42	13	43	14	44	15	46	16	47	17
21	44	15	43	14	44	15	45	16	47	17	48	18
22	45	16	44	15	45	16	46	17	48	18	49	19
23	46	17	45	16	46	17	47	18	49	19	50	20
24	47	18	46	17	47	18	48	19	50	20	51	21
25	48	19	47	18	48	19	49	20	51	21	52	22
26	49	20	48	19	49	20	50	21	52	22	53	23
27	50	21	49	20	50	21	51	22	53	23	54	24
28	51	22	50	21	51	22	52	23	54	24	55	25
29	52		51	22	52	23	53	24	55	25	56	26
30	53		52	23	53	24	54	25	56	26	57	27
31	54		53		54		55	26		27		28

1995 乙亥 12

Yin Holz Schwein

Chinesischer Monat	beginnt am	Zeichen
1. Monat	31. Januar	15
2. Monat	1. März	16
3. Monat	31. März	17
4. Monat	30. April	18
5. Monat	29. Mai	19
6. Monat	28. Juni	20
7. Monat	27. Juli	21
8. Monat	26. August	22
9. Monat	24. Oktober	23
10. Monat	22. November	24
11. Monat	22. Dezember	25
12. Monat	20. Januar	26

	J	F	M	A	M	J	J	A	S	O	N	D
1	29	60	28	59	29	60	30	1	32	2	33	3
2	30	1	29	60	30	1	31	2	33	3	34	4
3	31	2	30	1	31	2	32	3	34	4	35	5
4	32	3	31	2	32	3	33	4	35	5	36	6
5	33	4	32	3	33	4	34	5	36	6	37	7
6	34	5	33	4	34	5	35	6	37	7	38	8
7	35	6	34	5	35	6	36	7	38	8	39	9
8	36	7	35	6	36	7	37	8	39	9	40	10
9	37	8	36	7	37	8	38	9	40	10	41	11
10	38	9	37	8	38	9	39	10	41	11	42	12
11	39	10	38	9	39	10	40	11	42	12	43	13
12	40	11	39	10	40	11	41	12	43	13	44	14
13	41	12	40	11	41	12	42	13	44	14	45	15
14	42	13	41	12	42	13	43	14	45	15	46	16
15	43	14	42	13	43	14	44	15	46	16	47	17
16	44	15	43	14	44	15	45	16	47	17	48	18
17	45	16	44	15	45	16	46	17	48	18	49	19
18	46	17	45	16	46	17	47	18	49	19	50	20
19	47	18	46	17	47	18	48	19	50	20	51	21
20	48	19	47	18	48	19	49	20	51	21	52	22
21	49	20	48	19	49	20	50	21	52	22	53	23
22	50	21	49	20	50	21	51	22	53	23	54	24
23	51	22	50	21	51	22	52	23	54	24	55	25
24	52	23	51	22	52	23	53	24	55	25	56	26
25	53	24	52	23	53	24	54	25	56	26	57	27
26	54	25	53	24	54	25	55	26	57	27	58	28
27	55	26	54	25	55	26	56	27	58	28	59	29
28	56	27	55	26	56	27	57	28	59	29	60	30
29	57		56	27	57	28	58	29	60	30	1	31
30	58		57	28	58	29	59	30	1	31	2	32
31	59		58		59		60	31		32		33

1996 丙子 13

Yang Feuer Ratte

Chinesischer Monat	beginnt am	Zeichen
1. Monat	19. Februar	27
2. Monat	19. März	28
3. Monat	18. April	29
4. Monat	17. Mai	30
5. Monat	16. Juni	31
6. Monat	16. Juli	32
7. Monat	14. August	33
8. Monat	13. September	34
9. Monat	12. Oktober	35
10. Monat	11. November	36
11. Monat	11. Dezember	37
12. Monat	9. Januar	38

	J	F	M	A	M	J	J	A	S	O	N	D
1	34	5	34	5	35	6	36	7	38	8	39	9
2	35	6	35	6	36	7	37	8	39	9	40	10
3	36	7	36	7	37	8	38	9	40	10	41	11
4	37	8	37	8	38	9	39	10	41	11	42	12
5	38	9	38	9	39	10	40	11	42	12	43	13
6	39	10	39	10	40	11	41	12	43	13	44	14
7	40	11	40	11	41	12	42	13	44	14	45	15
8	41	12	41	12	42	13	43	14	45	15	46	16
9	42	13	42	13	43	14	44	15	46	16	47	17
10	43	14	43	14	44	15	45	16	47	17	48	18
11	44	15	44	15	45	16	46	17	48	18	49	19
12	45	16	45	16	46	17	47	18	49	19	50	20
13	46	17	46	17	47	18	48	19	50	20	51	21
14	47	18	47	18	48	19	49	20	51	21	52	22
15	48	19	48	19	49	20	50	21	52	22	53	23
16	49	20	49	20	50	21	51	22	53	23	54	24
17	50	21	50	21	51	22	52	23	54	24	55	25
18	51	22	51	22	52	23	53	24	55	25	56	26
19	52	23	52	23	53	24	54	25	56	26	57	27
20	53	24	53	24	54	25	55	26	57	27	58	28
21	54	25	54	25	55	26	56	27	58	28	59	29
22	55	26	55	26	56	27	57	28	59	29	60	30
23	56	27	56	27	57	28	58	29	60	30	1	31
24	57	28	57	28	58	29	59	30	1	31	2	32
25	58	29	58	29	59	30	60	31	2	32	3	33
26	59	30	59	30	60	31	1	32	3	33	4	34
27	60	31	60	31	1	32	2	33	4	34	5	35
28	1	32	1	32	2	33	3	34	5	35	6	36
29	2	33	2	33	3	34	4	35	6	36	7	37
30	3		3	34	4	35	5	36	7	37	8	38
31	4		4		5		6	37		38		39

1997 丁丑 14

Yin Feuer Büffel

Chinesischer Monat	beginnt am	Zeichen
1. Monat	7. Februar	39
2. Monat	9. März	40
3. Monat	7. April	41
4. Monat	7. Mai	42
5. Monat	5. Juni	43
6. Monat	5. Juli	44
7. Monat	3. August	45
8. Monat	2. September	46
9. Monat	2. Oktober	47
10. Monat	31. Oktober	48
11. Monat	30. November	49
12. Monat	30. Dezember	50

	J	F	M	A	M	J	J	A	S	O	N	D
1	40	11	39	10	40	11	41	12	43	13	44	14
2	41	12	40	11	41	12	42	13	44	14	45	15
3	42	13	41	12	42	13	43	14	45	15	46	16
4	43	14	42	13	43	14	44	15	46	16	47	17
5	44	15	43	14	44	15	45	16	47	17	48	18
6	45	16	44	15	45	16	46	17	48	18	49	19
7	46	17	45	16	46	17	47	18	49	19	50	20
8	47	18	46	17	47	18	48	19	50	20	51	21
9	48	19	47	18	48	19	49	20	51	21	52	22
10	49	20	48	19	49	20	50	21	52	22	53	23
11	50	21	49	20	50	21	51	22	53	23	54	24
12	51	22	50	21	51	22	52	23	54	24	55	25
13	52	23	51	22	52	23	53	24	55	25	56	26
14	53	24	52	23	53	24	54	25	56	26	57	27
15	54	25	53	24	54	25	55	26	57	27	58	28
16	55	26	54	25	55	26	56	27	58	28	59	29
17	56	27	55	26	56	27	57	28	59	29	60	30
18	57	28	56	27	57	28	58	29	60	30	1	31
19	58	29	57	28	58	29	59	30	1	31	2	32
20	59	30	58	29	59	30	60	31	2	32	3	33
21	60	31	59	30	60	31	1	32	3	33	4	34
22	1	32	60	31	1	32	2	33	4	34	5	35
23	2	33	1	32	2	33	3	34	5	35	6	36
24	3	34	2	33	3	34	4	35	6	36	7	37
25	4	35	3	34	4	35	5	36	7	37	8	38
26	5	36	4	35	5	36	6	37	8	38	9	39
27	6	37	5	36	6	37	7	38	9	39	10	40
28	7	38	6	37	7	38	8	39	10	40	11	41
29	8		7	38	8	39	9	40	11	41	12	42
30	9		8	39	9	40	10	41	12	42	13	43
31	10		9		10		11	42		43	4	4

1998 戊寅 15

Yang Erde Tiger

Chinesischer Monat	beginnt am	Zeichen
1. Monat	28. Januar	51
2. Monat	27. Februar	52
3. Monat	28. März	53
4. Monat	26. April	54
5. Monat	26. Mai	55
6. Monat	23. Juli	56
7. Monat	22. August	57
8. Monat	21. September	58
9. Monat	20. Oktober	59
10. Monat	19. November	60
11. Monat	19. Dezember	1
12. Monat	17. Januar	2

	J	F	M	A	M	J	J	A	S	O	N	D
1	45	16	44	15	45	16	46	17	48	18	49	19
2	46	17	45	16	46	17	47	18	49	19	50	20
3	47	18	46	17	47	18	48	19	50	20	51	21
4	48	19	47	18	48	19	49	20	51	21	52	22
5	49	20	48	19	49	20	50	21	52	22	53	23
6	50	21	49	20	50	21	51	22	53	23	54	24
7	51	22	50	21	51	22	52	23	54	24	55	25
8	52	23	51	22	52	23	53	24	55	25	56	26
9	53	24	52	23	53	24	54	25	56	26	57	27
10	54	25	53	24	54	25	55	26	57	27	58	28
11	55	26	54	25	55	26	56	27	58	28	59	29
12	56	27	55	26	56	27	57	28	59	29	60	30
13	57	28	56	27	57	28	58	29	60	30	1	31
14	58	29	57	28	58	29	59	30	1	31	2	32
15	59	30	58	29	59	30	60	31	2	32	3	33
16	60	31	59	30	60	31	1	32	3	33	4	34
17	1	32	60	31	1	32	2	33	4	34	5	35
18	2	33	1	32	2	33	3	34	5	35	6	36
19	3	34	2	33	3	34	4	35	6	36	7	37
20	4	35	3	34	4	35	5	36	7	37	8	38
21	5	36	4	35	5	36	6	37	8	38	9	39
22	6	37	5	36	6	37	7	38	9	39	10	40
23	7	38	6	37	7	38	8	39	10	40	11	41
24	8	39	7	38	8	39	9	40	11	41	12	42
25	9	40	8	39	9	40	10	41	12	42	13	43
26	10	41	9	40	10	41	11	42	13	43	14	44
27	11	42	10	41	11	42	12	43	14	44	15	45
28	12	43	11	42	12	43	13	44	15	45	16	46
29	13		12	43	13	44	14	45	16	46	17	47
30	14		13	44	14	45	15	46	17	47	18	48
31	15		14		15		16	47		48		49

1999 己卯 16

Yin Erde Hase

Chinesischer Monat	beginnt am	Zeichen
1. Monat	16. Februar	3
2. Monat	18. März	4
3. Monat	16. April	5
4. Monat	15. Mai	6
5. Monat	14. Juni	7
6. Monat	13. Juli	8
7. Monat	11. August	9
8. Monat	10. September	10
9. Monat	9. Oktober	11
10. Monat	8. November	12
11. Monat	8. Dezember	13
12. Monat	7. Januar	14

	J	F	M	A	M	J	J	A	S	O	N	D
1	50	21	49	20	50	21	51	22	53	23	54	24
2	51	22	50	21	51	22	52	23	54	24	55	25
3	52	23	51	22	52	23	53	24	55	25	56	26
4	53	24	52	23	53	24	54	25	56	26	57	27
5	54	25	53	24	54	25	55	26	57	27	58	28
6	55	26	54	25	55	26	56	27	58	28	59	29
7	56	27	55	26	56	27	57	28	59	29	60	30
8	57	28	56	27	57	28	58	29	60	30	1	31
9	58	29	57	28	58	29	59	30	1	31	2	32
10	59	30	58	29	59	30	60	31	2	32	3	33
11	60	31	59	30	60	31	1	32	3	33	4	34
12	1	32	60	31	1	32	2	33	4	34	5	35
13	2	33	1	32	2	33	3	34	5	35	6	36
14	3	34	2	33	3	34	4	35	6	36	7	37
15	4	35	3	34	4	35	5	36	7	37	8	38
16	5	36	4	35	5	36	6	37	8	38	9	39
17	6	37	5	36	6	37	7	38	9	39	10	40
18	7	38	6	37	7	38	8	39	10	40	11	41
19	8	39	7	38	8	39	9	40	11	41	12	42
20	9	40	8	39	9	40	10	41	12	42	13	43
21	10	41	9	40	10	41	11	42	13	43	14	44
22	11	42	10	41	11	42	12	43	14	44	15	45
23	12	43	11	42	12	43	13	44	15	45	16	46
24	13	44	12	43	13	44	14	45	16	46	17	47
25	14	45	13	44	14	45	15	46	17	47	18	48
26	15	46	14	45	15	46	16	47	18	48	19	49
27	16	47	15	46	16	47	17	48	19	49	20	50
28	17	48	16	47	17	48	18	49	20	50	21	51
29	18		17	48	18	49	19	50	21	51	22	52
30	19		18	49	19	50	20	51	22	52	23	53
31	20		19		20		21	52		53		54

2000 庚辰 17

Yang Metall Drache

Chinesischer Monat	beginnt am	Zeichen
1. Monat	5. Februar	15
2. Monat	6. März	16
3. Monat	5. April	17
4. Monat	4. Mai	18
5. Monat	2. Juni	19
6. Monat	2. Juli	20
7. Monat	31. Juli	21
8. Monat	29. August	22
9. Monat	28. September	23
10. Monat	27. Oktober	24
11. Monat	26. November	25
12. Monat	26. Dezember	26

	J	F	M	A	M	J	J	A	S	O	N	D
1	55	26	55	26	56	27	57	28	59	29	60	30
2	56	27	56	27	57	28	58	29	60	30	1	31
3	57	28	57	28	58	29	59	30	1	31	2	32
4	58	29	58	29	59	30	60	31	2	32	3	33
5	59	30	59	30	60	31	1	32	3	33	4	34
6	60	31	60	31	1	32	2	33	4	34	5	35
7	1	32	1	32	2	33	3	34	5	35	6	36
8	2	33	2	33	3	34	4	35	6	36	7	37
9	3	34	3	34	4	35	5	36	7	37	8	38
10	4	35	4	35	5	36	6	37	8	38	9	39
11	5	36	5	36	6	37	7	38	9	39	10	40
12	6	37	6	37	7	38	8	39	10	40	11	41
13	7	38	7	38	8	39	9	40	11	41	12	42
14	8	39	8	39	9	40	10	41	12	42	13	43
15	9	40	9	40	10	41	11	42	13	43	14	44
16	10	41	10	41	11	42	12	43	14	44	15	45
17	11	42	11	42	12	43	13	44	15	45	16	46
18	12	43	12	43	13	44	14	45	16	46	17	47
19	13	44	13	44	14	45	15	46	17	47	18	48
20	14	45	14	45	15	46	16	47	18	48	19	49
21	15	46	15	46	16	47	17	48	19	49	20	50
22	16	47	16	47	17	48	18	49	20	50	21	51
23	17	48	17	48	18	49	19	50	21	51	22	52
24	18	49	18	49	19	50	20	51	22	52	23	53
25	19	50	19	50	20	51	21	52	23	53	24	54
26	20	51	20	51	21	52	22	53	24	54	25	55
27	21	52	21	52	22	53	23	54	25	55	26	56
28	22	53	22	53	23	54	24	55	26	56	27	57
29	23	54	23	54	24	55	25	56	27	57	28	58
30	24		24	55	25	56	26	57	28	58	29	59
31	25		25		26		27	58		59		60

2001 辛巳 18

Yin Metall Schlange

Chinesischer Monat	beginnt am	Zeichen
1. Monat	24. Januar	27
2. Monat	23. Februar	28
3. Monat	25. März	29
4. Monat	23. April	30
5. Monat	21. Juni	31
6. Monat	21. Juli	32
7. Monat	19. August	33
8. Monat	17. September	34
9. Monat	17. Oktober	35
10. Monat	15. November	36
11. Monat	15. Dezember	37
12. Monat	13. Januar	38

	J	F	M	A	M	J	J	A	S	O	N	D
1	1	32	60	31	1	32	2	33	4	34	5	35
2	2	33	1	32	2	33	3	34	5	35	6	36
3	3	34	2	33	3	34	4	35	6	36	7	37
4	4	35	3	34	4	35	5	36	7	37	8	38
5	5	36	4	35	5	36	6	37	8	38	9	39
6	6	37	5	36	6	37	7	38	9	39	10	40
7	7	38	6	37	7	38	8	39	10	40	11	41
8	8	39	7	38	8	39	9	40	11	41	12	42
9	9	40	8	39	9	40	10	41	12	42	13	43
10	10	41	9	40	10	41	11	42	13	43	14	44
11	11	42	10	41	11	42	12	43	14	44	15	45
12	12	43	11	42	12	43	13	44	15	45	16	46
13	13	44	12	43	13	44	14	45	16	46	17	47
14	14	45	13	44	14	45	15	46	17	47	18	48
15	15	46	14	45	15	46	16	47	18	48	19	49
16	16	47	15	46	16	47	17	48	19	49	20	50
17	17	48	16	47	17	48	18	49	20	50	21	51
18	18	49	17	48	18	49	19	50	21	51	22	52
19	19	50	18	49	19	50	20	51	22	52	23	53
20	20	51	19	50	20	51	21	52	23	53	24	54
21	21	52	20	51	21	52	22	53	24	54	25	55
22	22	53	21	52	22	53	23	54	25	55	26	56
23	23	54	22	53	23	54	24	55	26	56	27	57
24	24	55	23	54	24	55	25	56	27	57	28	58
25	25	56	24	55	25	56	26	57	28	58	29	59
26	26	57	25	56	26	57	27	58	29	59	30	60
27	27	58	26	57	27	58	28	59	30	60	31	1
28	28	59	27	58	28	59	29	60	31	1	32	2
29	29		28	59	29	60	30	1	32	2	33	3
30	30		29	60	30	1	31	2	33	3	34	4
31	31		30		31		32	3		4		5

2002 壬午 19

Yang Wasser Pferd

Chinesischer Monat	beginnt am	Zeichen
1. Monat	12. Februar	39
2. Monat	14. März	40
3. Monat	13. April	41
4. Monat	12. Mai	42
5. Monat	11. Juni	43
6. Monat	10. Juli	44
7. Monat	9. August	45
8. Monat	7. September	46
9. Monat	6. Oktober	47
10. Monat	5. November	48
11. Monat	4. Dezember	49
12. Monat	3. Januar	50

	J	F	M	A	M	J	J	A	S	O	N	D
1	6	37	5	36	6	37	7	38	9	39	10	40
2	7	38	6	37	7	38	8	39	10	40	11	41
3	8	39	7	38	8	39	9	40	11	41	12	42
4	9	40	8	39	9	40	10	41	12	42	13	43
5	10	41	9	40	10	41	11	42	13	43	14	44
6	11	42	10	41	11	42	12	43	14	44	15	45
7	12	43	11	42	12	43	13	44	15	45	16	46
8	13	44	12	43	13	44	14	45	16	46	17	47
9	14	45	13	44	14	45	15	46	17	47	18	48
10	15	46	14	45	15	46	16	47	18	48	19	49
11	16	47	15	46	16	47	17	48	19	49	20	50
12	17	48	16	47	17	48	18	49	20	50	21	51
13	18	49	17	48	18	49	19	50	21	51	22	52
14	19	50	18	49	19	50	20	51	22	52	23	53
15	20	51	19	50	20	51	21	52	23	53	24	54
16	21	52	20	51	21	52	22	53	24	54	25	55
17	22	53	21	52	22	53	23	54	25	55	26	56
18	23	54	22	53	23	54	24	55	26	56	27	57
19	24	55	23	54	24	55	25	56	27	57	28	58
20	25	56	24	55	25	56	26	57	28	58	29	59
21	26	57	25	56	26	57	27	58	29	59	30	60
22	27	58	26	57	27	58	28	59	30	60	31	1
23	28	59	27	58	28	59	29	60	31	1	32	2
24	29	60	28	59	29	60	30	1	32	2	33	3
25	30	1	29	60	30	1	31	2	33	3	34	4
26	31	2	30	1	31	2	32	3	34	4	35	5
27	32	3	31	2	32	3	33	4	35	5	36	6
28	33	4	32	3	33	4	34	5	36	6	37	7
29	34		33	4	34	5	35	6	37	7	38	8
30	35		34	5	35	6	36	7	38	8	39	9
31	36		35		36		37	8		9		10

2003 癸未 20

Yin Wasser Schaf

Chinesischer Monat	beginnt am	Zeichen
1. Monat	1. Februar	51
2. Monat	3. März	52
3. Monat	2. April	53
4. Monat	1. Mai	53
5. Monat	31. Mai	55
6. Monat	30. Juni	56
7. Monat	29. Juli	57
8. Monat	28. August	58
9. Monat	26. September	59
10. Monat	25. Oktober	60
11. Monat	24. November	1
12. Monat	23. Dezember	2

	J	F	M	A	M	J	J	A	S	O	N	D
1	11	42	10	41	11	42	12	43	14	44	15	45
2	12	43	11	42	12	43	13	44	15	45	16	46
3	13	44	12	43	13	44	14	45	16	46	17	47
4	14	45	13	44	14	45	15	46	17	47	18	48
5	15	46	14	45	15	46	16	47	18	48	19	49
6	16	47	15	46	16	47	17	48	19	49	20	50
7	17	48	16	47	17	48	18	49	20	50	21	51
8	18	49	17	48	18	49	19	50	21	51	22	52
9	19	50	18	49	19	50	20	51	22	52	23	53
10	20	51	19	50	20	51	21	52	23	53	24	54
11	21	52	20	51	21	52	22	53	24	54	25	55
12	22	53	21	52	22	53	23	54	25	55	26	56
13	23	54	22	53	23	54	24	55	26	56	27	57
14	24	55	23	54	24	55	25	56	27	57	28	58
15	25	56	24	55	25	56	26	57	28	58	29	59
16	26	57	25	56	26	57	27	58	29	59	30	60
17	27	58	26	57	27	58	28	59	30	60	31	1
18	28	59	27	58	28	59	29	60	31	1	32	2
19	29	60	28	59	29	60	30	1	32	2	33	3
20	30	1	29	60	30	1	31	2	33	3	34	4
21	31	2	30	1	31	2	32	3	34	4	35	5
22	32	3	31	2	32	3	33	4	35	5	36	6
23	33	4	32	3	33	4	34	5	36	6	37	7
24	34	5	33	4	34	5	35	6	37	7	38	8
25	35	6	34	5	35	6	36	7	38	8	39	9
26	36	7	35	6	36	7	37	8	39	9	40	10
27	37	8	36	7	37	8	38	9	40	10	41	11
28	38	9	37	8	38	9	39	10	41	11	42	12
29	39		38	9	39	10	40	11	42	12	43	13
30	40		39	10	40	11	41	12	43	13	44	14
31	41		40		41		42	13		14		15

2004 甲申 21

Yang Holz Affe

Chinesischer Monat	beginnt am	Zeichen
1. Monat	22. Januar	3
2. Monat	20. Februar	4
3. Monat	19. April	5
4. Monat	19. Mai	6
5. Monat	18. Juni	7
6. Monat	17. Juli	8
7. Monat	16. August	9
8. Monat	14. September	10
9. Monat	14. Oktober	11
10. Monat	12. November	12
11. Monat	12. Dezember	13
12. Monat	10. Januar	14

	J	F	M	A	M	J	J	A	S	O	N	D
1	16	47	16	47	17	48	18	49	20	50	21	51
2	17	48	17	48	18	49	19	50	21	51	22	52
3	18	49	18	49	19	50	20	51	22	52	23	53
4	19	50	19	50	20	51	21	52	23	53	24	54
5	20	51	20	51	21	52	22	53	24	54	25	55
6	21	52	21	52	22	53	23	54	25	55	26	56
7	22	53	22	53	23	54	24	55	26	56	27	57
8	23	54	23	54	24	55	25	56	27	57	28	58
9	24	55	24	55	25	56	26	57	28	58	29	59
10	25	56	25	56	26	57	27	58	29	59	30	60
11	26	57	26	57	27	58	28	59	30	60	31	1
12	27	58	27	58	28	59	29	60	31	1	32	2
13	28	59	28	59	29	60	30	1	32	2	33	3
14	29	60	29	60	30	1	31	2	33	3	34	4
15	30	1	30	1	31	2	32	3	34	4	35	5
16	31	2	31	2	32	3	33	4	35	5	36	6
17	32	3	32	3	33	4	34	5	36	6	37	7
18	33	4	33	4	34	5	35	6	37	7	38	8
19	34	5	34	5	35	6	36	7	38	8	39	9
20	35	6	35	6	36	7	37	8	39	9	40	10
21	36	7	36	7	37	8	38	9	40	10	41	11
22	37	8	37	8	38	9	39	10	41	11	42	12
23	38	9	38	9	39	10	40	11	42	12	43	13
24	39	10	39	10	40	11	41	12	43	13	44	14
25	40	11	40	11	41	12	42	13	44	14	45	15
26	41	12	41	12	42	13	43	14	45	15	46	16
27	42	13	42	13	43	14	44	15	46	16	47	17
28	43	14	43	14	44	15	45	16	47	17	48	18
29	44	15	44	15	45	16	46	17	48	18	49	19
30	45		45	16	46	17	47	18	49	19	50	20
31	46		46		47		48	19		20		21

2005 乙酉 22

Yin Holz Hahn

Chinesischer Monat	beginnt am	Zeichen
1. Monat	9. Februar	15
2. Monat	10. März	16
3. Monat	9. April	17
4. Monat	8. Mai	18
5. Monat	7. Juni	19
6. Monat	6. Juli	20
7. Monat	5. August	21
8. Monat	4. September	22
9. Monat	3. Oktober	23
10. Monat	2. November	24
11. Monat	1. Dezember	25
12. Monat	31. Dezember	26

	J	F	M	A	M	J	J	A	S	O	N	D
1	22	53	21	52	22	53	23	54	25	55	26	56
2	23	54	22	53	23	54	24	55	26	56	27	57
3	24	55	23	54	24	55	25	56	27	57	28	58
4	25	56	24	55	25	56	26	57	28	58	29	59
5	26	57	25	56	26	57	27	58	29	59	30	60
6	27	58	26	57	27	58	28	59	30	60	31	1
7	28	59	27	58	28	59	29	60	31	1	32	2
8	29	60	28	59	29	60	30	1	32	2	33	3
9	30	1	29	60	30	1	31	2	33	3	34	4
10	31	2	30	1	31	2	32	3	34	4	35	5
11	32	3	31	2	32	3	33	4	35	5	36	6
12	33	4	32	3	33	4	34	5	36	6	37	7
13	34	5	33	4	34	5	35	6	37	7	38	8
14	35	6	34	5	35	6	36	7	38	8	39	9
15	36	7	35	6	36	7	37	8	39	9	40	10
16	37	8	36	7	37	8	38	9	40	10	41	11
17	38	9	37	8	38	9	39	10	41	11	42	12
18	39	10	38	9	39	10	40	11	42	12	43	13
19	40	11	39	10	40	11	41	12	43	13	44	14
20	41	12	40	11	41	12	42	13	44	14	45	15
21	42	13	41	12	42	13	43	14	45	15	46	16
22	43	14	42	13	43	14	44	15	46	16	47	17
23	44	15	43	14	44	15	45	16	47	17	48	18
24	45	16	44	15	45	16	46	17	48	18	49	19
25	46	17	45	16	46	17	47	18	49	19	50	20
26	47	18	46	17	47	18	48	19	50	20	51	21
27	48	19	47	18	48	19	49	20	51	21	52	22
28	49	20	48	19	49	20	50	21	52	22	53	23
29	50		49	20	50	21	51	22	53	23	54	24
30	51		50	21	51	22	52	23	54	24	55	25
31	52		51		52		53	24		25		26

2006 丙戌 23

Yang Feuer Hund

Chinesischer Monat	beginnt am	Zeichen
1. Monat	29. Januar	27
2. Monat	28. Februar	28
3. Monat	29. März	29
4. Monat	28. April	30
5. Monat	27. Mai	31
6. Monat	26. Juni	32
7. Monat	25. Juli	33
8. Monat	22. September	34
9. Monat	22. Oktober	35
10. Monat	21. November	36
11. Monat	20. Dezember	37
12. Monat	19. Januar	38

	J	F	M	A	M	J	J	A	S	O	N	D
1	27	58	26	57	27	58	28	59	30	60	31	1
2	28	59	27	58	28	59	29	60	31	1	32	2
3	29	60	28	59	29	60	30	1	32	2	33	3
4	30	1	29	60	30	1	31	2	33	3	34	4
5	31	2	30	1	31	2	32	3	34	4	35	5
6	32	3	31	2	32	3	33	4	35	5	36	6
7	33	4	32	3	33	4	34	5	36	6	37	7
8	34	5	33	4	34	5	35	6	37	7	38	8
9	35	6	34	5	35	6	36	7	38	8	39	9
10	36	7	35	6	36	7	37	8	39	9	40	10
11	37	8	36	7	37	8	38	9	40	10	41	11
12	38	9	37	8	38	9	39	10	41	11	42	12
13	39	10	38	9	39	10	40	11	42	12	43	13
14	40	11	39	10	40	11	41	12	43	13	44	14
15	41	12	40	11	41	12	42	13	44	14	45	15
16	42	13	41	12	42	13	43	14	45	15	46	16
17	43	14	42	13	43	14	44	15	46	16	47	17
18	44	15	43	14	44	15	45	16	47	17	48	18
19	45	16	44	15	45	16	46	17	48	18	49	19
20	46	17	45	16	46	17	47	18	49	19	50	20
21	47	18	46	17	47	18	48	19	50	20	51	21
22	48	19	47	18	48	19	49	20	51	21	52	22
23	49	20	48	19	49	20	50	21	52	22	53	23
24	50	21	49	20	50	21	51	22	53	23	54	24
25	51	22	50	21	51	22	52	23	54	24	55	25
26	52	23	51	22	52	23	53	24	55	25	56	26
27	53	24	52	23	53	24	54	25	56	26	57	27
28	54	25	53	24	54	25	55	26	57	27	58	28
29	55		54	25	55	26	56	27	58	28	59	29
30	56		55	26	56	27	57	28	59	29	60	30
31	57		56		57		58	29		30		31

2007 丁亥 24

Yin Feuer Schwein

Chinesischer Monat	beginnt am	Zeichen
1. Monat	18. Februar	39
2. Monat	19. März	40
3. Monat	17. April	41
4. Monat	17. Mai	42
5. Monat	15. Juni	43
6. Monat	14. Juli	44
7. Monat	13. August	45
8. Monat	11. September	46
9. Monat	11. Oktober	47
10. Monat	10. November	48
11. Monat	10. Dezember	49
12. Monat	8. Januar	50

	J	F	M	A	M	J	J	A	S	O	N	D
1	32	3	31	2	32	3	33	4	35	5	36	6
2	33	4	32	3	33	4	34	5	36	6	37	7
3	34	5	33	4	34	5	35	6	37	7	38	8
4	35	6	34	5	35	6	36	7	38	8	39	9
5	36	7	35	6	36	7	37	8	39	9	40	10
6	37	8	36	7	37	8	38	9	40	10	41	11
7	38	9	37	8	38	9	39	10	41	11	42	12
8	39	10	38	9	39	10	40	11	42	12	43	13
9	40	11	39	10	40	11	41	12	43	13	44	14
10	41	12	40	11	41	12	42	13	44	14	45	15
11	42	13	41	12	42	13	43	14	45	15	46	16
12	43	14	42	13	43	14	44	15	46	16	47	17
13	44	15	43	14	44	15	45	16	47	17	48	18
14	45	16	44	15	45	16	46	17	48	18	49	19
15	46	17	45	16	46	17	47	18	49	19	50	20
16	47	18	46	17	47	18	48	19	50	20	51	21
17	48	19	47	18	48	19	49	20	51	21	52	22
18	49	20	48	19	49	20	50	21	52	22	53	23
19	50	21	49	20	50	21	51	22	53	23	54	24
20	51	22	50	21	51	22	52	23	54	24	55	25
21	52	23	51	22	52	23	53	24	55	25	56	26
22	53	24	52	23	53	24	54	25	56	26	57	27
23	54	25	53	24	54	25	55	26	57	27	58	28
24	55	26	54	25	55	26	56	27	58	28	59	29
25	56	27	55	26	56	27	57	28	59	29	60	30
26	57	28	56	27	57	28	58	29	60	30	1	31
27	58	29	57	28	58	29	59	30	1	31	2	32
28	59	30	58	29	59	30	60	31	2	32	3	33
29	60		59	30	60	31	1	32	3	33	4	34
30	1		60	31	1	32	2	33	4	34	5	35
31	2		1		2		3	34		35		36

Stichwortverzeichnis

Die fünf Elemente

Die zwölf Tierkreiszeichen

Die 60 kosmischen Bilder

Die 28 Xiu